5,-

Klett-Cotta im Ullstein Taschenbuch

Klett-Cotta im Ullstein Taschenbuch
Ullstein Buch Nr. 39023
im Verlag Ullstein GmbH,
Frankfurt/M – Berlin – Wien

Ungekürzte Ausgabe

Umschlagentwurf:
Andreas Brylka

Printed in Germany 1981
Druck und Verarbeitung:
Mohndruck Graphische Betriebe GmbH,
Gütersloh
ISBN 3 548 39023 4

September 1981

CIP-Kurztitelaufnahme der Deutschen Bibliothek

Sperber, Manès:
Individuum und Gemeinschaft: Versuch e.
sozialen Charakterologie / Manès Sperber.
- Ungekürzte Ausg. - Frankfurt/M; Berlin;
Wien: Ullstein, 1981.
(Ullstein-Buch; Nr. 39023: Klett-Cotta
im Ullstein-Taschenbuch)
ISBN 3-548-39023-4

NE: GT

Manès Sperber

Individuum und Gemeinschaft

Versuch einer sozialen Charakterologie

Klett-Cotta im Ullstein Taschenbuch

Inhalt

Vorangestelltes Nachwort —
anstatt eines zweiten Vorworts . . . 7

Vorwort . . . 15

I Voraussetzungen . . . 17

Vorlesung 1 . . . 18
Vorlesung 2 . . . 29
Vorlesung 3 . . . 41
Vorlesung 4 . . . 54
Vorlesung 5 . . . 67
Vorlesung 6 . . . 80

II Grundlegende Feststellungen . . . 92

Vorlesung 7 . . . 93
Vorlesung 8 . . . 104
Vorlesung 9 . . . 117
Vorlesung 10 . . . 131
Vorlesung 11 . . . 144
Vorlesung 12 . . . 157
Vorlesung 13 . . . 164

III Angst und Zwang . . . 174

Vorlesung 14 . . . 175
Vorlesung 15 . . . 188
Vorlesung 16 . . . 197
Vorlesung 17 . . . 207
Vorlesung 18 . . . 217
Vorlesung 19 . . . 226

IV Das Verhältnis zwischen den Generationen; das Verhältnis zwischen den Geschlechtern. Das sexuelle Problem; die Neurose . . . 236

Vorlesung 20 . . . 237
Vorlesung 21 . . . 246
Vorlesung 22 . . . 257
Vorlesung 23 . . . 267
Vorlesung 24 . . . 275

V Die Erziehung . . . 284

Vorlesung 25 . . . 285
Vorlesung 26 . . . 293
Vorlesung 27 . . . 301
Vorlesung 28 . . . 308

Personenverzeichnis . . . 320

Sachverzeichnis . . . 322

Vorangestelltes Nachwort – anstatt eines zweiten Vorworts

»Auch Bücher haben ihr Erlebtes«, heißt es bei Goethe, der das viel zitierte »Habent sua fata libelli« frei überträgt. In diesem hypertrophisch ereignisreichen Jahrhundert hängt das Schicksal der Bücher in der Tat viel mehr vom »Erlebten« der Autoren als vom Gefallen des Lesers ab. Millionen Bücher sind von ihren Besitzern insgeheim, in angstvoller Hast vernichtet worden; zahllose Schriftsteller haben ihre Manuskripte versteckt, vergraben, ehe sie sie schließlich verbrannten und die Asche zerrieben, damit keine Spur von ihnen bliebe. Niemand könnte die Werke zählen, die ungeschrieben bleiben mußten, als es vor allem darauf ankam, das nackte Leben nicht zu gefährden und den kümmerlichen Rest von Freiheit nicht zu verlieren. In der »Zeit der Verachtung« blieben so ungezählte Werke ungeschrieben, viele andere ungedruckt — ihr Schicksal war so jämmerlich wie das jener Manuskripte, die wie ein schändliches Geheimnis verborgen und schließlich vergessen werden mußten.

Im Herbst 1933, fünf Monate nachdem ich das Dritte Reich verlassen hatte, begann ich, das vorliegende Buch zu schreiben. In der Tat diktierte ich diesen Text improvisierend, so wie ich es in meinen Wiener und Berliner Kursen stets getan hatte. In den Diskussionen, die sich ihnen gewöhnlich anschlossen, brachten die Hörer Fragen und Einwände vor; auch diese diktierte ich in Erinnerung an die fruchtbaren Auseinandersetzungen im Individualpsychologischen Institut.

Im Mai 1934 schloß ich mit der 28. Vorlesung meinen »Versuch einer sozialen Charakterologie« ab; dieses Buch sollte übrigens nur der erste Band eines umfassenden Werkes werden. Als ich dann einige Wochen später nach Paris kam, bot ich es einem bedeutenden französischen Verleger an, der es ohne zu zögern annahm und mich sogleich mit einem Übersetzer zusammenbrachte. Die französische Fassung sollte in einem Jahr fertig werden und das Buch in den letzten Monaten des Jahres 1935 erscheinen. Doch habe ich weder den Übersetzer wiedergesehen noch die Übersetzung je zu Gesicht bekommen. Ich stand damals mitten im politischen Kampf und zeigte mich wohl nicht ausreichend bemüht, den anscheinend verschollenen Übersetzer und das Manuskript wiederzufinden.

»Ich ärgerte mich, aber nicht zu sehr ... es handelte sich nicht um mein Pech ... – alles hing mit einem Sachverhalt zusammen, der weit über mich hinausging. Ich überlegte: Entweder ich überlebe den kommenden Krieg, dann werde ich alles aufholen können – in 5, in 10 Jahren. Oder ich überlebe ihn

nicht, dann wird alles was mich betrifft, sowieso unerheblich gewesen sein.« Das schrieb ich Jahrzehnte später in meiner Autobiographie.
Zwei Jahre nach dem Krieg gelang es mir, das vergilbte Manuskript wieder aufzutreiben; was ich sonst an Büchern und Manuskripten in Paris besaß, war inzwischen konfisziert und zweifellos vernichtet worden. Ich empfand nicht das geringste Bedürfnis, mir das Manuskript auch nur wieder anzusehen. Die kaum sagbar schwere Zeit, die inzwischen vergangen war, hatte mich dem jungen Mann, diesem geradezu besessenen Psychologen, der ich gewesen war, ebenso wie seinen recht herausfordernden Gewißheiten entfremdet, — seinen Gewißheiten, aber nicht seinen Fragestellungen und nicht den grundlegenden Erkenntnissen der Adlerschen Individualpsychologie.
Als ich im Jahre 1937, nach meinem Bruch mit dem Kommunismus, den sozialpsychologischen Essay »Zur Analyse der Tyrannis« schrieb, legte ich meine Stellung zu Alfred Adlers Lehre mit diesen Worten dar: »Unter allen Schulen und Richtungen der modernen Psychologie hat einzig die Adlersche Lehre den psychologischen Problemen der Macht und der Geltung eine gebührende, somit zentrale Bedeutung eingeräumt. Ihre Einsichten, verbunden mit einer Menschenkenntnis, die von den Erfahrungen und Lehren der Geschichte weise Gebrauch zu machen verstand, öffneten Adler einen Weg, an dessen Anfang die wissenschaftliche Menschenkenntnis beginnt... Wir machen dankbar von jenen seiner Befunde Gebrauch, deren auf die Dauer keine psychologische Bemühung wird entraten können.«
Ich lehnte es damals gemäß dieser Auffassung ab, das Verhalten der Unterdrückten aus deren »Massencharakter« zu erklären, und unternahm es im Gegenteil, die sogenannte Masse individualpsychologisch aufzugliedern und sie sowohl in den gegebenen sozialökonomischen Zusammenhängen wie auch in der individuellen politischen Motivation zu erfassen. Damit begann mein Verzicht auf politische Gewißheiten und mit ihm der Verlust der grenzenlosen Hoffnungen, die ich auch als Psychologe an die soziale Revolution und an eine nur durch sie ermöglichte neue Erziehung knüpfte, die endlich den neuen Menschen hervorbringen sollte.
Im Herbst 1933 bewahrte ich entgegen schmerzlichen, stets aufs neue abgewiesenen Ahnungen noch immer die Zuversicht, daß das werktätige deutsche Volk sich gegen Hitlers Herrschaft erheben und der Wirtschaftskrise ein revolutionäres Ende setzen würde; vier Jahre später war es mir gewiß, daß fortab jeder Tag den zweiten Weltkrieg näherbrachte, den weder das deutsche, noch das internationale Proletariat verhindern konnte.
Als diese »soziale Charakterologie« entstand, war es zwar unwahrscheinlich, aber immerhin denkbar, daß sie in Österreich oder in der Schweiz einen Verleger finden könnte und daß in der Folge Exemplare dieses Buches illegal auch deutsche Leser erreichen würden. Im Hinblick darauf galt es, Namen

und Bezeichnungen zu vermeiden, die das Buch und seine Leser den Nazis verdächtig machen mußten. Daher ist zwar vom Faschismus und Kommunismus hier oft genug die Rede, doch stets nur in oft variierten Deckworten. (Den gleichen, im Rückblick naiv erscheinenden Tarnversuch habe ich auch in der »Analyse der Tyrannis« unternommen – mit der gleichen, totalen Erfolglosigkeit.)

Der Leser von heute wird diese Tarnsprache mühelos verstehen und zugleich mit Staunen entdecken, daß man bereits im ersten Jahr des Dritten Reiches vom Zweiten Weltkrieg als einer unaufhaltsam nahenden Katastrophe sprechen konnte — kurz, daß nur selbstgewählte, also tendenziöse politische Taubheit und Blindheit die Zeitgenossen daran hinderten zu erkennen, daß da ein Unheil heraufbeschworen wurde, dessen sie sich im voraus mitschuldig machten. Das mag den merkwürdigen Kassandraton erklären, in dem hier so vieles vorgetragen wird. Wir waren nicht wenige, die »nicht nur das Gras wachsen hörten, sondern auch den Marschtritt jener, die es zertreten sollten«.

Doch weit öfter als der zornigen Trauer der ungehört warnenden Kassandra, begegnet man hier einem schrankenlosen, in zahllosen Variationen wiederkehrenden, psychopädagogischen Optimismus, der einer wissenschaftlich begründeten Gewißheit gleichgestellt wird, welche in naher Zukunft, unmittelbar nach der kommenden Katastrophe allen augenfällig werden würde.

Den grenzenlosen Optimismus des achtundzwanzigjährigen Autors teile ich schon seit langem nicht mehr, aber noch weniger teile ich den Pessimismus jener, die er — leider zu heftig — immer wieder angreift. Nach wie vor denke ich wie er, daß die unvermeidliche Vergesellschaftung ebenso sicher des Menschen Schicksal ist wie der Tod, der ihm ein Ende bereitet. Sein Körper macht ihn einzig, sein Ich-Bewußtsein vereinzelt ihn, aber das Ich setzt das Wir voraus. Nur dank seiner Bezogenheit auf andere erlangt der Mensch die Einheit und Ganzheit als Individuum — dank der Bezogenheit auf jene, die vor ihm da waren, auf alle, die mit ihm die Gegenwart teilen, und schließlich auf jene, die ihn überleben werden. Auch in der abgeschlossensten Einsamkeit ist er nicht allein; in all seine Urteile geht sein Wesen ein, aber nicht nur sein Wesen, sondern auch die Umwelt — gleichviel, ob er sich von ihr entfernt oder sich ihr entgegenstellt oder mit ihr engstens verbunden bleibt. Das erklärt, warum alle Menschenkenntnis *vergleichende Individualpsychologie* und *kritische Sozialcharakterologie* in einem ist. In diesem Sinne halte ich durchaus aufrecht, was in diesen Vorlesungen an charakterologischen Feststellungen und psychologischen Deutungen erarbeitet wird. Ja, auch in Anbetracht der seither neugewonnenen Einsichten erscheint mir all das noch als gültig.

Es handelt sich hier gewiß nicht um ein philosophisches Buch, obschon darin recht häufig von Philosophie die Rede ist. Es fehlt indes das Eingeständnis, daß der Tod, obgleich nur vom Leben aus denkbar, für den Sterbenden wie für jene, die an ihn gebunden sind, nicht nur psychologisch und historisch, sondern ebenso auch philosophisch faßbar ist. Dagegen sträubt sich aber der materialistische Obskurantismus, der die erkenntnistheoretische und die ontologische Philosophie als eine versteckt pfäffische Kannegießerei, als eine im Dienste der herrschenden Klasse betriebene Ablenkung von dem einzig wesentlichen, dem sozialen Problem, entlarvt hat. Habe ich zwar diese extrem entwertende Auffassung, wie sie etwa Lenin in »Materialismus und Empiriokritizismus« vertritt, nie ganz geteilt, so habe ich in diesen Vorlesungen doch recht oft die Philosophie negativ beurteilt und immer wieder global verurteilt. Schon vorher, vor 1933, hatte ich über den bürgerlichen Philosophen geschrieben: »Ob er zu Füßen Heideggers sitzt oder bei den Schriften Kierkegaards seine Ruhe findet, er ist auf einem Irrweg, der zu Nutz und Frommen der Bourgeoisie betreten wird.« Nach wie vor stehe ich dem Existenzialismus kritisch gegenüber, jedoch glaube ich heute keineswegs mehr, daß seine Anhänger unbewußt oder heimlich der Bourgeoisie oder gar dem Faschismus dienen. Und ich bin jetzt davon überzeugt, daß jene leninistischen Deutungen obskurantistische Verzerrungen unstatthaft simplifizierter Sachverhalte sind. Die von Lenin und seinem Regime als unfehlbares Kampfmittel angewandte, alles verfälschende *Kettenidentifikation,* dank der jede abweichende Auffassung verdächtig und im Handumdrehen verbrecherisch wird, hat noch immer nicht aufgehört, junge Menschen geistig und sittlich zu verderben. Spuren eines solchen Argwohns findet man auch in diesem Buch; ich habe sie nicht ausgemerzt, weil sich in ihnen auch die unsäglich schweren Bedrängnisse jener Zeit widerspiegeln, vor allem aber, damit die Leser von heute erkennen, daß schon vor beinahe einem halben Jahrhundert der Argwohn die Ideologen nicht zum Siege, sondern in die Irre geführt hat: Er verwandelte die Selbstentfremdeten in Allerweltsfeinde.

Da man in Deutschland einige meiner Arbeiten aus jener Zeit in Photokopien verbreitet, in denen Äußerungen solchen Argwohns vorkommen, ist es wohl hier am Platze, sie aufs entschiedenste zu desavouieren; die Gründe hierfür findet man in allen Schriften, die ich seit 1937 veröffentlicht habe. Seit damals frage ich nicht mehr, wem eine Wahrheit nützlich oder schädlich sein könnte; um sie zu äußern und zu verteidigen, genügt es mir, sie als solche erkannt zu haben. Die Möglichkeit, daß sie auch dem Gegner in den Kram passen könnte, vermindert ihren Wert ebenso wenig wie daß sie diese oder jene liebgewonnene Gewißheit zu erschüttern oder gar zu zerstören vermöchte. Die Wahrheit ist nicht funktionell, nicht taktisch und nicht parteiisch, aber brauchbar und leider auch leicht mißbrauchbar. Man messe den eigenen An-

stand im Geistigen nicht zuletzt an der Fähigkeit, solchem Mißbrauch zu widerstehen und ihm jedenfalls zu wehren.
Zu keiner Zeit sind so viele Wahrheiten, Ideen, Ideale und sinnvolle Zielsetzungen so energisch entstellt, mißbraucht und schließlich skrupellos in ihr Gegenteil verkehrt und zur Begründung von Gewalt- und Lügenherrschaft benutzt worden wie in diesem Jahrhundert. Es begann 1914, im Ersten Weltkrieg, es hat seither nicht aufgehört: Selbst der geistloseste Despot mordet heutzutage mit Berufung auf eine Ideologie. Darbenden Menschen mag es an Brot fehlen, aber an Ideologie fehlt es nirgends — nicht im zurückgebliebensten Dorf und nicht im modernsten Wissenschaftsbetrieb, nicht in der Biologie zum Beispiel, erst recht nicht in den Sozialwissenschaften und in der Psychologie. Und sie fehlt leider auch nicht in diesem Buch; dessen Autor hätte dies seinerzeit gewiß zugegeben, allerdings mit einer bedenkenswerten Einschränkung: »Unsere dialektisch-materialistische Psychologie ist nicht abgeschlossen, sondern völlig offen *nach vorne*. Ich kann mir keine Wahrheit vorstellen, der wir uns verschließen müßten, denn ist auch nicht jede Wahrheit revolutionär, so kann doch keine konterrevolutionär sein.«
Ja, das dachte ich damals und brachte es wohl in jeder dieser 28 Vorlesungen zum Ausdruck. Es bewahrte mich nicht vor unzulässiger Überschätzung gewisser Einsichten und vor der Unterschätzung zahlreicher Sachverhalte. So verwies ich z. B. in wenigen Worten auf eine gerade damals in Säuglingsheimen und Kinderspitälern bestätigte Erfahrung, wonach die intellektuelle Entwicklung der Pfleglinge weit hinter der jener Kinder zurückblieb, die in ihrer Familie aufwuchsen. Nun wird aber in diesem Buch die Familie schlechthin so heftig angegriffen, als ob sie, sie allein an allem seelischen Elend schuld wäre. Die Feststellung jedoch, daß ein Kind in den ersten 18 Monaten einen stets gegenwärtigen Menschen, vorzugsweise eine Mutter braucht, eine verläßliche Bezugsperson, die ihm zur Welt, ja zur fürsorglichen Umwelt wird, hätte den Autor nachdenklich stimmen müssen. Jedoch zieht er aus ihr keinerlei Schlußfolgerung; er verschließt nicht die Augen vor der Wahrheit, er wendet nur den Blick schnell anderswo hin (siehe S. 237). Weit mehr als die psychologische Erfahrung machte ihn sein kollektivistischer Optimismus zum erbarmungslosen Kritiker der Familie. Ohne all seine Vorwürfe gegen die Familie zurückzunehmen, räume ich heute ein, daß diese trotz allem auch noch gegenwärtig den Charakter einer Gemeinschaft bewahrt und für die erste Lebensphase kaum ersetzbar ist. Selbst eine wahre Lebensgemeinschaft, so der israelische Kibbuz, der seit mehr als einem halben Jahrhundert im Sinne einer kollektivistischen Psychopädagogik seine Kinder aufzieht, beläßt den Säugling während der ersten 6 Monate bei seinen Eltern. Und es ist eine sozialcharakterologisch höchst bedeutsame Tatsache, daß die Kibbuzerziehung keineswegs die individuelle Besonderheit ver-

wischt; es ist ebenso aufschlußreich, daß die Beziehung zwischen Eltern und Kindern bindend und liebevoll und zugleich weniger konfliktuös ist als in der üblichen Familienerziehung. Hier ist der Beweis erbracht, daß ein nicht-autoritäres Verhältnis zwischen den Generationen möglich und in jeder Hinsicht, übrigens auch im Unterricht und in der beruflichen Ausbildung, sehr förderlich sein kann. Dieser bisher wohl bedeutendste Erfolg unserer Auffassungen ist gewiß an die sozialökonomische Eigenart des wirtschaftlich strikt kollektivistischen, aber sonst entschieden personalistischen Kibbuz gebunden.

Im Jahre 1933 setzte ich trotz schwer abweisbarer, beunruhigender Zweifel noch große Hoffnungen in die Pädagogik der Sowjetunion – so überschätzte ich zum Beispiel zweifellos Wert und Wirkung der dortigen Arbeitsschulen. Es erschien mir gewiß, daß dort, wo das kapitalistische Eigentum abgeschafft ist, die Familie und erst recht die öffentliche Erziehung ihren autoritären Charakter endgültig verlieren müßten. Der Leser von heute weiß, daß vieles, was damals geschah, und alles, was seither geschehen ist, keineswegs diesen Erwartungen entsprochen hat. Im Gegensatz zur noch heute weit verbreiteten ideologisch-propagandistischen Fiktion hat die Entwicklung fast in allen Bereichen die Gegenrichtung eingeschlagen.

Als ich dieses Buch schrieb, waren kaum 16 Jahre seit der Oktoberrevolution verstrichen. Nun, im Jahre 1978, sechs Jahrzehnte nach jener folgenreichen Umwälzung, hat niemand mehr das Recht, sich den Einsichten zu verschließen, die ja, obschon tief enttäuschend, unsere Illusionen, aber nicht all unsere Hoffnungen zerstören. Sie verpflichten uns dazu, uns dem manichäischen Zwang falscher Alternativen und ebenso jedem Dogmatismus zu entziehen und vorsichtiger in der Zuversicht und geduldiger in der tätigen Erwartung zu sein. Wir dürfen nicht mehr verkennen, daß die Abschaffung des Kapitals keineswegs die individuelle und soziale Befreiung, die herrschaftslose Gesellschaft gewährleisten muß. Umgekehrt wissen wir nunmehr, daß sie der Entstehung eines totalitären Regimes förderlich sein kann, welches die Menschen zur äußersten Selbstentfremdung zwingt. Daher desavouiere ich alles, was ich in dogmatischer Gegenüberstellung in diesem Buche oft zugunsten des Marxismus-Leninismus und der Sowjetunion vorgebracht habe. Aber ich bekenne mich nach wie vor dazu, daß die Erziehung, die wir meinen, ihre wesentlichen Ziele nur in einer Gesellschaft verwirklichen könnte, in der die Herrschaft über Menschen durch die Verwaltung der Dinge zum Nutzen aller ein für allemal abgelöst wäre. Die Erringung der individuellen wie der sozialen Freiheit setzt die Beseitigung oder zumindest die äußerste Beschränkung der Macht im Staat und der Autorität in der Familie voraus, ebenso wie in allen menschlichen Beziehungen – in der Liebe nicht weniger als in der Arbeit und im gesellschaftlichen Zusammenleben.

Ich habe an dem alten Manuskript nur Wiederholungen und unnütze Längen gestrichen bzw. zusammengefaßt, aber alles andere, somit auch die oben desavouierten, allzu hoffnungsvollen und allzu polemischen Äußerungen stehen lassen. Dies geschah nur zum Teil aus einer ironischen Überlegung: Jene, die etwa in den sechziger Jahren stürmische Revolutionäre gewesen sind, und jene, die es jetzt sein wollen, sollen merken, daß sie keine Avantgarde, sondern ein Nachtrupp waren und es heute noch sind. Und daß sie uns im wildesten Getümmel mit großer Verspätung auf unseren *Holzwegen* nachlaufen, aber uns selten auf den Pfaden der Forschung folgen.

Und vor allem habe ich auch deshalb alles stehen lassen, weil die hier häufig triftig begründete und energisch befürwortete nicht-autoritäre Erziehung in den letzten Jahrzehnten bis zur Karikatur entstellt worden ist. Würde diese Karikatur zum allgemeinen Maßstab, dann könnte sie eine pädagogische Katastrophe von unabsehbarer zerstörerischer Wirkung hervorrufen. Nichts von dem, was das Kind oder der Zögling tut, heißt es, darf kritisiert und nichts darf ihm verweigert werden. Nun, man könnte sich kaum eine üblere Vergewaltigung unserer psychologischen Pädagogik vorstellen, als es diese seelenverkrüppelnde, verwahrlosende Verzärtelung ist, die von leichtfertig kapitulierenden, wehleidigen Erwachsenen praktiziert und von einer ideologisch benebelten, pseudorevolutionären Psychologie propagiert wird.

Nein, nicht das haben wir gemeint, als wir vor mehr als einem halben Jahrhundert forderten, die Erzieher sollten lernen, das Selbstwertgefühl des Kindes zugleich mit seinem Gemeinschaftsgefühl zu fördern und, im Hinblick auf diese Aufgabe, ohne Befehl und ohne Verbot auszukommen. Wir haben gefordert, daß man Kinder keineswegs davor bewahren soll, die Schwierigkeiten des Lebens richtig wahrzunehmen, denn nur durch die Entfaltung kompensatorischer Kräfte werden sie mit ihnen schließlich fertig. Im Psychischen ist aller Wert Überwindungsprämie; zwar können wir sie nicht immer allein, doch müssen wir sie stets *selbst* erringen. Darum geht es in der Kompensation von vermeintlichen oder wirklichen organischen oder anders begründeten Minderwertigkeitspositionen.

Auch in der Frage der Frauenemanzipation ist die bis zur Karikatur führende Verzerrung fruchtbarer Wahrheiten eine viel zu häufige Erscheinung. Die Befreiung der Frau von der Männerherrschaft hat die absolute Gleichstellung der Geschlechter herbeizuführen, das heißt das gleiche Recht, den eigenen Weg zu wählen, über das eigene Schicksal zu bestimmen. Dieser Kampf ist noch lange nicht beendet, und was er erreichen soll, wird gewiß eine der erstaunlichsten Umwälzungen der Weltgeschichte sein. Doch kann es hierbei natürlich nicht darum gehen, daß die Frauen so werden wie die Männer, sondern umgekehrt, daß sie zusammen mit der Gleichheit das unbeschränkte Recht auf die Differenz, auf das Anderssein erhalten.

Ist die Hysterie in den fortgeschrittenen Ländern allmählich seltener geworden oder völlig verschwunden, so taucht mit diesem, die Vermännlichung erstrebenden Neofeminismus eine neue Art von Hysterie auf, für die das Schlagwort von der Phallokratie als besonders törichte Kampfparole kennzeichnend ist.

Man weiß von jeher, daß der rechtmäßig freigelassene, jedoch innerlich unfrei gebliebene Sklave darauf ausgeht, selbst ein Sklavenhalter zu werden, weil er fortfährt zu glauben, daß Hammer werden muß, wer nicht Amboß bleiben will. Herr oder Sklave, Unterdrücker oder Unterdrückter, Ausbeuter oder Ausgebeuteter – eine andere Alternative kennt er nicht, denn er sucht nicht die Gemeinschaft der Freien, die Gemeinschaft der Gleichen.

In vielen Schriften hat Alfred Adler zu dem Phänomen der kriminell aggressiven Gemeinschaftsfeindlichkeit Stellung genommen und dabei sowohl die sozialen wie auch die psychischen Bedingungen aufgezeigt, unter denen besonders junge Menschen delinquent werden können. In unserer Zusammenhangsbetrachtung wird stets deutlich genug, welche Rolle die Umwelt bei solch negativer Entwicklung spielt. Aber es ist nicht wahr, daß irgend jemand ein Verbrecher werden muß, weil er in einer klassengespaltenen Gesellschaft lebt. Es ist nicht wahr, daß das Verbrechen ein authentischer Ausdruck sozialen Protestes ist. Warum und wozu jemand ein Verbrecher wird, bleibt auch unter voller Berücksichtigung der sozialökonomischen Gegebenheiten ein Problem des Individuums, seiner unzulänglichen Beziehungsfähigkeit, seiner Entmutigung und seines gestörten Gemeinschaftsgefühls.

Hier liegt der fundamentale Unterschied zwischen unserer Auffassung von den Asozialen, das heißt, von Menschen mit gestörter Gemeinschaftsfähigkeit, und der Stellung jener, die mit Berufung auf Ideologien in den Verbrechern nur die unschuldigen Opfer der Gesellschaft sehen. Bei jeder Gelegenheit bekunden sie ihr Mitleid mit dem Raubmörder und vergessen seine Opfer – gleich jenen sonderbaren Antipsychiatern, die so viel von Freiheit sprechen, aber das Individuum mechanistisch nur als Produkt und Antagonist der Gesellschaft betrachten wollen.

Das Grundproblem aller Psychologie ist des Menschen *Dasein* als ein stetes *Bezogensein.* Der Mensch ist eben nicht nur ein Produkt, sondern in hohem Maße ein verantwortlicher Produzent der Umstände in dem unentrinnbaren, dialektischen Verhältnis von Individuum und Gemeinschaft.

Paris, im August 1978 — Manès Sperber

Vorwort

Dieses Buch enthält eine Reihe von Vorlesungen, die ich am Individualpsychologischen Institut in Berlin zur Einführung in die moderne Psychologie, besonders in die Adlersche Individualpsychologie gehalten habe. Die Hörerschaft setzte sich hauptsächlich aus Ärzten, Lehrern, Heilpädagogen und Sozialfürsorgern zusammen.

Die erste Anregung, diese Vorlesungen einem größeren Kreise in Buchform bekanntzumachen, ging von der Hörerschaft aus. Der Autor zögerte aus mehreren Gründen, ihr zu folgen: Er wollte sich davor bewahren, zur modischen Überschätzung der Psychologie beizutragen; andererseits scheint ihm alles so sehr im Flusse zu sein, daß er meint und zugleich hofft, jegliche Veröffentlichung würde nach verhältnismäßig kurzer Zeit überholt sein müssen. Zu schweigen davon, daß die Gegenwart einen Anschauungsunterricht darüber gibt, wie weit entfernt wir von der Lösung der psychologischen Fragen sind, wie jeglicher pädagogische Fortschritt immer wieder in Frage gestellt wird, sei es durch politische Veränderungen, sei es durch gesellschaftliche Entwicklungen, die ihnen zugrunde liegen. Da es scheinen will, als ob der nächste Krieg unvermeidbar sein und daß er die schwerste Gefährdung der Kultur bedeuten könnte, der sie je ausgesetzt gewesen ist — angesichts der ungeheueren Vernichtung des Seins, der wir entgegengehen —, was soll die Bemühung um die psychologische Qualität dieses Seins? Wenn das Was gefährdet ist, was soll die Bemühung um das Wie?

Unsere Psychologie ist kein Laboratoriumsprodukt, ihr Laboratorium ist unser gesellschaftliches Leben. So kann sie nicht leichtfertig die gesellschaftlichen Fragen vernachlässigen und die ungeheueren Gefahren außer acht lassen, die uns bedrohen. Dieser Sachverhalt widerspiegelt sich deutlich in den Vorlesungen. Ihre Zahl beträgt 28. Würden sie nur der Mitteilung der fundamentalen Feststellungen der deutschen Psychologie gewidmet sein, so würden fünf Vorlesungen vollauf genügen. Die Zahl der gesicherten Feststellungen unserer — sehr jungen — Disziplin ist natürlich sehr gering. Es erweist sich als ungleich schwerer, eine psychologische Denkweise zu vermitteln als die Inhalte der Psychologie, die ihr entsprechen. Jedoch ist die Übermittlung einer bestimmten Denkweise eben das Ziel dieser Vorlesungen. Es geht nicht darum, fertige Gedanken zu formulieren, sondern ihren Gang aufzuzeigen, und nicht darum zu überzeugen, sondern vielmehr dem Hörer die Möglichkeit zu bieten, sich selbst zu überzeugen. An die Stelle der Aufnahme von Denkresultaten soll die Auseinandersetzung und das selbständige, teilweise kontradiktorische Denken treten.

Das System, das wir darstellen, nennen wir die *soziale Charakterologie.* Im Hinblick auf die Befunde, die in ihm geordnet sind, müßten wir sie als eine Individualpsychologie im Sinne Alfred Adlers bezeichnen. Daß es nicht geschieht, ist nicht nur auf tatsächliche Meinungsverschiedenheiten in der Einschätzung sozialer Sachverhalte zurückzuführen, die uns von Adler trennen, sondern auf seinen Wunsch, daß dieser Abstand auch durch die Nomenklatur deutlich gemacht werde. Was wir Alfred Adler verdanken, wird der Leser immer wieder erfahren; ebenso wird zutage treten, was uns von ihm, dem wir jahrelang treue Gefolgschaft geleistet haben, entfernt hat.
Einen schweren Fehler glaube ich in diesen Vorlesungen vermieden zu haben: den des Sektierertums, das heute für alle Schulen der deutenden Psychologie charakteristisch ist. Ihn zu vermeiden, gelingt uns hauptsächlich dank der soziologischen Einsicht, die in diesem Falle der psychologischen übergeordnet ist.
Diese Vorlesungen weisen einen Weg zur psychologischen Erkenntnis, sie lehren aber nicht die Psychologie. Die Unvollkommenheit unserer Wissenschaft und ihrer Mittel tritt so deutlich zutage; Kritik wird nicht nur geübt, sondern auch herausgefordert.
Der Leser dieser Vorlesungen wird mit Recht ihre unzulängliche Systematik kritisieren. Es sind Mängel, die sich in improvisierten Vorlesungen schwer vermeiden lassen, doch mag sie mancher Vorzug, der dem Vorlesungscharakter eignet, einigermaßen kompensieren.
Es obliegt uns noch, unserer Hörerschaft auch in diesem Rahmen zu danken. Im Kontakt und in der Auseinandersetzung mit ihr gewannen wir die Möglichkeit, manches klarer zu formulieren, als wir es ohne ihre Mitarbeit vermocht hätten. Wir empfanden uns immer dann auf dem richtigen Wege, wenn der Hörer sich in einen fordernden und kritischen Mitarbeiter verwandelte. So versprechen wir uns von diesem Buche vor allem, daß es uns viele neue Kritiker verschaffen wird, solche, die ermutigen, auch wo sie fordern und verneinen.
Es ist allmählich ein Wagnis geworden, das menschliche Handeln so zu erforschen, als ob es einer rationalen Praxis gleich oder ähnlich wäre. Der Irrationalismus und alle Art verderblichen Aberglaubens werden an manchen Orten heute in den Rang von Staatsreligionen erhoben. Dieses Buch ist eindeutig kämpferisch, sofern es gilt, gegen den modernen Aberglauben anzukämpfen. Eine wissenschaftliche Psychologie, die diesem Kampfe auswiche, gäbe sich selber auf.

Zagreb, im Mai 1934 — Manès Sperber

I

Voraussetzungen

1

Voraussetzungen. Die private Psychologie des Einzelnen. Kindliche Angst als Quelle von Vorurteilen. Wissen und Bewußtsein. Auseinandersetzung über den Irrationalismus. Über die Vulgär-Psychologie. Der Fall X. Ein graphologisches Urteil.

Verehrte Anwesende! Es ist eine besondere Aufgabe, vor die wir, der Vortragende nicht weniger als Sie, gestellt sind. Es geht nämlich vorerst noch lange nicht darum, die Voraussetzungen der Psychologie etwa in ihrer Geschichte oder in den Resultaten der ihr benachbarten Wissenschaften zu suchen, denn wir haben zuvor ihre Voraussetzungen bei uns selbst zu prüfen. Erwarten Sie nicht vom Psychologen, er würde versuchen, Sie über Psychologie zu belehren, und diesen Versuch mit dem Fehler einleiten, Sie als Aufnahmeapparate zu betrachten, die nichts anderes zu bieten haben als die Empfindlichkeit und die Bereitschaft, Eindrücke zu empfangen. Gleichviel, ob Sie ein psychologisches Studium hinter sich haben oder die ersten Schritte in dieses Gebiet tun — Sie sind allesamt Psychologen. Jeder von Ihnen dürfte sich rühmen, sich ein eigenes psychologisches System geschaffen zu haben, das er praktiziert und das in seiner Art sogar geschlossen ist. Daß dies auch dort und in einem gewissen Sinne gerade dort der Fall sein kann, wo das Bewußtsein von diesem System und seiner Geschlossenheit entweder gar nicht oder nur sehr unvollkommen vorhanden ist — das soll aus den weiteren Untersuchungen deutlich hervorgehen.

So bilden wir denn eine Vielheit, später vielleicht eine Gemeinschaft von fertigen Psychologen. Es wäre deshalb verfehlt, würde der Vortragende Sie als *Objekte* ansehen oder würden Sie sich selbst als solche betrachten. Das Dargebotene *aufnehmen* — das ist nur der *erste,* gewissermaßen technische Teil der Ihnen gestellten Aufgabe, die wir wohl am besten bezeichnen als: Auseinandersetzung und Bereinigung.

Hier könnte der Einwand erhoben werden, daß damit keine Sondersituation gegeben sei. Unsere Bemühung um die wissenschaftliche Erkenntnis setzt ja allgemein in dem verhältnismäßig späten Alter ein, in dem man sich bereits bestimmten Vorurteilen unterwirft. Unsere Umwelterlebnisse verführen uns recht häufig zu entschiedener Stellungnahme, noch ehe Belehrtheit es uns ermöglicht, zureichend begründete Urteile zu bilden. Es ist, als ob die kindliche Entwicklung, genauer: die Entwicklung der Beziehungen Umwelt—Kind, Kind—Umwelt, uns zu voreiligen Urteilen, zu Vorurteilen geradezu zwänge.

So könnte ein Kind, das Blitz und Donner erlebt und von ihnen aufs stärkste beeindruckt wird, auf sie die anerzogenen Vorurteile anwenden, noch ehe es zu urteilen gelernt hat. Insbesondere dann, wenn die religiös-moralische Umwelt dem Kinde folgende Meinung aufdrängt: Blitz und Donner sind Drohungen Gottes gegen mich, Ermahnungen, mich zu bessern, meine Sünden den Eltern zu bekennen usf. Das Kind wird infolge seiner Angst und seiner objektiven Hilflosigkeit in besonderer Bereitschaft sein, dieser »pädagogischen« Erklärung zu erliegen. Wird die Angst nun vielleicht — dank einer Umwelt, die nicht besser zu erziehen weiß — das Leben lang bleiben, so wird die *Auffassung* von Blitz und Donner der richtigen physikalischen Einsicht weichen, sofern das Kind nur in der Lage sein wird, sich eines anderen und besseren belehren zu lassen. Und es besteht Grund anzunehmen, daß die gleichen Eltern, die das falsche Urteil erzeugt haben, das Kind bedrängen werden, sich nun die rechte Einsicht zu verschaffen. All das gilt natürlich nur unter der Voraussetzung, daß sich dieser Vorgang auf unserem Kulturniveau, sozusagen angesichts von Blitzableitern, abspielt.
Die Aufnahme der von der Physik gelehrten Auffassungen wird dem Kind von da aus keinerlei Schwierigkeiten bereiten. Sein Vorurteil ist zu deutlich im Widerspruch mit den Tatsachen und sein Interesse, an ihm festzuhalten, überdies zu geringfügig — besonders in einer Umwelt, die ihm eindeutig widerspricht. Seine Angst könnte unverändert bestehen bleiben, ohne es daran zu hindern, ein guter Physiker zu werden. Indes gibt es ein Erkenntnisgebiet, auf dem sie ihm, ohne daß ihm solcher Zusammenhang ins Bewußtsein träte, hinderlich werden könnte: auf dem Gebiete der Erkenntnis seiner selbst und seiner Beziehung zur Umwelt. Im Bereiche der naturwissenschaftlichen Forschung können wir es uns nicht *leisten,* ein *privates* Erkenntnissystem beizubehalten, auf anderen Gebieten aber und gerade auf dem psychologischer Erkenntnis bewahrt das kindliche Vorurteil eine besondere Konservierungsfähigkeit.
Behalten wir das im Auge! Es wird uns in vielerlei Hinsicht nachdenklich stimmen, in uns Verdächte in bezug auf uns selbst erwecken müssen. Wie, wenn unsere psychologischen Urteile weit unter dem Niveau unserer sonstigen Urteile blieben? Wie, wenn es sich erwiese, daß wir fast auf allen anderen Gebieten unsere Eindrücke und Urteile aus der Kindheit zugunsten reiferer Einsicht in breitere, umfassendere Erfahrungsbereiche revidieren, aber als Psychologen den umgekehrten Weg gingen: wenn wir alles Neue, alle neue und umfassendere Erfahrung alten, eben kindlichen Auffassungen assimilierten und sie so gewissermaßen in den viel zu schmalen Rahmen der Erfahrungsmöglichkeiten unserer Kindheit einengten, ja einzwängten?
Wenn dem in der Tat so wäre — und bitte unterstellen Sie es, obschon es Ihnen noch nicht bewiesen worden ist —, dann heißt, die Voraussetzungen der

Psychologie prüfen, nicht zuletzt: die Art und Weise unserer Erkenntnis, sozusagen ihren Prozeß prüfen. Prüfen, wie wir *uns* und unsere Umwelt wahrnehmen, was mit unseren Wahrnehmungen geschieht, kurz: wie *Erlebnis in Erfahrung, Erfahrung in Urteil, Urteil in Tendenz der Wahrnehmung* umschlägt. Solcherart soll uns unsere eigene Erkenntnis zum Objekt unserer Erkenntnis, sollen wir selbst zugleich Subjekt und Objekt der Untersuchung werden.

Verkennen wir nicht die Schwere dieser Aufgabe und nicht die Schwierigkeiten, die wir selbst uns hierbei sind und bieten: Es ist fast, als stünden wir uns selbst in dem Wege, den wir zu uns selbst einschlagen wollen. Da unsere Objektivität durch unser Subjekt-Sein in Frage gestellt wird — wie sollten, wie könnten wir uns denn gegen unsere Subjektivität sichern? Wie sollten wir über unsern eigenen Schatten springen können?

Sie erwarten nun gewiß die Entwicklung unserer Untersuchungsmethode und Beweise für deren naturwissenschaftliche Exaktheit. Eine richtig gestellte Frage, ein sodann richtig angeordnetes, beliebig wiederholbares Experiment — und ein Befund müßte gesichert sein. Diese Annahme drängt sich auf, doch müssen wir sie abweisen.

Es ist Ihnen gewiß bekannt, daß es eine Richtung der Psychologie gibt, die fast ausschließlich experimentell arbeitet. Sie ist sogar die älteste Richtung innerhalb der wissenschaftlichen Psychologie, und es ist zweifellos so, daß die Anordnung ihrer Experimente, zumindest äußerlich betrachtet, allen Ansprüchen an Exaktheit gerecht wird. Doch ergibt sich da ein sonderbarer Zusammenhang: je exakter das Experiment in dieser Disziplin, um so unerheblicher sein Inhalt, um so entfernter von den Fragen, die den Psychologen wahrhaft interessieren müssen. Solcherart bietet die experimentelle Psychologie in ihren exaktesten Ergebnissen bestenfalls kaum etwas anderes als *physiologische* Befunde, die für die Psychologie nicht immer und gewiß nicht beträchtliche Bedeutung haben. In ihren Stellungnahmen oder Äußerungen über psychologische Fragen aber liefert sie gewöhnlich nur eine idealistische Metaphysik, eine unkontrollierbare, durch keinerlei Praxis verifizierte Spekulation.

Wir werden auf die Rolle des Experiments in der Psychologie und somit auch auf die experimentelle Psychologie in anderem Zusammenhang näher eingehen. Wir haben sie jetzt erwähnt, um zu erwägen, ob wir von ihr Antwort auf die Fragen bekommen können, die zu stellen wir uns genötigt sahen. Wenn wir den für unsere Zwecke weitaus brauchbarsten Zweig der modernen experimentellen Psychologie, die gestalttheoretische Psychologie (Köhler, Wertheimer) in Betracht ziehen, deren Forschungsergebnisse durchaus unsere Aufmerksamkeit verdienen — wenn wir also mit Köhler und Wertheimer als

bewiesen annehmen, daß unsere Wahrnehmung im Hauptsächlichen eine Strukturwahrnehmung, der Gesichtsakt ein Akt der Gestaltbildung ist, den wir jedesmal vollziehen, dann ergäbe das noch keine Erklärung für das Zurückbleiben unserer psychologischen Erkenntnisfähigkeit hinter unserer Entwicklung auf anderen Gebieten: für diese sonderbare Enklave der Unreife innerhalb eines Reifungsprozesses, der seit einigen Jahrhunderten die Kenntnis des Menschen von den Gesetzen der ihn umgebenden Natur ins Ungeahnte gesteigert hat.
Verehrte Anwesende, diese Fragen können Ihnen nicht unbekannt gewesen sein, sie müssen immer wieder Ihre Nachdenklichkeit angeregt haben. Die Fragwürdigkeit der Objektivität uns selbst gegenüber hat Ihre Aufmerksamkeit zweifellos nicht seltener herausgefordert als die Frage, wie weit unsere Fähigkeit, uns selbst zu erkennen, hinreichen mag, um uns allgemein gültige Einsichten in die menschliche Natur zu eröffnen. Erwarten Sie nicht, unsere Antwort zu hören. Vorerst geht es natürlich darum, daß Sie sich der Antworten, die Sie bisher innerhalb Ihres eigenen Systems praktiziert haben, bewußt werden. Und ehe wir uns auf der Stufe Ihres heutigen Bewußtseins auseinandergesetzt haben, dürfen wir nicht einen einzigen Schritt wagen. Bedenken Sie die aufgeworfenen Fragen und formulieren Sie nach kurzem Bedenken Ihre Antworten. Am besten: Sie sagen, was Ihnen als erster Einfall kommt.

Antworten aus dem Hörerkreis:

A.: »Wenn der Geist sich selbst zum Objekt macht, so überschreitet er seine Grenzen. Er selber ist nämlich mit rationalen Mitteln gar nicht zu fassen. Deshalb sind die Fragen auch gar nicht zu beantworten. Die Intuition einzelner Genies kann da manchmal aufhellend wirken, aber mit wissenschaftlicher Erkenntnis hat das nichts zu tun.«

B.: »Die Möglichkeit, uns selbst zu erkennen, wird begrenzt und fast schon aufgehoben durch unsere Gefühle, die immer stärker sind als Vernunftsgründe. Gefühle aber sind immer egoistisch, privat. Eine Wissenschaft der Gefühle kann es nicht geben.«

C.: »Jeder Mensch möchte sich vor sich selbst und erst recht vor den anderen verhüllen. Er beginnt früh mit dem Lügen und anderen Mitteln, sich zu verbergen, während er die anderen gern seelisch nackt sehen möchte. Jeder möchte erkennen, aber selbst nicht erkannt werden. Deshalb kann sich die Psychologie so schwer entwickeln und liefert nicht so großartige Resultate wie die Physik.«

D.: »Es hängt alles von der Erziehung ab. Ich hätte gar nicht geglaubt, daß der Blitz und der Donner mich betreffen, auch wenn mir das wer gesagt hätte, weil meine Eltern mich niemals angelogen haben und niemals versucht haben, mich einzuschüchtern. So lange schlecht erzogen wird, so lange wird es eine schlechte Psychologie geben. Die Erzieher müssen erzogen werden.«

Wollen wir uns vorerst mit diesen Antworten begnügen. Obwohl Sie Ihre Meinungen gewissermaßen privat geäußert haben und jede für jeden charak-

teristisch ist, so dürften sie dennoch für ganze Gruppen repräsentativ sein.
Zu den Äußerungen von A.: Sie bekunden den Irrationalismus. Das ist die Auffassung, die lehrt, daß es Erscheinungen gibt — und zwar sind häufig die wichtigsten gemeint —, denen gegenüber sich unsere Vernunft als hilflos erweisen muß. Ihr verschließen sie sich gewissermaßen. Der Bereich der irrationalen Erscheinungen wird von verschiedenen Richtungen des Irrationalismus unterschiedlich eingeschätzt. Doch gerade wer sich um eine wissenschaftliche Psychologie bemüht, darf der Auseinandersetzung mit dem Irrationalismus nicht ausweichen. Um so mehr, als man sich schwer des Eindrucks erwehren kann, daß diese Auffassung der offiziellen Förderung mancher Staaten sicher ist und wie ein Religionsersatz wirken könnte.
Doch wir wollen, bevor wir uns — natürlich nur in großen Zügen — mit dem Irrationalismus auseinandersetzen, ein wenig über das Wesen der Diskussion, insbesondere der philosophischen Diskussion, nachdenken. Wer von Ihnen sich der Mühe unterzogen hat, den Gang von Diskussionen zu verfolgen, den wird es wohl häufig traurig gestimmt haben, daß die Verständigung, auch wenn die gleiche Sprache auf gleichem Niveau gesprochen wird, so selten gelingt. Und wenn Sie sich in die spekulative Philosophie vertiefen, sie durch die Jahrtausende verfolgen, auch dann werden Sie nicht froher: Auffassungen werden wiederholt dargelegt, ihre Richtigkeit so bewiesen, daß sie nur dem bewiesen erscheint, der des Beweises nicht mehr bedurft hat. Der also, um mit Blaise Pascal zu sprechen, in diesen Auffassungen etwas gesucht hat, was er bereits vorher gefunden hatte.
Solcherart ist der Akt der Überzeugung auf diesem Gebiete wohl nichts anderes als ein Akt der Selbstbekräftigung. Daher beherrschen den Psychologen Zweifel an der Möglichkeit, einen Andersgesinnten zu überzeugen. Und dieser Zweifel muß uns in anderem Zusammenhange zu einer brauchbaren Kritik an der bisherigen Pädagogik, insbesondere an der Didaktik, führen. Und nun — um zu unserem Thema zurückzukehren — die Diskussion mit dem Irrationalisten.
Welch ein Übermaß an Schwierigkeiten bietet sich dem dar, der sie naiv zu führen versucht, d.h. mit dem Bemühen, aufgestellte Behauptungen zu widerlegen, als unrichtig zu beweisen usw. Denn die Behauptungen des Irrationalisten sind als Behauptungen unerheblich. Nicht nur beweist er nicht ihre Richtigkeit, er muß es sogar prinzipiell leugnen, daß sie beweisbar seien, da seine Aussage, selbst Irrationales betreffend, nur irrational sein kann. Das ist eine Forderung seines eigenen Prinzips, der er gewiß gehorchen muß. Er kann für seine Behauptungen weder einen Beleg verschaffen, noch darf er es auch nur versuchen. Versucht er es dennoch, so begibt er sich auf ein Gebiet, das er selbst als rational gelten lassen muß, und da versucht er es mit negativen Banalitäten, z.B.: »Wir wissen noch immer nicht, wie das Leben auf un-

serer Erde entstanden ist, also vermögen wir prinzipiell die Frage nicht zu beantworten«. Oder: »Wir wissen nicht, ob es nicht doch eine Art von Fortleben nach dem Tode gibt, also versagt hier die Ratio« usw.

Gewiß beeindruckt den einen oder andern unter Ihnen der Zweifel, der in diesen Äußerungen zum Ausdruck kommt. Aber machen wir uns klar, daß es zwei Arten von Zweifeln gibt. Die eine Art ist schöpferisch, kämpferisch, verändernd, fortgesetzt sich selbst aufhebend und auf einer neuen, höhern Basis neu erstehend: die Negation verneinend, aus der Position den in ihr enthaltenen Keim der Opposition entwickelnd, um über diesen Weg zu einer Synthese, zu einer neuen Position zu gelangen. Bekennen wir uns zu diesem Zweifel und zu einem Leben, das nichts anderes sein kann als Entwicklung, somit fortgesetzte Selbstverneinung und fortgesetzt vorwärts drängende Selbstbejahung in einem.

Bekennen wir uns zu dieser Art Zweifel, die notwendig und lebendig ist wie das Leben selbst, indes die andere Art uns zur Passivität, zur Pseudokritik, zu einer tragischen Gelassenheit, zu einer Mißachtung unserer verändernden Kräfte verführen will. Durchschauen Sie diese Passivität und Sie werden erkennen, daß es eine Aktivität zur Erhaltung des Seienden, des Veränderungsbedürftigen ist. Sie werden verstehen, daß, die das Dunkel preisen, es nur so lange tun können, als andere gehalten sind, die Laternen für sie anzuzünden.

Sie erwarten, daß wir die Behauptungen der Irrationalisten widerlegen? Es sind aber keine Behauptungen, da ihre Autoren sie selbst als unbeweisbar ansehen: Es sind Glaubenssätze. Mit Glaubenssätzen aber setzt man sich nicht auseinander, man klärt sich über sie auf, man analysiert sie. Der Glaube ist kein Kontrahent der Wissenschaft, er ist ihr Objekt.

Lachen Sie den aus, der sich unterfängt, dem Gläubigen zu beweisen, es gebe keinen Gott. Noch in seiner naiven Negation bejaht er mehr, als er dem andern zugesteht. Wäre er weniger naiv, so würde er dem andern den positiven Beweis auftragen, seinerseits aber nicht in den Streit gegen Gott ziehen, sondern gegen jene historisch gesellschaftlichen Kräfte, die an der Erhaltung des Glaubens interessiert waren und sind.

Sie verstehen nun, worin das Wesen unserer Diskussionsart im Gegensatz zur naiven besteht: Unsere Methode ist eine analytische und konkretisierende Methode. Analytisch — das heißt, die Erscheinung in dem Zusammenhang ihrer eigenen Geschichte, ihrer Entstehung und ihrer unlösbaren Bedingtheit rekonstruieren, konkretisieren — das heißt, die *realen* Verhältnisse erkennen und die differenzierte Erkenntnis von ihnen auf diese Erscheinung analytisch anwenden.

Wenden wir diese analytisch-konkretisierende Methode auf den Irrationalismus an. Sind es die unbefriedigenden Resultate der wissenschaftlichen

Forschung, die zu einer solchen Art des »Ignorabimus« drängen? Gewiß, noch dürfen wir uns nicht rühmen, alle Fragen, die stellbar sind, beantworten zu können. Viele Fragen, die wir heute noch nicht einmal zu ahnen vermögen, werden spätere Generationen bedrängen; es ist denkbar, daß das Menschengeschlecht zugrunde gegangen sein wird, bevor es alle Fragen gelöst haben wird. Gewiß, gewiß — aber solche Erkenntnis verführt nicht zum Irrationalismus. Sie ist bedrängend, sie gibt jeglicher Generation auf, noch schneller zu leben, emsiger zu forschen und die Dunkel zu lichten.
Ist es vielleicht die peinigende Erkenntnis, daß die Menschen es mit allem Wissen der Neuzeit doch nicht vermocht haben, ihre Verhältnisse so zu ordnen, daß der Widersinn des Hungers angesichts überfüllter Speicher, daß der Widersinn der Kälte und der Obdachlosigkeit angesichts eines beispiellosen Reichtums, daß der Widersinn des Ausschlusses ungezählter Millionen von der Teilnahme an der Kultur angesichts fast unbegrenzter Bildungsmöglichkeiten, daß der blutige Widersinn des raffiniert technisierten Massenmordes moderner Kriege — sind es all diese sich trotz wissenschaftlichen Fortschritts häufenden Widersinnigkeiten, ist es die Erkenntnis dieser Widersinnigkeiten, die zum Irrationalismus treibt? Führte sie in der Tat zum Irrationalismus, zu dieser alt-neuen Art von Demut — dann müßten wir prüfen, ob man nicht andere Konsequenzen aus dieser Erkenntnis ziehen kann und ob sie nicht bereits in einem wissenschaftlichen, gesellschafts-kritischen System geordnet sind. Ja, es gibt tatsächlich ein solches wissenschaftliches, soziologisches System; es ist anwendbar und liegt auf der Linie der Veränderung.
Bei den Irrationalisten aber handelt es sich weniger um eine Erkenntnis als um ein depressives Sentiment. Solange ein Mensch über seine veränderungsbedürftige und veränderungsfähige Situation nur klagt und jammert, nehmen Sie ihn nicht ernst. Er hat an der Erhaltung dieser Situation wohl mehr Interesse als an ihrer Änderung.
Wenn einer zu Ihnen kommt und klagt: »Das Leben hat keinen Sinn!«, versuchen Sie nicht, ihn davon zu überzeugen, das Leben habe Sinn. Das wäre ganz zwecklos. Es geht in diesem Falle darum, daß einer mit sich selbst, mit seinen Möglichkeiten nichts mehr anzufangen weiß. Der Widerspruch, den er gegen das Leben ausspricht, ist ein realer, sinnvoller Widerspruch, den er jedoch nicht löst, nicht aufhebt. Indes er auf tragischer Höhe zu wandeln glaubt, ist er auf der Flucht vor der Aufgabe, diesen Widerspruch aufzuheben. Er flieht in die Verabsolutierung; er versucht, den Widerspruch zu verewigen.
So entsteht der Irrationalismus an einem Punkte, an dem Widersprüche zu ihrer Aufhebung drängen. Er entsteht als ein Versuch, die Realität zu bagatellisieren, fraglich zu machen, die Drängenden aufzuhalten, das Zögern der Zögernden zu verewigen, das Diesseits zugunsten eines Jenseits zu entwerten.

Fällt uns als Psychologen die Aufgabe zu, den Irrationalismus zu analysieren? Wir antworten: nein! So gewiß es ist, daß der Charakter des einen eine besondere Disposition zum Irrationalismus enthalten mag, der des andern keine, so gewiß ist es auch, daß es ihn, den *einzelnen allein* nicht gibt, daß sein Charakter nicht *sein* Produkt ist, kurz: daß dieser einzelne nicht weniger Umwelt, somit sozialer (gesellschaftlicher) Anteil ist, als er Ich ist und daß er dieses nur wird, weil er jenes ist. Bekennt sich A. zum Irrationalismus, so ist das gewiß für ihn charakteristisch, aber daß er so geartet ist, sich so ausdrükken kann, ja muß, dafür suchen Sie Gründe in einem größeren Zusammenhang: dem Zusammenhang der gesellschaftlichen Realität. Untergehende, herrschende Schichten neigen zum Irrationalismus, weil jede neue Wahrheit ihnen gefährlich zu werden droht, weil jede neue Wahrheit, die sich auf sie und die von ihnen geschaffenen Verhältnisse bezieht, sich in eine materielle, gegen sie und ihre Herrschaft gewandte Gewalt zu verwandeln droht.
Junge Disziplinen, junge Wissenschaften, junge Ideen verbünden sich notwendig mit aufsteigenden Schichten und nicht mit den untergehenden, die die Blicke auf das Jenseits ablenken, um sich im Diesseits zu halten. Die Psychologie bekennt sich eindeutig zur Diesseitigkeit. Hic Rhodus, hic salta: Dieser Diesseitigkeitsstandpunkt mag nicht so »tief« erscheinen, aber er ist verpflichtend. Und er belehrt uns, die Unzulänglichkeit unserer selbst und unserer Erkenntnisse nur als einen Anstoß anzusehen, diese Unzulänglichkeit aufzuheben.
So wollen wir uns zur Regel machen: Wenn uns die Aufklärung eines Tatbestandes nicht oder nur mangelhaft gelingen will, so werden wir
1. uns selber prüfen: ob wir nicht aus subjektiven Gründen mit logischer Scheinargumentation Widerstand gegen sie leisten;
2. die objektiven Verhältnisse überprüfen, die unsern subjektiven Widerstand erzeugt haben mögen;
3. die Verhältnisse prüfen, die der Aufklärung objektive Schranken setzen, deren Aufhebung mit der tatsächlichen Kritik dieser Verhältnisse zusammenfällt.
4. wollen wir immer wieder unsere eigenen Methoden, unsere eigene Vorbereitung prüfen, uns der Leichtfertigkeit des Urteils, der Kurzschlüssigkeit unseres Gedankenganges, der Mutlosigkeit und der Denkhast zeihen — all das wollen wir tun, ohne zum Irrationalismus zu flüchten.

. . .

Wenden wir nun unsere Aufmerksamkeit der Argumentation B.s zu; auch sie ist ihrem Wesen nach irrationalistisch. Es ist augenscheinlich, daß unsere bisherige Erziehung eine besonders günstige Vorbereitung für solche Auffassungen darstellt, dafür, das Gefühlsmäßige als etwas letztlich Undurchdringliches, Unerkennbares aufzufassen. Und Sie wissen wohl, daß die Vulgärpsychologie von dem Gegensatz Gefühl—Vernunft ausgefüllt ist. Sie kennen auch das moderne psychologisch-graphologische System Ludwig Klages' und seiner Jünger, welches sehr mit Unrecht Alleinerbe des Psychologen Nietzsche zu sein beansprucht; dieses System mit all seiner »Tiefe« beruht auf den seichten Gemeinplätzen der Vulgärpsychologie. Der Klagessche Gegensatz »Leben(Rhythmus)—Bewußtsein« scheint nur eine Binsenwahrheit zu enthalten, in der Tat aber handelt es sich um einen Irrtum. Ähnlich steht es mit vielen alten Binsenwahrheiten: Sie stellen genehme Simplifizierungen dar. Aber brauchbare, verifizierbare Vereinfachungen komplizierter Tatbestände sind nur auf einem höhern Niveau hervorzubringen. Sie erinnern sich wahrscheinlich aus der Mathematikstunde, wie sehr Sie anfangs eine Aufgabe komplizieren mußten, um sie zu einer Lösung der höchst erreichbaren Simplizität zu bringen. Machen Sie sich also darauf gefaßt, immer wieder auf lockende Simplifizierungen verzichten zu müssen und den beschwerlichen Weg der Explikation des Komplizierten, der Entwicklung des Verwickelten zu wählen.

Wie, fragen Sie, ist es denn nicht gewiß, daß Gefühl und Vernunft einander Gegensatz sind — und Sie erwarten nach dem Vorausgegangenen, daß wir verneinend antworten. Wir aber antworten überhaupt nicht, denn die Frage ist falsch gestellt. Was sie so triftig zu begründen scheint — etwa das typische Erlebnis des Pubertätlers, bei dem so viele ihr Leben lang stecken bleiben —, das bedarf erst der Analyse, ehe es sich ergibt, welche Erfahrung daraus zu gewinnen ist.

Fragestellungen *können* somit falsch sein, die Antworten auf falsch gestellte Fragen *müssen* falsch sein — aber desungeachtet sind die Fragen objektiv begründet. Von dieser Begründung wollen wir ausgehen, um im weitern Verfolg der Untersuchungen den Punkt zu erreichen, an dem solche Fragen entstehen mußten. Der Gegensatz Gefühl—Vernunft beschäftigt uns sodann in einer ganz andern Weise, nämlich als Wirkung eines bestimmten, zu analysierenden *Apperzeptionsschemas* (im Sinne Alfred Adlers). Auch hier verfährt also der analytisch konkretisierende Diskutant so, daß er eine ihm entgegengestellte Auffassung in den Gesamtzusammenhang ihres sozialen Charakters hineinstellt und in diesem ihre Entstehung, damit ihr Wesen und ihre Wirkung verstehen lernt.

Formulieren wir in diesem Zusammenhang eine von der deutenden Psychologie, zuerst von Freud und Adler gewonnene Erkenntnis, die dank ihrer unüberschätzbaren theoretischen und praktischen Bedeutung die goldene Regel des Psychologen ist:

Irrtümer sind nie unbegründet, stets sinnvoll. Ein Irrtum ist erst erkannt, wenn sein Sinn erkannt ist. Er ist erst dann wirklich berichtigt, wenn das, was ihn im

Zusammenhang seiner Entstehung sinnvoll gemacht hat, erkannt und aufgehoben ist. Einen Irrtum erklären heißt: seinen Sinn deuten.

Ein sehr einfaches Beispiel mag, was gemeint ist, vorerst nur unzulänglich konkretisieren: Nehmen Sie an, Sie hätten einem normal intelligenten Kinde das kleine Einmaleins beizubringen. Der Zögling bereitet Ihnen große Schwierigkeiten damit, daß er nichts behält. Er antwortet bedenkenlos: 2×2 = 5 oder 6. Sie korrigieren immer wieder, verwenden hierbei die üblichen Lehrmethoden, müssen aber staunend feststellen, daß die dargebotene Weisheit das Kind womöglich noch früher verläßt, als es sie nachgesprochen hat. Ehe Sie sich recht versehen, hat das Kind Sie in eine arithmetische Gebetsmühle verwandelt, die überdies die menschliche Eigenschaft besitzt, die Geduld zu verlieren. Sie rechnen, doch das Kind tut nichts dergleichen.

Wir haben vorausgesetzt, dieses Kind sei normal intelligent. Verzweifeln Sie nicht an seiner Intelligenz angesichts dieses Versagens, wir haben noch lange keinen Grund dazu. Wir schätzen im Gegenteil gebührend das Geschick, mit dem das Kind eine Unterrichtsmethode ad absurdum führt und überdies seinen Zweck erreicht. Denn das Kind irrt sich gar nicht in der Antwort; es antwortet richtig, sinnvoll — im Hinblick auf sein Ziel, welches allerdings von Ihrem erheblich abweicht. Es sabotiert den Unterricht und tut dies zweifellos mit durchschlagendem Erfolg. Warum, wozu es sabotiert, was sein fernab liegendes Ziel ist — ja, sehen Sie, das zu erkennen und gewissermaßen auch anzuerkennen, ist Ihre eigentliche pädagogische Aufgabe, im Vergleich zu der der Unterricht im Einmaleins spielend zu bewältigen ist. Heben Sie nur die Sabotage auf, machen Sie das Kind willig mitzuspielen — und Sie werden es merken.

Sie erkennen, daß die Behauptung 2×2 = 5 Ihnen nur so lange dumm und sinnlos erscheinen konnte, als Sie sie isoliert betrachteten. Erst im Zusammenhang mit dem Wesen des Kindes, seinem charakterlich bestimmten Verhalten in der Unterrichtssituation müßte Ihnen die Behauptung, 2×2 sei beliebig viel, sinnvoll erscheinen. Sinnvoll, aber natürlich nicht richtig im Sinne der mathematischen Erwartung.

...

Behalten Sie das bitte im Auge. Erkennen Sie, wie fragwürdig unsere Auffassungen über Menschliches sind, wenn sie nicht innerhalb ihres mehrschichtigen Zusammenhanges gewonnen sind.

Verstehen Sie nun, warum wir es ablehnen mußten, die Frage über den Gegensatz Gefühl—Vernunft bejahend oder verneinend zu beantworten? Welche Abstraktheit bei aller Versimpelung steckt doch in dieser Frage, welch' unanalytische, unsynthetische, unerlaubte Verallgemeinerung!

Die Vulgärpsychologie gibt vor, Gefühl und Vernunft voneinander so scharf trennen zu können, wie der Schlächter Kopf und Rumpf. Wir aber sehen den

Menschen als eine *psycho-physische* Einheit an. Und bisher ist uns nicht gelungen, was jedem Winkelgraphologen zu gelingen scheint: zu unterscheiden und zu trennen, was an einer Haltung nur Gefühl und was an ihr Vernunft ist. Wir sind bisher nie auf ein vernunftloses Gefühl und noch nie auf eine völlig gefühllose Vernunft gestoßen. Deshalb sind diese Termini in der üblichen Verallgemeinerung für uns genauso unbrauchbar wie die anderen Termini der Vulgärpsychologie: gut und böse, offen und verschlossen, sinnlich und nicht sinnlich usw.

Wir wollen einander nicht mißverstehen. Natürlich gibt es das, was mit diesen Ausdrücken bezeichnet wird. Natürlich wird der eine einmal zutreffend, das andere Mal weniger zutreffend sein, aber sie geben nicht mehr preis, als sie verhüllen und als sie wieder fraglich machen:

X. ist aufgrund seiner Berufssituation Vorgesetzter einer Anzahl von Menschen. Er behandelt sie mit einem ausgeklügelten System von Demütigung, Unterdrückung, Ächtung ihres Selbstwertgefühls. All seine Untergebenen empfinden ihn als boshaft, hochmütig, eingebildet. Sie nennen ihn einen schlechten Menschen.

X. ist nicht fähig, seinem Kinde einen Wunsch unerfüllt zu lassen. Er legt sich selbst mancherlei Entbehrungen auf, nur um das Kind verwöhnen zu können. Ähnlich verhält er sich gegenüber seiner Frau. Seine Verwandten, Nachbarn usw. nennen ihn einen herzensguten Menschen.

X. verhält sich seinen höheren Vorgesetzten gegenüber nachgerade demütig. Seine Kollegen nennen ihn einen Duckmäuser.

X. hat keine Freunde, ist gegen jedermann verschlossen, aber seiner Frau und seiner engern Familie gegenüber ist er anders. Ihnen erzählt er jedes Detail seines Lebens.

Die Schrift des Herrn X. wird von einem Vulgärgraphologen analysiert. Der Tenor seines Gutachtens ist etwa: »X. ist ein guter Mensch, doch unter Umständen sehr auf den eigenen Vorteil bedacht. Er ist ein stolzer Mann, doch häufig überkommen ihn Zweifel an sich selber. X. ist einerseits verschlossen, doch kann er sich auch seinen Mitmenschen vollkommen anvertrauen. X. ist ein Gefühlsmensch, dessen Vernunft aber häufig die Oberhand über seine Gefühle gewinnt.«

Nun, was ist Herr X.? Ist er gut, ist er schlecht? Ist er hoch- oder demütig, offen oder verschlossen? Gefühlsmensch mit »vernünftiger« oder Vernunftsmensch mit »gefühlvoller« Oberhand?

Lassen Sie sich das widerspruchsvolle Bild des Herrn X. angelegen sein. Versuchen Sie, es für die nächste Vorlesung etwas weniger vorsichtig, aber eindeutiger zu formulieren, als es dieser »geschickte« Graphologe getan hat.

2

Diskussion über den Fall X. Drei Träume des Herrn X.
Die Entgötterung des Gewissens. Der Fall V. — eine unglückliche Art, glücklich zu sein.
Rassenpsychologie, Nationalpsychologie. Fall Z., der Fall eines Pechvogels. Eine Kindheitserinnerung und ein Traum des Herrn Z. Die Mutter von X., Z. und Y.

Antworten aus dem Hörerkreis:

A.: Ich glaube trotz allem, daß der Graphologe Herrn X. gut charakterisiert hat. Er ist wirklich ein widerspruchsvoller Mensch. Gerade der innere Widerspruch, der ja in jedem Menschen steckt, ist das Merkmal des zutiefst irrationalen Wesens des Menschen. Nur Genies sind wohl vollkommen in ihrer Harmonie, z. B. Goethe. Aber jeder tiefer veranlagte Mensch, der kein Genie ist, muß immer wieder innerlich ringen, um sein Gleichgewicht zu erhalten.

B.: Ich meine, daß gerade das Beispiel des Herrn X. ein Beweis dafür ist, daß es den Gegensatz von Gefühl und Vernunft gibt. Was von beiden vorherrscht, bestimmt den Charakter. Ich glaube, daß Herr X. ein ausgesprochener Vernunftsmensch ist. Nur seine Liebe zum Kinde ist stärker. Das eben ist das Urtümliche im Menschen: Sein bluthaftes Erbe ist stärker in ihm als die Vernunft. Je nach der Rasse ist dieses Erbe im Individuum stärker oder schwächer. Bei den unverdorbenen Rassen ist es stärker, da überwindet es alle vernunftsmäßigen Bedenken.

C.: X. ist sicher ein sehr schwacher Mensch. Daß er sich nur seiner Familie anvertraut, beweist, daß er Angst vor den anderen hat, daß er fürchtet, sich eine Blöße zu geben. Um vor seiner Familie, die seine Blößen kennt, bestehen zu können, nimmt er sich zusammen und versucht, weniger egoistisch zu sein. Da kommt er mit der Güte auf seine Kosten, denn alle rühmen den edlen Gatten und Vater. Bei den anderen hat er Angst, daß sie seine Güte als Schwäche auslegen würden, deswegen ist er schlecht zu ihnen. Doch ist all dies nicht sein innerstes Wesen, denn X. ist ein Mensch, der sich vor jedem verstellt. Beweis: Er erscheint jedem anders.

D.: Die Mitteilungen reichen nicht aus, um sich ein Bild von X. zu machen. Ich empfinde ihn jedenfalls als unsympathisch, eitel und eingebildet, eine beschränkte Beamtennatur, für die ich kein Interesse aufbringen kann.

Verehrte Anwesende, bevor wir auf Ihr Urteil über X. eingehen, müssen wir kurz die Äußerungen C.s und D.s aus der vorigen Vorlesung streifen.
C.s Standpunkt ist ein extrem entlarvungspsychologischer. Um es kraß zu sagen: Der Mensch ist nach C. ein schlau verlogenes Biest, das stets darauf bedacht ist, seine Spuren geschickt zu verwischen. Also sollte der Psychologe

noch raffinierter sein, gewissermaßen ein mit allen Salben gewichster Detektiv, der aus einigen Indizien den ganzen Tatbestand aufdecken könnte. Warum ist der Mensch so? Warum, wozu die Aufführung dieses Blendwerkes? Was treibt den Menschen dazu? Den Maskierten entlarven, das bedeutet natürlich auch klarstellen, wozu und warum er sich die Larve umgetan hat.

Zu den Äußerungen D.s: Wir sind im Hauptsächlichen mit ihnen einverstanden. Doch wird ausführlich zu erwägen sein, ob nicht die Erziehung der Erzieher an Bedingungen geknüpft ist, die bereits Objekt anderer Wissenschaften sind.

Und nun wollen wir unsere Aufmerksamkeit wieder Herrn X. zuwenden. Es scheint, daß er nicht Ihr volles Interesse gefunden hat. Zu Unrecht! Unterschätzen Sie ihn nicht, sein Wesen sollte Sie mehr bekümmern, doch müßten Sie ihn nicht nur als X., sondern sozusagen mit Vor- und Zunamen kennen. Gleicht er zwar niemandem — erwarten Sie nie, zwei völlig gleiche Menschen oder überhaupt zwei gleiche Lebewesen anzutreffen —, so ist er doch ungezählten Mitmenschen erstaunlich ähnlich. D. betont mit Recht, daß Sie bisher zu wenig über ihn erfahren haben. Nun, X. ist das älteste Kind von vier Geschwistern; nach ihm wurden geboren: Y., seine um vier Jahre jüngere Schwester; zwei Jahre nach dieser der Bruder Z.; sechs Jahre nach diesem der Bruder U. Hier einige Wiederholungsträume von X., von denen der eine aus recht früher Kindheit stammt:

Er träumt, daß er verfolgt wird. Je näher die Verfolger sind, um so schlechter kann er sich fortbewegen. Als sie ihm unmittelbar auf den Fersen sind, kann er sich überhaupt nicht mehr vom Orte rühren. — Ein schwerer Angsttraum, aus dem er auch jetzt noch schweißgebadet aufzufahren pflegt.

In dem andern Wiederholungstraum fliegt er aus dem Fenster. Er schwingt sich hoch in die Lüfte und hat dabei deutlich die lauten Rufe der Bewunderung und die Äußerungen des Neides, die die Leute unten ausstoßen, im Ohr. Der Traum endet damit, daß er plötzlich zu fallen beginnt. Die Angst während des Fallens ist »das Gräßlichste, was es überhaupt gibt« — sagt Herr X. selber. Doch löst sie sich in Wohlgefallen auf, da er unten unversehrt und ganz leicht landet.

Ein dritter Traum schließlich: Er ist auf belebter Straße oder in Gesellschaft und bewegt sich ganz unbefangen. Plötzlich bemerkt er zu seiner größten Bestürzung, daß er so gut wie völlig entblößt ist. Ihn packt Scham oder Wut oder eine Mischung von beiden. »Ein abscheulicher Traum«, sagt Herr X.

Gewiß sind Ihnen einzelne dieser Träume aus Ihrem eigenen kindlichen Traumleben bekannt. Weniger bekannt dürfte Ihnen sein, daß man sie auch als erwachsener Mann von 37 Jahren träumen kann. Herr X. ist also darin noch kindlich. Und noch in einer andern Hinsicht ist er es, da er ganz heimlich und gewöhnlich vor dem Einschlafen an seinen Nägeln kaut. »Mit einer Ausdauer und einer Energie, die eines Bessern wert wäre« — sagt er selber.

Da also haben Sie Indizien — was verraten sie Ihnen? Sie merken, daß unser Herr X. bei näherm Zusehen doch nicht so uninteressant ist.

Wenden wir uns vorläufig wieder von ihm ab, da wir noch lange nicht so weit sind, eine Charakteranalyse wagen zu können. Ihre eigenen Äußerungen beweisen, wie sehr es noch um die Voraussetzungen geht.

. . .

A. meint, daß in allen Menschen — die Genies ausgenommen — ein fortgesetztes Ringen um Harmonie ihr eigentliches und im innersten Kern irrationales Wesen ausmache. Ringen, inneres Ringen – das ist ein schönes Wort von beträchtlichem Pathos. Seien wir mißtrauisch gegenüber einem Pathos, das nur uns selbst betrifft. Achten wir darauf, wieviel eitle Selbstverzärtelung in ihm Ausdruck und Legitimierung finden mag. Gewiß, es gibt ein psychologisches System, das dieses innere Ringen begründet zu haben meint: Das moralistische System Siegmund Freuds, in welchem das »Überich« und das »Es« und mittendrin das Ich fortgesetzt sonderbare Ringkämpfe aufführen. Zwar scheint dieses »naturwissenschaftlich« begründet zu sein, in Wahrheit wird hier jedoch ein altes moralistisches Mißverständnis neu aufgetischt.

Was ringt denn im Menschen? Das Gewissen — Freud nennt es das Überich — mit den Trieben, Neigungen, entgegen einem Verbot zu handeln. Verkennen Sie nicht, daß es mit dem Gewissen wie z.B. mit unseren bisherigen Rechtssystemen steht. Sie sind aus dem tatsächlichen Unrecht abgeleitet, das diejenigen begangen haben, die dank ihm über die Gewalt verfügten, ihre Macht mit einem Rechtsinstitut zu sichern. Im großen und ganzen haben in der Weltgeschichte die erfolgreichen Mörder die Statuten zur Sicherung des Lebens aufgestellt, die erfolgreichen Räuber die Gesetze gegen die Enteignung geschaffen. So erinnern wir uns des Rechtes gewöhnlich nur im Zusammenhang mit seinem Bruch.

Es soll Sie nicht überraschen, wenn wir das Gewissen als eine psychische Instanz zum Schutze dessen betrachten, was die Moralisten die Gewissenlosigkeit nennen. Die kritische Erfahrung lehrt uns, daß sich hauptsächlich jene des Gewissens rühmend bedienen, die bereits an den Gewissensbissen eine moralische Genugtuung finden, die der in unserm Sinne »Gewissenlose« erst in der Korrektur seines Verhaltens erhoffen kann. Die Reue, verehrte Anwesende, ist häufig nur ein raffinierter Trick. Hüten Sie sich vor denen, die sich seiner allzu häufig bedienen.

Es gibt leidenschaftliche Bereuer. Und es gibt eine ganze Kultur der Reue. Studieren Sie doch daraufhin die Kirchengeschichte, vertiefen Sie sich in das Wesen des christlichen Europas des Mittelalters. Nie hat es gehäuftere, absurdere Verbrechen, nie eine ausschweifendere, ekstatischere Reue, nie ein so »beißendes« Gewissen gegeben, als eben in jener Epoche, nach der sich viele unserer Zeitgenossen sehnen.

Sie werden einwenden, daß eben, weil die Menschen zu jener Zeit so viel verbrachen, ihr eigenes Gewissen gegen sie aufgestanden ist, um wider sie und für das Bessere in ihnen zu zeugen. Doch selbst wenn dieser Einwand zu Recht bestünde, müßte es uns nachdenklich stimmen, daß das Gewissen zu solcher Machtlosigkeit gerade in jener reuesüchtigen Welt verurteilt war, daß ihm die traurige Rolle zufiel, immer zu spät zu kommen und das nächste Vergehen nicht verhindern zu können. Hat aber das Gewissen diese Wirkung nicht, dann muß es wohl eine andere haben: Es verschafft jenen, die das Vergehen begangen haben, den Vorteil einer nachträglichen Rechtfertigung.

Sie mögen einwenden, daß es eine Statistik der durch das Gewissen verhinderten Verbrechen nicht gibt und nicht geben kann. Gewiß, aber es gibt immerhin eine Statistik der begangenen Verbrechen. Diese ist zwar unvollkommen, doch reicht sie zum Beweise dafür aus, daß Völker auf primitiver Stufe, was Verbrechen anbetrifft, elendige Stümper sind im Vergleich mit jenen Völkern höchster Gewissenskultur, die sich zum Beispiel zu Beginn der Neuzeit berufen fühlten, ihre Moral den Primitiven, den Eingeborenen fremder Kontinente, aufzuzwingen.

Verstehen wir einander recht. Wir meinen natürlich nicht, daß die Geschichte der Menschheit von dem Maße ihres Gewissens bestimmt ist. Es ist natürlich umgekehrt. Doch erfahren wir aus der Geschichte, daß keine Spielart der Moral uns die Geschicke der Menschen verständlich machen kann. Die Moral bestimmt nicht, sie wird bestimmt. Jegliche Herrschaft hat die ihr gemäße Moral, die sie in den Phasen ihres Untergangs sichtbar zu kompromittieren beginnt.

Somit: Nicht das Gewissen, nicht das *Überich* Freuds, nicht das moralisierte *Gemeinschaftsgefühl* Adlers bestimmt die Persönlichkeit, sondern umgekehrt bedient sich die einheitliche Persönlichkeit des Gewissens, der Moral; sie ringt, weil und sofern das Ringen selbst die ideale Form ihres Gleichgewichts sichert.

Da sei Ihnen V., ein Ringer *comme il faut* vorgestellt. Er ringt, was das Zeug hält. Er kämpft mit »Schuldgefühlen«, mit Gewissensbissen; er kann bereuen wie kaum ein zweiter im Lande.

Fragen Sie seine Frau um ihre Meinung über ihn.

Sie sagt, er sei ein Egoist. Fragen Sie seine Geschwister: Sie sagen: Er hat es von früher Kindheit an verstanden, sich Verzärtelungen zu erzwingen. Er hat aus jeglichem Unfall, aus jeglicher Erkrankung ein Maximum an Vorteilen zu holen gewußt.

V. ist ein Mann, der vor allem dort ringt, wo er eigentlich gezwungen wäre, eine Entscheidung zu treffen. Dieses Ringen ist somit eine Art von *zögernder Attitude.* Indes, so vollkommen seine Kunst des Zögerns sein mag, das Leben *erzwingt* Entscheidungen. Indem er mit dem Ringen dauernd beschäftigt ist, schiebt er die Entscheidung anderen zu. Ist die Entscheidung gefallen, so möchte er sich gegen den erheben, der sie getroffen hat. Er geniert sich, das zu tun, und ist deprimiert. Depressionen sind gewiß ein Leiden, aber häufig eines, das reichlich lohnet. Alle haben unter der Depression mitzuleiden, denn unser Herr V. hat eine wahrhaft penetrante Art zu leiden, so daß sich jeder aus seiner Umgebung fragen muß, was er wohl gegen V. verbrochen haben könnte.

V. ist unglücklich. Gewiß. Aber sehen Sie ihn nur genau an, wenn er erklärt: »Ich bin ein unglücklicher Mensch.« Sehen Sie ihm ins Gesicht. Sonderbar: Sein Gesichtsausdruck straft den Tonfall Lügen. Und Ihnen kommt die Ahnung, daß es nicht nur eine glückliche, sondern auch eine unglückliche Art gibt, glücklich zu sein. Wir wollen die Menschen mit der unglücklichen Art, glücklich zu sein, nicht beneiden. Aber bedauern wir sie auch nicht. Erkennen wir sie, ändern wir sie, wenn wir es vermögen.
Gewiß gibt es auch ein anderes seelisches Ringen. Dieses ist ein Teil der Entwicklung, eine Wirkung und ein Ausdruck ihrer Dynamik. Doch mündet dieses »innerlich« begonnene Ringen in ein nach außen gerichtetes Handeln. Den Dichter drängt es zu schreiben, den Maler zu malen usf. Dieses Ringen bedeutet Aktivität, ihm fehlt die Wehleidigkeit des Verhaltens von V., es ist vom Anspruch auf Irrationalität weitest entfernt. Es schafft keine Spannung, sondern hebt sie und ihre Ursachen auf. So rangen, so ringen wir alle, sofern wir aktiv sind und etwas leisten. Ringend erlernten wir zu gehen, zu sprechen, wurden wir, was wir sind. Unerfindlich, warum man diesen Prozeß irrational nennen sollte. Weil er widerspruchsvoll ist? Nun jeglicher Prozeß der Entwicklung ist widerspruchsvoll. Lernen Sie richtig, das heißt: der Wirklichkeit adäquat, in Widersprüchen zu denken. Und das heißt: *die Einheit als die Bildung aufgehobener Widersprüche zu erkennen, die nun in sich selbst den Widerspruch zu sich selbst entwickelt, um zu einer neuen Einheit zu führen.* Sehen Sie *nur* Widersprüche, dann nehmen Sie sie nicht wirklichkeitsgemäß wahr. Sie müssen ihr Wesen als *Einheit* und *Dieselbigkeit* (Hegel) erkennen, sonst glauben Sie etwas völlig anderes, gar nicht Gegebenes vor sich zu haben, nämlich Polaritäten. Und weil es keine Polaritäten gibt, mit denen Sie als Psychologe zu tun haben, weil Sie somit eine Wirklichkeit, die es nicht gibt, zu erklären versuchen, landen Sie im Irrationalismus.
Wir haben hier von dem Prozeß als einem dialektischen Geschehen gesprochen und sind bei dem Grundsatz angelangt, durch dessen Vernachlässigung man sich den Weg zu unserer Wissenschaft verschließt:
Der Mensch kann nicht anders verstanden werden denn als eine dialektische Einheit. Demgemäß wird auch Ihre Methode, ihn zu erforschen, über ihn nachzudenken, aus seinem Verhalten zu schließen, dialektisch sein müssen. Weichen Sie davon ab, dann landen Sie in der Mystik der gespaltenen Persön-

lichkeit, in dem Einerseits-andererseits der Vulgärpsychologie, in einem pseudoempirischen Polarismus, einem Triebmystizismus, in der Moral, beim Gott der Religion oder beim anonymen Gott des Irrationalismus — überall da mögen Sie dann heimisch sein, nur nicht in der deutenden, verstehenden Psychologie, der unsere Bemühung gilt.

Lassen Sie uns nun in eine schwierige Auseinandersetzung eintreten. B. hat in wenigen Worten den Rassenstandpunkt vertreten. Sie hörten Worte wie: *urtümlich, bluthaft, Erbe des Blutes,* die für manche Gemüter sehr eindrucksvoll zu sein scheinen.
Gibt es also eine Rassenpsychologie, bzw. sollte es sie geben? Oder eine Nationalpsychologie? Denn der Rassenbegriff ist in den letzten Jahren bei manchen Schriftstellern so enge geworden, daß ein Volk — sie sagen gerne und aus unerfindlichen Gründen: Volkheit — ihnen als eine geschlossene Rasseneinheit erscheint. Und Sie erinnern sich gewiß aus dem Weltkriege, wie leicht sich eine Nationalpsychologie herstellen läßt: Die Italiener — ein Volk von geborenen Verrätern; die Engländer — ein Volk brutaler Krämer; die Franzosen — eine lügnerische Brut; die Deutschen — Boches; die Russen — ein Volk von schmutzigen Wodkasäufern usw.
Gibt es nun tatsächlich den Nationalcharakter? Ja und nein. Im Sinne der Charakterisierung: Alle Angehörigen dieses oder jenes Volkes sind gut, schlecht, wahrheitsliebend oder verlogen, eigennützig oder uneigennützig — im Sinne einer solchen Charakterisierung gibt es natürlich keinen Nationalcharakter. Ihn annehmen, bedeutet sich mit dem Horizont eines beschränkten Provinzspießers zu bescheiden. Sie wissen, daß dessen Urteile und Verurteilungen mit einer Entschiedenheit zu erfolgen pflegen, die seiner Ignoranz direkt proportional ist.
Angesichts der nachgerade enthusiastischen Entwicklung einer National- und Rassenpsychologie, die direkt dem Kopfe dieses Kleinbürgers entsprossen scheint, dürfen Sie sich nicht der bedrängenden Frage verschließen, was wohl mit unserer Kultur, was mit unserer gesellschaftlichen Ordnung geschehen sei, damit solche Auffassungen Millionen Köpfe vergiften können, daß gehirnvernebelnde Thesen zum Zwecke der Selbstüberhebung und der Verächtlichmachung aller anderen sich als Wissenschaft anbieten dürfen. Zu Zeiten Immanuel Kants, dem man nachsagt, er habe sich von den Stadtgrenzen Königsbergs selten weit entfernt, war es schwerer, solche Thesen als Wissenschaft zu statuieren, als in unserer Gesellschaft angesichts von Luftschiffen, denen die Erde zu klein geworden ist. Es scheint somit, daß der technische Fortschritt nicht unbedingt als Fortschritt anzusehen ist. Es scheint, daß es überall und stets darauf ankommt, *wer* die Maschinen zu *welchem* Zwecke anwendet, *wer* sie besitzt, *wer* über sie verfügen kann.

Kehren wir zu unserm Thema zurück. Wenn es den Nationalcharakter im angedeuteten Sinne nicht gibt — in welch anderem gibt es ihn? Konkretisieren wir: Als Germanen und Römer zusammenstießen, empfanden sie einander als verschiedene Charaktere. Die weit höher entwickelten Römer waren sehr wohl in der Lage, diesen andern Nationalcharakter der eng vergemeinschafteten, nomadisierenden Germanen einzuschätzen, ihn als bedrohlich für ihr eigenes Imperium und ihre Kultur zu erkennen. Einige Jahrhunderte später empfanden die inzwischen seßhaft gewordenen und weitgehend an die römische Kultur assimilierten, christianisierten und verstädterten Germanen (Franken) gegenüber den Sachsen annähernd das gleiche, das vorher die Römer in bezug auf sie selbst empfunden hatten.

Sie erkennen: Gibt es zwar den Nationalcharakter, so ist er historisch-soziologisch und keineswegs rassologisch zu begründen. Er ist das Ergebnis der Umstände, unter der eine Gruppe von Menschen lebt, sich selbst reproduziert und unter denen sie produziert. Man bezeichnet sie am besten als gesellschaftliche oder als Produktionsverhältnisse.

Die Merkmale, die einer Gruppe gemeinsam sind, und sie von anderen Gruppen differenzieren, sind nachweisbar von den bezeichneten Verhältnissen bestimmt. Sie verändern sich mit diesen, wenn auch nicht in völlig gleichem Tempo, denn häufig bleibt der Charakter aus Gründen, die wir an anderer Stelle ausführlich erörtern werden, hinter den rasch fortgeschrittenen Verhältnissen zurück und erhält erst mit dem Akt ihrer grundlegenden Umwälzung eine entscheidende Entwicklungsbeschleunigung. Doch dieses Zurückbleiben des Gruppencharakters hinter der Entwicklung der gesellschaftlichen Verhältnisse, die ihn selbst einschließen, wird nur kurzsichtige Denker verführen, diese ihre Beziehung zu verkennen.

Bauern verschiedener Nationen und Rassen sind einander gruppen-charakterologisch ähnlicher als ihren konnationalen Städtern. Aber der amerikanische Farmer, der bereits mit dem Traktor arbeitet, ist, gleichviel welcher Nation er entstammen mag, dem Tiroler Bergbauern, dem ostpreußischen Kätner, dem süditalienischen Bauern unähnlicher als dem gehobenen städtischen Handwerker in Innsbruck, Königsberg und Neapel. Der norwegische Eisendreher ist seinem Pariser Kollegen ähnlicher als seinem konnationalen großindustriellen Arbeitgeber, was die entscheidenden Gruppencharakterzüge betrifft.

Man sieht recht genau, worauf es ankommt: An welchem Punkt der gesellschaftlichen Produktion ein Mensch steht, wie hoch entwickelt diese selbst ist, welches Entwicklungstempo sie hat und dergleichen mehr. Der Eisendreher, Sohn eines Bauern, ist seinem Kollegen, Sohn eines Eisendrehers, Enkel eines städtischen Handwerkers, lange Zeit vielleicht noch unähnlicher als dem Bauern aus seinem Heimatdorfe. Doch dies ändert sich in einer fortge-

setzten Assimilation an die neuen, höheren Produktionsverhältnisse. Der Zug von der Stadt aufs Land setzt nicht ein, wenn die von städtischen Literaten gepriesene »Schollensehnsucht« einsetzt, sondern wenn die Einwohner der Stadt von Hunger und Obdachlosigkeit bedroht sind.
Ungezählte Bilderbuchvorstellungen von Völkern, von Ländern werden uns von frühester Kindheit an aufgedrängt. Zahllose andere werden mit Rotationspresse und Radio forciert und uns fast ins Hirn eingebleut. Was alles zu glauben, verführt dieses Bilderbuch: »Die Japaner sind freundlich, doch tükkisch«, heißt es. Diese Meinung wurde aufgrund der Kenntnis jener Japaner gewonnen, die als erste den Weg nach Europa unternahmen, hauptsächlich der herrschenden Schicht ihres Landes angehörten und in diplomatischer Mission zu den Weißen gekommen waren. Streng gefolgert sind in diesem Sinne alle Diplomaten und Höflinge der Welt Japaner, indes der japanische Hörer in Ihrem Kreise ein Europäer ist.
»Die Russen haben eine Seele, die saufen maßlos, prügeln ihre Weiber und müssen den Zaren abgöttisch verehren.« Humbug: Die Geschichte hat dieses Geschwätz eindeutig widerlegt.
»Die Inder sehnen sich ausschließlich nach dem Nirwana. Sie ahnen kaum, daß man kämpfen kann.« Unsinn: Die Geschichte der letzten Jahrzehnte, die sich nicht fälschen läßt, beweist Ihnen, wie unzutreffend eine solche Behauptung ist.
Befreien Sie sich von diesen nichtswürdigen Bilderbuchvorstellungen, lassen Sie Ihren Blick für die Vielgestaltigkeit des Lebens reifen und erkennen Sie, daß da, wo Ihnen eine Impression als Naturgesetz angeboten wird, der tendenziöse Versuch gemacht wird, Ihr Bewußtsein zu beschränken.

B. erklärt die Haltung des Herrn X. gegenüber seinem Kinde aus einem bluthaften Erbe, einem nachgerade tierischen Instinkt. Eine solche Erklärung ist keine, denn damit sie halbwegs brauchbar sein könnte, müßte erwiesen werden, daß es dieses Erbe gibt, und man müßte erklären, warum es bei Herrn X. so und bei vielen anderen seiner Rassegenossen völlig anders wirkt.
Gewiß ist die Erklärung, die C. für die Hypertrophie familiärer Gefühle bei Herrn X. gegeben hat, nicht schmeichelhaft, aber sie kommt der Wahrheit näher. Unsere eigene Stellung zu dieser Frage wird in der Analyse des Charakters von X. noch deutlicher werden.
Noch ein Wort zu den Äußerungen von B. Er spricht von dem materialistischen Zweckgedanken. Es ist unverkennbar, daß hier unter materialistisch ökonomisch *eigennützig* verstanden wird. Ein katastrophales Mißverständnis, das wir sogleich aufklären wollen. Unter Materialismus ist eine philosophische und wissenschaftliche Grundauffassung zu verstehen, die mit dem ökonomischen Eigennutz etwa so viel zu tun hat wie der deutsche Spießer mit

der Hegelschen Dialektik — also gar nichts. Diese Grundauffassung hat zwei verschiedene Interpretationen, die *mechanistische* und die *dialektische*. So ist jede Wissenschaft gemäß ihren Voraussetzungen materialistisch, insofern sie voraussetzt, daß jegliche Materie Wirklichkeit ist, unabhängig davon, ob wir sie wahrnehmen, denken, vorstellen oder nicht: daß die Naturgesetze, denen alle Materie gehorcht, von uns nicht *erfunden*, sondern *entdeckt* werden.
Es entspricht eher dem Spießerbrauch als einem denkenden Kopf, die Anhänger des Materialismus mit den ökonomisch Eigennützigen zu identifizieren. Und ebenso verkehrt ist es, jemand, der sich zum Idealismus bekennt, als einen edlen, sich für Ideen aufopfernden Menschen anzusehen.
Wir aber bekennen uns zum Materialismus und meinen, es mit gutem Grunde zu tun und damit nur eine Voraussetzung unserer wissenschaftlichen Arbeit anzuerkennen. Darin kann uns die lebensgefährliche Gegnerschaft des entfesselten Spießers, der gegen die Materialisten kämpft, ohne auch nur einen annähernd richtigen Begriff von ihrer Auffassung zu haben, natürlich nicht wankend machen.

Und was nun die »Zweckgedanken« betrifft, so werden wir an anderer Stelle nachweisen, daß es sehr schwer ist, einen zwecklosen Gedanken auch nur hypothetisch anzunehmen. Der Verächter der Zweckgedanken unterscheidet sich von dem bewußt in Zwecken und Mitteln Denkenden lediglich darin, daß er nicht einmal weiß, welchem Zwecke gemäß er denkt, welchem Ziele er zustrebt. Wenn dem so ist, dann wäre es ratsam, darüber nachzudenken, woher diese Verachtung der bewußt angestrebten Zwecke wohl herrühren mag. Vielleicht daher, daß manchmal der Mut nicht ausreicht, sich — wenn auch nur vor sich selbst — zu den eigenen Zielen zu bekennen. Und vielleicht auch daher, daß man sein eigenes Streben als verächtlich erkannt, durchschaut hat.
Prüfen Sie daraufhin Ihr eigenes Denken, meine verehrten Hörer, denn ehe Sie nicht denkmutiger geworden sind, wird Ihnen die Aufnahme unserer Anschauungen schwer überwindliche Schwierigkeiten bereiten. Es lockt erneut der Abweg, der Rückweg in die *Magie.*
Die Ursachen im Bereiche des menschlichen Teils der Natur werden Ihnen verständlicher werden und Kompliziertes verständlich machen, wenn Sie sie in anderer Gestalt, in der des Zwecks, des gesetzten Ziels aufspüren. *Die Fähigkeit des Menschen vorauszudenken, vorauszusehen, kommt dem Zwange, es zu tun, gleich. Hier muß er, was er kann.* Und er kann es nicht neutral tun, nicht, ohne Stellung zu nehmen. Und nimmt er anscheinend keine, so ist es doch eine, entscheidet er sich nicht, so hat er sich doch entschieden. Billigen Sie sich als Psychologen *keine Neutralität zu.*

Muß der Mensch vorausdenken, so muß er auch Zukünftiges bejahen bzw. verneinen. Denn dieses Zukünftige ist im Gegenwärtigen nicht weniger wirksam als das Vergangene. Nehmen Sie dem Menschen den Gedanken an das Morgen — und das Neue wird sinnlos, hört auf, lebbar zu sein. So sehr ist alles Leben Bewegung, daß kein Punkt denkbar ist, an dem man dieser Bewegung Stillstand gebieten könnte. Nicht einmal der individuelle Tod, an den wir alle glauben müssen, kann uns bewegen, anders zu denken, als daß jeglichem Heute ausnahmslos ein Morgen folgt.
Nehmen solcherart Ursachen in unserm Leben leicht die Gestalt von Zielsetzungen an, so kann man keineswegs daraus folgern, daß die ins Bewußtsein getretenen Zielsetzungen entscheidend sein müssen. Entscheidend sind die Taten, indes nicht verwirklichte Intentionen in jedem Fall problematisch sind.

. . .

Herr Z. — er ist der um 6 Jahre jüngere Bruder von X. — klagt über Pech, das heißt darüber, daß die Kluft zwischen seinen Absichten und seinen Erfolgen unüberbrückbar sei. Er nennt sich einen geborenen Pechvogel. Seine erste Kindheitserinnerung lautet:

Ich spiele mit meiner Schwester im Treppenhaus. Meine Schwester rutscht rücklings das gewundene Treppengeländer hinunter. Ich will das gleiche machen, falle aber und zerschlage mir die Nase, so daß sofort Blut rinnt. Wie ich das Blut sehe, beginne ich zu heulen. Meine Schwester lacht und sagt: »Und eine Beule auf der Stirn hast Du auch.« Da heule ich noch lauter, bis die Mutter kommt und mich in die Wohnung hinaufträgt. Damals war ich sechs Jahre alt und meine Schwester acht.

Seine letzte Erfahrung — er ist jetzt dreißigjährig —: Gestern hat er, als er mit dem Kinde seines Bruders spielte, eine Scheibe eingeschlagen. Mit den Splittern hat er sich und das Kind verletzt. Also ein Pechvogel, dieser Z.: Nichts will ihm recht gelingen, und die berüchtigte Tücke des Objekts scheint es ganz auf ihn abgesehen zu haben. So fällt denn alle Erfahrung, die er macht, gegen ihn aus. Es ist, als ob er gezwungen wäre, stets über sich selbst zu stolpern. Sein Glaube an das Pech begleitet ihn seit seiner frühen Kindheit; ein fester Glaube, der in seinem Leben fast schicksalhafte Bedeutung erlangt hat.

Nun, an die Tücke des Objekts wollen wir ja nicht glauben. Wir wissen, daß das Objekt weder tückisch noch liebreizend ist, ihm ist in der Reaktion keinerlei Wahl gestellt. Der, auf den es einwirkt, bewirkt gleichzeitig die Rückwirkung. Wenn Sie einen harten Gegenstand gegen eine Glasscheibe werfen, so bleibt der Scheibe keine Wahl: Sie zerbricht. Es kommt nur darauf an, ob Sie es tun, ob und womit Sie werfen. Das tückische Objekt ist somit nichts anderes als ein schlecht, ungeschickt, unsachgemäß behandeltes Objekt.
Z. verhält sich also unsachgemäß. Seine äußere und innere Haltung ist unangepaßt, so daß er häufig einen komischen Effekt erzielt. Mit triumphaler

Siegermiene kläglich erliegen, am Ziel angelangt, die Chance als Hindernis verkennen und sie bekämpfen, indes das wahre Hindernis bedrohlich auf einen zukommt — all diese Auswirkungen der Unangepaßtheit an die wirkliche Welt sind Komik und Tragik *in einem.* Herr Z. empfindet die Tragik, die Umwelt, die Komik. Nur ein Mensch fühlt mit ihm: seine Mutter. Auch sie glaubt an sein Pech und an die Tragik. Sie weiß Merkwürdiges zu berichten:

Drei Monate vor seiner Geburt ging sie zu einem angesehenen Hellseher. Er enthüllte ihr erstaunliche Dinge über ihre damalige konfliktreiche Situation. Über den noch ungeborenen Z. sagte er voraus: »Er wird zwar immer ihr Sorgenkind sein, aber Sie werden ihn mehr lieben als Ihre anderen Kinder. Er wird Sie nie verlassen.« Als sie um detailliertere Prophezeiungen bat, sagte er: »Mehr darf ich Ihnen nicht sagen, als daß das Kind Sie sein Leben lang brauchen wird. Ohne Ihre Liebe könnte er zugrunde gehen.«

Noch heute — inzwischen sind immerhin mehr als 31 Jahre vergangen — erzählt Z.s Mutter diese Begebenheit mit allen Anzeichen tiefster Bewegtheit. Auch was sie sonst berichtet, verdient unser Interesse:

Leider ist alles so eingetroffen, wie es der Hellseher prophezeit hat. Z. kam untergewichtig zur Welt. Man glaubte gar nicht, daß es möglich sein würde, ihn am Leben zu erhalten. Im zweiten Monat setzten besondere Schwierigkeiten ein. Er erbrach fast alles. Kaum war es damit besser geworden, bekam er Ausschläge am ganzen Körper. Einmal hat er sich erschreckt, und von da an pflegte er fürchterlich zu schreien, oft viele Stunden hintereinander. Dann bekam er Keuchhusten, und wie der vorbei war, hat er noch jahrelang weitergehustet. Hauptsächlich in der Nacht und später auch am Tage. Das war, als er in die Schule zu gehen begann. Ich habe ihn schließlich aus der Schule herausnehmen müssen, denn kein Mittel hat gegen das Husten helfen wollen. Erst mit dem elften Lebensjahr ist der Husten verschwunden. Doch auch jetzt hustet er manchmal, ohne daß ihm was fehlt.
Nichts ist ihm leicht geworden. Außer mir ist niemand mit dem Kind gut gewesen. Mein Mann hat ihn nicht leiden mögen. Er hat ihn nie anders als »Klageweib« oder »Mamas Tölpel« genannt. Er hat überhaupt kein Gefühl für die Kinder gehabt. Nur wie der Jüngste gekommen ist, ist es anders geworden. In den war er ganz vernarrt. Und wie mein Mann im Sterben lag, hat außer der Krankenschwester niemand bei ihm sein dürfen, nur der Jüngste. Der ist ihm auch nachgeraten, genauso hart und jähzornig wie mein seliger Mann. Und was er will, das verschafft er sich.

Diese zum Teil wortgetreu wiedergegebene Darstellung der Mutter Z.s ist gewiß aufschlußreich. Ergänzen wir sie durch einige Mitteilungen Z.s. Die erste betrifft einen von ihm — mit geringen Abweichungen — wiederholt geträumten Traum:

»Ich stehe mit vielen Leuten am Ufer eines tiefen Flusses. Plötzlich wollen alle, daß ich ins Wasser springe und ihnen was vorschwimmen soll. Sie sagen, ich hätte mich gerühmt, daß ich gut schwimmen kann. Nun soll ich es zeigen. Ich sage, daß ich mich nicht gerühmt habe, daß ich mich daran nicht erinnern kann und schreie: ›Ihr seid alle Lügner, ich habe mich nicht gerühmt.‹ Aber ich habe selbst das Gefühl, daß die Leute Recht haben dürften. Plötzlich steht ein riesig großer Mann vor mir. Wie er mich anschaut, fühle ich plötzlich, daß ich in die Hosen uriniere. Ich habe Angst, daß die anderen das bemerken könnten. Ich denke: Da ist es schon besser, du gehst gleich ins Wasser. Ich bin angekleidet und springe so ins Wasser. Da höre ich eine schreckliche Stimme rufen: ›Tölpel‹. Ich drehe mich nicht um und versuche auch nicht zu schwimmen, weil ich ja gar nicht schwimmen kann. Plötzlich — ich weiß nicht wieso — bin ich wieder am Ufer. Niemand ist da außer meiner Mutter, die sagt: ›Jetzt ist Dein guter Anzug auch schon kaputt.‹ Ich bekomme eine fürchterliche Wut auf sie und beginne zu brüllen, ganz ohne Worte, nur brüllen, brüllen. Da bin ich aufgewacht, eigentlich hat mich die Mutter aufgeweckt, weil ich wirklich gebrüllt habe. Komisch, daß ich auch dann noch die Wut vom Traum gehabt habe.«

Befragt, wie er den Traum wohl deute, antwortet Z.:

»Von solchen Sachen wie Traumdeutung halte ich nichts. Da ist es schon genug, wenn meine Mutter zu jedem Wahrsager läuft und alles glaubt. Aber wenn Sie schon Psychologe sind, dann klären Sie mich doch darüber auf, warum ich immer, wenn meine Mutter mich aus der Patsche zieht, gerade auf sie eine solche Wut habe, wo ich ihr doch eigentlich dankbar sein müßte.«

Verehrte Anwesende, wir waren im Begriff, uns über die Zweckbestimmtheit der seelischen Regungen auseinanderzusetzen. Dieser Fall wurde Ihnen vorgelegt, um das Problem zu konkretisieren. Die Frage, die Z. am Schluß selber stellt, darf gewiß Ihr Interesse beanspruchen. Aber die wichtigste Frage, um die es jetzt geht, ist: Liegt dem Verhalten Z.s nicht eine unbewußte Tendenz zugrunde? Ist, was uns bisher als sein Pech erschienen ist, nicht von ihm selbst herbeigeführt worden? Was aber ist diese Tendenz? Warum, wozu ist sie entstanden. Und warum, wozu bleibt sie unbewußt? Und was soll seine Wut gegen die Mutter?
Noch haben Sie die Methode der Deutung von Träumen und Kindheitserinnerungen nicht kennengelernt. Versuchen Sie trotzdem, die dargebotenen Materialien zu deuten. Nicht zum erstenmal bemühen Sie sich, den Sinn eines Gleichnisses zu erkennen. Nun, Traumbild und Kindheitserinnerung sind ebenso deutbar wie Gleichnisse.

3

Geschichte einer unglücklichen Ehe. Erklärung der Hellseherei. Aberglaube und Fatalismus. Sünde, Schuldgefühle. Ödipus-Komplex. Der Fall N. Was ist Zerrissenheit des Wesens? Ein Tag aus dem Leben des Herrn Z. Drei Prinzipien der deutenden Psychologie. Das Wesen der Kritik.

Antworten aus dem Hörerkreis:

A.: Nach all Ihren Darlegungen und gerade nach der Darstellung des Falles Z. muß ich doch dabei bleiben, daß das Wesen des Menschen voller Widersprüche ist. Alles wird vom Schicksal beherrscht. Merkwürdig, daß der Hellseher das Schicksal des Z. so richtig vorausgesagt hat. Glauben Sie an ein vorbestimmtes Schicksal?

B.: Z. ist ein gehemmter Mensch. Wahrscheinlich liegt hier ein typischer Freud-Fall vor: ein Fall von Ödipuskomplex und Schuldgefühl. Ich kann den Traum nicht deuten, aber ich habe den Eindruck, daß Inzest-Momente vorhanden sind. So träumt einer, der vor seinen eigenen Sünden Angst hat. Das ist der Kampf mit den Dämonen, die jeder in sich birgt. Z. erliegt in diesem Kampfe nicht, aber er siegt auch nicht. Daher die Zerrissenheit seines Wesens.

C.: Z.s Ungeschicklichkeit ist gewiß auf seine falsche Erziehung zurückzuführen. Er ist offensichtlich von seinen Geschwistern unterdrückt und beschämt worden, von der Mutter aber in einer nicht gewöhnlichen Weise verwöhnt. Je ungeschickter er ist, um so mehr muß ihn die Mutter verwöhnen. Das ist gewiß so, ob Z. jedoch diese Zusammenhänge kennt? Wenn er davon keine Ahnung hat, wie kann man dann von einer Tendenz sprechen? Z. ist das Opfer eines abscheulichen Vaters und einer dummen Mutter. Er handelt, wie er handeln muß, eine Tendenz ist nicht dabei.
Seine Wut gegen die Mutter ist vielleicht daraus zu erklären, daß er sich vor ihr schämt, weil sie weiß, wie klein und hilflos er ist. Dieses Wissen verzeiht er ihr nicht.

D.: Ich glaube nicht, daß der Fall Z. ein Beweis dafür ist, daß die seelischen Regungen tendenziös sind. Im Gegenteil beweist, glaube ich, der Traum, der ja auch eine seelische Regung ist, daß hier keine Tendenz zur Auswirkung kommt. Die Erfahrungen, die Z. am Tage macht, spielen auch im Traum eine Rolle. Würde der Traum tendenziös sein, so müßte sich Z. darin als Held sehen. Das würde eher seiner Tendenz entsprechen. Ursachen können unbewußt sein, aber wieso Tendenzen unbewußt sein können, das kann ich nicht begreifen.

Es scheint, daß der Fall Z. Ihnen nicht einleuchtend machen konnte, welches Maß von Intentionalität all unserm Handeln eigen ist, doch werden Sie trotzdem aus diesem Fall noch vieles lernen können. Indes sind wir vorerst noch damit beschäftigt zu prüfen, inwieweit die Voraussetzungen, die *Sie* mitge-

bracht haben — also Ihr eigenes psychologisches System: Ihr Charakter, Ihre Ideologie — Sie daran hindern, das Wesen von Z. zu erkennen. So dienen denn diese Falldarstellungen vorderhand dazu, gewissermaßen Ihre Meinungsbildung und Ihre Meinungsäußerung zu provozieren. Ihre Meinungsbildung? Nein, verehrte Anwesende, vorerst doch nur der Äußerung Ihrer *vorgefaßten* Meinung, einer Meinung, die Sie gefaßt und gebildet haben, lange ehe Sie vom Fall Z. etwas wissen konnten.
Daß unser System der Auseinandersetzung mit der Welt fertig und funktionsbereit ist, ehe unser Wissen über diese Welt abgeschlossen ist — was es übrigens nie sein kann —, diese Enge unseres Systems ist eine große Behinderung für unsere Erkenntnis. Daß wir — im Gleichnis gesprochen — alt werden, ehe wir unsere Jugend vollenden durften, daß wir nach verhältnismäßig wenigen Schritten Halt machen, als wären wir an der vorgeschobensten Grenze angelangt — all dies, meine verehrten Hörer, bewirkt, daß wir uns selbst beschränken, und verführt uns, im Heute die Spuren des Vorgestrigen zu suchen, anstatt die Keime des Morgen zu entdecken. Und weil wir das Neue, das sich Verändernde so häufig nicht erkennen, verkennen wir auch das Gestrige und Heutige.
Man hat uns vieles gelehrt, jedoch nicht, wie wir es zustande bringen könnten, unser Leben lang Lernende zu bleiben. So vergreisen wir in der Kindheit und messen mit Maßen, die gestern Geltung hatten, die umfassender und anspruchsvoller gewordene Gegenwart. Indem wir die Wirklichkeit so scheinbar vergewaltigen, vergewaltigen wir in der Tat nur einen äußerst geringfügigen Bruchteil dieser Wirklichkeit: uns selbst.
. . .
Beschäftigen wir uns nun mit einigen Fragen, die sich aus Ihren Antworten ergeben.
A. fragt, wie wir die richtige Voraussicht des Hellsehers erklären. Er stellt somit die Frage nach dem Wesen des Hellsehertums und wie man die häufig richtigen Voraussagen dieser verspäteten Propheten bewerten soll. Bevor man dies versucht, gilt es, folgendes in Betracht zu ziehen: Erstens ist es stets eine bestimmte Art von Menschen, die Hellseher aller Gattungen in Anspruch nehmen. Es handelt sich im allgemeinen um Menschen, die eine besondere Art von Unzufriedenheit empfinden, aber um so inaktiver werden, je mehr ihre Unzufriedenheit zunimmt. Sie schwanken zwischen tiefster Depression und bedrückenden Gefühlen der Ausweglosigkeit einerseits und illusionsreichen Tagträumen andererseits, in denen ihnen das Wunder unverdienter Hilfe widerfährt. In diesen Träumen spaltet sich für sie das Meer, in dem sie zu ertrinken fürchteten, und sie schreiten trockenen Fußes in das Paradies.
Diese Inaktiven sind aktiv, wenn sie eine Garantie zu haben glauben, daß al-

les gut ausgehen werde. Sie schreiten selbstbewußt nur auf den Erfolg zu. Doch der Kampf gegen den Mißerfolg und seine tatsächliche Umwandlung in einen Erfolg wird von ihnen abgelehnt. Sie verfallen in eine erbärmliche Hilflosigkeit, die sie zwingt, Wunder zu erwarten. In dieser Situation begeben sie sich zum Hellseher.

Zweitens: Die Erfolgsstatistik des Hellsehers ist insofern sehr einseitig, als sie *nur* Erfolge bucht. Nicht eingetroffene Voraussagen erscheinen als unerheblich, da jeder von uns sich zutraut, Voraussagen zu machen. Es gibt sicher unter Ihnen solche, die sich gerne ihrer Ahnungen rühmen. Diese mögen sich darauf prüfen, wie viele ihrer Ahnungen, die sich nicht erfüllt haben, von ihnen registriert worden sind. Sie werden feststellen, daß, obwohl deren Zahl wesentlich größer ist als die der eingetroffenen Ahnungen, sie sozusagen unter den Tisch gefallen sind. Jede eingetroffene Ahnung aber wurde mit sensationellem Akzent registriert und — zumeist unbewußt — vergrößert. Denken Sie an den so häufigen Ausspruch: »Ich habe es ja immer gesagt.« Oder: »Ich habe es vorausgewußt.« Gewiß, es sind zumeist rechthaberische Familienmitglieder, die mit solchem Anspruch auf die Prophetenposition schon manchen Familienfrieden gestört haben. Sie haben es zumeist tatsächlich vorausgesagt, aber — das übersehen sie — sie haben auch das Gegenteil behauptet. Oder denken Sie an die Schwarzseher. Sie prophezeien jeglichem Beginnen ein katastrophales Ende. Ihre Voraussage trifft häufig nicht ein, aber einmal ist ihnen das Unglück hold, und nun steht es fest, daß ihre bösen Ahnungen sie nie trügen. Es ist klar, daß sich jeder solche Prophetie zutrauen dürfte.

Sie sehen, es geht um eine brauchbare Statistik. Da aber jegliche Statistik tendenziös ist, müssen wir lernen, sowohl die guten als auch die schlechten Statistiken zu analysieren. Sie werden einwenden, daß sich im Falle Z. die Voraussagen des Hellsehers tatsächlich bewahrheitet haben. Nun, dieser Fall wird uns über manches aufklären können:

Die Mutter des Z. — nennen wir sie Frau Müller — war 30 Jahre alt, als sie zum Hellseher ging. Sie war mit einem um 11 Jahre ältern Mann verheiratet, der ihr niemals eine Aufmerksamkeit zuwandte, durch die sie sich hätte bejaht fühlen können. Sehr bald nach der Geburt des ersten Kindes erlahmte jedes Interesse des Herrn Müller für seine Frau. Zu jener Zeit gibt Herr M. seinen Konfektionsladen auf und wird Reisender; er ist wenig zu Hause, was zur äußersten Auflockerung der sexuellen Gemeinschaft zwischen den Eheleuten beiträgt. Es kommt eine lange, geheimgehaltene eheähnliche Beziehung zwischen Herrn Müller und einer früheren Angestellten hinzu. Seine Frau entdeckt Spuren dieser Beziehung, sie macht ihrem Manne häufig Vorwürfe. Er leugnet alles ab, doch es gelingt ihr dank einem Zufall, ihren Mann zu überführen. Er gibt nun alles zu und stellt ihr frei, ihn zu verlassen. Ent-

schlossen, sich von ihm scheiden zu lassen, verläßt sie ihn und nimmt die Kinder — den damals sechsjährigen X. und die zweijährige Y. — mit. Nach wenigen Tagen kehrt sie zurück. Sie ist keineswegs geneigt, sich mit der außerehelichen Beziehung des Gatten abzufinden, aber sie fürchtet sich zu sehr vor dem Schicksal der geschiedenen Frau und bleibt. Bei einem lieblosen Geschlechtsverkehr empfängt sie. Es wird eine qualvolle Schwangerschaft. Sie schwankt zwischen dem Entschluß zur Abtreibung und dem Willen, gleichsam aus Trotz, das Kind auszutragen. Sie fürchtet und erhofft einen Abortus. Sie weint tage- und nächtelang und erwartet stets das Wunder, daß ihr Mann sich ihr wieder vollkommen zuwende. Sie macht ihrem Mann unvermittelt öffentliche Szenen, bedroht seine Geliebte. Der Mißerfolg ihrer Unternehmungen erzeugt in ihr Selbstmordgedanken. Nach einem recht unernsten, mißglückten Selbstmordversuch begibt sie sich zum Hellseher.
Dieser entdeckt mühelos, was jeder andere Beobachter auch erkannt hätte: eine unglückliche, schwangere Frau. Es ist ein Kinderspiel, dieser Frau auf den Kopf zuzusagen, daß sie unglücklich ist, daß sie niemand auf der ganzen Welt versteht, daß sie schlecht behandelt wird. Die Frau fühlt sich verstanden, ihr Vertrauen ist bald unbegrenzt. Sie ahnt nicht, wieviel ihre suggestive Art zuzuhören ihrem Gegenüber verrät. Auch wenn er ihr etwas sachlich Unzutreffendes sagte, würde sie davon überzeugt sein, daß sie sich geirrt habe, nicht er. Dieser Mann versteht sein Handwerk, er gibt dieser schwachen Frau Recht gegen ihre — zumindest vermeintlich — feindselige Umwelt. Schon das ist Trost. Und nun kommt der messianische Clou des Ganzen: Der Ungeborene wird der Trost fürs ganze Leben sein. Wenn niemand dich braucht — er wird dich sein ganzes Leben brauchen.
Gewiß, er riskiert nicht viel mit seiner Prophezeiung. Doch mag darin weniger Scharlatanerie als Lebenserfahrung stecken. Vielleicht verwandte er nur intelligent die Lebenserfahrung, daß Mütter in der Situation von Frau Müller sich häufig mit allen Kräften an ihr Neugeborenes klammern und es nicht mehr loslassen können. Und vielleicht verstand dieser Hellseher, daß dies einem fast hermetischen Abschluß von der Umwelt gleichkommen kann. So hat sich denn auch diese Mutter zwischen ihr Kind und die Welt gestellt. Und nur sehr spät und auf Umwegen konnte die Stimme des Lebens zu ihm dringen. Dieser lebenserfahrene Mann sah nur voraus, was jeglicher Psychologe hätte vermuten müssen. Doch wir wollen nicht übersehen, daß seine Prophezeiung selbst schon Suggestion war, ein Faktor, der die Mutter und durch sie die Entwicklung des Kindes beeinflußte. Diese Mutter nahm die Prophezeiung wie ein höheres Gebot auf und befolgte es ihr Leben lang.
Nicht nur der durchaus geheimnislose Charakter der hellseherischen Praxis wird hier deutlich, sondern auch die Methode der Entlarvung des Mystischen.

Um es im — einem Witz entlehnten — Gleichnisse zu sagen:
Ein Mann sieht sich in der Wüste plötzlich einem Löwen gegenüber. Mangels jeglicher Waffe greift er schnell entschlossen zu seinem Schirm, bringt ihn wie ein Gewehr in Anschlag und schreit: Piffpaff — der Löwe fällt tot um. Ein Wunder. Sollten Sie aber keinen Bedarf an Wundern haben, dann werden Sie Ihren Forschungsbereich erweitern und werden unschwer erkennen, daß hinter dem Mann mit dem Schirm ein wirklicher Schütze mit einem wirklichen Gewehr gestanden hat.
Nun entbehrt der Schirm, sein Inhaber wie dessen Piffpaff jeglichen Interesses. Der Witz hat sie nur bluffen wollen, der wirkliche Schütze genügt zum Verständnisse des Vorgangs. Aber es kommt darauf an, daß Sie nach ihm suchen, daß Sie immer entschlossen sind, mehr sehen zu wollen, als sich Ihnen von selbst darbietet.

A. fragt, wie es mit unserm Glauben an das Schicksal stehe. Wir haben ihn nicht. Wir haben die Überzeugung, daß die Gesetze der Entwicklung der menschlichen Gesellschaft und die Gesetze der Somatologie Naturgesetze sind, deren Wirksamkeit und bestimmenden Charakter auch die Biographie jedes einzelnen erweist. Man kann vielleicht diese Determination Schicksal nennen, doch ist es besser, man tut es nicht. Denn mit dem Worte Schicksal verbindet sich seit Jahrtausenden ein Inhalt, den wir keineswegs bejahen. Der Fatalismus (Schicksalsgläubigkeit) sieht den das menschliche Leben bestimmenden Faktor außerhalb eben dieses Lebens: in Gott, in astrologisch gedeuteten Gestirnkonstellationen und dgl. mehr. Wir sehen aber als die Wurzel des Menschlichen die Menschen selber an, richtiger: die Verhältnisse, die sie unter bestimmten Bedingungen miteinander eingehen, Verhältnisse, in denen die Änderung der Umstände mit der menschlichen Tätigkeit schlechthin zusammenfällt. Der Fatalist kennt den Menschen nur in einem linearen Verhältnis zum Schicksal: Er erleidet es. Wir meinen, daß er es nicht weniger schafft als erleidet. Wir sehen ihn nicht nur als das Produkt, sondern auch als den Produzenten seiner Umstände an.

Frau Müller ist Fatalistin. Was wir zu ihrer Charakterisierung vorgebracht haben, gilt — mit beträchtlichen Nuancenunterschieden — für fast alle Fatalisten. Sie erkennen zwar die Notwendigkeit, verändernd zu handeln, aber sie warten voller Qual, Pein und einer kindischen Hoffnung auf das Wunder. Sie fliehen die Verantwortung vor sich selbst und der fordernden Umwelt, wie Alfred Adler in seiner Analyse des *nervösen Charakters* bewiesen hat, und verstricken sich in immer größer werdende Schwierigkeiten, in denen sie sich zur Ausweglosigkeit verdammt sehen. Und wo sie sich dennoch bewegen müssen, entscheidet — die gerade oder ungerade Zahl der Knöpfe, eine schwarze Katze, die Begegnung mit einer Nonne, mit einem Rauchfangkehrer usw. Der Hinweis darauf, daß auch Menschen, deren Taten im welthistorischen Maßstab wirkungsvoll waren, zuweilen Fatalisten gewesen sind, widerlegt nicht diese charakterologische Feststellung. Wir verdanken Schiller die subtile dichterische Gestaltung eines solchen Mannes: Wallenstein. Während die Umstände zu raschesten Entschlüssen drängen, wartet Wallenstein auf den Wink seines Astrologen. Der tatkräftige Feldherr und unsere Frau Müller auf einer Stufe? Erschrecken Sie nicht, es waren ganz verschiedene konkrete Probleme, vor denen sich die beiden ähnlich verhielten. Als Wallenstein ins Schwanken geriet, als er sein Usurpatorenschicksal durch die Sterne legitimiert und den Erfolg *vor* dem Wagnis gesichert wissen wollte, da war nichts von der Tatkraft des siegreichen Feldherrn vorhanden, da waren die gleichen Momente dominant, wie im Verhalten der sich vor der Scheidung ängstigenden Frau Müller. Das zur Herstellung und zum Verständnis dieser Gleichung notwendige Prinzip kennen Sie bereits. Es ist das Prinzip der vergleichenden Zusammenhangsbetrachtung (A. Adler). *Zur weitern Ausdeutung dieses Prinzips:*

Jegliches Verhalten kann nur im Zusammenhang mit der Situation, in der es zutage tritt, verstanden werden. Diese Situation muß stets im Hinblick auf die Elemente, die sie ermöglichten und herbeiführten, erforscht werden.

Die Vernachlässigung dieses Grundsatzes führt notwendig — wenn auch manchmal auf Umwegen — zu mannigfaltigen Formen der Verabsolutierung. Infolge dieser erscheint sodann das Individuum als Individualität von *Leibnizschem Monaden*charakter. Oder es wird festgestellt, daß diese Individualität zwar mit den Füßen auf der Erde steht, mit dem Kopf aber im undurchdringlichen Nebel des Irrationalen schwebt.

. . .

Nun zu B.s Antwort auf die in der vorigen Vorlesung gestellten Fragen. Sie finden da Hinweise auf: Ödipuskomplex/Inzestmomente/Schuldgefühle/Sünden/Kampf mit den Dämonen/Zerrissenheit des Wesens. Diese Begriffe enthalten Voraussetzungen, die B. mitgebracht hat. Ob nun diese Begriffe brauchbar, diese Voraussetzungen förderlich sind? Sehen wir vorerst von »Ödipuskomplex/Inzestmomenten/Schuldgefühlen« ab — sie entstammen dem System der Psychoanalyse, auf das wir des öftern zurückkommen werden. Untersuchen wir die anderen, sozusagen mehr persönlichen Begriffe B.s.

Sünden. Ungezählte Millionen Menschen mögen auch heute noch bei diesem Wort ein in seiner ganzen Peinlichkeit kaum bewußtes Gefühl empfinden, das aus Angst, Abscheu und Gier gemengt ist. Diesem komplexen Gefühl geht individualhistorisch eine Erziehung zum Glauben an eine überirdische Macht voraus, die belohnt und bestraft. Verbot und Forderung sollen — so

will es diese Erziehung — Richtschnur des Handelns sein. Erst die gläubige Bejahung dieser Richtschnur erzeugt zuweilen das Gefühl bzw. das Bewußtsein der Sünde. Nur Gläubige sündigen, psychologisch gesehen. Der Theologe sieht es anders, natürlich. Im Mittelpunkt seiner Psychologie steht die Sünde; sie lehrt, daß der Kampf zwischen dem Guten, »guten Trieben« und dem Bösen, »schlechten Trieben« oder Trieben schlechthin, den der Mensch innerlich austrägt, für seinen Charakter bestimmend ist. Sie ist eine Altvordere der Freudschen Psychoanalyse. Das Pathos der Verdammnis aus dem Alten Testament ist in beiden Systemen lebendig geblieben.
Indes, die die Sünden fürchten, werden von ihnen zudringlichst in Versuchung geführt. Von den Heiligen berichten gläubige Verkünder, daß sie den schlimmsten Versuchungen ausgesetzt gewesen seien. Da sie ihnen in imponierender Weise widerstanden, wurden sie heilig. Die Zahl der kanonisierten Heiligen mag manchem Skeptiker groß erscheinen. Sie ist im Gegenteil sogar erstaunlich gering. Wächst zwar mit der Furcht vor der Sünde die Versuchung, so wächst doch in gleichem Maße die Widerstandskraft. Sich des verbotenen Weges recht bewußt zu sein und ihn dennoch zu beschreiten, ist das Schicksal der überwiegenden Majorität der Gläubigen. Die Triebe sind daran schuld, sagen religiöse Psychologen und die Psychoanalyse einträchtlich. Wenn dem so ist, dann kann der Begriff der Sünde für den Psychologen weder ein fundamentaler noch ein allgemeiner Begriff sein. Sünde — eine sozialanalytisch aufzuhellende Ausdrucksform eines Autoritätsverhältnisses, dessen Wesen einen offenen Widerspruchscharakter trägt. Diesen zu deuten, ist die Aufgabe des Psychologen.
»So träumt einer, der vor seinen eigenen Sünden Angst hat«, bemerkt B. zu Z.s Traum. Was sind es für Sünden, die Z. begangen hat oder zu begehen fürchtet? B. meint, daß Z. unbewußt von seinen Trieben gedrängt sei, mit seiner Mutter Geschlechtsverkehr zu üben; da dies eine Sünde wäre, sei er geängstigt. Angenommen, jedoch keineswegs zugegeben, dem wäre so, d.h. der Inzesttrieb wäre im Wesen Z.s vorhanden und sogar bestimmend, angenommen, er stünde unter dem tiefen Eindruck eines in der Kindheit erfolgten Verbotes seiner Inzest-Wünsche und sähe diese deshalb als Sünde an, vor der ihn Angst zurückhält — so bleibt zu fragen, warum in dem einen Falle die Angst vor der Sünde mit der unwiderstehlichen Lockung, sie zu begehen, zusammenfällt, im andern Falle jedoch die Angst so beherrschend ist, daß die Sünde als Verlockung völlig zurücktritt. Sollte es das strenge Verbot sein, das im zweiten Falle erfolgt ist? Es gibt strengere, unter höheren Strafen stehende Verbote als das Inzestverbot es heute ist — doch wird gemordet, obschon darauf in so vielen Ländern der Tod steht, obschon das Grauen vor dem Mörder und die moralische Ächtung, die er erfährt, unübertrefflich sind. Umgekehrt gibt es in der Sowjetunion seit nunmehr anderthalb Jahrzehnten

weder das strafgesetzliche Verbot des Inzests noch seine ideologische Ächtung und trotzdem gibt es keinerlei Anhaltspunkt dafür, daß die inzestuösen Beziehungen dort zugenommen haben.

Am Ende unserer Ausführungen über die Gewissensbisse sind wir zum Schluß gelangt, daß moralische Gegengründe sich nie als unüberwindliche Behinderungen unmoralischer Handlungen erwiesen haben. Auch der Angst vor der Strafe kommt keineswegs die Bedeutung zu, die ihr die Moralisten und Strafprediger zubilligen. Folglich muß geschlossen werden, daß da, wo eine Tat unterbleibt, der Wunsch, sie zu verüben, wesentlich schwächer sein muß als die Angst, die dann nicht so sehr mit der Tat zusammenhängt als mit völlig anderen Momenten, die in jedem Falle zu untersuchen wären.

»Kampf mit den Dämonen« — eine schöne Redewendung. Der sie für sich gebraucht, meint gewiß etwas damit. Der Psychologe wird erkennen, daß der Kampf mit den Dämonen nicht nur ein bestimmtes »inneres« Verhältnis bezeichnet, sondern 1. ein *nicht* verstandenes inneres Verhältnis und 2. ein zwar durch das Sentiment bereits gerechtfertigtes, jedoch *verfehltes* Verhältnis. Wer diesen Kampf der Dämonen in des Menschen Brust anerkennt, trägt bei zu dessen Rechtfertigung, er treibt naive Mythologie statt Psychologie.

N., Sohn sehr reicher Eltern, auf den ökonomischen Kampf ums Dasein völlig unvorbereitet, heiratet gegen den entschiedenen Widerspruch seiner Eltern ein Mädchen aus der tiefsten Schicht des Kleinbürgertums — seine erste selbständige, seine erste rebellische Tat. Keine selbständige Tat, insofern als er geheiratet *wird.* Die Tatkraft ist auf der Seite des Mädchens. Er wird enterbt und völlig ohne Unterstützung gelassen. Er müßte nun selbst seinen und seiner Frau Unterhalt verdienen, da versagt er völlig. Nur dank der Frau, die ein wenig schneidern kann, hält sich das Ehepaar über Wasser. Nach dem Mißlingen seiner ersten — nebenbei bemerkt, unernsten — Bemühungen beginnt N., der bisher den Alkohol gemieden hat, zu trinken. Nach etwa einem Jahr ist es ihm gelungen, ein Schnapssäufer zu werden. Wie es sich herausstellt, muß er sich auch jetzt noch zum ersten Gläschen zwingen, da es ihm nicht schmeckt. Er stiehlt aus dem Portemonnaie seiner Frau jeden Pfennig, dessen er habhaft werden kann, und vertrinkt ihn. Kommt er besoffen nach Hause, so beschimpft er seine Frau unflätig, erklärt ihr, daß sie der Stein an seinem Halse sei, wünscht ihr, sie möchte doch bald verrecken. Zeitweise schlägt er sie auch.

N. erzählt jedem, der es hören will, daß er — leider — erfolglos mit seinen Dämonen kämpft. Indes seine Frau für ihn schuftet, entwickelt er täglich neue »Theorien« über seine seelische Rettung: die Besiegung der Dämonen, die sich seiner bemächtigt haben. Wir sehen das Absinken dieses Menschen, wir verstehen seine tiefe Entmutigtheit gegenüber seiner Frau, gegenüber der Aufgabe, das Leben zu meistern, die zu erfüllen er so gar nicht vorbereitet worden ist. Und wir verstehen sehr wohl, daß das Trinken das Hindernis ist, das er sich notwendig selbst aufrichten mußte, um *legitimiert* nicht zu tun, was zu tun er sich nicht zutraut. Er *will* übrigens auch gar nichts tun. Unausgesprochen ist in ihm die Gewißheit, daß die Frau, die die Schuld an seiner sozial-ökonomi-

schen Degradierung trägt, sozusagen büßen muß. Sie hat ihm die Eltern genommen, nun soll sie die Leistungen der Eltern auf sich nehmen.
Er sagt: »Was könnte ich doch leisten, wenn ich nicht von meinen Dämonen besessen wäre, wenn ich nicht immer wieder dem Alkohol verfiele.« Wollen Sie auf diesem Niveau mit ihm bleiben, wollen Sie ihm beistehen, seine Dämonen zu bekämpfen? Die Schlacht wäre verloren, noch ehe sie begonnen hat. Dämonen sind, wenn man an sie glaubt, unbesiegbar, andernfalls sind sie ein falsch gestelltes Problem. Stellen Sie es richtig, und Sie haben keine Dämonen, sondern einen verwöhnten Lebensfeigling vor sich. Was sagt dieser Feigling: »Wenn nicht die Dämonen wären, könnte ich etwas leisten.« Er müßte sagen: »Ich brauche den Suff, zu seiner Glorifizierung die Dämonen, um nicht tun zu müssen, was ich sonst tun müßte, nicht kann und eigentlich auch gar nicht will.«

Es ist ungleich leichter, sich zu Dämonen, Sündhaftigkeit, Inzestsucht zu bekennen als zur Feigheit. Der Eitle, der sich nicht zu seiner Eitelkeit bekennt, der Feige, der nicht einmal den Mut zur Feigheit aufbringt und sie mit Dämonen dekoriert, der Psychologe, der ein lyrisch-religiös-moralisches Vokabular verwendet — analysieren Sie deren Meinungsäußerungen wie ein psychologisches *Material,* ebenso wie die *Zerrissenheit des Wesens.*

Z. sagt von sich selbst, er sei zerrissen, bestätigt also sozusagen die Meinung B.s. Er schwankt fortgesetzt. Bevor er etwas unternimmt, quält er sich mit verschiedenen Einwänden gegen sein eigenes Vorhaben ab. Und hat er gehandelt, so quält ihn der Zweifel, ob er wohl richtig gehandelt habe.
Zerrissen ist er in all seinen Beziehungen. Zur Mutter: Erinnern Sie sich an seinen Traum und an seine diesbezügliche Aussage. Zu seinem Bruder X: Ohne recht zu wissen, warum er dies tue, verachtet er ihn, mißtraut er ihm und fühlt sich überdies von ihm schlecht behandelt. Trotzdem sucht er ihn auf, sooft es nur geht, dabei von dem Gefühle gequält, er falle ihm lästig. Die Frau seines Bruders nennt er beschränkt und unintelligent, ist aber jedesmal beglückt, wenn sie auch nur ein lobendes Wort über ihn sagt.
Zu seiner Schwester Y. steht er kritisch. Er nennt sie eine Blufferin und meint, daß sie nur deshalb Karriere gemacht habe — sie hat ungewöhnlich schnell eine hohe Beamtenposition errungen —, unterläßt aber nirgends, wo ihr Name fällt, mitzuteilen, daß sie seine Schwester ist. Er hat sie bewogen, ihm eine nicht unbeträchtliche monatliche Unterstützung zu geben, hat aber versucht, sie zu ruinieren, indem er sie anonym bei einer vorgesetzten Stelle denunziert hat, sie führe einen unmoralischen Lebenswandel, unterhalte sexuelle Beziehungen zu verheirateten Männern, falle durch Geldausgaben, die ihrem Gehalte nicht angemessen seien, auf.
Z., der keinen Beruf ausgelernt hat, betätigt sich jetzt als Agent für Staubsauger. Wenn er um 11 Uhr — er steht spät und trotz (wegen) langen Schlafens müde auf — das Haus verläßt, nimmt er sich vor, freundlich und höflich und dabei so suggestiv zu sein, daß es unbedingt zu einem Geschäft kommt. Nach dem ersten, trotz seiner Freundlichkeit fehlgeschlagenen Besuch beschimpft er sich selbst, daß er ein Idiot sei, der sich vor irgendwelchen minderwertigen Megären erniedrige. Er meint, jeder Passant sähe ihm

die Niederlage an. Dieser Gedanke macht ihn unwirsch und brüsk. Die Hausfrau, die er nun aufsucht, behandelt er von oben herab und wird nach kurzer Verhandlung wegen Frechheit glattweg vor die Türe gesetzt. Völlig entmutigt und übermüdet, obgleich er erst sein Tageswerk beginnt, begibt er sich in ein Gasthaus, um ein Glas Bier zu trinken, obgleich er weiß, daß er es nicht gut verträgt. Nachdem er mit dem Wirte gestritten hat: »Im Glas ist ja mehr Schaum als Bier. Sie glauben wohl, *mir* können Sie alles bieten«, nachdem er in diesem Streite glatt unterlegen ist, zieht er sich in eine Ecke zurück. Dort döst er und verharrt so längere Zeit, bis er sich aufrafft, um an den Gatten der Hausfrau, von der er nichts weiß, als daß sie ihn hinausgeschmissen hat, einen Brief zu schreiben, in welchem er die Frau des Ehebruchs bezichtigt. Wie gewöhnlich unterzeichnet er auch diesen Brief mit: »Ein unbestechlicher Beobachter.« Dann begibt er sich auf die Toilette, wo er sehr lange bleibt. Plötzlich packt ihn die Angst, der Wirt könnte vermuten, er halte sich so lange auf der Toilette auf, weil er Diebesgut zu verstecken habe, und einen Polizisten holen, der dann bei ihm den anonymen Brief fände. Er macht sich schnell fertig, verläßt sodann das Lokal in geduckter Haltung mit scheu abgewandtem Blick. Er befürchtet, der Wirt könnte ihn verspotten, weil er, dem das Glas nicht genug voll war, es nur halb ausgetrunken hat. Draußen gerät er fast unter die Räder. Hinter ihm flucht der Chauffeur. Passanten, die Zeugen des Vorgangs waren, sehen ihn — wie er meint — spöttisch und verachtungsvoll an. Da muß er an seinen »großen Prozeß« denken. Er ist tatsächlich einmal überfahren worden, ohne allerdings beträchtlichen Schaden zu erleiden. Den Prozeß hat er damals verloren und muß noch heute die Prozeßkosten in Raten abzahlen. Zeugenaussagen haben eindeutig sein Alleinverschulden bewiesen. Die Wochen vor dem Prozeß sind übrigens seine besten gewesen. Nie vorher oder nachher hat er soviel Aktivität und Initiative aufgebracht.

Sie wundern sich, daß der Tag des Z. so schlecht verläuft. Nun, so ähnlich verlaufen fast alle seine Werktage. Z. hat in 6 Wochen einen Staubsauger verkauft. Bei Lichte besehen ist das aber nicht sein, sondern seiner Schwester Erfolg: Die Käuferin war ihre Freundin.

Da haben Sie, meine lieben Hörer, einen »zerrissenen« Menschen. Doch kann Ihnen sein Wesen nur so lange zerrissen erscheinen, als Sie es beschreiben, ohne es zu deuten. Deuten Sie es aber, dann erkennen Sie, daß durch sein Handeln eine klare, eindeutige durch nichts unterbrochene Linie geht. Es ist das gleiche Wesen, das demütig und frech-herausfordernd ist, das ohne Grund verzweifelt und sich ohne Grund Hoffnungen hingibt, deren Erfüllung ein Wunder wäre. Sein Handeln ist logisch — innerhalb *seines* Bezugssystems. Dieses Bezugssystem steht allerdings im Widerspruch zu dem allgemein gültigen. Seine Logik gilt nur für ihn. Würden wir alle nach ihr handeln — all unsere Beziehungen würden sich in eine unermeßliche Pein verwandeln. Daß Z. sich so verhalten kann, ohne völlig unter die Räder zu kommen, ist nur daraus verständlich, daß andere sich anders, in einem besondern Sinne entgegengesetzt verhalten. Indes er die soziale Last in der Tat ablehnt, müs-

sen andere sie für ihn tragen: seine Mutter, seine Schwester. Die gefährlichen Schläge der Umwelt gegen Z. fangen diese beiden Frauen auf, gleichsam als Puffer zwischen ihm und der Umwelt. Geschützt, lebt er seiner »privaten Logik« (A. Adler), seiner hochmütigen Lebensdummheit. Die Hand zum Nehmen ausgestreckt; nehmend erhebt er den Anspruch, der Gebende zu sein: immer im Rechte, immer der Verkannte und Märtyrer, niemals Leistung mit Leistung vergeltend und das genossene Recht in Pflicht verwandelnd, lebt er besser als der Arbeiter im Bergwerke unter Tag, ja besser als Millionen, die sich der Verpflichtung niemals entzogen haben.
Also muß Lebensdummheit nicht immer dumm sein; man muß sie sich nur leisten können. Er kann es sich nicht zuletzt wegen seiner planvollen »Zerrissenheit« leisten, die in der Tat Ausdruck und Wirkung einer *einheitlichen* Lebensmethode ist, einer sonderbaren Aktionsweise, die man — scheinbar paradox — als die passive bezeichnen muß. Daß er *ist*, soll als Leistung anerkannt werden. Daß er leidet, soll ihm Anerkennung und Geltung bringen. Wie, Mißerfolg ist von Übel? Sieh den Passiven, den zerrissenen Z.: *Seinen* Mißerfolg müssen die anderen büßen: die Mutter, die Schwester, die Hausfrau, die ihm keinen Staubsauger abgenommen hat, alle. Der Traum spricht die Sprache seines Lebens noch unverfälschter, als der wache Z. sie zu sprechen vermöchte. Er hat sich der Schwimmkunst, also der Fähigkeit zu einer bestimmten Leistung, gerühmt. Als er auf die Probe gestellt wird, zeigt die Umwelt ihr wahres — d.h. im Bewußtsein Z.s — verzerrtes Gesicht. Es ist feindlich. Leistung wird verlangt. Gibt es kein Ausweichen? Das Leben ist schlecht zu einem, denn es schickt nun jenen vor, der schon immer der Fordernde gewesen war: den Vater.
Z. hat als Kind auf die Strenge des Vaters eine nächtliche Antwort gehabt: Bettnässen. Da der Vater ihm im Traum befiehlt: »Geh ins Wasser« hat er vorerst die gewohnte Antwort. Aber das Leben hat ihn gelehrt, daß diese kindliche Antwort zwar bei der Mutter erfolgreich ist, aber zumeist versagt, wenn er sie bei anderen anwendet; sie führt zur Blamage. Vor solch offenbarer Blamage muß er flüchten — und wäre es in den Tod. So springt er ins Wasser. Ist der Traum klüger als der Träumer und belehrt ihn? Nein, er zeigt ihm den Ausweg: Die Mutter wartet auf ihn. Das ist gut. Vor ihr gibt es keine Blamage, denn sie darf keine wahrnehmen. Hier ist er Hammer, nur Hammer; die Mutter ist Amboß nur und immer Amboß. Nun ist er angelangt. Aus dem Traum ruft er die Mutter zu ihrer Pflicht: Je tiefer seine Erniedrigung, um so tiefer muß sie sich bücken.

Sie verstehen nun, was Zerrissenheit dem Psychologen bedeutet. Es ist der passive Widerspruch in dem Z. zur Umwelt steht, der den Schein der Zerrissenheit erzeugt. Ist er ein Held, der wider die Welt aufsteht, um sich mit ihr zu

messen? Z. ist gewiß kein Held, er kämpft für sich allein, seine Stärke erschöpft sich im leidenschaftlichen Pathos seiner Schwäche.
Planvoll, wie gesagt, und sinnvoll geht Z. seinen Weg. Wollen Sie ihn verstehen, dann erfassen Sie seinen Plan. Wollen Sie seinen Plan verstehen, dann erkunden Sie die Umstände seiner Entwicklung: sein elterliches Milieu, seine organischen Minderwertigkeiten (A. Adler), die Erziehung, die er — sollte man sagen: genossen oder erlitten hat? Halten Sie sich vor Augen:
1. *Der Mensch ist eine psychophysische soziale Einheit.* Kein Teil dieser Einheit kann gedeutet werden als ein Abgesondertes. Nur hineingestellt in den Zusammenhang der einheitlichen Person wird er verständlich.
2. *Die psychophysische soziale Einheit Mensch ist nur verständlich als ein Teil eines sehr differenzierten Ganzen: der sich historisch verändernden menschlichen Gesellschaft.* Diese ist es, die noch im Gehirn des Vereinsamtesten, der da wähnt, der Einzige zu sein, mitdenkt. Und denkt, fühlt, träumt einer: *ich*, so sind du, er, sie — so sind wir alle mitgedacht. Unlösbar ist solcherart das Verhältnis, in dem das Ich geworden ist, das Verhältnis zwischen Ich und Umwelt. Sie wollen das Ich nur als Ich verstehen, seine Zerrissenheit als sein alleiniges Verhältnis? Es gibt kein solches, keines, das nicht *auch* Umwelt wäre. Sein Organismus ist sein; dessen psychische Funktionen aber sind sozial.
3. *Ohne spezialisierte Kenntnis der Bedingungen und der Bedingtheiten seiner Umwelt kann der Mensch nicht verstanden werden.*
Diese drei Prinzipien sind Prinzipien einer materialistischen Psychologie, einer Individual-Psychologie, die sich so nennen darf, sofern sie das psychologische Individuum als eine veränderbare soziale Erscheinung erfaßt — einer Sozialpsychologie, die die Differenzierung der Gesellschaft und ihrer Schichten in den Individuen beschreibt, erklärt und deutet.
Wir werden im Verlaufe unserer Auseinandersetzungen die weiteren Prinzipien vor allem aber die Voraussetzungen einer wissenschaftlichen Psychologie entwickeln. Vorerst wollen wir jedoch noch einige Betrachtungen über Z. anstellen:
Viele unter Ihnen werden ihn als unsympathisch empfinden. Nun, uns ist Z. nicht unsympathisch. Wir fühlen aufs stärkste mit ihm mit, als erlebten wir selbst die Traurigkeit seines Outsidertums und jene Stunden, in denen er meint, sein Leben sei sinnlos vertan; die Traurigkeit der Sonntage, die er an dem Fenster seiner elterlichen Wohnung verbringt, wenn er stärker als sonst verspürt, wie unglücklich er und wie glücklich die anderen sind; die bedrükkende Erkenntnis, die ihn befällt, wenn ihm vor Augen tritt, wie erschlichen und letztlich wertlos seine Triumphe sind. Wir schätzen seine anonyme Briefschreiberei natürlich nicht, aber wir verweigern uns das Recht zur Entrüstung. Wir versuchen unter Verzichtleistung auf den Prügelstock und die Anmaßung des Moralisten zu kritisieren.

Das Kritisieren ist übrigens durch die Kritiker sehr in Verruf gekommen. Indes sie häufig weiszumachen versuchten, daß der oder das Kritisierte unter aller und vor allem unter *ihrer* Kritik sei, blieb ihre Kritik *unter* ihrem Objekt. Kritisieren heißt: beschreiben, an begründeten Ansprüchen messen, das Zurückbleiben hinter den Ansprüchen beweisen und dann den Weg zur Erfüllung aufzeigen. Der negative Kritiker meint, irgend etwas von Belang ausgesagt zu haben, wenn er ein Mißlingen verkündet. Er überträgt den im ehelichen Konflikt häufig geübten Trick: aus dem Unrecht des anderen sein eigenes Recht zu folgern. Ein Kritiker, der, ohne positiv zu fordern, kritisiert, versagt, während er aus dem Versagen des Kritisierten Größe zu beziehen meint.

Wir aber sind mit der Kritik des Z. noch lange nicht fertig. Wir haben sie kaum recht begonnen. Überdies werden wir noch zu erklären haben, was Kritik mit psychologischer Erkenntnis zu tun hat. Wir beschäftigen uns ja noch immer mit den Voraussetzungen. Und wir haben noch einen weiten Weg vor uns: den Weg von den Voraussetzungen zur psychologischen Praxis, die nichts anderes sein kann als Erziehung.

4

Die Tendenz. Das Unbewußte. Das Auswahlprinzip der Wahrnehmung. Das tendenziöse Apperzeptionsschema. Prinzipielle Kritik am Freudschen System. Die Verdrängung. Fehlleistungen. Die Rolle der Sexualunterdrückung. Die Desaktualisierung von Bewußtseinsinhalten. Die soziologische Auflösung des Antagonismus zwischen Lustprinzip und Realitätsprinzip.

Der Fall Y. Der Persönlichkeitskampf in der Liebe. Die deutende Zusammenhangsbetrachtung: erste unerläßliche Methode der Psychologie. Das Problem der psychischen Heredität. Das Vorrecht der herrschenden Schichten und der Aberglaube an die seelische Vererbung.

Aus dem Hörerkreis:

A.: »Wenn ich Ihre Ausführungen recht verstanden habe, so meinen Sie, daß man die Entwicklung eines Menschen aus seiner Erziehung erklären kann. Es steht aber doch fest, daß Charakterzüge vererbt werden. Die Kinder musikalischer Eltern sind gewöhnlich musikalisch, die Kinder der gebildeten Stände sind gewöhnlich intelligenter als die der unteren Schichten. Und neben dem Vererbten gibt es noch das Angeborene, das Eigenartige, das nur dem Einzelnen eigen ist, z. B. das Talent oder gar das Genie. Wie können Sie über diese einfachen und seit Jahrtausenden feststehenden Tatsachen hinweggehen?«

Verehrte Hörer, bevor wir auf diese sehr bedeutsame Frage A.s eingehen, gilt es, noch einiges zur vorletzten Vorlesung nachzutragen.
C. meinte: ». . . ob Z. diese Zusammenhänge kennt? Wenn er von ihnen aber keine Ahnung hat, wie kann man dann von einer Tendenz sprechen? Nun, er handelt, wie er handeln muß, eine Tendenz ist nicht dabei.«
Einen sehr ähnlichen Standpunkt nimmt auch D. ein, der meint: »Würde der Traum tendenziös sein, so müßte sich Z. eher als Held ansehen. Das würde seiner Tendenz eher entsprechen. Ursachen können unbewußt sein, aber wieso auch Tendenzen unbewußt sein können, begreife ich nicht.«
Man sucht sich seine Tendenzen nicht aus; weder »irrationale Willkür«, noch die »schöpferische Kraft der Persönlichkeit« (Adler) erzeugt sie. Wir wollen zwar alle, aber daß wir wollen und was wir wollen, bestimmen nicht wir. Wir werden sozusagen von handfesten Ursachen bestimmt, Ziele zu setzen. Alfred Adler hat gelehrt, aus dieser Zielsetzung mit einer großen Wahrscheinlichkeit auf die in der Entwicklung des Individuums maßgebenden Faktoren zu schließen, d. h. auf die Determinanten unserer entscheidenden Willensre-

gungen. Theorie und Praxis bieten uns zureichende Gründe, die Determiniertheit der Tendenz als bewiesen zu betrachten. Fassen wir somit die Zielsetzungen als die in einer bestimmten psychischen Art wirkenden und fortwirkenden Ursachen eines differenzierten Teils des *sozialen*, des *individuellen* Lebens auf, so stehen wir vor der Frage, ob im Individuum Ursachen wirken können, ohne ihm bewußt zu werden. Betrachten Sie die Geschichte der Menschheit und Sie werden staunen, auf welch sonderbaren Wegen die Menschen versucht haben, zur Erkenntnis der Ursachen zu gelangen, welchen Irrtümern sie erlegen sind, wie vielen Götzen sie als den vermeintlichen Verursachern gedient haben. Es ist ein weiter Weg von der Magie zur wissenschaftlichen Erklärung, es ist der weite Weg der Entwicklung der Produktionsmittel von ihrer niedrigsten zu ihrer höchsten Stufe. Auf der niedrigsten Stufe ist die Magie das Natürliche, auf der höchsten ist sie unmöglich.

Jegliche Not, jeder aus einer Situation entsprossene Widerspruch zwingt die Betroffenen, Ursachenforscher zu werden, den Präsidenten der USA nicht weniger als den bosnischen Holzfäller, den Industrieherrn nicht weniger als den ärmsten Arbeitslosen. Die Suche nach der Ursache, so unvermittelt sie auch einsetzen mag, ist nicht unvorbereitet. Das vorhandene Wissen, die vorhandenen Vorurteile, die reale Situation stellen Vorbereitungen dar, die von vornherein auf die Richtung der Suche bestimmend einwirken. Ist man aber entschieden, nur in einer bestimmten Richtung zu suchen, so ist das, was man finden oder nicht finden wird, von vornherein mehr oder minder festgelegt. Man sucht, was man — manchmal auch: *weil* man — längst gefunden hat. Diese sonderbare Selbsttäuschung erfolgt zumeist unbewußt; Unbewußtheit aber hat nichts mit Unintelligenz zu tun. Im Gegenteil will es häufig scheinen, als ob mehr Intelligenz für Irrtümer als für brauchbare Erkenntnisse aufgewandt würde. Nehmen wir an, Sie hätten in einem vielzimmrigen Hause nach einem versteckten Gegenstand zu suchen. Gingen Sie nun davon aus, daß dieser Gegenstand in einem bestimmten Zimmer, sagen wir in Ihrem eigenen, gewiß nicht zu finden sei, so könnten Sie ruhig das Maximum an Sucherfähigkeit in allen anderen Zimmern anwenden: Es würde Sie nicht hindern, das Gesuchte nicht zu finden. Um so gesicherter wäre das negative Resultat.

Es kommt auf das *Auswahlprinzip* der Wahrnehmung an. Dank einem falschen Auswahlprinzip kann man mit den exaktesten Methoden zu den verfehltesten Resultaten gelangen — und alles fügt sich zwanglos zum Beweise. Ein Agrarindustrieller kann aufrichtig überzeugt sein, daß es kein logisches Argument gegen die Verbrennung der überschüssigen, d. h. den Preis drükkenden Getreidemengen gibt. Würde ihm der Vorschlag gemacht, das Getreide zu verschenken, so würde er dieses Ansinnen zurückweisen, denn er würde damit den Markt schwächen und sich selber Verluste zufügen. Man sieht, was anderen als Wahnwitz erscheint, ist für ihn der einzig gangbare Weg. Seine Logik ist unantastbar und das Auswahlprinzip seiner Wahrnehmung identisch mit dem Auswahlprinzip seiner Denkweise. Beide entsprechen harmonisch seinem *Interesse.* Dieses Interesse nennen wir *Tendenz.* Sie können nun in bezug auf den Weizenexporteur schließen: Um anders zu handeln, muß er anders denken, also anders wahrnehmen können, d.h. mit einem andern Interesse, mit einer andern Tendenz. Das aber hat nichts anderes zur Voraussetzung, als die Veränderung seiner sozial-ökonomischen Lage, der sein gegenwärtiges Interesse voll entspricht. Wäre er ein pauperisierter Arbeitsloser, so würde ihm natürlich die Vernichtung von Nahrungsmitteln als wahnwitzig erscheinen. Somit: Ist es Ihnen gelungen, das Auswahlprinzip eines Menschen zu erfassen, so kennen Sie den Ausgangspunkt zur Erforschung der ihn bestimmenden Ursachen — auch jener, die eben dieses Auswahlprinzip und damit seine Tendenz bestimmen.

...

Verehrte Hörer, befreien wir uns von der ebenso naiven wie verabsolutierenden Auffassung, daß Irrtümer logische Katastrophen, gewissermaßen *Unfälle der Logik* sind. Das sind sie nicht unbedingt. Mit vollendetster Anwendung der formalen Logik die größten Irrtümer zu begehen — das ist nicht nur nicht unmöglich, sondern ein Vorgang von beträchtlicher Häufigkeit. Unser Leben weigert sich beharrlich, das Propädeutikum der formalen Logik durchzumachen, es entwickelt sich dialektisch. Dem Dialektiker dient die formale Logik als gute Magd, den Formallogiker verführt sie zu seinen egozentrischen Irrtümern, zu denen ihn sein Auswahlprinzip drängt.

Unser Problem ist nun, ob und inwieweit das Auswahlprinzip — Adler nennt es sehr zutreffend das *tendenziöse Apperzeptionsschema* — bewußt ist. Eine verallgemeinernde Antwort, gleichviel ob bejahend oder verneinend, könnte uns in Widerspruch zu unseren Erfahrungen bringen. Das Apperzeptionsschema ist insoweit bewußt, als die Bewußtheit seiner Tendenz förderlich oder zumindest nicht hinderlich ist.

Nun erwarten Sie wahrscheinlich ein Bekenntnis zu der sehr populären und so erstaunlich einleuchtenden Verdrängungstheorie Siegmund Freuds. Im folgenden wollen wir uns recht ausführlich mit der Lehre von der Verdrängung auseinandersetzen. Doch macht die Bedeutung, die die Freudsche Auffassung innerhalb der modernen Psychologie gewonnen hat, es nötig, diesen Auseinandersetzungen einige Bemerkungen vorauszuschicken:

Im Zusammenhang mit der Erforschung der sogenannten Hysterie nach den umwälzenden Gesichtspunkten bahnbrechender französischer Forscher, insonderheit Charcots und Janets, stieß Freud auf einen Sachverhalt, der zwar vorher bekannt gewesen, aber vor ihm wissenschaftlich so gut wie überhaupt nicht erforscht worden war: darauf, daß die sexuellen Konflikte, obschon von außerordentlicher Intensität und Bedeutung, meistens totgeschwiegen wurden oder eine sonderbare Art der Behandlung erfuhren. Vor *Freud* schrieben Autoren über die Sexualität so, als ob sie sich gewissermaßen verteidigen müßten, da sie damit ein peinliches oder gar verabscheuungswürdiges Thema berührten. Nahmen medizinische Autoritäten in für Fachleute geschriebenen Werken eine solche Stellung ein, was Wunder, daß ihre Beiträge von einer, ihrem gewöhnlichen Niveau sonderbar entfremdeten und deshalb objektiv befremdenden Seichtheit und Uninformiertheit waren: Statt zu beschreiben und zu erklären, entrüsteten sie sich häufig ohne sichtbaren Grund; die Patienten beiderlei Geschlechts legten ein auffälliges Maß von sexueller Unaufgeklärtheit, Prüderie, Unaufrichtigkeit und Zurückhaltung an den Tag.

Es zählt zweifellos zu Freuds erheblichen Verdiensten, diese Tatsache mit dem Mut und der Hartnäckigkeit des wissenschaftlichen Entdeckers aufgezeigt und kritisiert zu haben. Was in der Literatur Balzac, Stendhal, Flaubert, George Sand, Zola, Strindberg, Wedekind und Karl Kraus zur Befreiung des Liebeslebens vom moralischen Schmutze geleistet haben, das hat Freud seinerseits in der Psychologie zutage gefördert — und noch mehr: Denn Freud sprach die offenere Sprache der Wissenschaft, obschon er gegen die neuheitsfeindlichsten Gruppen der menschlichen Gesellschaft zu bestehen hatte: gegen die Pastoren und gegen die Professoren. Er hat in diesem Kampfe bestanden, aber ihn aus zwei Gründen nicht siegreich beendet:

1. Weil Anschauungskämpfe zwar in Diskussionen *vorbereitet,* doch erst entschieden werden, wenn sozialökonomische Veränderungen es ermöglichen. Die französischen Materialisten hatten erst gesiegt, als die Bastille erstürmt wurde, und nicht, als die Enzyklopädie ihre Leser eroberte. Unter den Erstürmern der Bastille waren gewiß nur wenige Leser Rousseaus oder Diderots. Die Befreiung der Sexualität erfolgt im *Wesentlichen* nicht durch Aufklärung; sie hat entscheidende gesellschaftliche Veränderungen zur Voraussetzung.

2. Freud hat zwar an das Tor geschlagen, durch das der Weg zur Freiheit — und wäre es zur Befreiung von den »Hemmungen« — führt, aber er hat es auch deshalb nicht öffnen können, weil der von ihm erzeugte Schlüssel *kein* Tor öffnet. *Freuds* Sexualpsychologie ignoriert das Frauenproblem ebenso wie die Geschichte der Wandlungen der geschlechtlichen Beziehungen unter dem unmittelbaren Einfluß gesellschaftlicher Umwälzungen. Sie setzt mit dem konservativ kirchlichen Märchen vom ursprünglichen Patriarchat — nach einer undifferenzierten Phase der Promiskuität — an und führt über den Roman vom ersten Vatermord zu dem schlechten Gewissen als dem Motto und dem Anfang der Kultur, die zum verdrängenden Faktor wird, indes sie selbst Produkt der Verdrängung sein soll. Das im Verhältnis zum Patriarchat wesentlich ältere Matriarchat ist hier so wenig zur Kenntnis genommen wie

etwa die entscheidende Bedeutung der Fortpflanzung im Vorstellungsleben der Menschen auf jener gesellschaftlichen Stufe, auf der Phalluskulte u.a. entstanden sind. Somit ist Freuds Leistung die *Negation*, seine *Rebellion* gegen eine gewisse Art kirchlich-feudaler Sexualmoral, aber nicht seine Position, nicht die aus seiner Lehre abzuleitende Sexualpsychologie.

Zu Beginn seiner Sexualpsychologie steht die Lehre von der Verdrängung, die später ein Kernstück seines psychologischen Systems wird: der Libidotheorie. Im Verlaufe der Entwicklung zur Psychoanalyse von heute hat der Begriff der Verdrängung eine bedeutsame Wandlung durchgemacht. Anfangs — etwa in der »Psychopathologie des Alltagslebens« — konnte er annähernd so definiert werden: Die Verdrängung ist der Prozeß, mit dem ein Mensch ihm Unangenehmes zeitweilig aus seinem Bewußtsein verdrängen kann. Dies ermöglicht ihm, Aufgaben, die er erfüllen soll, nicht zu erfüllen, Handlungen, die er durchführen soll, aber nicht will, in Fehlleistungen umschlagen zu lassen usw. Versprechen, Verschreiben, Vergessen sind solche Wirkungen der *unbewußt* erfolgten Verdrängung. Eine Frau will z.B. einen Besuch mit einem Gebäck, das sie selbst gern ißt, traktieren, findet aber trotz eifrigster Suche nicht den Schlüssel zum Schrank, in dem sie das Gebäck bewahrt hat. Kaum hat der Gast das Haus verlassen, findet sie den Schlüssel. Hier ist die Intentionalität der Fehlleistung, der »Verdrängung« also, außer Zweifel; sie kommt gar zu deutlich den Neigungen der Verdrängenden entgegen.

Innerhalb des Systems der Psychoanalyse kommt aber der Verdrängung die entgegengesetzte Wirkung zu. Sie versagt die Befriedigung des Triebwunsches; sie ist die Folge des Sieges der Kultur über die Triebe auf Kosten des Gleichgewichts des Individuums. Es ist bemerkenswert, daß sich im großen und ganzen die oben gekennzeichnete erste Fassung des Verdrängungsbegriffes durchgesetzt hat, indes seine zweite Fassung nicht bejaht werden kann, ohne daß gleichzeitig die Libidotheorie akzeptiert wird. Wir lehnen, wie schon angedeutet, den Begriff in beiden Fassungen ab.

Wie, trifft es denn nicht zu, daß das Sexuelle tatsächlich nur äußerst mangelhaft bewußt ist? Dauert die Unterdrückung des Sexuellen nicht seit Jahrtausenden?

Nun, es stimmt zwar, daß das sexuelle Problem nur mangelhaft bewußt ist, aber es stimmt auch, daß andere Lebensprobleme es nicht minder sind. Sexuelle Aufklärer haben es stets leichter gehabt als zum Beispiel die politischen Aufklärer. Diese sind gekreuzigt und verbrannt worden und werden heute »auf der Flucht« erschossen. Und als Giordano Bruno auf den Holzstoß gezerrt wurde, geschah dies nicht, weil er sexuelle Bewußtmachung getrieben hatte — in dieser Hinsicht verstand das christliche Rom manchen Spaß und vertrug ihn nicht minder gut als das heidnische Rom —, sondern wegen eini-

ger Behauptungen, deren weitere Konsequenzen der politischen Macht der Kirche hätten Schaden zufügen können. Die mangelnde Bewußtheit im Sexuellen ist gewiß ein Problem, doch nicht weniger problematisch ist die Unbewußtheit in vielen anderen Hinsichten. Die Unterdrückung des Sexuellen ist eine Tatsache, doch nicht minder offenkundig und problematisch ist jegliche andere Unterdrückung.
(An anderer Stelle werden wir darzutun versuchen, warum wir die psychoanalytische Auffassung, daß die Unbewußtheit in anderen Bereichen schließlich doch eine Unbewußtheit im Libidinösen sei, alle Unterdrückung ihre Erklärung in der Verdrängung des Sexuellen finde, für lebensfremd und unbrauchbar halten.)
Ohne die Bedeutung der sexuellen Unbewußtheit und Unterdrückung in Frage zu stellen, lehnen wir die Auffassung von der Verdrängung ab, da sie notwendig voraussetzt, daß das Unbewußte (Freud: Unterbewußtsein) bewußt gewesen ist, ehe es verdrängt worden ist. Freud läßt also die Wahrnehmung sozusagen normal funktionieren und an einem bestimmten Punkte einen Entwendungsprozeß eintreten, in dessen Verfolg ein Bewußtseinsinhalt in das Souterrain des Unterbewußtseins verschwindet. Wir hingegen vertreten die Auffassung, daß die gleichen Faktoren, die den Charakter bilden, seine »Triebschicksale« (Freud) bestimmen, im gleichen Maße und im gleichen Akte seine Bewußtseinsbildung, letztlich sein Apperzeptionsschema bestimmen. Das sich formende Individuum verdrängt nicht, da es, was es — nach Freud — verdrängen müßte, ja gar nicht wahrnimmt, somit niemals im Bewußtsein hat. Die These der Verdrängung ist angesichts des wirklichen Vorgangs ebenso primitiv wie mechanistisch. Ein Kind, dem die Erfüllung einer Neigung (eines Triebwunsches) versagt oder verboten wird, verdrängt nicht diese Neigung, wenn es sie nicht zeigt oder äußert, sondern es *desaktualisiert* sie, sofern es sie nicht im Gegenteil verstärkt. Die Desaktualisierung ist eine gewohnte und tägliche Übung unseres Bewußtseins. Gelänge sie nicht, dann gelänge uns nicht die Umstellung unseres Interesses, unserer Konzentration, dann brächten wir kaum einen Bruchteil unserer Leistungsfähigkeit auf. Die Desaktualisierung ist im Freudschen Sinne die Unterbringung eines Bewußtseinsinhaltes im »Vorbewußten«. Dies ist natürlich keine Verdrängung, auch im System Freuds nicht.
Es ist jedoch keineswegs immer so, daß das Kind auf das Verbot mit der Desaktualisierung des Verbotenen reagiert; häufig erfolgt eine deutlich trotzige Verstärkung der betroffenen Neigungen. Was bestimmt diese oder jene Reaktion, was bestimmt, daß etwas desaktualisiert (Freud sagt auch in diesem Falle: verdrängt) wird, oder daß es nicht geschieht? Die Triebe? Nein, denn das liefe auf eine Tautologie hinaus und wäre letztlich auch im Widerspruch mit der heutigen Fassung der Psychoanalyse. Bestimmend ist der Charakter.

Was aber bestimmt den Charakter? Die Summe aller Umwelteinflüsse in der jeweils besonderen Verbindung mit den individuellen organischen Bedingungen.

Freuds Formel: Die durch das Realitätsprinzip gestalteten Triebschicksale bestimmen den Charakter; mehr als das: Sie machen ihn aus.
Unsere Formel: Die Einflüsse der Umwelt, die zuerst absolut, dann korrelativ sind, bestimmen den Charakter und mit diesem die Triebschicksale.
Freuds Formel: Die Verdrängung ist der kulturelle Vorgang, durch den die libidinösen Triebe aus dem Bewußtsein verdrängt werden. Der Inhalt des Unbewußten ist das verdrängte Bewußtsein von den versagten Trieben.
Unsere Formel: Das Bewußtsein wird begrenzt durch das Auswahlprinzip, durch das ihm gemäße Interesse. Was diesem nicht entspricht, wird entweder gar nicht oder äußerst mangelhaft, also verzerrt wahrgenommen. *Die Tendenz ist Ausdruck und Wirkung der Beziehung: Umwelt/Individuum; Individuum/Umwelt.* Es gibt weder ein isoliertes Trieberlebnis noch ein isoliertes Triebschicksal. Es ist hierbei völlig belanglos, ob man die Triebe als schlechthin libidinös anerkennt oder nicht. Die allumfassende Bedeutung, die die meisten Psychoanalytiker der Libido zubilligen (Freud ist zumindest in seinen letzten Arbeiten hierin wesentlich vorsichtiger als seine Jünger) — diese grenzenlose Übertreibung entwertet den Begriff. Die Gegnerschaft der *Moralisten* wäre natürlich eher ein Beweis zugunsten der Psychoanalyse, tatsächlich aber ist sie ein Beweis dafür, daß die Moralisten nicht einmal begriffen haben, daß die Psychoanalyse die einzige ernsthaftere ideologische Stütze der fragwürdig gewordenen Moral ist. Sie meint ja, bewiesen zu haben, daß sich die Kultur nur auf Kosten der nicht befriedigten Triebe entwickeln konnte, die, wären sie nicht gebändigt, die menschliche Gesellschaft in einen Trümmerhaufen verwandeln würden. Da aber auch die verdrängten Triebe der Kultur gefährlich werden können, schlägt die Psychoanalyse die Sublimierung, eine sozial konfliktlose Ersatzbefriedigung der Triebe vor. Im Gleichnisse gesprochen: Der Sadist wird Chirurg, Fleischhauer oder ähnliches. Damit könnte sich jeglicher Moralist zufriedengeben, so wie die liberale Bourgeoisie sich mit den Grundsätzen des Fabiertums zufriedengab: Der Kapitalismus ist die einzig mögliche Wirtschaftsordnung für alle Zukunft. Aber die Klassenkämpfe stören die Ordnung. Geben wir den Arbeitern einen »gerechten« Lohn, behandeln wir sie wie Menschen, dann hören die Klassenkämpfe auf. Der Kompromiß hat, wie bekannt, der Geschichte wenig behagt. Die Söhne bzw. die Enkel der Fabier glauben an farbige Hemden: schwarze, braune, blaue . . .
Wir meinen, daß sich die Kultur nicht nur auf Kosten der gebändigten Triebe entwickeln kann. Die Kosten dieser Entwicklung hat bisher *der* Teil der

Menschen getragen, der am wenigsten an ihr teilnehmen durfte, indes der andere Teil sich nichts versagen mußte. Den Freudschen Antagonismus zwischen Lust- und Realitätsprinzip sehen wir also ganz anders; wir finden ihn begründet und aufgelöst in jenem Antagonismus, den der historische Materialismus in seiner Kritik der politischen Ökonomie lange vor Freud aufgedeckt, erklärt und kritisiert hat — ohne allerdings damit auf Freud und ungezählte andere Forscher den geringsten Einfluß auszuüben.

Und hier sind wir wieder bei unserm eigentlichen Thema angelangt, dem tendenziösen Apperzeptionsschema. Alle diese Forscher brauchten diese Tatsachen und Zusammenhänge, die der historische Materialismus aufgedeckt hat, gar nicht erst zu verdrängen, denn ihr Apperzeptionsschema hinderte sie von vornherein, sie wahrzunehmen, oder ließ sie nur in jener Verzerrtheit wahrnehmen, die ihrem Interesse gemäß ist. Was also im Sinne der Freudschen Auffassung als verdrängt bezeichnet wird, ist unserer Ansicht nach schon von vornherein nicht oder *quantitativ* und *qualitativ* nur mangelhaft wahrgenommen. Alle Wahrnehmung ist von vornherein intentional, interessiert. *Das Zusammenfallen des individuellen Interesses mit dem sozialen Interesse, die Identifikation des Ich mit der Welt, mit dem »Wir«* (Alice Ruehle) ergibt ein *Auswahlprinzip,* das verhältnismäßig wenig aus der Wahrnehmung ausschließt und nur selten zur verzerrten Wahrnehmung verführt.
Da wo Z.s Logik mit der allgemeinen, wo seine Lebensmethode mit den Interessen seiner Umwelt in einen strikten Widerspruch gerät, da nimmt Z. nicht oder nur verzerrt wahr. Und würden diese Verzerrungen festgestellt, ohne daß gleichzeitig das System, das ihm zugrunde liegt, das Interesse, dem sie dienen, gedeutet würde, so wäre die Feststellung selbst annähernd wertlos.

Y. ist die um 2 Jahre ältere Schwester Z.s; jetzt 33 Jahre alt. Sie lebt seit etwa 5 Jahren mit einem um 3 Jahre jüngern Mann zusammen. Dieser Mann, er ist das einzige Kind seiner Eltern, ist fast ausschließlich von Frauen erzogen worden. Sein Vater fiel in den ersten Kriegstagen. Er ist stets und maßlos von der Mutter und den Tanten verwöhnt und überschätzt worden. Sein Hochschulstudium — er sollte Maschinenbauingenieur werden — hat er unter verschiedenen Vorwänden aufgegeben. Viele Jahre hat er an der Technischen Hochschule vertrödelt, ohne auch nur eine Prüfung zu bestehen. Diese Jahre hat er damit verbracht, seinem Ideal vom schlagenden und saufenden Studenten nachzuleben.
Mit 25 Jahren begann er, seine durch die Inflation völlig verarmte Familie mit Selbstmorddrohungen zu malträtieren. Solange es überhaupt noch möglich war, brachten ihm seine Drohungen immer etwas Geld ein, das er sehr schnell verluderte. Als nun alle Quellen erschöpft waren, begann er, sich nach einer Verdienstmöglichkeit umzusehen. In dieser Situation wurde er an Y. verwiesen. Man wußte von ihr, daß sie äußerst tatkräftig war und schon vielen jungen Leuten geholfen hatte. Er erwies sich als ein be-

sonders schwieriger Fall, der seine Protektorin viel öfter in Anspruch nahm, als es sonst üblich war.
Kaum drei Monate nach der ersten Begegnung war die Beziehung zwischen den beiden so eng geworden, daß sie beschlossen, zusammen zu wohnen. Y. nahm ihren Freund zu sich in die Wohnung. Das erste halbe Jahr dieses Zusammenlebens war die glücklichste Zeit, die Y. jemals erlebt hatte, ihr erstes großes Liebeserlebnis. Das fast 29jährige Mädchen, das immer viel älter ausgesehen hatte, war wie durch Wunder verjüngt und hübscher als je zuvor. Ihre etwas harten Züge bekamen eine Weichheit, die man an ihnen niemals vorher hatte beobachten können. Und ihre Hoffnungsfreude und Tatkraft schienen auf ihren Freund den denkbar besten Einfluß auszuüben. Er, der vorher nie ernstlich gearbeitet hatte, begriff nun endlich, was es bedeuten mochte, erwachsen zu sein, welches Gewicht die Gegenseitigkeitsforderung der Leistung wohl haben mochte. Ja, es schien so, aber es war nicht so. Er blieb in halben, mit ungewöhnlichem Elan unternommenen Versuchen stecken.
An die Stelle der Mutter und der Tanten war für ihn Y. getreten. Allmählich gab sie es als aussichtslos auf, ihn zur Arbeit anzuspornen. Fast war es so, als ob sie damit zufrieden wäre, ihn von sich abhängig zu sehen, als ob sie ihn gerade so wollte, wie er war. In anderer und überraschender Weise versuchte sie nun, sein Selbstbewußtsein zu fördern. Sie entdeckte an ihm schätzbare, doch schwer kontrollierbare, besondere Fähigkeiten, z. B. »ein Fingerspitzengefühl« für nicht ohne weiteres sichtbare Zusammenhänge, eine besondere Art Musikalität, eine literarische Begabung, die leider unproduktiv blieb u. dgl. mehr. Ihr Freund hörte diese Lobpreisungen gerne, aber er glaubte nicht an sie. Sein Selbstbewußtsein wurde durch sie nicht gefördert, sondern im Gegenteil auf die Dauer eher schwer betroffen. Sein Verhalten schwankte nun zwischen dem des verkannten großen Mannes und dem eines hilflosen, ein wenig verwahrlosten Jungen.
Er warf seiner Freundin vor, daß sie ihn vor vielen ihrer einflußreichen Bekannten verstecke, daß sie sich seiner schäme, daß sie an seinem Untergang schuld sei. Daß sie die Keime des Großen in ihm ersticke; er drohte, sie zu verlassen. Als er diese Drohung wieder einmal wiederholte, forderte sie ihn auf, sie schleunigst wahrzumachen. Er verließ das Haus, doch kehrte er zwei Tage später zurück, um Verzeihung flehend, alles Erdenkliche versprechend — er sei nun »sehend geworden«, sagte er.
Von diesem Tage an ist diese Beziehung nichts als ein maßlos scharfer Persönlichkeitskampf, in dem beide Partner sichtbar verbiestern und verkommen. Er verzeiht sich und ihr nicht die Niederlage. Er sieht keinesfalls ein, daß er nirgends sonst Halt und Stütze gefunden hat, und behauptet, daß er sich ihr geopfert hat.
Sie erinnern sich, wir haben diese Verzerrung schon charakterisiert. Es kann sein, daß einer da, wo er nimmt, glaubt, der Gebende zu sein. Als Kind hat er die Nahrungsaufnahme verweigert, jegliche Mahlzeit zu einem großen Drama ausgebaut. Wenn er aß, so geschah dies niemals, weil er hungrig war, sondern um den anderen einen Gefallen zu tun. Er war nie wirklich auf die Probe gestellt worden. Nur als er drohte, von Y. wegzugehen, da geschah es: Sie forderte ihn auf, seine Drohung, die ein Versprechen sei, wahrzumachen. Diese Probe hätte von außergewöhnlicher Bedeutung sein können, aber sie kam sehr spät und war nicht ernst genug, nicht konsequent durchgeführt. Denn Y. brauchte ihn doch gerade so, wie er war. In der Maßlosigkeit seines Anspruches, in

der Infantilität seines Egoismus, in seiner Unselbständigkeit und Abhängigkeit schien ja ihre Chance zu liegen. Die soziale Last für jemand zu tragen, der sie selbst tragen müßte, ist nicht weniger ein Widerspruch gegen die Spielregeln unseres Lebens, als die eigene Last anderen aufzubürden. In einem tiefern Sinne, den er selbst nicht kennt, hat der Freund von Y. immer recht gehabt. Seine Mutter und seine Tanten brauchten in einem gewissen Sinne das Drama seiner Nahrungsverweigerung fast so sehr wie er selbst. So brauchen sie einander — Y. und ihr Freund. Und das Auswahlprinzip funktionierte ausgezeichnet, als sie einander so wahrnahmen, daß sie sich zueinander hingezogen fühlten. Sie erkannten einander auf den ersten Blick, jeder den andern im Sinne des eigenen Systems. Deutlich sieht die lebenskluge und sehr intelligente Y., wie verzerrt ihr Freund alles betrachtet, aber sie ist nicht in der Lage, das aus *seinem* Bezugssystem zu begreifen, aus der Geschichte seiner Entwicklung — sie sieht es immer nur in Beziehung zu sich selbst, als ob es ihn und sein verzerrtes Bewußtsein nicht außerhalb seiner Beziehung zu ihr gäbe. Sie sieht ihn nur als Umwelt in ihrem Beziehungssystem, statt ihn als Ich in seinem eigenen Bezugssystem und darin sich selbst als Umwelt zu erkennen. So leben sie aneinander eigentlich vorbei. Sie sind beide klug genug, um Tatsachen zu erkennen, aber sie erkennen sie nicht oder nur falsch, weil sie sie vereinzelt ansehen, nicht im System, in dem sie entstanden sind.

Verehrte Hörer, wir werden auf diese Beziehung noch zurückkommen. Dieses Beispiel sollte nur zeigen, daß die Feststellung einer Bewußtseinsverzerrung wertlos ist, sofern sie nicht auf der Grundlage des *ganzen* Systems von Wahrnehmung und Stellungnahme einer Person in ihrer Beziehung zur Umwelt erfolgt. Wir leiten daraus ein Prinzip für unsere Arbeit ab:
Im Bereich des Psychologischen ist nichts beschrieben oder erklärt, sofern die Beschreibung und die Erklärung nicht als Teil einer Zusammenhangsdeutung durchgeführt wird. *Psychisches nur beschreiben, heißt nichts beschreiben.*
Auch von hier aus mag die ablehnende Stellung verständlich werden, die wir zu der bisherigen experimentellen Psychologie einnehmen. *Man kann eben mit äußerster formal wissenschaftlicher Exaktheit einen höchst unwissenschaftlichen Betrieb arrangieren.*
Wir haben uns nicht zuletzt so ausführlich über die Frage der Tendenz auseinandergesetzt, weil ohne das Verständnis dieser Voraussetzungen jegliche andere Bemühung um das psychologische Verständnis, das wir meinen, aussichtslos ist. Wir glauben natürlich nicht, daß uns die Klarstellung unserer Auffassungen schon gelungen ist, doch wird im Verfolg aller weiteren Ausführungen, was undeutlich geblieben ist, klarer werden.

...

»Es steht aber fest, daß Charakterzüge vererbt werden.« A. ist nicht der einzige, der von der Charaktervererbung als einer feststehenden Tatsache spricht. Sie ist aber *weder festgestellt,* noch bewiesen. Es ist ein Aberglaube von ungewöhnlicher Eindruckskraft und ganz besonderer Bedeutung. Nichts von alledem, was bisher zum Beweise für die Vererbung der Charaktereigenschaften vorgebracht worden ist, hat Beweiskraft. Keine unserer Auffassungen stößt auf einen solch großen und ungezähmten Widerstand wie unsere Ablehnung dieses Aberglaubens. Es ist deshalb notwendig festzustellen, welchen Grund die Menschen haben, an ihm festzuhalten, welches Interesse zu glauben, daß ihre Charaktereigenschaften vererbt, sie also für sie letztlich nicht verantwortlich seien.

Es ist aufschlußreich, daß z. B. die moderne Kriminalpsychologie, die sich noch immer nicht von den schädlichen Einflüssen der Lehren Cesare Lombrosos befreit hat, aus dem Widerspruch nicht herauskommt, einerseits das kriminelle Verhalten häufig auf Vererbung zurückzuführen und andererseits so zu praktizieren, als ob die Verantwortlichkeit dieser Kriminellen doch unanfechtbar wäre. Die forensische Psychiatrie darf ja überhaupt als eine der seltsamsten Erscheinungen im Bereiche der Wissenschaft angesehen werden. Mit einer ungewöhnlichen Konsequenz bringt sie es zustande, alle wissenschaftliche und unwissenschaftliche Menschenkenntnis zu mißachten; sie ist ein hervorragendes Beispiel dafür, daß die Objektivität durch ein Schichteninteresse ebenso eingeschränkt werden kann wie durch ein persönliches. Diese Psychiatrie braucht z. B. den Aberglauben an die psychische Heredität, um die Frage nach dem Werden des Charakters unbeantwortet zu lassen. Der Mensch ist — z. B. — zwar »hereditär minderwertig und nicht im Vollbesitz der moralischen Widerstandskraft, aber trotzdem verantwortlich«. Solche Gutachten sind kein Scherz, sondern mit beträchtlichem Anspruch vorgetragene »wissenschaftliche« Feststellungen. Die Psychiatrie dieser Art kennt also keine *Genese,* sondern die *Prädestination,* für die der Betroffene zwar nichts kann, für die er aber, *ad maiorem gloriam* — wessen? — büßen muß.

Überdies hat der Glaube an die Vererbung auch einen *machtpolitischen Sinn.* Zwar legitimieren sich die heutigen herrschenden Schichten nicht mit dem Hinweis auf ihr Gottesgnadentum, wie es die Feudalherren noch vor wenigen Jahrhunderten getan haben. »Aber die Kinder der gebildeten Stände sind gewöhnlich intelligenter als die der unteren Schichten«, sagt A. Und damit spricht er nur aus, was heutzutage die vorsichtige Formulierung des Anspruchs auf Gottesgnadentum ist. Nein, es steht keineswegs fest, daß die Kinder der »gebildeten Stände« von Geburt an intelligenter sind als die proletarischen. Zu diesem Schluß können Sie nur gelangen, wenn Sie unterstellen, daß die Bedingungen, sich zu bilden und die Intelligenz zu entwickeln, für beide Schichten gleich günstig sind. Und wenn Sie Bildung und Intelligenz gleichsetzen.

Ein Beispiel: Als die USA in den Weltkrieg eintraten, stellten sie jedem frei, sich um den Offiziersrang zu bewerben, und setzten nur eine Vorbedingung:

eine erfolgreich bestandene, von Psychotechnikern angeordnete Prüfung. Diese Prüfung bewies »eindeutig«, daß die Kinder wohlhabender Schichten intelligenter sind als die der armen Schichten. Es wurden nämlich u. a. Fragen gestellt, die nur der Absolvent höherer Schulen beantworten konnte ... Intelligenz mit Bildung gleichstellen, heißt der Wahrheit ins Gesicht schlagen, heißt absichtlich die Tatsache verkennen, daß die überwiegende Majorität der Menschen keine materielle Möglichkeit zur Bildung hat und daß nur ein geringfügiger Teil der Menschheit sich *alles*, unter anderem auch die Bildung, leisten kann.

So waren die Griechen überzeugt, daß die Barbaren, aus denen sie ihre Heloten rekrutierten, intellektuell minderwertig seien. Die Geschichte belehrte sie nach kurzer Zeit, daß sie die Barbaren unterschätzt hatten. So waren die Römer überzeugt davon, daß die Völker, die sie sich unterwarfen und die dann gegen ihre Herrschaft rebellierten, intellektuell weit hinter ihnen zurückstanden. Auch ihnen gab die Geschichte Gelegenheit, ihre Meinung zu ändern.

Sehen Sie, verehrte Hörer, es gibt ein vielfaches Interesse, den Aberglauben an die Vererbung zu erhalten. Im gleichen Sinne machten einmal die Pharaonen weis, daß sie göttlichen Ursprungs und selber göttlich wären. Wir glauben nicht an die Göttlichkeit der Pharaonen, aber es ist an uns zu untersuchen, wozu sie den Glauben daran brauchten. Den positiven Beweis, daß es die psychische Heredität gibt, mögen diejenigen führen, die an ihn glauben. Unsere Aufgabe ist, zu erforschen, wie der Charakter entsteht, welche Faktoren auf seine Entwicklung *bedingend* und welche *bestimmend* einwirken. Der Glaube an die psychische Heredität wäre, wenn er richtig wäre, banal, d. h. eine unfruchtbare Wahrheit. Er wäre im besten Fall das Ende und nicht der Anfang einer Erkenntnis, er würde keine psychologische Forschung fördern. Wenn alles Psychische vererbt oder angeboren ist, dann bedarf es ja keiner weitern Forschung, dann mag der Priester nur noch das Wort ergreifen, sei es zu fluchen oder zu trösten.

Diese Vorlesung sollte darlegen, wie der individuelle Charakter entsteht, doch vermögen wir keineswegs ein abgeschlossenes System der Psychologie zu bieten; unsere Wissenschaft ist sehr jung, unsere ganze Erziehung, die uns auf tausend Wegen zuströmenden ideologischen Einflüsse, unsere eigenen Lebensmethoden, unser Egozentrismus, unsere miserable Denktechnik und vieles andere noch – all das bildet Schranken, die wir bisher wohl nur selten erkannt und aufgehoben haben.

Wir besitzen nicht jene beseligende sektiererische Gewißheit, die sowohl der orthodoxen Jüngerschar Freuds wie der Adlers eignet. Wir meinen nicht, daß, was wir zu bieten haben, ein Fertiges ist. Trotzdem hoffen wir, daß selbst in jenen Erkenntnissen, die zukünftigen Psychologen als Irrtümer erscheinen

werden, mehr Lebenswahrheit steckt, als in den falschen Voraussetzungen, die wir in den bisherigen Vorlesungen bloßzustellen versucht haben.
Die nächste Vorlesung wollen wir der Diskussion widmen. Sie wird uns gewiß Gelegenheit geben, manches bisher unbeachtet gebliebene Detail zu behandeln.

5

Ist Musikalität angeboren? Betrachtungen über die Genialität. Der Zusammenhang zwischen Organismus und Charakter. Die Insuffizienz von Organen und ihre psychische Kompensation.

Aus dem Hörerkreis:

A.: »Die Darlegungen am Schlusse der vorigen Vorlesung über die Vererbung haben mich in keiner Weise überzeugt. Es mag ja sein, daß es ein unwissenschaftliches Interesse gibt, die Anschauung von der Vererbung seelischer Eigenschaften zu unterstützen oder vielleicht auch zu mißbrauchen. Das beweist aber nicht, daß diese Anschauung nicht richtig ist. Können Sie z. B. leugnen, daß die Musikalität vererbt wird? Können Sie leugnen, daß sehr charakteristische körperliche Haltungen des Großvaters oder sogar des Urgroßvaters häufig bei seinem Enkel zu finden sind, obschon ihn dieser vielleicht gar nicht gekannt hat? Wollen Sie behaupten, daß das Talent oder gar das Genie nicht angeboren ist? Man findet ja nachweisbar schon in der frühesten Kindheit der Genies die Keime ihrer Genialität, z. B. Mozart, der schon in früher Kindheit auf dem Wege zur Vollendung war. Also, ich meine, daß man ununterbrochen auf Tatsachen stößt, die die Vererbung beweisen. Gehen Sie doch darauf ein!«

B.: »Meiner Meinung nach haben Sie ein unwissenschaftliches Interesse, die Vererbung zu leugnen, augenscheinlich, weil Sie ein Anhänger der Gleichheit sind. Weil aber diese Gleichheit das schlimmste und verheerendste Vorurteil, das Erbe der französischen Revolution und des liberalen Zeitalters ist, also ein Vorurteil, das so eindeutig im Widerspruch mit den Tatsachen steht, daß jedes Kind es widerlegen könnte, deshalb streiten Sie so evidente Tatsachen wie die Vererbung sowohl der Rasseneigenschaften als auch der Familieneigenschaften ab. Das vorurteilsvolle Interesse ist also auf Ihrer Seite. Der bedeutendste Geschichtsphilosoph, den es je gegeben hat, Oswald Spengler, könnte Sie eines Besseren belehren. Sie würden erkennen müssen, daß herrschende Schichten tatsächlich zum Herrschen *geboren* werden und daß nur, wenn in den schwächlichen Erben diese natürliche Herrscherkraft erloschen ist, sie ihre Herrschaft verlieren. Die ganze bisherige Geschichte, auf die Sie sich so gerne berufen, beweist also genau das Gegenteil von dem, was Sie für wahr haben wollen. Wie kann man überhaupt von der Geschichte sprechen und dabei übersehen, daß sie stets *nur* von *Führern*, die zum Führen *geboren* waren, gemacht worden ist? — Ehe ich den Gleichheitsaposteln glaube, glaube ich eher an die Göttlichkeit der Pharaonen, die echter war, als mancher bescheidenere Anspruch, den Sie anerkennen.«

C.: »Ich glaube, daß man vielleicht die Vererbung, aber nicht das Angeborensein von seelisch-geistigen Eigenschaften leugnen kann. Wenn jemand z. B. als Buckliger zur Welt kommt, so ist ihm das doch gewiß angeboren. Nun wissen wir aber, daß Bucklige einen ganz besonderen Charakter haben. Dieser Charakter ist ihnen mit dem Buckel sozusagen angeboren. Ich folgere daraus, daß, da das Organische in wichtigen Merkmalen vererbt ist, man gerade als Materialist daraus schließen muß, daß auch das Seelisch-Geistige angeboren bzw. vererbt ist. Ich sehe nichts, was dagegen sprechen könnte.«

D.: »Zwei Umstände scheinen mir sehr dafür zu zeugen, daß das Seelische angeboren ist. Da ist erstens der Charakter der Frau. Es ist doch nicht zu leugnen, daß die Frau ein ganz anderes Wesen ist als der Mann. Zweitens kann man doch nicht behaupten, daß die Neger z. B. auf der gleichen Stufe wie die Weißen stehen. Es wird gewiß Jahrtausende brauchen, bis die Neger im Gehirn die Erbmasse haben, die die Weißen durchschnittlich vererbt bekommen. Also sind die Geschlechtsgattungen und die Rassengattungen erbmäßige Einheiten. (Ich möchte ausdrücklichst betonen, daß ich unter Rasse nicht das verstehe, was die modische Rassologie darunter versteht. Ich meine Rasse als Gesamtheit aller Menschen mit einer bestimmten Hautfarbe, also z. B. weiße, gelbe, schwarze Rasse.)«

Verehrte Hörer, es mag in der Tat nicht genügen, das Problem der seelischen Vererbung so zu behandeln, wie wir es in der letzten Vorlesung getan haben.
A. fragt, ob wir leugnen können, daß die Musikalität erblich ist. Ja, wir können es leugnen. Zuvor müssen wir allerdings untersuchen, was denn diese Musikalität ist und wie häufig sie auftritt. Nun, bisher neigte man der Auffassung zu, daß die Musikalität verhältnismäßig selten sei, daß man sie wie eine besondere Begabung bewerten müsse. Wir schließen uns dieser Ansicht nicht an, sondern der von Heinrich Jacoby (Berlin) vertretenen Auffassung, daß alle Menschen musikalisch seien, wobei es zu unterscheiden gelte zwischen einer psychisch gestörten oder aus anderen Gründen verbildeten Musikalität, die man gewöhnlich Unmusikalität nennt, und der unverbildeten, ungestörten Musikalität. Ist Musikalität eine Erlebnisfähigkeit akustischer Art, gefördert durch das geringere oder größere Maß von akustischer Empfindlichkeit, so kann diese Erlebnisfähigkeit wie manche andere psychisch gestört worden bzw. aufgrund sozialer Umstände unentwickelt geblieben sein. Auch das Hören, d. h. das richtige Hören will gekonnt bzw. gelernt sein. Hören ist eine Kunst, in der man nicht nur gegenüber der Musik, sondern auch gegenüber den Mitmenschen versagen kann, unter bestimmten subjektiven Umständen versagen muß.
Kinder von Eltern, die ein bestimmtes Niveau von Musikkultur und Musikbildung erreicht haben, haben es natürlich leichter als andere; desungeachtet sind keineswegs all diese Kinder musikalisch. Ob sie es sind oder nicht, entscheidet sich gewöhnlich durch ihre Beziehung zu den Eltern und ihre Beziehung untereinander. Der Musikbetrieb des Elternhauses kann damit häufig der Grund zur »Unmusikalität« werden, ebenso der größere Erfolg, der Vorsprung, den ein Kind unter seinen Geschwistern auf diesem Gebiete erreicht. Umgekehrt kann das Kind unmusikalischer Eltern musikalisch sein — und

das hängt durchaus von Umständen ab, die der Vererbungsgläubige weder kennt noch in Betracht zieht.
Daß Genies schon in ihrer frühen Kindheit häufig ein auffälliges Interesse für die Tätigkeit an den Tag legen, in der sie später fast die Vollkommenheit erreichen, beweist weder die Vererbung der Genialität — die Eltern von Genies waren zumeist keineswegs Genies —, noch die Angeborenheit. Es beweist nur, daß das Genie unter anderm auch deshalb ein Genie geworden ist, weil es mit seinem Training schon zu einer Zeit begonnen hat, da die überwiegende Majorität der Kinder von einem solchen systematischen Training weit entfernt war. Stimmen wir zwar der Äußerung eines Genies, nämlich Goethes, daß Genie Fleiß sei, nicht ganz zu, so ist doch zu bedenken, daß auf allen Gebieten genialer Tätigkeit der Satz gelten könnte: Ohne Fleiß kein Genie.
Z. B. steht Mozarts Fleiß außer Zweifel. Und wo er nachzulassen drohte, half ihm sein Vater, der nicht duldete, daß der Sohn Zeit vertrödelte. Der Zwang, unter dem also Mozart von früh an stand, ist natürlich nicht ausschlaggebend für seine Entwicklung, aber es bleibt zu bedenken, daß hier das Training von der Umwelt organisiert wurde, indes sie in manchen anderen Fällen mit aller Kraft und Tücke das Training zu behindern verstand. Auch hier wird deutlich, welche außerordentliche Rolle der Umwelt zufällt. Davon abgesehen, muß daran erinnert werden, daß Mozart mit einem, in diesem Zusammenhange besonders interessierenden organischen Defekt zur Welt gekommen ist: mit einem verkrüppelten Ohre. Bedeutende Forscher meinen, daß hinter dieser Strukturabnormität eine innere organische, das Gehör betreffende Abnormität vorgelegen haben muß.

Und hier sind wir bei einem der wichtigsten Punkte unserer Auseinandersetzung angelangt. Sehr mit Recht verwies C. darauf, daß es doch einen Zusammenhang zwischen den angeborenen organischen Eigenheiten und dem Seelischen geben müsse. Gerade wir, die wir uns zu einer auf der Grundlage der objektiven psychophysischen Einheit beruhenden materialistischen Psychologie bekennen, gerade wir dürfen diese Zusammenhänge nicht verkennen, denn sie stehen im Vordergrunde unseres Interesses.
Indes, der Zusammenhang zwischen Organischem und Psychischem, wie C. sich ihn vorstellt, ist linear, mechanisch, somit der Realität nicht adäquat. Der Zusammenhang erweist sich als komplizierter; er ist aufschlußreicher, als man es bis zu den Entdeckungen Alfred Adlers geglaubt hat. Aufgrund von Ergebnissen, die in seiner »Studie über die Minderwertigkeit der Organe« niedergelegt sind, darf man die psycho-physische Beziehung als eine dialektische ansehen.
Der Mensch kommt keineswegs nur mit vollwertigen Organen zur Welt. Das

eine oder das andere oder auch mehrere seiner Organe sind *erbmäßig* minderwertig oder unzulänglich. Diese Insuffizienz ist angeboren, ist ein Zurückbleiben des Organs im Wachstum, sei es in der intrauterinen Situation, sei es nach der Geburt. Die Unzulänglichkeit ist jedenfalls schon im Keime enthalten, ihr Keimcharakter steht auch dann außer Frage, wenn sie sich erst im Verlaufe der Entwicklung des Individuums offenbart.
Adlers Ergebnisse sind inzwischen durch ungezählte Forscher — wir nennen nur den berühmten Internisten v. Bergmann und den amerikanischen Biologen Stockard — bestätigt und zum Teil erweitert worden. Adlers besondere Leistung ist es, dem weiteren Schicksal dieser insuffizienten Organe nachgeforscht und ihren Zusammenhang mit der Tätigkeit des zentralen Nervensystems aufgedeckt zu haben.

Adler gelangte zu folgenden Resultaten: 1. *Die Funktion minderwertiger Organe* muß *nicht* notwendig *minderwertig,* d.h. dem biologischen bzw. gesellschaftlichen Funktionsanspruch unangemessen bleiben. 2. Mit Hilfe des zentralen Nervensystems vermag das Individuum eine *Kompensation* des minderwertigen Organs in Form einer vollwertigen oder eine *Überkompensation* in Form einer überwertigen Leistung zu vollbringen. 3. Die Kompensation ist eine *Leistung psychischen Charakters* mit psychischen *und* organischen Ausdrucks- und Auswirkungsformen. 4. *Überwertige Leistungen,* an denen Sinnesorgane besonders beteiligt sind, gestatten mit einer hohen bis höchsten Wahrscheinlichkeit den Rückschluß auf die *angeborene Minderwertigkeit* der beteiligten *Organe.* 5. Die *Minderwertigkeit* eines Organs an sich läßt *keinen* Rückschluß auf eine *überwertige* Leistung zu. 6. Das Schicksal des minderwertigen Organs ist durch seine Insuffizienz nur *bedingt,* hingegen ist es von den gleichen Faktoren bestimmt, die den *Charakter* des Individuums bestimmen, determinieren.
Wir werden auf die Kompensation noch sehr ausführlich zurückkommen und zu zeigen versuchen, daß sie *die* Tätigkeitsform des Seelischen ist. Vorderhand interessiert uns nur die Rolle des minderwertigen Organs — das ist ein überentwickeltes Organ nicht weniger als ein unterentwickeltes — und die Kompensation, die es erfährt. Wir sehen, daß z.B. fast alle bedeutenden musikalischen Schöpfer mit minderwertigen Gehörorganen belastet waren (Mozart, Beethoven, Schumann u.a.m.), aber wir dürfen daraus *keineswegs* schließen, daß die Minderwertigkeit dieses Sinnesorganes für ihre Entwicklung *bestimmend* sein konnte. Sie war eine bedeutsame Bedingung. Wir können also feststellen, daß die Organe zwar in der Entwicklung psychischer Eigenarten eine Rolle spielen, aber diese Rolle ist eine Bedingung, deren Wirkung ihrerseits bedingt bleibt. Man kann mit einem minderwertigen Gehör zu einer besonderen akustischen Empfindlichkeit gelangen. Dank dieser mag

man eine besonders differenzierende Art entwickeln, tonales Geschehen zu erleben, und damit eine sublime Musikalität. Man kann dank der gleichen organischen Minderwertigkeit eine Art von akustischer Gleichgültigkeit oder von einer Überempfindlichkeit herausbilden, die keinen lauteren Ton verträgt. Man kann mit der Organminderwertigkeit Beethovens unmusikalisch bleiben und doch ein besonderes Interesse für alles Hörbare auf kompensatorischem Wege produzieren: Man kann ein Horcher werden, ein Lauscher an jeder Wand, ein Plagegeist, der die Umgebung mit einer Neugier quält, die sich nichts entgehen lassen will — wie man es häufig bei Schwerhörigen beobachten kann.

Der Fleiß ist nicht bestimmend, die organische Eigenheit ist nicht bestimmend, obwohl beide vieles erklären — ist also die besondere Fähigkeit doch angeboren? — Nein, sie ist nicht angeboren! Weder die Abstammung, noch die Vielzahl der Schnitte, die das Gehirn eines toten Genies zuläßt, noch das Gewicht des Gehirns oder sonst Ähnliches vermag das Genie zu erklären. Was es zum Genie macht, bestimmen Form und Inhalt seines Schaffens; diese aber sind sozial bedingt. Den Inhalt bezieht das Genie aus seiner besonderen Beziehung zur Umwelt. Und man muß die Inhalte, die diese Umwelt beherrschen, kennen, um die Genialität anzuerkennen, ja um sie überhaupt zu erkennen. Man kann ein Genie mit den Mitteln unserer heutigen Psychologie so gut oder so schlecht erklären wie irgendeinen anderen Menschen. Wir wissen noch immer nicht genug, aber was wir wissen, gestattet uns, das Genie nur aus seinem Charakter, der verwirklichten Umweltsbeziehung zu verstehen. Wir sind gerade in Dingen einer umfassenden und vollendeten *Beziehungsanalyse* noch sehr unwissend. Nicht zufällig und nicht ohne Grund ist dem so. Alles Beziehungsmäßige ist wie im Nebel; die bisherigen Bemühungen, diesen Nebel zu zerstreuen, waren kümmerlich. Anstatt die Psychologie zu einer beziehungsanalytischen Wissenschaft zu machen, herrscht noch immer die Neigung vor, zu Mysterien Zuflucht zu ergreifen. Es ist ein Mysterium und überdies in seiner Unrichtigkeit banal, die Fähigkeiten aus Vererbung zu erklären. Wer einwenden wollte, daß wir uns die Entwicklung eines Genies zu einfach vorstellen, den könnten wir darauf aufmerksam machen, daß er uns wohl mißverstanden habe. Uns bedrängen *ungezählte* Fragen, die wir noch zu beantworten haben. Nichts aber bedrängt den Vererbungsgläubigen. Er stellt es sich am einfachsten vor. Er sehe sich im Tierreiche um: Die Entlein müssen schwimmen lernen, obschon sie Schwimmhäute haben. Alle Säugetiere müssen saugen, essen lernen, obschon sie organisch auf diese Tätigkeiten bestens vorbereitet sind. Sie gehen zugrunde, wenn sie nur auf ihren eigenen Organismus angewiesen sind, wenn ihre Umwelt sich ihnen versagt.

Und je höher die Stufe im Tierreich, um so größer die Abhängigkeit des tierischen Individuums von seiner Umwelt, seine startmäßige *organismische Un-*

zulänglichkeit. Der Mensch ist das organismisch unzulänglichste Lebewesen, denn er braucht am längsten, bis er gelernt hat, von seinen Organen Gebrauch zu machen. Und *er* hat gleichzeitig die schwerste Aufgabe zu erfüllen: die Anpassung an eine Umwelt von außerordentlicher Differenziertheit, von ungewöhnlichem Umfange. *Er* hat nachzuholen und sich anzueignen, was eine vieltausendjährige Geschichte an lebenswichtig gewordenen Erkenntnissen und Einrichtungen geschaffen hat. Er vollführt in seinen ersten Lebensjahren eine Unzahl von komplizierten Tätigkeiten. Er leistet in dieser Zeit in einem gewissen Sinne ungleich mehr an Wahrnehmung, Erkenntnis, d.i. Aufnahme, Auseinandersetzung und Aneignung, als er in dem übrigen Teil seines Lebens jemals wird leisten können.

Erkennen Sie doch, welche Bedeutung das Training, das Lernen im Werden des Individuums hat! Sehen Sie von diesem Training ab — und Sie haben ein Lebewesen vor sich, das hilfloser und lebensunfähiger ist als das Individuum der niedrigsten Tiergattung.

Meinen Sie jedoch nicht, daß der Mensch aus unserer Betrachtung als ein besonders minderwertiges Wesen hervorgehe. Gewiß, wir vergöttlichen ihn nicht, aber gerade, indem wir die außerordentliche Unzulänglichkeit aufzeigen, mit der er startet, machen wir das Grandiose seiner Lebensleistung erst sichtbar. Sie verstehen vielleicht schon, worum es geht. Was der Mensch mitbringt, das sind von vornherein nur Dispositionen zur Entwicklung seiner Fähigkeiten. Diese Entwicklung ist gerade dem Umstande zu verdanken, daß er organismisch unzulänglich zur Welt kommt, daß seine *Unzulänglichkeit* unter den gesellschaftlichen Bedingungen einer *homogenen Umwelt* zum stärksten Anstoß wird, sie zu überwinden, zu kompensieren. *Ohne diese homogene Umwelt* wäre diese *Unzulänglichkeit* ein *Grund des biologischen Untergangs.* Die Größe der Leistung kann also nicht primitiv, nicht mechanistisch verstanden werden, sondern nur als das Resultat und die Prämie der — dank den Umwelteinflüssen — erfolgreichen Überwindung einer großen Schwierigkeit, eines bedrängenden Widerspruchs. Der Organismus führt es in den Widerspruch, die Umwelteinflüsse führen es zu der Überwindung des Widerspruchs.

Sofern Sie an das Mysterium der psychischen Vererbung glauben, sehen Sie das *Sein;* wir sehen ein fortgesetztes *Werden,* das die Wirklichkeitsform des Seins ist. Und wir sehen, daß, was wird, unter dem Zwange bedrückender und unhaltbarer Widerspruchssituationen wird.

Gewiß ist unsere Betrachtungsweise solcherart komplizierter und anspruchsvoller. Sie gehorcht den Forderungen einer *genetischen* Psychologie, einer Psychologie somit, die an das Studium des Seelischen als eines fortgesetzten, vom Organismus materiell ausgeführten *sozialen* Prozesses herangeht.

Eine Unzahl — man wäre verführt zu sagen: eine unendliche Zahl — von Bedingungen, die an diesem Prozesse mitwirken, bietet sich uns an. Wir haben ihr Verhältnis zueinander, ihre Unterordnung oder Überordnung zu erforschen. Und vor allem zu untersuchen, welchen Bedingungen jeweils ein bestimmter Charakter zukommt und umgekehrt, welche Bedingungen ausfallen können, ohne daß der Prozeß eine *wesentliche* Änderung erführe. Wir betonen nochmals, daß wir keinesfalls imstande sind, *alle* diese Bedingungen aufzuzeigen, da wir gewiß nicht alle kennen. Ebensowenig sind wir in der Lage, das Verhältnis der Bedingungen untereinander mit Sicherheit zu bestimmen. Die Auswahl der Bedingungen gehorcht einem Auswahlprinzip, das in der Psychologie — einer Wissenschaft, in der das forschende Subjekt mit dem zu erforschenden zusammenfällt — vom Charakter des Forschenden, von seinem eigenen Weltbilde und nicht zuletzt von seinem sozialen Standorte weitgehend bestimmt wird.

Wir haben in den einleitenden Vorlesungen dargelegt, daß angesichts des eben gekennzeichneten Sachverhaltes das Mißtrauen gegen diese Wissenschaft immer wachbleiben müßte. Besonders groß sollte es da sein, wo das Auswahlprinzip zu irgendeinem Glauben, einem Dogma gleichviel welcher Art verführt. Unser Prinzip aber ist skeptisch und fordernd: Es drängt uns, fortgesetzt zu forschen.

Sowohl aufgrund ihrer bisherigen Resultate als auch ihres Auswahlprinzips läßt die genetische Psychologie, die wir meinen, die Annahme einer psychischen Heredität nicht zu. Wer von ihren bisherigen Resultaten nicht befriedigt ist, mag im Rechte sein; wer mit ihrem Auswahlprinzip nicht zufrieden ist, prüfe sein eigenes Prinzip und sich selbst.

Sehen Sie, da behauptet A., die Musikalität werde vererbt. Erstens verallgemeinert er in einer unerlaubten Weise: Es ist einfach nicht richtig, daß alle Kinder musikalischer Eltern im gebräuchlichen Sinne des Wortes musikalisch sind. Zweitens analysiert er nicht, was Musikalität ist, untersucht nicht, ob es eine Unmusikalität wirklich gibt und was ihr Wesen ist. Verallgemeinern aber darf man erst, *nachdem* man *differenziert* hat. A. verweist uns darauf, daß beim Enkel häufig die körperliche Haltung des Großvaters beobachtet werden könne. Die Beobachtung ist in einzelnen Fällen richtig. Doch was soll daraus geschlossen werden? Die seelische Vererbung? Dazu besteht kein zwingender Grund, obschon es sehr wahrscheinlich ist, daß dieser Enkel bestimmte körperliche Eigenheiten von seinem Großvater geerbt haben könnte. Aber damit hat er nur *Bedingungen* für seine Entwicklung geerbt, unter denen er sich nur dann zu einem ähnlichen Charakter, wie ihn sein Großvater hatte, entwickelt, wenn die *bestimmenden* Faktoren gleichfalls ähnlich sind. Andernfalls wird die Ähnlichkeit der Charaktere und der körperlichen Haltung nicht zustande kommen. — Also auch in diesem Falle hat A. keine differenzierte Beobachtung geboten.

B. wirft uns sehr geschickt ein unwissenschaftliches Interesse an unserer Anschauung über die Vererbungsauffassung vor und formuliert sehr deutlich das Auswahlprinzip seiner Beobachtungen; er bekennt sich zu Oswald Spengler, dem Autor des »Untergang des Abendlandes«, den er als bedeutendsten Geschichtsphilosophen schätzt.

Wir glauben natürlich ebensowenig an die Göttlichkeit der Pharaonen oder der modernen »Führer« wie daran, daß man zum Führer geboren ist oder »daß die herrschenden Schichten nur dann ihre Herrschaft verlieren, wenn in den schwächlichen Erben die natürliche Herrscherkraft erloschen ist«. Wir meinen umgekehrt, daß diese Erben schwächlich werden, wenn die Zeit ihrer Herrschaft zu Ende geht, d. h. wenn eine neue herrschende Schicht so stark geworden ist, daß sie sie stürzen kann.

Nachdem Napoleon Bonaparte, ein »geborener Führer«, seine Mission für die tatsächlich herrschende Schicht erfüllt hatte, hörte er auf, für die Welt »ein Schicksal« zu sein; wirkungslos und fast bedeutungslos wie irgendwer lebte er seinem Tod entgegen. Idealistische Kleinbürgergehirne haben Legenden um ihn gewoben, ihn zu einem Jahrtausendkerl ernannt, aber als die Geschichte, die nicht von Persönlichkeiten gemacht wird, sondern sich ihrer bedient, ihn abtreten ließ, war keine Kraft da — nicht in ihm und nicht um ihn —, dank der er sich gegen die Logik der Geschichte hätte behaupten können.

Perikles von Athen war ein Führer, aber als sich die Situation änderte, als seine Mitbürger meinten, durch die Eroberung der Insel Salamis ihre Rente vergrößern zu können, und er nicht mitmachen wollte, da war er nicht mehr Führer, sondern nur eine fragwürdige Privatperson, indes ein Kleinbürger, der Gerber Kleon, Führer werden konnte, obschon ihm nichts anderes als die Fähigkeit manches modernen Kleon eignete: skrupellos Versprechen zu machen, außerpolitische Abenteuer anzupreisen und zu reden, zu reden — genauso wie der Kleinbürger vom Stammtisch reden würde, wenn er es könnte.

Damit haben wir natürlich das Führerproblem nicht erschöpft. Doch ist dies nicht unsere Aufgabe, sie geht den Historiker und den Soziologen an, nicht uns. Daß Sigmund Freud das Verhältnis von Führer und Masse sehr ähnlich sieht wie Spengler und die meisten idealistischen Historiker, beweist nichts für diese, sondern nur etwas gegen Freuds System und gegen die Kompetenzüberschreitungen der Psychologen, zu denen fälschlicherweise Gustave Le Bon gezählt wird, auf dessen Niveau Freud hinuntergeht.

Nun zur Frage der Gleichheit, für deren Apostel B. uns hält. Man kann unter Gleichheit sehr Verschiedenes verstehen. Wir behaupten z. B. nicht, daß die

Menschen untereinander gleich sind, obschon gerade dem differenzierenden Betrachter ihre Ähnlichkeit untereinander größer erscheinen muß, als man es gemeinhin annimmt. Die Menschen sind organisch ungleich, überdies haben sie seit Jahrtausenden sehr verschiedene Startbedingungen und Sicherungsmöglichkeiten. Die »Gleichheitsapostel« fordern ja nichts anderes, als daß diese Verschiedenheit der Startbedingungen und der Sicherungsmöglichkeiten aufgehoben werden. Sie begründen das unter anderem auch damit, daß jeglicher die Möglichkeit haben solle zu leben.

Die Erfüllung einer solchen Forderung sollte auf keinen Widerstand der Psychologen stoßen. Aber auch wer die Anschauung B.s vertritt, brauchte nicht notwendig gegen gleiche Startbedingungen zu sein. Um so weniger, als er ja überzeugt ist, daß es darauf gar nicht ankomme, sondern nur auf das, was das Individuum »mitbringt«. Solange nämlich die Menschen so verschiedene Startbedingungen haben, kann der Vererbungsgläubige kaum gerechtfertigt werden.

Aber natürlich sind die Dinge auch hier viel komplizierter, als es sich die »Tiefen« vorstellen. Wenn gerade organische Unzulänglichkeiten unter kompensationsgünstigen Bedingungen zu hohen Leistungen den Anstoß geben können, dann steht die Frage doch so: Welche Möglichkeiten werden dem Individuum geboten, zu kompensieren oder zu überkompensieren? — Entwickeln sich die uns interessierenden Funktionen erst unter Einwirkung von Umständen, dann ist es nicht so wichtig, welche organischen Möglichkeiten einer repräsentiert, sondern zu welcher *Gestaltung* sie das Rohmaterial liefern.

Jene, die Sterilisierungsgesetze gegen Abwegige fordern und sich hierbei auf vermeintlich wissenschaftliche Erkenntnisse berufen, wollen mit *verbrecherischer* Leichtfertigkeit zur Zerstörung des organischen Gleichgewichts und der Glückschancen anderer schreiten. Wer von körperlicher Minderwertigkeit auf die Minderwertigkeit der ganzen Persönlichkeit schließt, ist zumindest verblendet. Zu schweigen davon, daß ihm entgangen ist, daß die bedeutendsten Leistungen häufig im Zusammenhang mit der körperlichen Unzulänglichkeit stehen. Es scheint uns ebenso ungerechtfertigt, einen Verbrecher zeugungsunfähig zu machen, denn ob seine Kinder auch Verbrecher werden, hängt nicht zuletzt davon ab, unter welchen gesellschaftlichen, ökonomischen Bedingungen sie leben werden. Die gesellschaftliche Ordnung, die diese Bedingungen nicht verändern will und kann, zerstört Menschen und läßt sich von »Wissenschaftlern« attestieren, daß dies im Einklang mit wissenschaftlichen Erkenntnissen geschehe.

Der Kenner der Geschichte sei daran erinnert, daß manche herrschend gewordene Familie, die Jahrhunderte lang als hoher Adel gelten durfte, dank der schwerverbrecherischen, mörderischen und räuberischen Tätigkeit des

Begründers zu ihrer Position aufsteigen konnte. Wir haben bisher die Wissenschaftler der oben gekennzeichneten Art noch nicht dabei getroffen, wie sie nachzuweisen versuchten, daß die Nachkommen der Raubritter, daß die Nachfahren der in den Kreuzzügen maßlos bereicherten großen Plünderer erbmäßig minderwertig seien.
Es will uns scheinen, als ob auch B. im Banne der leichtfertigen Wissenschaft stünde. Wir lassen es uns gerne gefallen, mit den Philosophen der französischen Revolution zusammen verworfen zu werden. Wir meinen auch heute noch, von Voltaire und Rousseau wichtigere Anregungen beziehen zu können als von den Repräsentanten der Anschauungen, zu denen sich B. bekennt.

Auf C.s Ausführungen sind wir zum Teil schon eingegangen. Das Beispiel von dem Buckligen, das er bringt, ist sehr interessant. Dieser ist in einer Umwelt gehandikapt, die ihm sehr früh seine Andersartigkeit als eine Minderwertigkeit zu Bewußtsein bringt. Daß er sie nicht verbergen kann, provoziert häufig jenen abscheulichen Spott, mit dem sich der Unsichere gerne an anderen, noch Befangeneren zu rächen sucht. Frühzeitig ist somit der Bucklige gezwungen, sich mit seiner Minderwertigkeit, die natürlich nur vergleichsweise eine solche ist, auseinanderzusetzen, sie zu kompensieren. Oft stoßen wir bei ihm auf eine intensive Beschäftigung mit geistigen Problemen, auf eine außerordentliche Feinfühligkeit, die allerdings nicht selten aggressiv dazu verwandt wird, den Mitmenschen besonders da zu treffen, wo er am verletzlichsten ist. Der Bucklige bleibt in einer Abwehrstellung selbst dort, wo er nicht angegriffen wird. Doch läßt sich diese Charakterisierung keineswegs verallgemeinern. So unzweifelhaft es sein mag, daß eine solch schwere organische Behinderung auf die Gestaltung des Charakters einwirkt, so unzweifelhaft ist es auch, daß diese Behinderung selbst zu keiner eindeutigen Bestimmung wird. (Wir erinnern an die Polemik von Lichtenberg mit Lavater.) Indes bewirkt die übliche Diskrimination, auf welche Bucklige zuweilen stoßen, eine sich oft gleichbleibende Reaktion. Eine natürlich nur mit äußerster Vorsicht zu gebrauchende Psychologie der Körperbehinderten ist in einem gewissen Sinne zugleich eine Psychologie des Verhaltens der Normalen zu den Körperbehinderten. Jedoch sind auch da stets Differenzierungen notwendig. So scheint es z. B. festzustehen, daß Blinde durchschnittlich gemeinschaftsfähiger sind als Taubstumme; weil diesen die Gemeinschaftlichkeit ja objektiv erschwert ist, indes Blinde auf die Gemeinschaft ungleich mehr angewiesen sind. Also gerade auch in der Konsequenz des von C. gebrachten Beispiels gelangen wir zur Überzeugung, daß wir keinen Grund haben, unsern Standpunkt zu ändern.

D. meint, daß die Vererbung des Charakters durch das Vorhandensein von psychologischen Geschlechtsgattungen und Rassengattungen bewiesen sei. Er verweist auf die Frau und den Neger als Beispiele. Wir aber glauben weder an eine Frauen- noch an eine Negerpsychologie, daher können wir die Beispiele nicht gelten lassen. Man kann zwar von einer Frauenpsychologie, aber nur als einer Situationspsychologie sprechen, ebenso von einer Negerpsychologie, jedoch mit geringerm Grunde als z. B. von einer Kinderpsychologie. Es ist noch nicht so lange her, da herrschte die Auffassung, die Frau sei geistig unterlegen; das hat sich in hohem Maße geändert. Erst die vollkommen befreite Frau wird den Aberglauben an die Inferiorität des weiblichen Geschlechts vollkommen beseitigen. Noch ist die Frau mehr oder minder Sklavin, und die Verführung, es zu bleiben, ist angesichts des Wenigen, das ihr die heutige Befreiung zu bieten vermag, sehr groß. Wer meint, Psychologie treiben zu können, ohne der besonderen Position der Frau sein allergrößtes Interesse zuzuwenden, betreibt ein weltfremdes Handwerk. Trägt er ihr aber gebührend Rechnung, dann kann ihm nicht verhohlen bleiben, daß, was man als typisch weiblichen Charakter anspricht, ein Produkt der gesellschaftlichen Situation und nicht der organischen Natur ist. Es gibt keinen sogenannten weiblichen Charakterzug, den man nicht auch an ungezählten Männern finden könnte, keinen sogenannten männlichen Charakterzug, den man nicht an ungezählten Frauen finden könnte. Betrachtet man den einzelnen Charakterzug im Zusammenhang der ganzen Persönlichkeit, dann erkennt man, wie sehr er durch *Entwicklungs*faktoren bestimmt ist. Wir lehnen in diesem Zusammenhange die sogenannte Theorie Weiningers als eine willkürliche und durch nichts als durch neurotische Angst vor der Frau begründete Konstruktion ab, ebenso die Hypothese von der organischen Bisexualität.
Die Frau hat sich in dem Daseinskampfe bewährt, in den sie die modernen Produktionsverhältnisse unter zum Teil sehr ungünstigen Bedingungen hineingestellt haben. Sie hat sich, wo man ihr dazu Gelegenheit gegeben hat, als eine gleichwertige Arbeitskraft erwiesen. Wir werden das Frauenproblem sehr konkret noch an anderer Stelle behandeln. In diesem Zusammenhange: Die Frau ist kein Beweis für die Angeborenheit des Charakters, hingegen sind die bisherigen Auffassungen über die Frau ein sicherer Beweis dafür, zu welchem Aberglauben, zu welch verderblichen Irrtümern die Theorie von der Angeborenheit des Charakters verführen kann, wenn die gesellschaftliche Ordnung es verlangt und fördert.
Was die Neger betrifft, so ist zu sagen, daß der hochmütige Standpunkt der Weißen, so wie er an den Gelben zuschanden geworden ist, sich auch an den Negern in weiterer Folge als unberechtigt und dumm erweisen wird. Gerade die Neger liefern den besten Beweis dafür, daß die Kulturgüter nicht in den Gehirnen vererbt, sondern von Generation zu Generation übertragen wer-

den. Die Neger haben in einer erstaunlich kurzen Zeit das Niveau der Weißen erreicht, obwohl sie nach Anschauung der Vererbungstheoretiker eigentlich Jahrtausende hierzu hätten brauchen müssen. Unsere persönliche Erfahrung hat uns darüber belehrt, daß die intellektuellen Neger von heute ungleich schwerer dumm zu machen sind, daß sie mittelalterlichen Vorstellungen schwerer erliegen, kurz, daß sie kulturell höher stehen als manche Schichten der mitteleuropäischen Intellektuellen. Es kommt darauf an, unter welchen Bedingungen ein Neger aufwächst. Die Stellung der Umwelt zu den Negern behindert ihre Entwicklung, aber sie fördert sie auch. Noch werden Neger von Weißen gelyncht, aber das beweist nur, daß die weiße Rasse mehr Macht hat. Die wahre Menschlichkeit weiß sich zu dem ungebildetsten und unzivilisiertesten gelynchten Neger unendlich mehr hingezogen als zu den modernen Rasseaposteln.

Wir haben schon gesagt, daß man von einer Negerpsychologie sprechen kann. Es ist im Verlauf unserer Ausführungen, meinen wir, deutlich geworden, in welchen Sinne es sie geben könnte.

Verehrte Hörer, wir haben nun scharf miteinander diskutiert. Daß wir einander überzeugt haben, glauben wir natürlich nicht. Doch wollen wir zufrieden sein, wenn wir voneinander wissen, was wir meinen.

Sie haben begriffen, daß wir *nicht* die *organische* Vererbung bestritten haben, sondern die Vererbung der Art und der Inhalte der *psychischen* Funktionen. Ist es schon zweifelhaft, ob man auf organischem Gebiete von der Vererbung der Funktionen sprechen kann, so erscheint es uns gewiß, daß die psychischen nicht vererbt werden. Das Psychische ist also als eine Funktion begriffen. Wird es nicht als Funktion aufgefaßt, so läßt es eine wissenschaftliche Behandlung überhaupt nicht zu. Die Funktion ist eine Leistung, die aus einem Verhältnisse heraus entsteht und sich im Verhältnisse ändert. Die psychische Funktion entsteht im Verhältnis zur Umwelt und ist selbst ein Teil ihrer Wirkung, wie sie umgekehrt auf die Umwelt einwirkt und deren Reaktionen bewirkt. Wir wiederholen, daß außerhalb einer Umwelt das Psychische schlechthin unverständlich, mehr als das: unmöglich ist.

Der unanzweifelbare Tatbestand, daß diese Umwelt, die menschliche Gesellschaft, historisch ist, d. h. fortgesetzt sich verändert, macht aus, daß die Einflüsse, die sie auf die Entwicklung der Individuen ausübt, sich auch verändern und mit diesen die Generationen. Dadurch wird nicht nur die Veränderung der Inhalte des Psychischen bestimmt, sofern sie nicht unmittelbare Auswirkungen der Organbedürfnisse sind, sondern die Ausdrucksform und die differenzierten Wirkungen dieser Organbedürfnisse im Psychischen.

Die Gattung Mensch ist die einzige, die planmäßig verändernd auf die außermenschliche Natur und infolgedessen auf ihre eigene Natur einwirkt. Das

Mittel dieser Einwirkung ist die Arbeit. *Indem der Mensch die Natur also verändert, verändert er sich selbst.* Alles Sein des Menschen ist so eine fortgesetzte verändernde Tätigkeit.
Der Mensch kann nur als ein tätiges, werdendes Wesen verstanden werden. Dieses sein Werden kann nicht allein individualhistorisch begriffen werden, weil er nicht vereinzelt ist. Die Individualhistorie ist ein spezialisierter, differenzierter Ausschnitt aus der Umwelthistorie.
Die Psychologie kann nur eine historische Wissenschaft sein, d.h. eine Wissenschaft, die der tätigen Selbstveränderung ihres Forschungsobjekts, des vergesellschafteten Menschen, gerecht wird. Wie der Filmoperateur dem zu filmenden, in Bewegung befindlichen Objekt immer nachfolgen muß, soll die Einstellung die gleiche bleiben, so muß die Psychologie sich selbst entwickeln — stets unter dem Einflusse der Entwicklung, der ihre Objekte — und das sind auch ihre Subjekte — unterliegen.

6

Allgemeines über die Entwicklung der Psychologie von der Metaphysik zur Wissenschaft. Die experimentelle Psychologie. Die Aufgabe der Psychologie: eine wissenschaftlich begründete Menschenkenntnis. Fünf prinzipielle Argumente gegen die bisherige experimentelle Psychologie. Die Rolle des dialektisch angewandten Experiments — Beispiel eines Ängstlers, der keine Angst hat.
Die Theorie der Psychogenese. Definition der Organneurose. Die Entstehung der Psychoanalyse. Die Charakterologie — eine Wissenschaft. Die Metaphysik der Werte. Die Analyse der Wertungen. Die Bedingtheit der Wertmaßstäbe. Moral und Ethik. Soziologische Kritik der Psychologie. Abgrenzung gegenüber den Philosophen des Untergangs. Das Wesen der kritischen Sozialpsychologie. Die Gefahr des Psychologismus.

Ungezählte, für ihre Zeit beispielgebende Denker haben versucht, das Wesen dessen, was sie Seele nennen, zu erkennen. Daß sie die Seele und nicht seelische Funktionen zum Gegenstand ihrer Untersuchung, richtiger: ihrer Spekulation, machten, lag nicht daran, daß sie unintelligenter waren als wir, sondern daran, daß innerhalb ihres religiös-philosophischen Systems die Seele nur als die Repräsentanz des Überirdischen, des Göttlichen oder des Dämonischen Platz hatte. Die Unsterblichkeit der Seele nahm das Interesse dieser Philosophen völlig in Anspruch.
Es war die Zeit, da die meisten wissenschaftlichen Fragen nur als philosophische abgehandelt wurden, sei es metaphysisch, sei es erkenntniskritisch. Nur auf jenen Gebieten, deren Erkenntnisse die gesellschaftliche Entwicklung sowohl möglich als auch notwendig machte, vermochte die konkrete wissenschaftliche Forschung der philosophischen Spekulation Boden abzugewinnen. So auf dem Gebiete der Astronomie, der — allerdings noch sehr bescheidenen — Geographie und der Mathematik. (Wir verweisen mit besonderem Nachdruck auf das in letzter Zeit leider sehr wenig beachtete, wahrhaft klassische Werk F. A. Langes: »Die Geschichte des Materialismus«; obschon wir die Grundauffassungen dieses Autors nicht teilen.)
Die Barbarei und Geistfeindlichkeit, die der Sieg des Christentums und kulturell weit zurückgebliebener Stämme über die römisch-hellenische Welt heraufbringt, vernichtet vorerst alle Ansätze zu ernster wissenschaftlicher Arbeit. Die Psychologie wird zum Teil einer für lange Zeiten philosophisch verwahrlosenden Theologie. Hieran ändert nichts, daß die Gedankengänge

des Aristoteles — allerdings zum Teil verstümmelt, mißverstanden und scholastisch mißbraucht — einen gewissen Einfluß ausüben. Averroes, der Repräsentant jener Kultur, die in der Zeit der tiefsten kulturellen Erniedrigung Europas die Kontinuität mit den antiken Zivilisationen aufrecht erhielt, bewirkte einen der ersten wesentlichen Anstöße zur Wiederaufnahme der wissenschaftlichen Arbeit. Es war jene Zeit, da sich der Frühkapitalismus in den italienischen Städten immer stärker zu entwickeln begann, da der große Staufenkaiser Friedrich II. sich mit Sarazenen als Ratgebern und Lehrern umgab, die gleichzeitig Kulturträger ersten Ranges waren. In Europa beginnt zu jenem Zeitpunkt anstelle der dogmatischen Scheinspekulationen die wissenschaftliche Forschung aufs neue. Die Erkenntnis der Natur macht riesige Fortschritte, die Schranken des Denkens beginnen zu fallen.

Noch immer bleibt die Psychologie ein Teil der philosophischen Propädeutik, in einer unglücklichen Kopulation mit der formalen Logik und daher verhindert, sich zu einer wissenschaftlichen Disziplin zu entwickeln. Erst die ungeheueren Fortschritte auf allen Gebieten der Naturwissenschaften, die das 18. und insbesondere das 19. Jahrhundert hervorgebracht haben, bewirken die Abspaltung der Psychologie von der nach ihrer Vollendung durch Kant und Hegel immer kümmerlicher gewordenen idealistischen Philosophie.

Es entstehen psychologische Laboratorien, in denen man die Methodik der Naturwissenschaft uneingeschränkt und unmodifiziert im psychologischen Experiment verwendet. Die experimentelle Psychologie, am umfassendsten von Wilhelm Wundt begründet, ist der erste Versuch einer wissenschaftlichen Seelenlehre, die somit die Seele der idealistischen Philosophie wie der Religion in all ihrer Unsterblichkeit ignoriert. Nicht die Seele, sondern seelische Funktionen sind das Objekt der Untersuchung. Allerdings werden diese Funktionen als Reaktionen auf einfache und in geringerm Maße auf komplizierte Sinnesreize aufgefaßt und dem Experiment unterworfen. Dieser *reaktologische* Charakter, der unausweichlich zur mechanistischen Auffassung verführt, ist bis auf den heutigen Tag für fast alle Schulen der experimentellen Psychologie charakteristisch geblieben. (Bis zu einem gewissen Grade ist hier die Gestalttheorie nach Köhler/Wertheimer auszunehmen.)

Keine der wesentlichen Fragen, die eine Psychologie zu beantworten hat, ist im Verlaufe der Jahrzehnte von der experimentellen Psychologie beantwortet worden. Wir müssen uns allerdings darüber einigen, daß die Aufgabe der Psychologie eine wissenschaftlich begründete Menschenkenntnis mit allgemein gültigen Naturgesetzen der Entwicklung des menschlichen Charakters, der Dynamik und Technik (Mechanik) der seelischen Funktionen ist. Daß die experimentelle Psychologie Jahrzehnte lang forschen konnte, ohne zu beachtlichen Resultaten auf dem Gebiete der Menschenkenntnis zu gelangen, muß auch gegen die Methoden, die sie anwendet, mißtrauisch stimmen, mögen diese auch auf dem Gebiet der Physik etwa zum Erfolge führen. Umgekehrt spricht der nachweisbare Erfolg, den die Schulen der deutenden Psychologie errungen haben, ohne sich der experimentellen Methode zu bedienen, für die Berechtigung des Mißtrauens gegen die kritiklose Übertragung der Methoden aus den Wissenschaften von der außermenschlichen Natur auf die Wissenschaften von der menschlichen Natur.

Wir lehnen indes das Experiment keineswegs ab, sondern meinen im Gegenteil, daß man ohne dieses auf die Dauer nicht auskommen kann. Das Experiment der experimentellen Psychologie aber lehnen wir aus folgenden Gründen ab:

1. Die experimentelle Psychologie trägt dem unanzweifelbaren Tatbestande nicht Rechnung, daß die Experimentsituation selbst ein Erlebnis ist, daß das Versuchsobjekt also gleichzeitig ein Subjekt ist.

2. Es gibt keine Möglichkeit, ein Experiment beim gleichen Individuum zu wiederholen. Im Falle der Wiederholung würde das Experiment auch bei völlig gleicher Anordnung, in einem gewissen Sinne gerade bei gleicher Anordnung, nicht dasselbe sein, weil das Versuchsobjekt eine Versuchsperson ist mit Fähigkeit, sich zu erinnern. Da nun die Wiederholung in diesem besondern Sinne nicht möglich ist, verliert das Experiment einen der wichtigsten Vorteile, den es z. B. in der Physik hat. In dieser ist eben gerade das unter völlig gleichen Umständen wiederholte, also tatsächlich gleiche Experiment maßgebend, gemäß dem Grundsatz: *Ein* Experiment beweist nichts.

3. Die Vorgeschichte der Versuchsperson wird von den Experimentalpsychologen zumeist völlig übersehen. Damit wird die Vorbereitung, die die Versuchsperson für dieses Experiment mitbringt, verkannt.

4. Es wird übersehen, daß keine Reaktion des Individuums nur eine Reaktion ist. Den Aktionscharakter jeglicher menschlicher Reaktion übersehen, bedeutet, den Menschen mechanisch, als eine Maschine zu betrachten, die er aber nicht ist. Wäre er es, dann hätte er jederzeit sich selbst und seine Umstände in gleicher Weise reproduzieren müssen. Es ist überflüssig, darauf zu verweisen, daß er dies nicht getan hat, sondern daß er sowohl das *Produkt* als auch der *Produzent* seiner veränderten Umstände ist.

5. Die experimentelle Psychologie nimmt keine Kenntnis von der Feststellung der deutenden Psychologie, daß es ein Unbewußtes gibt. Damit vernachlässigt sie einen in mancher Hinsicht ausschlaggebenden Teil der Persönlichkeit und ignoriert systematisch einen Quell der seelischen Strömungen. So bleibt denn das psychologische Bewußtsein dieser Psychologie beschränkt. (Wir haben ganz besonders das in Amerika begründete System des Behaviorismus im Auge. So brauchbar seine Feststellungen in vielerlei Hinsicht sind, so bedenklich ist die Begründung seiner Ablehnung, sich mit der

Lehre vom Unbewußten auseinanderzusetzen. Wir verweisen auf die Arbeiten Watsons.)
Vom Experiment in der Psychologie erwarten wir vor allem die Vermeidung der bezeichneten Fehler. Wir erwarten ferner, daß es in ein psychologisches System eingeordnet werde, welches die ganze Persönlichkeit und diese als eine psychophysische Einheit in den Mittelpunkt seiner Forschungen stelle. Es müßte der Dialektik des menschlichen Lebens, also auch der Entwicklung der Persönlichkeit, also auch der Experimentsituation angepaßt sein. Die experimentellen Psychologen sind mehr oder minder alle zu Physiologen geworden und haben da sehr viel Ersprießliches geleistet. (Besonders wesentlich erscheinen uns die Ergebnisse des Leningrader Forschers Pawlow, an denen auch die Psychologie nicht wird vorübergehen können.)
Unser Zweifel an den Resultaten der experimentellen Psychologie und an deren Wert für die Menschenkenntnis wollen wir an einem von Adler gebrachten Gleichnisse erläutern und gleichzeitig die Unzulänglichkeit und Mechanistik des reaktologischen Experiments deutlich machen:
Man stelle sich vor, ein Mann leide an der Angst, überfallen zu werden. Er läßt sich nun ein isoliert gelegenes Haus bauen, das mit allen erdenklichen Befestigungen versehen ist. Überdies dingt er sich eine tatkräftige Leibwache, die er bis an die Zähne bewaffnet. Er hält sich in einem Raume auf, den niemand betreten oder verlassen kann, wenn er es nicht will. Dieser Mann liegt nun seelenruhig auf seiner Couch, raucht Zigaretten und liest mit Begeisterung Kriminalromane. Der Experimentalpsychologe würde natürlich keinerlei Angst an ihm entdecken können. Der deutende Psychologe schließt aus dem Maße seiner Sicherung auf das Maß seiner Angst. Sicherung und Angst sind direkt proportional. Und wenn dieser Mann noch so heftig versicherte, er habe keine Angst — was er subjektiv behaupten könnte —, so fiele das nicht im geringsten ins Gewicht.
Wir wiederholen also unser oberstes methodisches Prinzip: Ohne Zusammenhangsbetrachtung und außerhalb dieser gibt es kein Verständnis des Seelischen. Die Äußerungen der Person über sich selbst sind einzubeziehen, aber nur als Material und nicht als objektives Urteil. Der Sinn der Reden wird nur im Zusammenhang mit den Taten deutlich. Allein bedeuten sie nur einen Hinweis und nicht einmal einen eindeutigen Hinweis. Adler rät seinen Schülern oft, wenn sie aus jemandes Rede nicht klug werden können, sozusagen die Ohren zu schließen und die Augen zu öffnen: Es würde sich ihnen dann häufig das Verwirrende entwirren. Dieser Rat ist — *cum grano salis* aufgefaßt — ausgezeichnet. Der Psychotherapeut erlebt es sehr häufig, daß der Patient mit bedauerndem Tone erklärt, er habe leider nichts von seinen Träumen behalten. Sieht er dem Patienten, der augenscheinlich in der Phase des neurotischen Widerstandes ist, ins Gesicht, so kann er unschwer bemerken,

daß die bedauernden Worte von einem freudigen, ein wenig tückischen und ein wenig ironischen Lächeln begleitet werden. Es verrät dem Therapeuten genau das, was ihm die Worte verbergen sollen.

Zurück zu unserer Skizzierung der Geschichte der Psychologie: Zu Ende des vorigen Jahrhunderts entdeckten einige französische Neurologen — besonders zu nennen sind Charcot und Bernheim und der Psychologe Janet — die Psychogenese organnervöser Erkrankungen und gewisser psychischer Störungen. Die Theorie der Psychogenese lautet etwa: Es gibt Funktionsstörungen, die prinzipiell alle Organsysteme betreffen können und die, obschon in organischer Sprache offenbart (Organdialekt, Adler), nicht durch eine Organerkrankung entstanden sind, sondern durch die störende Einwirkung des Psychischen: Organische Störungen können psychisch verursacht sein. Bis dahin hat es in der Medizin fast immer geheißen: Psychische Störungen sind nur der Ausdruck und die Wirkung von Organerkrankungen.
Die brauchbarste Formulierung gewinnen wir, wenn wir die Adlersche Organminderwertigkeitslehre gebrauchen: Organnervöse Störungen sind psychische Störungen, von minderwertigen (insuffizienten) Organen unter dem Einfluß eines in seinem Gleichgewichte gestörten nervösen Charakters erlitten und ausgeübt. Die Neurose des Organs ist somit die am *locus minoris resistentiae* wirksam gewordene Charakterneurose. Wir werden sehr ausführlich auf die Neurosen eingehen und wollen vorderhand nur feststellen, daß die nervösen Störungen in der Art der sogenannten Hysterie, der Angst- und Zwangsneurose den entscheidenden Anstoß für die Entstehung und Entwicklung der modernen deutenden Psychologie gegeben haben. Unsere Psychologie entstand in der Medizin, doch ist sie dort nicht heimatberechtigt. Die Medizin hat nur äußerst mangelhaft und in beschränktem Maße versucht, den Krankheitsbegriff zu revolutionieren. Einen Beweis dafür liefert sowohl die landläufige Psychiatrie als auch die ärztliche Praxis, wie sie zumeist geübt wird. (Wir verweisen auf Bleulers »Das autistische Denken in der Medizin«, in dem die ernstesten Grundlagen zur Kritik der modernen Medizin niedergelegt sind.)
Dank den Leistungen der genannten französischen Forscher war es möglich, an das Studium der psychischen Störungen mit einem ungeahnten Erfolge heranzugehen. Sigmund Freud, in Zusammenarbeit mit dem ältern Wiener Arzte Breuer, war der erste, der die Theorie der Psychogenese praktisch und theoretisch in einer für die Psychologie Epoche machenden Weise zu verwerten und weiterzuentwickeln begann. In der ersten Phase dieser Arbeit stand er, wie seine Lehrer, noch unter dem Einflusse der Lehre von der Hypnose und Suggestion, die er späterhin aufgab. (Wir verweisen auf August Forels »Hypnose und Suggestion« und erinnern bei dieser Gelegenheit

gerne an sein auch heute noch nützliches sexuologisches Werk »Sexuelle Fragen«.)

Freud bildete allmählich sein *System der Psychoanalyse* heraus, das durch Wilhelm Stekel und C. G. Jung einer Anzahl von Modifikationen unterworfen wurde. Sofern wir im weitern von der Psychoanalyse sprechen, meinen wir nur die Freudsche; Freud hat dieses Wort als erster gebildet und hat den alleinigen Anspruch darauf, sein System nach ihm zu benennen.

Etwa um das Jahr 1910/11 begründete Alfred Adler die vergleichende Individualpsychologie — nach einer zeitweiligen Kooperation mit Freud, dem er wohl die Vermittlung der Kenntnis der ungewöhnlichen Möglichkeiten verdankt, die die Theorie der Psychogenese barg, sowie die Erkenntnis von der Deutbarkeit der Träume und der Realität des Unbewußten.

Die Unterschiede zwischen den genannten Systemen werden an anderer Stelle dargelegt werden. Innerhalb dieser historischen Skizzierung müssen wir noch Charles Baudouins »Suggestion und Autosuggestion« nennen, ebenso Coué erwähnen, ferner auf die elektrizistischen Autoren Arthur Kronfeld, I. H. Schulz, Paul Schilder und Fritz Künkel verweisen. Schließlich erinnern wir an die zwei großen Meister der modernen Psychiatrie Bleuler und Kraepelin, von denen der erste als der Begründer der psychologischen Psychiatrie und als bedeutsamer Förderer der Psycho-Neurologie in der Geschichte der Psychologie einen besondern Platz beanspruchen darf.

Crepieux-Jamin und Ludwig Klages müssen als die Begründer einer modernen charakterologischen Graphologie, Claparède und William Stern als Begründer einer systematischen Kinderpsychologie, Muensterberg als der Begründer der Psychotechnik, der wichtigsten Praxis der experimentellen Psychologie, hervorgehoben werden.

Wir sind auf die philosophische Psychologie gar nicht eingegangen, da sie sich selbst, und dies mit Recht, für einen Zweig der Philosophie hält. Doch niemand kann die geistesgeschichtliche Bedeutung z. B. Diltheys, Husserls, Brentanos, Bergsons, Sprangers, Nelsons, Paul Natorps bestreiten.

Der Gestalttheoretiker Kurt Lewin macht interessante Versuche im Bereich charakterologischer Experimente, die vielleicht einmal als Verbindung der experimentellen Psychologie mit der Charakterologie eine große Bedeutung erlangen werden. Außerdem weisen wir auf die thematisch sehr interessanten Studien hin, die die Schule Karl und Charlotte Bühlers hervorbringt, ferner auf die Arbeiten der sowjetischen Professoren Lurija und Adoracki und schließlich auf die sowjetische Professiographie.

Unser eigener Standort ist dadurch bestimmt, daß wir fast alle von Alfred Adler formulierten Tatsachenbefunde, besonders aber sein Prinzip der Zusammenhangsbetrachtung, anerkennen, aber das *System,* in das er seine Befunde einordnet, ablehnen.

Auf eine der Meinungsverschiedenheiten, die sich zwischen Adler und uns herausgebildet haben, nachdem wir ihm jahrelang treu gefolgt sind, möchten wir schon hier eingehen: Nicht nur Adler — und nicht er als erster — steht auf dem Standpunkt, daß die Charakterologie eine wertende Wissenschaft sei. Mit der Begründung, daß sie es sei und bleiben müsse, wird sie z. B. von den experimentellen Psychologen seit Jahrzehnten abgelehnt. Hierbei wird der Begriff Wert metaphysisch aufgefaßt, das Werten selbst als die Tätigkeit eines gerade in seinen Wertungen unkontrollierbaren Geistes. Der Wert oder, wenn man will, das Seinsollende wird apriorisch aufgefaßt.
Für uns aber ist die Geschichte der Menschen zugleich die Geschichte ihrer Werte und die der Wertmaßstäbe, die sie jeweils angewandt haben. Mit jenen unterliegen diese einer fortgesetzten Änderung. Hierbei ist es völlig unerheblich, ob die Menschen einer bestimmten Epoche *ihre* Wertmaßstäbe für ewig, heilig usw. halten, oder ob sie — z. B. in Zeiten historischer Umwälzungen — an ihnen zweifeln. In keinem Falle sind diese Maßstäbe *unbedingt,* sondern stets durch die gleichen Faktoren bedingt, die den Glauben an die Unbedingtheit der jeweiligen Wertmaßstäbe fördern. Die Auffassung vom Morde z. B. als einem Verbrechen ist ebensowenig ewig, d. h. ebenso durch Zeit und Umstände gebunden wie etwa die Auffassung von der sogenannten Blutschande. Wer die Wertmaßstäbe verstehen und in ihrer Bedingtheit erfassen will, muß sie natürlich als Produkt der Verhältnisse betrachten, das in einer dialektischen Beziehung auf diese selbst zurückwirkt. Der Nietzschesche Zweifel genügt hier ebensowenig wie das Pathos seiner individualistischen Rebellion.
Indem wir erkennen, vergleichen wir, bringen wir in Beziehung, werten wir — insbesondere wenn es sich um Menschliches handelt. Doch dieses Werten können wir nicht nur erkennen, sondern auch verändern. Jede Veränderung ist eine verwirklichte Kritik, d. h. ein aufgehobener Widerspruch. Zweifellos können uns unsere Wertmaßstäbe in einen bedrängenden konfliktuösen Widerspruch mit dem Interesse unserer nähern oder fernern Umwelt bringen.
Der Psychologe darf die wertende Tätigkeit des Menschen nicht verkennen und könnte es ja gar nicht, da sie zu offen zutage tritt. Übernimmt nun die Psychologie die Wertmaßstäbe ihrer Objekte und wendet sie auf sie an? Anders ausgedrückt: Ist der Psychologe von heute bewußtseinsmäßig auf dem Niveau des Durchschnitts seiner Zeitgenossen? Das wäre schon aus dem Grunde sonderbar, weil gerade er nachgewiesen hat, daß ein beträchtlicher Teil der Bewußtseinsinhalte seiner Zeitgenossen unbewußt bleiben und so im Einklang mit ihrem tendenziösen Apperzeptionsschema, ihrem Auswahlprinzip und den Wertmaßstäben sind. Hat er vergessen — und das Vergessen wäre im Lichte der modernen Psychologie jedenfalls verdächtig —, daß die Unkenntnis der eigenen Motive eine Erscheinung von überraschendster

Häufigkeit ist? Er darf nicht verkennen, in welcher Bedingtheit er immer wieder die Wertmaßstäbe vorgefunden hat, und wie oft gerade das, was das Individuum als das Absolute, als das Unbedingte angesehen hat, sich als außerordentlich fraglich erwiesen hat.

Wir alle werten. Doch indem wir werten, vollführen wir, und wären wir noch so egozentrisch, einen sozialen Akt. Denn hinter unseren »vereinsamtesten« Gedanken, ja in ihnen selbst wirkt die Umwelt, die uns vergleichen und werten gelehrt hat. Die Psychologie aber soll uns lehren, unsere Wertmaßstäbe auch zu analysieren, sie auf die Faktoren zu reduzieren, die sie gebildet haben. Der Weg zur Freiheit führt über die Erkenntnis der Notwendigkeit, *der Weg zur Wertungsfreiheit führt über die Erkenntnis des Wertungszwanges*, unter dem wir stehen, und der Inhalte, die uns im Werten beeinflussen.
Mit dem Begriffe *Werten* wird, sofern er auf Menschen angewandt wird, ein moralischer Inhalt identifiziert. Würde man jedesmal gleichzeitig feststellen, daß die Moral eine Summe von Spielregeln bedeutet, die eine bestimmte Schicht innerhalb einer gesellschaftlichen Ordnung als Schutzmaßnahme zugunsten eben dieser Ordnung geschaffen hat, so wäre gegen diese Identifikation nichts einzuwenden. Doch sollte man gleichzeitig feststellen, im Sinne welcher Moral die Wertung erfolgt.
Hier könnte eingewandt werden, daß wir übersehen, daß die Moral, deren Zeitbedingtheit von vielen zugestanden wird, der Ethik untergeordnet, also mit ihr nicht identisch ist. Unterscheidungen dieser Art sind bei den Vertretern der kleinbürgerlichen Ideologie sehr beliebt. Dank ihnen kann man sich eine pseudokritische Haltung leisten, die in jeder Hinsicht unverbindlich ist. So verteidigt man die Kultur, indem man an ihr »nur« die moderne Zivilisation kritisiert; so verteidigt man die Religion, indem man ihre Organisation, die Kirche, kritisiert. Doch werden solche Unterscheidungen mangelhaft begründet. Die Kirche ist die gesellschaftliche Wirklichkeit der Religion, die moderne Zivilisation ist die moderne Kultur und die Moral ist die praktizierte Ethik. Wenn man einwenden wollte, daß z. B. das Morden des Menschen einem ethischen Verbote unterliegt, das seinem Wesen nach ewig ist, hingegen die Forderung nach Einhaltung bestimmter Regeln in den Sexualbeziehungen im Sinne der kirchlichen Moral nur zeitbedingt sei, so müßten wir darauf verweisen, daß dies nicht stimme und das Verbot zu morden nicht ewig ist. Daß es heute keinen Kannibalismus gibt – oder nur gerade so viel, als die Weltpresse braucht, um im ereignisarmen Sommer davon berichten zu können —, ist nicht darauf zurückzuführen, daß den Kannibalen die Ewigkeit des ethischen Verbots aufgegangen ist, sondern darauf, daß sie eine Stufe erreicht haben, auf der das Fressen von Menschen in jeder Hinsicht unpraktisch erscheint. Als die Produktivkräfte, über die die menschliche Gesellschaft ver-

fügte, eine Stufe erreicht hatten, da der Mensch mehr produzieren konnte, als für seine Erhaltung notwendig ist, war es Zeit, mit dem unterworfenen Gegner ökonomischer umzugehen: Anstatt ihn in wenigen Mahlzeiten zu genießen, machte man ihn zum Sklaven. Da war es Zeit, Gesetze zum Schutz des menschlichen Lebens, vor allem zum Schutze der Sklavenhalter vor den Sklaven selbst zu schaffen. (Nebenbei sei bemerkt, daß die Zahl jener, die seit dem Mordverbot im Verlaufe einer Generation jeweils umgebracht wurden, absolut und relativ größer ist, als die Zahl der Morde in der kannibalischen Phase.)

Man kommt leicht zum Schluß, daß, was zum Unterschied vom Moralischen als ethisch bezeichnet wird, gewöhnlich eine Spielregel ist, die bereits so alt ist, daß man vergessen hat, daß auch sie nichts anderes als eine von Menschen, für und gegen Menschen geschaffene Satzung ist. Mögen gute Weine durch Alter besser werden, für alte Spielregeln gilt das nicht ausnahmslos. Somit besteht kein triftiger Grund, zwischen dem, was moralisch, und dem, was ethisch genannt wird, einen andern Unterschied als den historischen zu sehen. Dieser wäre zwar wichtig genug, er bleibt aber im Rahmen unserer Erwägungen irrelevant.

Dringlich entsteht nun die Frage, von welchem Standort aus der Psychologe den Wertmaßstäben nachforscht. Es handelt sich da um eine soziologische Frage, da der Standort in erster Reihe eine soziale und nur mittelbar eine psychische Bestimmung hat.

So selbstverständlich es ist, daß der theologische Psychologe aufgrund seines eigenen Standorts den Menschen nach seiner Stellung zu Gott und zur Kirche charakterisiert, um ihn nach den Prinzipien des Guten oder Bösen zu beurteilen, so leicht er solcherart zu einer Psychologie gelangen kann, innerhalb deren die Verführungskünste des Teufels und seiner Verwandtschaft eine außerordentliche Rolle spielen, genauso leicht und selbstverständlich gelangt Oswald Spengler dazu, die malkontenten *Arbeiter* als *Untermenschen* zu bewerten. Man sieht, der Forscher verrät so seine sozialökonomische Stellungnahme; im Falle Spenglers verrät sie, daß er ein enthusiastischer Kleinbürger ist, der in Äonen rechnet und aus ihnen beweist, daß die deutschen Arbeiter zu hohe Löhne verlangen und die deutschen Kapitalisten sie ihnen aus einer lächerlichen Humanitätsduselei auch geben.

Man könnte es natürlich mit einer Psychologie der Psychologen versuchen und die Anschauungen der Psychologen durch eine Analyse ihres Charakters erklären. Ein solcher Versuch wäre interessant, doch letztlich unzulänglich. Die Soziologie der Psychologie, der Psychologen und ihrer Zeit erscheint uns als der einzige Ausgangspunkt einer Kritik der Auswahlkriterien der psychologischen Systeme und ihrer kritischen Gesichtspunkte.

Gibt es jedoch nicht auch eine andere Wertung als die im Sinne der jeweils herrschenden moralischen Maßstäbe? Wir wollen auf zwei Arten einer andern Wertung hinweisen: Die eine ist die des Psychotikers, der die Welt verrückt sieht und überhaupt nicht mehr an der Umwelt teilhat, abgesehen von der Verbindung, die sein Leiden mit ihr herstellt. Die andere ist die Wertung im Sinne der Moral von morgen, unmißverständlicher: der gesellschaftlichen Spielregeln von morgen. Diese zweite Art, häufig als unmoralisch angesehen, ist die gesellschaftliche Kritik in ihrer Theorie und Praxis. Sie wird von jenen ausgeübt, die von heute nichts und von morgen alles erwarten. Sie sind wissenschaftlich ernst zu nehmende Kritiker, sofern sie historisch bestimmt sind, die Vollstrecker des Todesurteils über eine im Niedergang befindliche Gesellschaftsordnung und ihrer Moral zu sein. Sie sehen die Gegenwart mit der Schärfe und Klarheit, die die Zukunft gestattet.
Wir haben mehrfach zum Ausdruck gebracht, daß es eine Neutralität tatsächlich nicht gibt, daß es dem Menschen *unmöglich* ist, *nicht* Stellung zu nehmen. Diese Stellungnahme fließt in all unsere Urteile ein und in den Prozeß, in dem wir die Urteile bilden, ohne daß wir dessen gewahr werden müssen. Welche Stellung können die Wissenschaften von den menschlichen Beziehungen und Verhältnissen — die Psychologie und die Soziologie — denn einnehmen? Wir meinen — nur eine kritische. Nicht nur die Unvollkommenheit der menschlichen Beziehungen und Verhältnisse, in denen wir leben, drängt uns zur kritischen Position, sondern auch der Umstand, daß wir Menschliches nicht erkennen können, sofern wir es nicht in dem Zusammenhang erforscht haben, in dem es geworden ist und sich entwickelt hat. Dieser Zusammenhang ist heute nicht zu Ende, die Gegenwart ist nur im Zusammenhang mit den in die Zukunft weisenden Kräften wissenschaftlich erforschbar. Anders sieht, erlebt und kritisiert diese Kräfte, wer die Gegenwart verewigen und sich lieber der Vergangenheit als der Zukunft zuwenden möchte, anders sieht sie, wer von der Zukunft nichts zu befürchten, mit der Gegenwart nichts zu verlieren hat.

Jegliche Wissenschaft erprobt den Wahrheitsgehalt ihrer Theorien und die Richtigkeit ihrer Befunde in Voraussagen. Das vorausgesagte Resultat des kontrollierten Experiments, das vorausgesagte Eintreffen einer Sonnenfinsternis sind ebenso wichtige Verifizierungen wissenschaftlicher Behauptungen wie bestimmte körperliche Reaktionen auf Gifte und dgl. Diese prognostische Fähigkeit muß die Psychologie ebenso wie die Soziologie erweisen.
Die Theologie tröstete, postulierte und drohte, die Philosophie spekulierte und interpretierte, als sie noch nicht verkommen war — die Wissenschaft aber verändert. Sie verändert, indem sie kritisch interpretiert; sie interpre-

tiert, indem sie verändert. Die historische Wissenschaft, die Wissenschaft von den Menschen und ihren Verhältnissen erweist sich als eines der Mittel, den gesellschaftlichen Widerspruch aufzuheben. Ihre Position muß somit kritisch sein — oder sie ist keine Wissenschaft. Die Gültigkeit der Kritik, die sie übt, beweist oder widerlegt ihre Objektivität. Diese kritische Objektivität ist nicht das Ergebnis eines rigoros angewandten moralischen Wertmaßstabes, sondern eines richtigen Evolutionsprinzips.

Wir bekennen uns zu einer Charakterologie, die so wertet, wie es die Medizin etwa in der Pathologie und in der Hygiene tut. Die Charakterologie gelangt zu einer Psychohygiene und zu deren Anwendung in der Erziehung nicht aufgrund irgendeiner apriorischen Verpflichtung, sondern dank ihrer praktischen Erfahrungen und der daraus gewonnenen Einsichten. Es versteht sich, daß diese Erziehung erst *nach der kritischen Überwindung der bisherigen Erziehung* möglich sein wird, die hauptsächlich eine Familienerziehung ist, also erst nach der Analyse der Familie, ihrer Ideale, ihrer Fetische, ihrer Ansprüche und ihrer Selbstüberhebung. So ist das Beste, das wir zu bieten haben: Grundsätze und Techniken einer planvollen, wissenschaftlichen Erziehung — das Produkt einer Kritik, die an die Wurzel gehen muß, um zur Synthese zu gelangen.

Zwischen der Biologie einerseits und der Soziologie andererseits steht und entwickelt sich die Psychologie. Sie darf weder die Resultate dieser Wissenschaften, die ihr die wichtigsten Voraussetzungen bieten, vernachlässigen — das tut die philosophische Psychologie zum Beispiel —, noch darf sie sich unterfangen, an die Stelle dieser Wissenschaften zu treten. Sie kann weder eine Physiologie noch eine Soziologie bieten, sondern nur Psychologie, die ihrerseits für Soziologie und Biologie brauchbare Beiträge, gleichsam neu entdeckten Rohstoff, liefert. Erwarten Sie daher nicht von uns, daß wir einen psychologischen Weg zeigen, um etwa die Menschheit aus der Krise hinauszuführen oder Massenbewegungen psychologisch zu analysieren. Unsere kritische Sozialcharakterologie *ist keine Le Bonsche oder Freudsche Massenpsychologie, sie ist die Psychologie des aus seiner Umweltrolle, also aus seiner Vergesellschaftetheit begriffenen und erforschten Individuums — und nur insofern trägt sie auch den Namen Sozialpsychologie.* Sie ist kritisch, indem sie vergleichend und zugleich dialektisch genetisch ist, d. h. dem kritischen Prinzip aller Entwicklung angepaßt.

Gelingt es uns, Ihnen einen etwas bessern Weg zur Erkenntnis des menschlichen Charakters nicht nur zu zeigen, sondern auch gangbar zu machen, so ist unser höchster Anspruch erfüllt.

Alles, was wir bisher gelernt haben, ist geringfügig gegenüber dem, was wir noch zu lernen haben. Alles, was wir bisher erkannt haben, ist lächerlich wenig gegenüber dem, was wir noch erkennen müssen. Und Sie sind stets der Wahrheit näher, wenn Sie den Psychologen eher als eine lächerlich-unbeholfene Figur, denn als einen Alleswisser ansehen. Wir sind noch immer in jenem Stadium, in dem man zögernd die ersten Schritte macht und sie ungezählte Male wiederholen muß, ehe man den Boden, den man gewonnen hat, auch wirklich behaupten kann.

Wir gelangen so zu der Folgerung: Seien Sie, seien wir alle auf diesem Gebiete bis zum äußersten Maße vorsichtig. Selbst wenn wir die eine oder andere Behauptung mit großer Sicherheit aufstellen, müssen wir uns dessen bewußt sein, daß sie in der Zukunft ungezählten Revisionen unterworfen werden wird, die, selbst wenn sie bestehen bleibt, ihr *Gewicht* verändern. Durch die umwälzenden Erkenntnisse der modernen Physik ist z. B. die euklidische Geometrie nicht ungültig, jedoch sozusagen unwichtig geworden; infolge der Erweiterung des Forschungsbereichs ist ihr Geltungsbereich wesentlich eingeschränkt. Um wieviel mehr gilt dies für unsere Erkenntnisse, die keinerlei Vergleich mit der Gewißheit und dem Gewicht der euklidischen Geometrie aushalten.

Verehrte Hörer, Sie sind nun gewarnt. Mit Gewißheit behaupten wir unsere Prinzipien, mit Vorsicht und steter Bereitschaft, sie zu revidieren, ihre Anwendung. Sie sind nicht nur Zuhörer, Sie sind auch Kontrolleure. Ihre eigene Erfahrung — sei sie introspektiv, d. h. aus Ihrer Selbstbeobachtung oder aus Ihrem Zusammenhange mit der Umwelt gewonnen — wird in unseren Auseinandersetzungen schwer ins Gewicht fallen. Inzwischen haben Sie wohl gelernt, Ihre Erfahrung nicht unkritisch anzuwenden. Sie haben gelernt, daß in unser Urteil über irgendein Objekt wir selbst einfließen, daß wir im Objekte selber sind, wie das Objekt in uns ist. Die Erfahrung, die als Zeugin auftreten soll, darf keine unbereinigte sein. Die Wertung soll so sein, daß sie sich zu ihrem Prinzip bekennen kann. Ihre Objektivität muß den Charakter ihrer Subjektivität aufzeigen und analysieren können — erst dann ist sie brauchbar. Wir erleiden nicht nur unsere Erfahrungen, sondern *machen* sie — wie Alfred Adler im Zusammenhang mit der Entdeckung des tendenziösen Apperzeptionsschemas gezeigt hat.

II

Grundlegende Feststellungen

7

Prinzipielles über die Methodik der Wissenschaft. Die Zusammenhangsbetrachtung; die Exploration; die Deutung. Verschiedene Deutungen gleicher Tatbestände und ihre Begründung. Die Introspektion. Die Einfühlung. Die Sympathie als Mittel des Verständnisses. Das kritische Wohlwollen. Die frei aufsteigende Assoziation. Das Wesen der Deutung. Kausalität im Seelischen. Die Analyse einer Bindung (Fall Z.). R., ein Fall von Eifersucht und Geständniszwang.

Es ist Ihnen sicher bekannt, daß die Überprüfbarkeit der Methoden eines der wichtigsten Kennzeichen und zugleich eine Voraussetzung für den Erfolg wissenschaftlicher Bemühung ist. Die Ansätze zur methodischen Beobachtung findet man in der gemeinen menschlichen Tätigkeit, im sogenannten Alltag, der erfordert, daß man denke, sich vergewissere und verbessere. Das erste Kennzeichen jeglicher Methode ist, daß sie nicht in Widerspruch zu den allgemein gültigen Prinzipien des Urteilens geraten kann. Zwar ist es irrtümlich zu meinen, die formale Logik reiche aus, um eine gültige Methode zu begründen, doch ist die Widerspruchslosigkeit ihr gegenüber eine wichtige Voraussetzung für die Approbation einer Methode. Von hier aus könnte man folgerichtig dazu gelangen, in jeder Methode die Prinzipien des Denkens selbst zu suchen. Damit wäre jedoch nicht viel und kaum etwas Ersprießliches getan. Die Geschichte des Denkens ist keine selbständige Geschichte, sondern ein Abschnitt der allgemeinen Geschichte; diese ist nicht die Geschichte sich verwirklichender ewiger Ideen, sondern umgekehrt schließt die Geschichte die Ideen in ihrer Bedingtheit durch die Entwicklung der menschlichen Verhältnisse ein. Einen formal logischen Weg zum Verständnis der Geschichte gibt es so wenig wie zu dem des Geistes.

So richtig es ist, daß von einem vollkommenen Denker jegliche Methode erkannt, verstanden und kritisiert werden könnte, so falsch ist es, diesen vollkommenen Denker anzunehmen. *Die unvollkommen erkannte Natur und die unvollkommen organisierten menschlichen Verhältnisse lassen nur unvollkommene Denker zu.*

Wir betrachten die Methode vom Wesen des Forschenden aus, wobei sich die Logik des Urteils von selbst versteht. Die schärfst umrissene Methodik hat bisher die Wissenschaft von der außermenschlichen Natur entwickelt. Hier hat tatsächlich jeder Fortschritt die Verbesserung und Verfeinerung der Methoden zur Folge gehabt und somit weitere Fortschritte ermöglicht. Das wichtigste Kennzeichen des objektiv naturwissenschaftlichen Experiments, das heißt seine Wiederholbarkeit, fällt jedoch in unserer Wissenschaft wegen des Charakters ihres Forschungsobjekts weg; unsere Methode ist somit genau an jenem Punkt unzulänglich, an dem sie in der Physik nachgerade vollkommen ist. Die Forderung, daß es nicht so bleiben möge, ist unernst, da das Experiment in der Psychologie niemals die Bedeutung erlangen kann wie etwa in der Physik.

Viele Methodologen lehnen deswegen die deutende Psychologie ab. Sie beachten dabei nicht, daß die deutende Psychologie mit ihren abweichenden Methoden verifizierbare und anwendbare Resultate erzielt hat. Für sie bleibt Amerika unentdeckt, solange sie es nicht mit eigenen Augen gesehen haben — und sie sind entschlossen, es nicht zu sehen. Wir aber haben das oberste Prinzip der Methode unserer Psychologie bereits gekennzeichnet, es ist das Prinzip der Zusammenhangsbetrachtung. Diese ist gewiß nicht so leicht definierbar und deshalb auch nicht so leicht lehrbar wie etwa das physikalische Experiment, doch ist es nicht weniger eine Methode, und zwar eine exakte Methode.

Wie verwendet aber der Psychologe die Zusammenhangsbetrachtung, d.h. wie geht er an die einzelnen Teile heran, die er in den Zusammenhang hineinstellen will? Als wichtigstes Mittel seiner Technik ist da die unmittelbare Exploration, die persönliche Ausfragung, zu nennen. Wir haben schon darauf verwiesen, daß die Kunst zu fragen in einem gewissen Sinne schwerer ist, als die Kunst zu antworten. Eine richtig gestellte Frage verhindert oder enthüllt im voraus eine unbrauchbare Antwort, eine falsch gestellte Frage macht eine brauchbare Antwort von vornherein unmöglich. Indem der Psychologe fragt, gehorcht er bereits einem Auswahlprinzip, das ihn belehrt, was zu erfragen wichtig und was unwichtig ist. Ferner kann seine Fragestellung nicht nur Frage, sondern auch Belehrung sein. Indem er Fragen aufwirft, führt er den Befragten unausgesprochen in die gleiche Richtung, in die er, der Psychologe, dank dessen Antworten selbst hingelangen will. Man kann — das lehrt die Erfahrung — durch Fragen einen Menschen nachdenklicher stimmen, als durch fixe Gedankengänge und deren Resultate. Die Antwort des Befragten wirkt dabei ununterbrochen korrigierend auf das Auswahlprinzip und auf die Tendenz des Fragenden ein — natürlich nur, sofern dieser nicht in einem Schema erstarrt ist.

Mit dem ersten Prinzip, dem der Zusammenhangsbetrachtung, verbindet sich das Prinzip der Deutung, deren Objekt jegliche Ausdrucksform sowie jeglicher Inhalt des Seelischen ist, das sich irgendwie äußert. Körperhaltung wie Gesichtsausdruck, Schrift wie Gebärde, Traum und wache Äußerung; Fehlleistung wie Pose — sie alle sind Objekte der Deutung, die erfolgt, indem

Einzelheiten so lange miteinander in Vergleich gesetzt und in so mannigfaltige Verbindung gebracht werden, bis sie als das Wirken einer einheitlichen Persönlichkeit sinnvoll erfaßt werden können.
In dieser methodischen Hinsicht gibt es zwischen den hauptsächlich in Betracht kommenden Systemen der deutenden Psychologie keinen belangvollen Unterschied. Er erwächst aber in den Inhalten, die gesucht und gefunden werden sollen, in den Auswahlprinzipien der Inhalte, die in den verschiedenen Schulen der deutenden Psychologie maßgebend sind. Sowohl die Psychoanalyse wie auch die Individualpsychologie arbeiten ohne Experiment, ohne Hypnotismus und ohne gewollte Suggestion. Ausfragung und Deutung stehen in beiden Systemen im Vordergrund, doch finden sie bei Anwendung gleicher Methoden Verschiedenes.
Hier könnte nun das denkbar stärkste Mißtrauen entstehen: gegen Methoden, deren Anwendung verschiedene Resultate ergibt. Es soll aber erwiesen werden, daß in der Tat nicht die Befunde verschieden sind, sondern die Deutungen und die Folgerungen aus ihnen. Freud und Adler zum Beispiel haben beide gefunden, daß die autoritäre Erziehung, deren oberstes Prinzip das Verbot und die rücksichtslose Unterdrückung kindlicher Regungen ist, eine zumeist entscheidende Bedeutung für die Entstehung von Neurosen erlangt. Freud sieht im Autoritären hauptsächlich die Unterdrückung des Sexuellen. Seine Lehre vom Ödipuskomplex ist seiner Meinung nach das wichtigste Stück seiner Neurosenlehre. Von da aus gelangt er sogar dazu, den Ödipuskomplex als phylogenetisch zu betrachten. (Was besonders scharfsinnig von seinem Schüler Wilhelm Reich in seinem »Einbruch der Sexualmoral« zurückgewiesen wird.) Adler seinerseits findet, daß das Autoritätsverhältnis eine alle Zweige des mitmenschlichen Lebens umfassende Erscheinung ist. Die Sexualunterdrückung ist einem allgemeinen Autoritätsverhältnisse untergeordnet und nicht — wie bei Freud — als dessen Ursache übergeordnet. Adler begreift dieses Autoritätsverhältnis als eine psychisch determinierte Erscheinung.
Ein anderes Beispiel: Freuds Auffassung, daß der Traum äußerst aufschlußreich, daß er deutbar ist, hat sich die gesamte moderne Psychologie zu eigen gemacht. Freud formuliert Prinzipien zur Deutung des Traumes, die seiner Libidotheorie und im speziellen seiner Theorie vom *traumatischen Erlebnisse,* der einschneidenden frühkindlichen seelischen Verletzung, entsprechen. Konsequent entwickelt er eine Sexualsymbol-Theorie, die weitestgehenden Einfluß auf die Deutung des Trauminhaltes ausübt. Er gelangt zum Schluß, daß der Traum immer ein Wunschtraum sei. Adler seinerseits sieht im Traum einen Versuch, mit den Problemen des wachen Lebens fertigzuwerden, eine Art Generalprobe, die in die Zukunft weist. Bei Freud und bei Adler offenbart der Traum seelische Nöte, ist der Traum ein Versuch, mit ihnen fertig-

zuwerden. Im speziellen Inhalte weist er, von Freud gedeutet, *stets* auf ein libidinöses Problem hin; von Adler gedeutet, verweist der Traum auf eines der drei großen Lebensprobleme, die er als die umfassendsten ansieht: 1. das soziale Problem; 2. das Arbeitsproblem; 3. das Liebesproblem. Es kann nun sehr wohl sein, daß Adler und Freud den Traum völlig gleich deuten, daß aber der Jargon, in dem sie die Probleme ausdrücken, verschieden ist. Es versteht sich, daß der Jargon natürlich nicht unwichtig ist. Er betrifft im Grunde die gleichen Tatbestände, welche aber verschieden eingeschätzt werden. Das bewirkt den sehr wesentlichen Unterschied, der nicht nur in der Bewertung der Sachverhalte, sondern auch in der Forschungsrichtung des einen wie des andern unverkennbar zutage tritt.

In einem andern Bereich liegt der wesentliche Unterschied zwischen der Methode der Psychoanalyse und jener der Individualpsychologie; er kommt aufs deutlichste in den Namen zum Ausdruck, mit denen deren Begründer ihre Lehren bezeichnen. Die Psychoanalyse geht vom Verhalten des Individuums nur aus, um das spezielle Schicksal seiner Triebe zu erfahren. Sie entfernt sich im Verlaufe der Untersuchung von der einheitlichen Persönlichkeit in der Richtung zum einzelnen Triebe. An Stelle des Unteilbaren, des Individuums, tritt solcherart das »Atom«, der Trieb. Die Individualpsychologie geht hier den umgekehrten Weg. Sie versucht, die Einzelheit des Verhaltens, unter anderm auch die Triebregung, aus dem Zusammenhang der psychophysischen Einheit Individuum zu begreifen, in den es jegliche Einzelheit stellt.

Der Beitrag, den die Introspektion, die Selbstbeobachtung, zur psychologischen Erkenntnis liefert, ist gewiß sehr groß. Dabei darf allerdings nicht übersehen werden, daß die Introspektion mit der Retrospektion untrennbar verbunden ist. Dies macht die Objektivität der Introspektion natürlich noch fraglicher, als sie ohnehin ist. Desungeachtet darf ihre Rolle nicht unterschätzt werden, denn sie beeinflußt das Auswahlprinzip, dem der Psychologe, manchmal völlig unbewußt, gehorcht. Es geschieht nicht selten, daß er in dem *andern* immer wieder nur sich selber sucht und wiedererkennt. Die Inhalte seines Wesens läßt er zu den Inhalten des menschlichen Wesens schlechthin und sein Schema, das er nicht als solches durchschaut hat, zu dem aller anderen werden. Nur eine *kritisch überprüfte* Introspektion dient der Selbsterkenntnis, jede andere wird zu einer Zwangsjacke, in die der Psychologe zwar tatsächlich niemanden hineinzwängt, in der er aber die ganze Menschheit unterbringen zu können glaubt.

Eine ähnlich problematische Methode ist die sogenannte Einfühlung, die manche hervorragenden Vertreter der philosophischen Psychologie als die einzig mögliche Methode zur Erforschung des Seelischen betrachten. Indes bleibt zu erwägen, was denn diese Einfühlung wirklich ist. Es handelt sich da um jene Art bewußter und teilweise unbewußter Identifikation des sich Einfühlenden mit dem, in den er sich einfühlt und dessen Stimmungen, Gefühle, Leiden und Hoffnungen er mit- oder nacherlebt, als ob sie ihn selbst beträfen. Die Einfühlung ist in jedem Falle ein Akt der *Sympathie,* des Miterlebens, somit ein hervorragendes Mittel des psychologischen Verständnisses; es ist jedoch nicht ausreichend und nur in Verbindung mit allen anderen verwendbar. Allein bleibt sie subjektivistisch, auf dem Niveau des Erlebenden, dessen, der verstanden werden soll.

Die Rolle der Sympathie in der Menschenkenntnis ist hoch einzuschätzen, das Wohlwollen kann eine der wichtigsten Voraussetzungen für die psychologische Erkenntnis sein. Das Gesamtbild einer Persönlichkeit bleibt wahrscheinlich jedem verschlossen, der sich selbst aus mangelndem Wohlwollen abschließt. Übelwollen mag in mancherlei Hinsicht den Blick schärfen, z.B. für Schwächen und Lächerlichkeiten, aber dieser Blick umfängt nicht die ganze Person, da diese weit mehr ist, als ihre Schwächen aus ihr zu machen scheinen. Gewiß, gerade die verborgenen Seiten des menschlichen Charakters mögen nicht besonders reizvoll sein. Wer sich mit dem menschlichen Charakter eingehend beschäftigt, könnte misanthropisch werden, aber dann war seine Beschäftigung mit ihm letztlich ergebnislos. Unser Wohlwollen hat nichts mit Milde zu tun, es ist nicht das Requisit eines Pastorenschauspiels. Der Wohlwollende erkennt den andern an und sucht, ihn in *seinem Bezugssystem* zu sehen. Und es gibt keinen Menschen, der innerhalb seines eigenen Bezugssystems unsympathisch, unlogisch und ungerecht wäre. Da erscheint jeder gerecht und alles Unrecht, das er begeht, als Abwehr eines viel größeren Unrechtes, das ihm widerfahren ist. Was soll da die Antipathie? Sie wertet und verurteilt mit einer Intoleranz, die fast ausnahmslos jeden verurteilen müßte.

»Alles verstehen, heißt alles verzeihen«? Nein, alles verstehen, heißt alles verändern. Wir sind nicht so größenwahnsinnig zu glauben, daß wir verzeihen können oder daß mit unserm Verzeihen irgend etwas getan sei. Vielleicht ist es nun verständlich, warum wir unser Wohlwollen kritisch genannt haben. Es soll seinem Wesen nach vorurteilslos sein und der Versuchung widerstehen, moralisch zu urteilen und zu verurteilen. Es soll verhindern, daß der Psychologe jemals in Versuchung kommen könnte, Richter zu sein. Sein kritisches Urteil ist kein Richterurteil, so wenig wie es etwa das Urteil des diagnostizierenden Arztes bei der Feststellung einer Geschlechtskrankheit ist. Auch hier mag es deutlich werden, daß unsere Charakterologie keine Ethik und keine Philosophie ist. Funktionsstörungen im Psychischen, Abwegigkeiten in der Charakterbildung stellen wir durch einen Vergleich des Vorgefundenen nicht mit den ethischen Idealen, sondern mit den gegebenen sozialen Funktionsaufgaben fest, die keineswegs von allgemeiner Gültigkeit sind. Wenn etwa ein großer Unternehmer, ein Arbeitgeber von Tausenden von Lohnempfängern jähzornig und unverträglich ist, so ist unter den gegebenen Bedingungen nicht zu befürchten, daß er damit seine sozialökonomische Existenz gefährdet. Natürlich erfordert sein Jähzorn eine Anpassung — doch nicht von ihm, sondern von seinen Angestellten. Sollten sich diese ihm gegenüber verhalten, wie er sich ihnen gegenüber verhält, so würden sie sich aufs schwerste gefährden und dies aus einem ausschließlich ökonomischen Grunde, besonders solange das Angebot an Arbeitskräften die Nachfrage nach ihnen übersteigt. Ein anderes Beispiel:

Die Frau eines Jähzornigen ist eine Hysterikerin. Sie verbringt ganze Tage im Bett, ganze Monate im Jahr in verschiedensten Sanatorien. Sie gibt für ihre Kuren, die rein gar nichts fruchten wollen, mehr aus, als das Einkommen von zehn hochqualifizierten Arbeitern beträgt. Sollte sich die Frau eines dieser zehn Arbeiter so verhalten wie die hysterische Dame, ja sollte sie auch nur ihre Hausfrauenpflichten dadurch verletzen, daß sie tagelang grundlos im Bett bleibt, so würde sie damit die schwersten Ehekonflikte hervorrufen. Man sieht, verschiedene ökonomische Situationen ergeben verschiedene Anpassungsaufgaben, bzw. wo diese nicht erfüllt sind, sehr verschiedene Grade von Störungen. Unsere Vergleiche sind also nicht Ausfluß moralischer Wertungen, sondern objektiv, d.h. der Realität angemessen. Das kritische Wohlwollen ist eine der wichtigsten Voraussetzungen sowohl dafür, moralisch unbeeinflußt zu vergleichen, als auch einen kritischen Standpunkt zu gewinnen. Andererseits braucht das Individuum Ihr Wohlwollen, um sich Ihnen aufschließen zu können, um zu Ihnen so zu sprechen, als ob es mit sich selber spräche. Und eben das ist das Kennzeichen einer psychologischen Unterredung, daß einer es über sich bringt, seine Einsamkeit, die Einsamkeit in seiner Selbstbetrachtung und Selbstkenntnis mit dem Psychologen zu teilen. Hier liegt eine methodische Überlegenheit des therapeutischen Psychologen vor, die zwar noch nicht genügend begründet, von der die experimentelle Psychologie aber weit entfernt ist. Die Unterredung als lebendiges Experiment, scheinbar improvisiert, ist dialektisch und vielversprechend. Dank ihr ist unsere Praxis überzeugender als unsere Theorie, so daß dies manche dazu verführt, von ihr als einer Kunst zu sprechen.

Noch eine Methode ist zu erwähnen, die wohl überschätzt worden ist: die explorative Verwertung der sogenannten frei aufsteigenden Assoziationen. Die freie Assoziation ist jedoch weder tendenzlos, vom Unbewußten her unbeeinflußt, noch ist die Art ihrer Verwendung in der Psychoanalyse eine Garantie für Objektivität. Jedes Experiment, das Sie mit der freien Assoziation machen, bestätigt Ihnen, daß diese der Deutung ebenso unterliegt wie, sagen wir, der Traum. Keineswegs bestimmt die Assoziation die Richtung der Deutung. Ein orthodoxer Psychoanalytiker wird ebenso beharrlich jede Assoziation im Sinne des psychoanalytischen Schemas deuten, das die Wirkung einer gebundenen Marschroute hat, wie jeder psychoanalytisch beeinflußte Patient im Sinne der Freudschen Sexualsymbolik, an die er glaubt, träumen und assoziieren wird. Desungeachtet verdient die Assoziationsmethode Beachtung und kann in einem gewissen Sinne brauchbar sein, wenn man sie nicht überschätzt.

Es ist nun an der Zeit, den Begriff der Deutung zu erklären und abzugrenzen. Deutung ist in jedem Falle Sinndeutung, der Deuter versucht den Sinn einer Erscheinung und ihres Zusammenhangs offenbar zu machen. Alle Deutung setzt voraus, daß der von ihr gesuchte Sinn nicht offenbar, sondern aus irgendeinem Grunde verborgen ist. Dieser Grund wird von allen Schulen der deutenden Psychologie im Unbewußten mit all seinen Auswirkungen gesucht. Dem Deuter ist die Aufgabe gestellt, sowohl den Sinn des *scheinbar* Sinnlosen — der Fehlleistung, des verworrenen Traumes, psychotischer Äußerungen — wie auch des offenbar Sinnvollen zu bezeichnen. Ja, auch des Sinnvollen, da der sichtbare Sinn einer Erscheinung häufig nur der Paravent ist, hinter dem sich ein anderer, ihr wahrer Sinn verbirgt. Dafür ein simples Beispiel:

Ein Schachspieler hat die Gewohnheit, wenn er gewonnen hat, dem Gegner ein ausgezeichnetes Spiel zu bescheinigen. Der Sinn dieses an den Gegner gerichteten Lobs ist zweifellos mit diesem nicht erschöpft: Es ist die Bemühung, den eigenen Sieg zu überschätzen. Das Lob mag aufrichtig sein, aber sein Sinn ist das Selbstlob, das in ihm steckt. Ein anderes Beispiel: In einer erregten Diskussion zitiert ein Diskutant ein an sich nicht sehr wichtiges Buch, das der Partner nicht zu kennen vorgibt. Darauf ergeht sich der erstere in Ausdrücken intensivsten Staunens darüber, daß sein Partner dieses Buch, das jeder kenne, nicht gelesen hätte. Je länger er staunt, um so minderwertiger erscheint sein Partner, indes er selbst mit dem Ausdruck äußerster Bescheidenheit überlegen erscheint.

Indes manche Philosophen behaupten, die Welt sei sinnlos von Anfang an und habe auf sie gewartet, damit sie ihr einen Sinn geben, erscheint sie uns deutenden Psychologen an keiner Stelle sinnlos. Im Gegenteil finden wir den Sinn einer Erscheinung häufig in Konkurrenz mit einem andern, den es zumeist erst zu erkunden gilt. Die Erkundung des Sinns, die Deutung, ist eine altgeübte, alltägliche Praxis. Die deutende Psychologie läßt an die Stelle unbewußter oder unbekannter Prinzipien der Deutung verhältnismäßig gesicherte, bekannte und deshalb kontrollierbare Prinzipien treten.

Wir alle deuten, denn wir können das Verhalten eines Menschen gar nicht beschreiben, ohne es zu deuten. In unsere Beschreibung fließt unsere Deutung ein. Um es in einem bekannten Gleichnisse zu sagen: Sähe einer die Bewegungen eines Dirigenten an, ohne ihn in irgendeinen Zusammenhang mit den spielenden Musikern zu bringen, so würde die Beschreibung eine Reihe völlig sinnloser und ungeordneter Bewegungen widerspiegeln. Diese wären falsch beschrieben, weil sie außerhalb ihres Zusammenhangs beobachtet wurden und der Beschreibende in ihnen keinen Sinn vermutet hat. Die Sinndeutung ist unserm Denken eigen, nicht als eine Kategorie, die den Menschen drängt, allem einen Sinn zu geben, sondern weil alle Realität, deren Teil der Mensch ist, sich ihm als Bewirktes und Bewirkendes darstellt. In den Zusammenhängen zwischen den Ursachen und den Wirkungen liegt der Sinn, den der Mensch zu entdecken hat. Hierbei kann er von der Vielfalt der einander überschneidenden und sich miteinander verschränkenden Wirkungen so beirrt werden, daß er ihren kausalen oder kausal-finalen Zusammenhang verkennt.

Den Begriff *Sinn* kann man gemäß dem Sprachgebrauch auch mit Zweck oder Ziel identifizieren. Dagegen ist nichts einzuwenden, sofern das Ziel nicht teleologisch aufgefaßt wird, also nicht im Sinne der Anschauung, daß das Ziel den Ursachen vorausgeht und sie verursacht.

Die Adlersche *Finalanalyse* erforscht die seelischen Haltungen zwar im Hinblick auf den Zweck, der mit ihnen verfolgt wird, doch geht sie von Ursachen aus: von Erlebnissen der ersten fünf Lebensjahre und von den organisch angeborenen Eigenheiten. Auch das Ziel selbst kann nicht anders als im Zusammenhang mit einer Ursache erkannt werden; diese Frage nach dem Ziel ist sehr fruchtbar und eine bedeutende methodische Verbesserung der genetischen Betrachtungsweise in der Psychologie. Sie vernachlässigen, bedeutet daher, sich einen besonders gut gangbaren Weg zu verschließen. Wenn man die finalistische Betrachtungsweise aber so anwendet, als ob es gälte, das Individuum als Produkt der irrationalen Willkür der Persönlichkeit zu entdekken, so bedeutet dieses eine völlige Entwertung der finalistischen Methode.

Wir haben an anderer Stelle im Zusammenhang mit dem Fall Z. die finalistische Methode angewandt. Wir wollen dies nun deutlicher machen: Es besteht kein Zweifel, daß zwischen Z. und seiner Mutter eine überdurchschnittlich starke Bindung besteht. Diese Bindung wäre für die Psychologie die entscheidende Ursache für all seine Verhaltensweisen, besonders aber für die abwegigen Reaktionen Z.s. Was auch immer er tut, verstünde sich aus dieser Ursache. Das ist eine sehr lineare, mechanische Betrachtungsweise. Innerhalb der Psychoanalyse haben die Ursachen keine oder keine sie wesentlich gestaltende Geschichte; alle Wege führen stets zum traumatischen Erlebnisse zurück. Nun ist zwar die Bindung zwischen Mutter und Sohn in diesem Falle von ganz außerordentlicher Bedeutung, aber sie hat natürlich eine Geschichte, die durch jeden weitern Tag gestaltet und geändert wird. Diese Bindung erscheint Z. oft als ein Hindernis, doch viel öfter sieht er in ihr eine Chance; dank ihr gelingt es ihm, sich den Forderungen des Zusammenlebens zu entziehen. Die parasitische Symbiose mit seiner Mutter hat in seinem Apperzeptionsschema einen unbewußten Anspruch erzeugt: Er fordert vom Leben genau das gleiche Entgegenkommen, das ihm die Mutter bewiesen hat und mißt, was es ihm bietet, an dem, was ihm die Mutter geboten hat. Dies hat nun eine praktisch entscheidende Wirkung: *Er flüchtet vor dem Leben nicht, weil er an die Mutter gebunden ist, sondern er bleibt in der Bindung an die Mutter, weil sie allein seinen Überanspruch befriedigt und keine Gegenleistung fordert.* Das ist genau festzustellen: Wird nämlich die Mutter hart, so fühlt er sich ihr sofort entfremdet. Findet sich irgendwer, der bereit ist, ihm, wie die Mutter, bedingungslos zu geben, so ist er bereit, sich auch an diesen zu binden. Die Kindheitserlebnisse bewirken seinen Flüchtlingscharakter, und eben dieser treibt ihn immer wieder zur Mutter zurück. Man sieht, es ist kein lineares Verhältnis und mechanisch nicht verständlich. Die Kindheit bewirkt seine Zielsetzung, der Mißerfolg dieser Zielsetzung treibt ihn in die Kindheit zurück. Freud versucht, ihn von einem Punkte aus zu heilen, wir — im Gleichnisse gesprochen — sehen ihn auf der Fluchtstraße, auf der er sich gemäß gewissen Ursachen und Anlässen auf Ziele zubewegt — oder es zu tun glaubt. Der Sinn seines Lebens ist nur so faßbar. Und je verborgener dieser Sinn ist, um so mehr bedarf es zu seiner Aufdeckung auch der finalistischen Methode.

Ein anderes Beispiel:

Eine Frau im klimakterischen Alter verfolgt seit einiger Zeit ihren Gatten mit Eifersuchtszenen, die sich immer häufiger mit theatralischen Geständnissen verbinden. Sie gesteht, am liebsten in Gegenwart fremder Personen, daß sie ihn vor zwanzig Jahren in der Sommerfrische betrogen habe. Je öfter sie das Geständnis wiederholt, um so reumütiger trägt sie es vor, mit um so zahlreichern, dem Manne peinlichen Einzelheiten schmückt sie es aus. Dieses an sich sonderbare Verhalten ist natürlich nur im Zusammenhang mit ihrer ganzen bisherigen Entwicklung, mit ihrer Beziehung zu ihrem Mann und der Geschichte dieser Beziehung, mit der besondern Einwirkung organischer Veränderungen und mit vielem anderen zu verstehen.

Die Feststellung, diese Frau leide an Schuldgefühlen, erscheint uns zumindest banal und uninteressant; diese Schuldgefühle liegen so sehr obenauf, daß sie wohl fürs erste vernachlässigt werden dürfen. Eher muß in Betracht gezogen werden, daß sie ihre Geständnisse häufig im Büro ihres Gatten und in Gegenwart seiner Angestellten ablegt, die sie zu einer Pein für den Mann machen müssen. Sie blamiert ihn offensichtlich, unbeirrbar und wiederholt. Es ist ganz unwichtig, ob ihr diese Wirkung im Moment des Geständnisses vollkommen klar ist.

Wir gehen davon aus, daß ihr merkwürdiges Verhalten ihrem bewußten, gewiß aber ihrem unbewußten Plane gemäß ist. Noch ist es nur eine Unterstellung; wir machen sie zum Ausgangspunkt unserer weiteren Erkundungen und kontrollieren ihre Brauch-

barkeit. Wir unterstellen also, die Geständnisse dieser Frau seien ein Teil des verschärften Persönlichkeitskampfes, den sie gegen ihren Mann führt. Die Verschärfung dieses Kampfes rührt daher, daß sie durch das Klimakterium in eine organische Minderwertigkeitsposition geraten zu sein scheint und sich entwertet fühlt; überdies verdächtigt sie ihren Mann, sich einer andern Frau zugewandt zu haben.
Das Geständnis ist also *erstens* eine Kampfhandlung gegen den Mann, ein Racheakt an ihm, eine verfehlte Kompensation der objektiven Minderwertigkeitsposition, *zweitens* ein sonderbarer und höchst unzulänglicher Versuch, ihn, der jeden Grund zur Eifersucht leugnet, dahin zu bringen, daß er — gewissermaßen aus Vergeltung — seine eigene Untreue eingestehe und *drittens* eine Bemühung um sexuelle Geltung, die durch die unaufhörliche Erinnerung an die vor zwanzig Jahren errungenen sexuellen Erfolge aufgewertet werden soll.
Mit diesen drei, untereinander zusammenhängenden Charakterisierungen ist dieses Verhalten aber noch immer nicht gedeutet; hier ist nur ein Zugang zur Deutung eröffnet. Man kann weder die Eifersucht, noch das Geständnis deuten, sondern nur den eifersüchtigen, bzw. geständniswütigen Menschen.

Indes kann diese Geständnisart sehr wohl einen Eindruck vermitteln, von dem man — gerade wenn man die finalistische Methode anwendet — zum Verständnisse des aktuellen Konfliktes und — in weiterer Folge — der konfliktuösen Situation und schließlich der Persönlichkeit gelangen kann. Natürlich läßt sich die besondere Torschlußpanik dieser Frau sowohl in ihrem Verhalten wie auch in ihrer ganzen bisherigen Geschichte genau feststellen. Ebenso ist die passiv-moralische Kampfweise nicht neu an ihr. Man darf auch die besonders schwere Situation der alternden Frau in der männerherrschaftlichen Ordnung nicht außer acht lassen. Und schließlich soll nicht übersehen werden, daß auch bei der Frau die Libido — im üblichen sexuologischen Sinne — mit der Fähigkeit der Fortpflanzung nicht erlischt. Es sind wirkliche Nöte, in denen sich die Frau befindet, aber *wie* sie zu ihnen Stellung nimmt, das kennzeichnet ihr Wesen, welches diese Stellungnahme längst vorbereitet hat. Indem wir nach den geheimen Zielen ihres nervösen Verhaltens fragen, leugnen wir keineswegs dessen Ursachen, aber wir fragen damit auch nach der charakteristischen, »typischen« Stellungnahme dieser Frau.
Jemand, der in seinem Elternhaus erlebt hat, daß Reue und Tränen fast immer Erfolg bringen, daß der Vater durch die Mutter, vor allem durch ihr ekstatisches Weinen beherrscht werden konnte; wer in der Kindheit erlebt hat, daß Leiden ein unabweisbares Argument für den Leidenden ist; wer erfahren hat, daß nur die eigene Empfindlichkeit äußere Schonung verdient, die des andern aber nicht; wer — als Frau — nur geheiratet hat, um gesichert zu sein und niemanden außer sich selbst geliebt hat; wer im Sexualakt stets eine dem Mann erwiesene Gefälligkeit sehen wollte, obschon eigene Lust zu ihm drängte; wer die eigene Hübschheit als den entscheidenden Persönlichkeitswert ansah, muß wohl auf das Altern so reagieren, wie es diese Frau tut. Ihr

Geständnis verrät keine Schuldgefühle. Diese Magdalena bereut, sofern sie bereut, daß sie zu wenig zu bereuen hat. In Wirklichkeit versucht sie, den Mann mit den Mitteln der Gewalt zu halten, die ihr zur Verfügung stehen, und an deren Wirkung sie glaubt. Sie irrt sich. Sie treibt ihren Mann von sich, indes sie glaubt, ihn halten zu können. Das Auseinanderklaffen von Absicht und Wirkung, von Automatismus und Anpassungsaufgabe, macht ihr Verhalten zu einem neurotischen. Daher kommt das wirkliche Ziel nur indirekt, verhohlen zum Ausdruck, daher ist ihr Vorgehen deutungsbedürftig.
So entsteht die deutende Psychologie gerade auf dem Gebiete der Erforschung der seelischen Störungen, als eine Pathopsychologie. Wie weit sie den Anspruch erheben darf, nicht nur eine Psychologie des abnormen, sondern auch des sogenannten normalen Seelenlebens zu sein, wird in den folgenden Vorlesungen erörtert werden.

Verehrte Hörer, unsere Darlegungen über die Methoden der psychologischen Erkenntnis haben Sie hoffentlich nicht befriedigt. Wir sind eben noch nicht sehr weit. Wir werden wohl noch Jahre und Jahrzehnte brauchen, ehe wir in der Lage sein werden, eine fest umrissene Methode zu bieten. Lassen Sie sich dadurch nicht abschrecken, von ihren Inhalten Kenntnis zu nehmen und Gebrauch zu machen. Wir sind mitten in der Entwicklung — tragen Sie zu ihr bei durch eine positive Kritik.
Der Schluß, zu dem man angesichts der Situation der gegenwärtigen Psychologie mit ihren vielen Richtungen und den verschiedenen Schulen innerhalb dieser Richtungen — die bereits Sektencharakter angenommen haben — gelangen muß, ist, daß wir auf eine Synthese in ferner Sicht hinarbeiten müssen. Wir werden noch häufig fehlgehen. Wir werden vieles für wichtig halten, das es nicht ist, und umgekehrt. Wir werden also alle Kinderkrankheiten durchmachen — wir stecken wohl mitten in ihnen. Das alles darf uns nicht beirren. Die wissenschaftliche Menschenkenntnis tut not, ihre Praxis: Die planvolle und zielbewußte Erziehung, die Rationalisierung unseres so großen Wirrnissen ausgesetzten Seelenlebens, ist eine Notwendigkeit, die nicht wir Psychologen erfunden haben, um uns zu legitimieren. Nein, diese Nöte haben umgekehrt die Psychologie in dem gleichen Ausmaße, in dem sie sie notwendig gemacht haben, ermöglicht. Wir befinden uns in einer Phase, die jener ähnlich ist, in der die Alchimie, unter dem Einfluß veränderter sozialökonomischer Bedingungen, ihr Wesen teilweise völlig ändernd, den Ansätzen der wissenschaftlichen Chemie Platz machte. Nun gilt es für uns, nicht nach fern liegenden Geheimnissen zu forschen, die es wahrscheinlich gar nicht sind, sondern nach der Realität, die uns umgibt und deren Teil wir selber sind. Anstelle der Magie tritt die Wissenschaft. Sie mag weniger versprechen, doch in der Folge mehr bieten als jene.

8

Die Theorie der Kompensation. Lust und Unlust. Trieb und Triebmystizismus. Anpassung und Automatismus. Fall eines Kindes, das das Sprechen »verlernt« hat. Prinzipielles über die geschichtliche Rolle der menschlichen Anpassung. Aktive und passive Anpassung. Das primäre und das sekundäre Minderwertigkeitsgefühl.
S., ein Fall von Gedächtnisstörung. Das Machtstreben. Das Gemeinschaftsgefühl. Metaphysik der Gemeinschafts-Soziologie der Gemeinschaft.

Schon an anderer Stelle haben wir hervorgehoben, daß die Zahl der fundamentalen Feststellungen, die wir als gesichert betrachten dürfen, verhältnismäßig gering ist. Wir betonen, daß die moderne Psychologie heute viel eher eine Denkweise als eine ausgereifte Wissenschaft ist.
Die umfassendste grundlegende Feststellung der deutenden Psychologie sehen wir in der von Alfred Adler begründeten *Kompensations*theorie, die für das normale wie für das abnormale, für das komplexe wie für das sogenannte einfache Seelenleben von theoretischer und praktischer Bedeutung ist.
Alfred Adler hat in seiner Studie über die Minderwertigkeit von Organen die organische Unzulänglichkeit als einen Anstoß zu einem Funktionsausgleich, sei es in der organischen, sei es in der organisch-psychischen Funktion erwiesen. Von da gelangte er im Sinne einer vergleichenden Biologie zur Feststellung, daß der Mensch, abgesehen von der Unzulänglichkeit einzelner Organe, als ganze Einheit unzulänglich, ja innerhalb der ganzen Tierwelt das startmäßig minderwertigste Lebewesen sei.
Die *organische Unzulänglichkeit* zwingt den Menschen zur praktischen Sozialität, die zugleich auch die konkrete Voraussetzung seiner Entstehung ist; sie zwingt ihn, Fähigkeiten auszubilden, die einen Ausgleich für seine Lebensunfähigkeit ergeben. So verwandelt er Dispositionen organischer Natur zu stabilen Fähigkeiten, so schafft er sich den psychischen Überbau, der seine Verbindung mit der Umwelt ermöglicht und garantiert. Wie die Keule in der Hand des Urmenschen die Verlängerung seines immer kürzer gewordenen Armes darstellte, so wie jeglicher Verlust an tierischen Instinkten kompensiert werden mußte durch verbesserte, vernunftmäßige Orientierung in der Außenwelt, so wie die Kompensation in der ganzen Menschheitsgeschichte immer wieder dann geleistet wird, wenn der Organismus und seine primären Fähigkeiten sich als unzulänglich im Kampfe ums Dasein gegen die außermenschliche Natur und im Ringen der Menschen gegeneinander erweist —

so ist in der Entwicklung jedes einzelnen die kompensatorische Tätigkeit als diejenige anzusehen, die seine organischen Kräfte mobilisiert und organisiert — dies mit Hilfe des zentralen Nervensystems, das in jedem Falle besonders in Anspruch genommen wird.
Die durch die Kompensation erworbenen Fähigkeiten werden, eben weil erworben, nicht vererbt. Das gilt für alles Psychische, denn alles Psychische ist Kompensation.
Mehrfach haben wir im Einklang mit der materialistischen Dialektik darauf hingewiesen, daß der Widerspruch in jeder Entwicklung ein Movens ist. Also nicht linear entsteht die Kompensation, nicht mechanisch entstehen die Kräfte, die sie erzeugen. Weil der Organismus lebensunfähig zur Welt kommt, löst er unvermeidlich einen Widerspruch aus — eben den Widerspruch des Lebens und des Nichtlebenkönnens. In ungeheueren Spannungen drückt sich dieser Widerspruch von der ersten Lebensstunde des Kindes an organisch aus. Diese Spannung findet ihren Ausdruck in den Bewegungen des Neugeborenen; die ersten Erlebnisse (Empfindungen) darf man als unlustvolle, d.h. als widerspruchsvolle bezeichnen, die das Eingreifen der Umwelt erfordern. Der Säugling nimmt wahr, daß die unerträglichen Spannungen durch diese Eingriffe beseitigt oder gemildert werden, und gleichviel, wann er in dieser frühen Phase den ursächlichen Zusammenhang begreift, er macht ihn sich zunutze. Damit bildet er seelische Fähigkeiten stets unter dem Drucke des organischen Widerspruchs, d.h. einer wachsenden Spannung, etwa des Hungers, aus. Er lernt sehen, hören, Wahrnehmungen unterscheiden: Er lernt. Er lernt sehen, indem er, unter anderm, sich die Welt systematisch durch Tasten zu eigen macht und so mit ihrer Körperlichkeit vertraut wird. In dieser Phase, da der Säugling von einer Greifgier ohnegleichen besessen ist, ist die Rolle des Trainings und der Trainingszwang, unter dem er steht, unverkennbar. Das Training, ein unersetzliches Mittel der Kompensation, vor allem aus der Lust am Training zu erklären, erscheint uns verfehlt. Denn diese Lust ist selbst erklärungsbedürftig. Sie ist nicht erkannt oder mißverstanden, wenn sie auf das Streben nach ihr als primär zurückgeführt wird. Das Streben nach Lust kann ja erst eintreten, nachdem sie erlebt worden ist. Sie kann erst erlebt werden, nachdem eine Unlust überwunden ist. Solcherart ist die Lust eine Überwindungsprämie. Das Streben nach ihr tritt auf, wo eine Unlust zu ihrer Überwindung drängt. Die Verselbständigung, die das Luststreben im Erlebnis des Individuums gewinnt, spricht nicht dagegen. Ein Beispiel: Der Masturbant erzeugt zwar künstlich jene Unlustspannung, deren Überwindung — der Orgasmus — Lust abwirft, aber er täte es nicht, wenn er nicht vorher die Wahrnehmung gemacht hätte, daß er auf diese Weise aus einer Spannung zu einer Entspannung gelangt. Erst die überdurchschnittlich gewordene Spannung bringt eine deutlich lustbetonte Entspannung. Der Ma-

sturbant, häufig ein überaus lebensängstlicher Mensch, befindet sich in einer, sein ganzes Wesen befangenden Spannung, in einer Art von Lebensunlust. Häufig ist die Lust des Orgasmus bei ihm nicht die Kompensation einer genitalen Spannung, sondern er verwandelt in diese die Spannung seiner sozialen Situation, mit der er nicht kompensatorisch fertig werden kann. Der Schüler, der während des Unterrichts aus Prüfungsangst masturbiert, ist ein vortreffliches Beispiel dafür.

Wir wiederholen also, daß der Widerspruch, die primäre Spannung, ihre Überwindung, die Lust, die Kompensation, kurz: daß alles Psychische sekundär ist. Wir vernachlässigen den Trieb nicht, aber er ist in unserm System weder verselbständigt, autonom, noch ist er Träger des pseudonaturalistischen Mystizismus, den die Psychoanalyse ausgebildet hat: des Triebmystizismus. Der Trieb ist das Organbedürfnis, seine Tätigkeit ist Spannung. Nicht das Triebschicksal konstituiert den Charakter, sondern die Faktoren, die das Werden des Charakters determinieren, bestimmen das Triebschicksal. Die Wichtigkeit des Organbedürfnisses ist nicht herabzumindern, den Trieb zu leugnen, ist ebenso verkehrt, wie ihn zu vergöttlichen. Wir leugnen nur seinen determinierenden Charakter.

Im Dreiakt: These—Antithese—Synthese vollzieht sich die Entwicklung alles Lebendigen, also auch des Seelischen. Die Kompensation ist mit der Synthese zu identifizieren — eine These auf höherer Stufe, als jene es war, deren Überwindung sie ist —, die aus sich wieder einen Widerspruch erzeugt, der zu einer neuerlichen Kompensation drängt.

Indem das Kind älter wird und es kompensatorisch Fähigkeiten gewonnen hat, die es gegenüber der Umwelt relativ verselbständigen, ist es vor neue Kompensationsaufgaben gestellt. Je mehr es kann, um so mehr muß es können; je mehr es gelernt hat, um so mehr muß es lernen. Jeglicher Fortschritt verwandelt sich, folgt ihm nicht ein neuer, in ein Zurückbleiben, in einen Widerspruch gegenüber der durch den erzielten Fortschritt veränderten, fordernden Situation. Die Beobachtung des Gehens mag Ihnen dies deutlicher machen: Jeglicher Schritt des einen Fußes ist ein Vorschritt, der den Vorschritt des nächsten über sich selbst hinaus erzwingt.

Sehr mit Recht bezeichnet Adler den durch Veränderungen hervorgebrachten Widerspruch zwischen dem Individuum und seiner Situation als eine Forderung, der er sich nicht entziehen kann. Es handelt sich um eine sehr konkrete, sehr reale Anpassungsforderung, die allerdings leichter und undifferenzierter auch im tierischen Leben vorhanden ist. Indem das Kind wächst, verändert es seine Beziehung zur Umwelt und die Stellung der Umwelt zu ihm. Die Anpassung ist ein kompensatorischer Akt; er gelingt nur, wenn neue seelische Fähigkeiten ausgebildet werden.

Die *stabilisierten Anpassungen* — das sind Anpassungen an stabile Bedingungen — bezeichnet man als *Automatismen.* Ein typischer Automatismus von außerordentlicher sozialer Wichtigkeit ist z. B. das Sprechen. Es kommt nicht zustande, wenn das Kind es nicht nötig hat oder wenn seine Umwelt sich zu wenig darum bemüht hat. Kinder, denen man jeden Wunsch von den Augen abliest, und Kinder, mit denen man einen zu geringfügigen Kontakt herstellt, kommen durchschnittlich spät zu einer Automatisierung des Sprechens.
Das Kennzeichen der automatisierten Tätigkeit ist, daß sie keinen Aufwand von Bewußtsein bei ihrer Durchführung beansprucht. Sie ist gleichsam eine Selbsttätigkeit der beteiligten Organe. Ein weiteres wesentliches Kennzeichen des Automatismus ist, daß er nur unter stabilen Bedingungen zustande kommt, doch genügen diese allein nicht. Trotz ihrer Stabilität mögen manche Bedingungen den Automatismus nicht zur Ausbildung kommen lassen. So etwa, wenn sie ihn nicht erfordern: z. B. im Falle verwöhnter Kinder, denen die Umwelt alle Forderungen, auch wenn sie unausgesprochen bleiben, erfüllt. Die normale und stabile *fordernde* Situation dürfte für die Ausbildung der Automatismen am günstigsten sein. In einem gewissen Sinne ist *fordern = fördern.*

Jeder Automatismus enthält eine sozusagen geronnene, in eine neue Qualität umgeschlagene Trainingsquantität. Vom Standpunkt der Erziehung könnte man die Automatismen sehr wohl in soziale und unsoziale, in lebensfördernde und lebensbehindernde einteilen. Auch die unsozialen Verhaltensweisen sind Anpassungsprodukte, d. h. entstanden in einem kompensatorischen Akt der Akkomodation des Individuums an seine Umwelt und an seine Position ihr gegenüber. Ein einziges Kind, das sich seiner Umwelt — das sind in erster Linie seine Eltern — anpaßt, indem es die ihm eingeräumte zentrale Position behält, automatisiert sein Verhalten, das in der Beziehung zu der engsten Umwelt sozial angepaßt und konfliktlos ist. Unterstellen wir, diese Eltern lebten in einem fortgesetzten Konflikt miteinander, der sich auch so auswirkt, daß jeder von beiden das Kind für sich und gegen den anderen zu gewinnen versucht. Das Kind nimmt den Vorteil, den ihm die schlechte Ehe der Eltern bietet, frühzeitig wahr und erzeugt ebenso wie in dem Vater in der Mutter die Vorstellung, daß es zu ihm bzw. zu ihr und gegen den anderen Elternteil stünde. Dieses Kind bildet frühzeitig die Automatismen des unaufrichtigen, intriganten Verhaltens, das es auch später kennzeichnen wird, aus. Gewiß kann man es als unsozial bezeichnen, aber nur, sofern man es in einem Bezugssystem betrachtet, in dem die Eltern nur ein Teil der Umwelt sind. Das heißt, erst wenn das Kind vor die Aufgabe gestellt ist, sich an die weitere Umwelt anzupassen, erst dann erweist sich sein Verhalten als verfehlt, sein

Automatismus als unbrauchbar und widerspruchsvoll. An diesem Beispiele wollten wir dartun, daß die Sozialität des Verhaltens immer nur in der Beziehung zu den realen Forderungen der unmittelbar erlebten Sozietät eingeschätzt werden kann. Ein absolutes, von dieser Beziehung absehendes Urteil kann es im Charakterologischen nicht geben. Die Stellung des Ethikers und seine Postulate sind hier ohne Belang — wie anderswo auch.
Wir haben gezeigt, daß die Veränderungen der Bedingungen notwendig die Veränderung oder zumindest die Entwertung der bisherigen Automatismen zur Folge hat. Ein Beispiel: Jemand hat sich daran gewöhnt, wenn er nächtens nach Hause kommt, die Treppen im Dunkel hinaufzusteigen. Diese Bewegung ist so automatisiert, daß er sie ohne besondere Aufmerksamkeit, gewissermaßen blind, wiederholen kann. Als er jedoch wieder einmal im Dunkel hinaufgeht, wird er Opfer eines Unfalls. Inzwischen sind nämlich, ohne daß er es gewußt hat, zwei Stufen entfernt worden. Die Bedingungen seiner Anpassung sind verändert worden, daher wurde diese ein Hindernis.
Ein anderes Beispiel: Ein Politiker von großem Ansehen verliert nach entscheidenden politischen Umwälzungen seine Position und alles, was damit zusammenhängt. In der Emigration erliegt er in jeder Hinsicht einem Degradierungsprozeß; er verhält sich nämlich gegenüber seiner Umwelt genau so, als ob seine gesellschaftliche Position unverändert geblieben wäre. Was früher angemessen war, ist nun überanspruchsvoll, ein wenig lächerlich und schließlich herausfordernd.
Man erkennt, daß der Automatismus von unüberschätzbarer Notwendigkeit für unsere Lebensfähigkeit ist, daß er aber ebenso zu ihrer schwersten Gefährdung werden kann. *Er wird es immer dann, wenn er sich beharrlicher zeigt als seine Bedingungen.* Er ist wertvoll, sofern man ihn leicht aufgeben kann. Nicht nur haben wir Automatismen, sie haben auch uns. Die Loslösung von ihnen kann ungewöhnlich schwer werden. Das hängt nicht zuletzt davon ab, welches Maß von Elastizität, von Fähigkeit, sich mit neuen Widersprüchen aufs neue auseinanderzusetzen, man durch die Erziehung gewonnen hat.
Adler nennt diese Elastizität, diese Entschiedenheit, den Auseinandersetzungen nicht auszuweichen, *Mut,* eine stets tätige Kompensationsbereitschaft. Die Untätigkeit in einer Situation, die neue Kompensationen fordert, die Starrheit im Verbleiben bei alten, ungültig gewordenen Anpassungen, nennt er *Entmutigung*.

Wir werden die Rolle der Entmutigung noch sehr ausführlich erörtern. Uns interessiert hier nur die Frage: Was geschieht, wenn einer die nächste, notwendig gewordene Kompensation nicht zustande bringt? Ein Kind hat sprechen gelernt. Nun stellen die Erwachsenen an es ganz ungewohnte Forderungen. Sie versuchen, sich seiner zu bedienen. Das Kind reagiert darauf, indem es von einem Tag auf den andern, sozusagen plötzlich, verstummt. Es verhält sich, als ob es weder sprechen noch hören könnte. Gründlich durchgeführte Untersuchungen ergeben keinen organischen Befund. Die Psychogenese solchen Versagens ist unbestritten, überdies durch den Erfolg des späteren psychotherapeutischen Eingriffs bestätigt. Jenes Kind hat sich mit seiner Sprechverweigerung deutlich auf eine Stufe zurückgezogen, die es bereits hinter sich hatte. Gibt es das? Ist dies prinzipiell überhaupt denkbar? Obschon dieses Beispiel dafür zu sprechen scheint, müssen wir diese Frage verneinen. Zwar hat dieses Kind bei seiner Sabotage die Erfahrungen aus der ersten Phase verwendet, aber es ist nicht in die erste Phase, die der Sprachlosigkeit, regrediert (Freud). Was dort natürliches Unvermögen war, ist hier Sabotage. Das Kind kann ja sprechen, es verweigert nur sein Können, weil es damit schlechte Erfahrungen gemacht hat. Erfahrungen, auf die dieses von seinen Großeltern maßlos verwöhnte Kind nicht im geringsten vorbereitet war. Die Eltern, denen gegenüber es das Sprechen verweigert, sind ihm ein neues Milieu, ein im Gegensatz zum bisherigen nicht nur *gebendes,* sondern auch *forderndes* Milieu. Die Sprechverweigerung ist unserer Ansicht nach keine Regression, kein Herabsinken auf eine überwundene Entwicklungsstufe, sondern ein neuer Automatismus im Kampfe gegen eine neue Umwelt. Nicht sprechen, wenn man es kann, ist nicht leicht. Auch das will trainiert werden. Auch das ist eine Kompensation. Sie ist ungültig, weil die Umwelt sie nicht anerkennt, sie nicht gelten läßt. Man kann sie auch als eine negative Kompensation, als ein Ausweichen oder als eine Regression bezeichnen. In der Tat handelt es sich um eine Kompensation, die allerdings den Widerspruch nur teilweise überwindet und ihn schließlich fortdauernd vergrößert. Sie ist desungeachtet eine Investition seelischer Kräfte und ihrer Neuschöpfung im Sinne einer Art von Anpassung.

Es mag so scheinen, als ob es nur eine passive Anpassung gäbe. Für das Tierreich ist sie tatsächlich die wichtigste, ihr Ausbleiben mag den Untergang ganzer Gattungen zur Folge haben, denn das Tier kann die gegebenen Bedingungen nicht radikal verändern, es kann die Gesetze der Natur nicht ausnützen; es ist geschichtslos und stets nur das Objekt der Naturgeschichte. Der Mensch verändert die Natur, indem er die Kenntnis ihrer Gesetze verwendet. Er ist der Träger einer *aktiven* Anpassung, in der er die Natur sich selbst anpaßt. Er ist das Subjekt einer Geschichte von einer zeitweise unterbrochenen, doch wieder herstellbaren Kontinuität. Jede Generation startet daher an einem anderen, fast immer vorgeschobeneren Punkte als die vorhergegangene.

Was für die Menschengattung in ihrer Beziehung zu der außermenschlichen Natur gilt — für ihre Fähigkeit zur aktiven Anpassung —, gilt für den Daseinskampf der Menschen untereinander, in dem stets aufs neue die Frage ge-

stellt ist: Wer — wen? In der Entwicklung des einzelnen, den man ja, wie gezeigt, nur fiktiv so nennen kann, wiederholt sich diese Frage ebenso. Das Kind, das das Sprechen verweigert, versucht die neue Umwelt sich anzupassen. Unter bestimmten Bedingungen könnte es ihm gelingen. Schwer erziehbare Kinder sind gewöhnlich Kinder, die unter dem Einflusse ihrer bisherigen Erziehung die Anpassung an die veränderten Bedingungen verweigern und den Widerspruch, den diese erzeugen, zu überwinden versuchen, indem sie so kompensieren, solche Automatismen ausbilden, daß die *Umwelt* sich an sie anpassen muß. Für den Psychologen ist es ebenso vergnüglich wie erfreulich festzustellen, daß gerade autoritäre Erzieher, die den Kindern eine ausschließlich passive Anpassung aufgeben, gewöhnlich von diesen selbst in die passive Anpassung hineingezwungen werden. Autoritäten stellen eine Provokation dar, sie zu stürzen, wenn sie sich nicht anders als durch autoritäre Gewalt legitimieren können.
Kann also der Charakter dieser Art von Kompensation nicht geleugnet werden, so geht es auch nicht, sie als negative Kompensation zu bezeichnen. Damit verstellt man sich den Weg sowohl zur Erforschung des Bezugssystems, innerhalb dessen sie gültige und tatsächlich positive Kompensationen sind. Ein unter stetem autoritären Drucke erzogenes Kind, das eine im gekennzeichneten Sinne aktive Anpassung versucht, könnte sehr wohl auf seine Erzieher positiv erzieherisch einwirken, wären diese Erzieher nicht so schwer erziehbar.
Hoffentlich ist aus dem bisher Gesagten klar genug hervorgegangen, daß jegliche seelische Fähigkeit aus einer Anspannung, aus einem Druck, aus einem Widerspruch und in seiner Überwindung entsteht. »Daraus, wie groß du erscheinen willst, entnehme ich, wie klein du dich fühlst.« Aus der Intensität einer Haltung ist eindeutig auf die Intensität, die zu ihr gedrängt hat, auf die Intensität des Widerspruchs zu schließen. Hier wird die Kompensationstheorie zu einem unübertrefflichen Mittel der genetischen Psychologie, hier weist sie den Weg zu den Elementen, die das Seelische bilden, hier macht sie das Material zugänglich, das sie erklärt. Die Kompensationstheorie ist die praktische Dialektik der Psychologie. Formallogisch allein oder mechanistisch läßt sie sich kaum erfassen, geschweige denn anwenden.

Wir haben den Organismus, die Unzulänglichkeit einzelner Organe und vor allem die soziale Situation sowie diese drei Faktoren in ihrer Wirkung aufeinander als die entscheidenden Anstöße zur Kompensation bezeichnet. Gleichzeitig wurde deutlich, daß der drittgenannte Faktor der bestimmende ist. Den Weg von der organischen Unzulänglichkeit zur Kompensation hat Adler mehrfach und in einleuchtender Weise beschrieben (»Der nervöse Charakter«, »Heilen und Bilden«, »Praxis und Theorie der Individualpsychologie«).

Er hat aufgezeigt, daß ein insuffizientes Organ, das größere Spannungen erzeugt, ein Übermaß an Aufmerksamkeit erregt. Ein Rabbi soll den Ausspruch getan haben: »Mit deinen Augen kannst du eine ganze Welt wahrnehmen, aber wenn du deine Hand zwischen deine Augen und die Welt schiebst, verdeckt dir die Hand die unendlich größere Welt.« Tatsächlich kann das als minderwertig empfundene Organ eine so vollkommene Konzentration des Individuums auf diese Minderwertigkeit herbeiführen, daß das Individuum fast von der ganzen Welt dekonzentriert ist. Der bedeutendste Vorgänger und Vorahner der deutenden Psychologie, Dostojewski, hat ungezählte Male diesen Sachverhalt beschrieben: »Wenn einer eine Warze auf seiner Wange hat, dann meint er, die Welt habe nichts anderes zu tun, als wie gebannt und mit Abscheu auf sie zu starren.« Dostojewski hat meisterhaft beschrieben, wie Menschen von ihren vermeintlichen Minderwertigkeiten besessen waren, wie sie solcherart mitten unter anderen Menschen vereinsamten und erbarmungslos auf sich selbst zurückgeworfen wurden.

Das Interesse, das solcherart abgelenkt wird, ist eine Negation und ein positives Streben in einem. Das Minderwertigkeitsgefühl als eine passive Widerspiegelung einer objektiven Minderwertigkeit anzusehen, wäre falsch. Es gibt diese *passive Widerspiegelung nirgends.* Widerspiegelt z. B. die Ideologie die Ökonomie, so tut sie nicht nur dieses, sondern sie wirkt auf das, was sie widerspiegelt, ein.

Das Minderwertigkeitsgefühl ist sowohl die Widerspiegelung einer Minderwertigkeitsposition wie auch die Opposition zu ihr; sie ist die antithetische Widerspiegelung, untrennbar von der Minderwertigkeitsposition, und zugleich der Anstoß, sie und damit sich selbst aufzuheben. Man versteht nun das Wesen des von Adler gefundenen Minderwertigkeitsgefühls: Es ist dynamisch und als ein Streben zu definieren. Es hat die Dynamik des Widerspruchscharakters, die unübertrefflich ist, es ist der psychische Motor der Kompensation. Nur so begriffen, ist die Theorie des Minderwertigkeitsgefühls von Belang, ist sie ein Teil der umfassenderen Kompensationstheorie. Dabei kann die Entmutigung so vorherrschend werden, daß der Strebenscharakter, die in der Opposition keimmäßig vorhandene Synthese — eben die Kompensation oder das Streben nach ihr — nicht ins Bewußtsein tritt und als dominierendes Moment zeitweilig in den Hintergrund gerät. In diesem Falle ist nur der Widerspruch von einprägsamster Erlebbarkeit, nicht aber was aus ihm kompensatorisch hinausführt. Es ist verfehlt, das Minderwertigkeitsgefühl außerhalb des Systems der Kompensation zu betrachten; das isolierte Minderwertigkeitsgefühl ist weder belangvoll noch denkmöglich. Wo aber das Minderwertigkeitsgefühl besonders und besonders bewußt hervortritt, haben wir es bereits mit einer Störung zu tun, so daß das zur Erreichung einer Kompensation notwendige Training ausbleibt. Es kommen Kompensationen zustande, in denen sich ein zu geringfügiges Training realisiert, die daher den Widerspruch nicht aufheben, sondern zu verabsolutieren drohen. Wir erinnern an Frau Müller, die Mutter des Z., die aus ihren Ehekonflikten in wiederholten Selbstmordversuchen den Ausweg suchte, ohne ihn natürlich zu finden. Ihre Unzufriedenheit mit der Situation blieb somit bestehen, das Gefühl der Demütigung wurde immer quälender — so findet sie den Ausweg zum Hellseher. Ihr Wunsch, die Ehe aufzugeben, ist nicht ernst zu nehmen, denn ihre Entmutigung, ihre Angst, allein bestehen zu müssen, ist wirksamer als ihr Streben, sich zu befreien. Wonach einer strebt, ist schließlich nicht so sehr aus seinen eigenen Erklärungen zu entnehmen, als vielmehr aus dem, was er tut. Das Minderwertigkeitsgefühl allein stellt keine Bestimmung dar. Es hängt alles davon ab, ob es nur ein Oppositionsgefühl oder der Motor einer kompensatorischen Aktivität ist. Das wieder hängt hauptsächlich von der gesamten bisherigen Entwicklung des Individuums ab, seltener von den objektiven Bedingungen, denn diese lassen — von Katastrophen abgesehen — in den allermeisten Fällen ein kompensatorisches Verhalten zu.

Eine andere Art von Minderwertigkeitsgefühl, die man *arrangiertes* oder *sekundäres* Minderwertigkeitsgefühl nennen muß, ist wesensmäßig mit der gewöhnlichen Art keineswegs zu identifizieren. Gerade der Umstand, daß sich die Individualpsychologie als Pathopsychologie mit dem sekundären Minderwertigkeitsgefühl am eingehendsten beschäftigt hat, ohne es genügend scharf zu differenzieren, hat zu dem weit verbreiteten Irrtum geführt, daß das Minderwertigkeitsgefühl schlechthin pathopsychisch sei, was es jedoch keineswegs ist; es ist innerhalb des Kompensationssystems nicht als Minderwertigkeitsgefühl, sondern als eine Kompensation besonderer Art einzureihen. Zur Kennzeichnung dessen, was wir das sekundäre oder arrangierte Minderwertigkeitsgefühl genannt haben, ein Beispiel:
Ein Student der Rechtswissenschaften, der stets ein überaus ehrgeiziger und erfolgreicher Schüler gewesen ist, leidet an einer bedrückenden Angst vor einer bestimmten Prüfung. Der Prüfer ist dafür bekannt, daß er weniger auf das Buchwissen, als auf die Bewährung des sogenannten gesunden Menschenverstandes Wert legt. Unser Vorzugsschüler ist für eine Prüfung dieser Art nicht vorbereitet. Er stellt plötzlich fest, daß er sein Gedächtnis so gut wie verloren hat. Er sieht nun keine andere Möglichkeit, als das Studium aufzugeben und einen unqualifizierten Beruf zu ergreifen. Seine Familie ist um so unglücklicher, als sie auf diesen Sohn besondere Hoffnungen gesetzt hat. Sie bemitleidet ihn, ist jedoch über den Zusammenhang völlig unorientiert. Dieser scheint auch dem Studenten im entscheidenden Punkte unbewußt zu sein; er fühlt sich als Opfer einer unvorhergesehenen Katastrophe und — das ist erstaunlich — trotzdem befreit.

Verehrte Hörer, Sie haben gewiß häufig Klagen über ein gestörtes oder in Verlust geratenes Gedächtnis gehört. Es waren in seltensten Fällen Menschen mit Hirnverletzungen, denn diese Störungen sind gewöhnlich psychogen und lassen daher keine allgemeingültige Deutung zu. In jedem Falle ist genau zu untersuchen, in welchem System von Ursachen und Wirkungen die Störung entstanden ist. Dabei tut man gut, gerade bei der Gedächtnisstörung, die Mitteilungen des Leidenden nicht ganz wörtlich zu nehmen. Sie können sie leicht *ad absurdum* führen, wenn Sie ihn dazu bringen, daß er Ihnen mitteilt, wann und wo er alles vergißt. Die Mitteilungen über verlorenes Gedächtnis sind also gewöhnlich so wenig ernst zu nehmen, wie die Behauptung mancher Schlaflosen: »Ich habe die ganze Nacht kein Auge zugemacht.«
S. behauptet also vor einer Prüfung, sein Gedächtnis und somit jede Studienmöglichkeit verloren zu haben. Ein neurologischer Befund ist nicht vorhanden. Betrachten Sie nun diese Störung innerhalb des Kompensationssystems, so finden Sie, daß sie tatsächlich eine Minderwertigkeitsposition — seine mangelhafte Vorbereitung für selbständiges Denken — und ihre Opposition — das Minderwertigkeitsgefühl in der Konkretisierung der Angst vor dem Versagen — aufgehoben hat. Daher sein sonderbares Gefühl der Befreiung. Er hat *unbewußt* eine neue Minderwertigkeitsposition *arrangiert:* eben diesen Gedächtnisverlust. Das arrangierte Minderwertigkeitsgefühl, das sich auf eine arrangierte Minderwertigkeitsposition stützt, hat also selbst Kompensationscharakter. Diese Feststellung des unbewußten Arrangements, die Adler seinerzeit getroffen hat, ist für seine ganze Neurosenlehre von grundlegender Bedeutung.
Wir meinen, nun deutlich gemacht zu haben, daß, erstens, das Minderwertigkeitsgefühl mit dem arrangierten oder sekundären Minderwertigkeitsgefühl keineswegs zu identifizieren ist — jenes ist, bewußt oder unbewußt, der Motor der Kompensation; dieses ist selbst eine Art von Kompensation. Zweitens, daß die Arrangement-Theorie, deren Bedeutung für die Pathopsychologie unanfechtbar ist, ihren Platz nur innerhalb des Kompensationssystems findet.

Die jeweils in einer Phase der gesellschaftlichen Entwicklung maßgeblichen Wertmaßstäbe degradieren gewisse Eigenheiten zu Minderwertigkeiten und gestehen anderen Eigenschaften einen besonderen Wert zu. Dies bezieht sich sowohl auf Objekte ästhetischer als auch gesellschaftlich-moralischer Einschätzung. Der häufige Wandel von Schönheitsidealen ist ebenso kennzeichnend wie der Wandel von Charakteridealen. Es ist mit hoher Wahrscheinlichkeit anzunehmen, daß, wenn sich heute einer im Sinne mittelalterlicher Heiligenideale verhielte, ihm eher die Unterbringung in einem Irrenhaus als die Verehrung seitens seiner Zeitgenossen zuteil würde. Eine auf einer anarchischen Konkurrenz basierende Gesellschaftsordnung begünstigt fortgesetzt das Streben nach Geltung, während eine von Machtkämpfen beherrschte Welt die Entwicklung des individuellen Machtstrebens fördert, in vielen Fällen geradezu erzwingt. Geltungsstreben, Machtstreben — das sind höchst bedeutsame Konkretisierungen des Kompensationsstrebens, die ihre Begründung, ihren Sinn oder Widersinn nicht nur im Individuum, sondern in der Gesellschaft finden. Das Machtstreben eines Diktators hat einen völlig andern Sinn als das eines kläglichen Ehegatten, der in seiner Frau seine Untertanin sieht. Der Diktator, der auf das Machtstreben verzichtete oder in ihm auch nur ein wenig nachließe, würde unfehlbar in kürzester Zeit seiner Position und wahrscheinlich auch seines Lebens verlustig gehen. Brutus ist immer in der Nähe des Diktators. Der Gatte, der auf sein Machtstreben verzichtete, würde damit ein erträglicher Zeitgenosse werden und eine gute Ehe ermöglichen. (Nebenbei: Die Unterscheidung schließt natürlich nicht aus, daß der Diktator außerdem ein kläglicher, machtstrebiger Ehegatte ist, und daß der Ehegatte unter entsprechenden Umständen es zustandebrächte, ein Diktator zu werden.) Es ist deutlich, daß verschiedene soziale Standorte verschiedene Kompensationen möglich, zuweilen notwendig machen. Die Kompensation läßt sich nur im Zusammenhang mit dem sozialen Standorte des Kompensierens bewerten.

Die Anstöße zu den Kompensationen sind — wir wiederholen es — individuell — organisch und sozial; ihre Inhalte sozial. Dem hat eine psychologische Untersuchung des Individuums zu entsprechen: in seinen organischen Voraussetzungen, gemäß den Resultaten fortschrittlichster Biologie und Somatologie; in seinen sozialen Voraussetzungen, das sind: seine Familie, deren Geschichte, deren soziale und wirtschaftliche Lage, schließlich deren Ideologie.

Es ist nichts dagegen einzuwenden, jegliches Kompensationsstreben als Sicherungsstreben aufzufassen. Doch darf man dieses so wenig wie irgendein anderes Streben als angeboren oder primär bezeichnen. Das ist es so wenig wie z.B. das Luststreben. Dagegen könnte eingewandt werden, daß der Selbsterhaltungstrieb im gesamten Tierreich vorzufinden und vielleicht schon deshalb primär sei, und schließlich, daß das Sicherheitsstreben nichts anderes als der Selbsterhaltungstrieb sei. Wir glauben jedoch, daß sich aus aller bisherigen tierpsychologischen Forschung keine Konsequenz für unsere Forschung ergibt; sogar in der Medizin und in der experimentellen Biologie kann man die Resultate von Tierexperimenten keineswegs ohne weiteres auf den Menschen übertragen. (Wir verweisen auf die Verjüngungsforschung und ihre lehrreichen Fehlschläge.) Würden wir trotzdem den Befund, daß im Tierreich der Selbsterhaltungstrieb wirksam sei, als richtig unterstellen, so würde doch nicht erwiesen sein, daß er primär sei. Wir können annehmen, daß auch dieser Trieb sich erst als Produkt der Erfahrungen konstituierte. Jedenfalls erscheint es uns in bezug auf den Menschen festzustehen, daß dem Streben nach Sicherheit zweifellos das Erlebnis der Unsicherheit vorausgeht. In der Sicherungsart entdeckt der kundige Blick mit hoher Wahrscheinlichkeit das Unsicherheitselement, dessen Überwindung sie ist.

...

Der Begriff, der heute innerhalb der Adlerschen Individualpsychologie als der umfassendste und für das Verständnis des Systems wesentlichste bezeichnet wird, ist der Begriff *Gemeinschaftsgefühl.* Leider hat er verschiedene Definitionen erfahren, und je nach der Entwicklungsphase der Individualpsychologie kam ihm eine andere Bedeutung zu. Wir weisen hier auf einige der Definitionen hin:

Definition 1: Das Gemeinschaftsgefühl ist das ausnahmslos jedem Menschen eigene Gefühl der gemeinschaftlichen Verbundenheit mit der mitmenschlichen Umwelt. Unsicherheitssituationen und falsche Erziehung lenken das Interesse des Individuums von der Gemeinschaft ab, vermindern somit das Gemeinschaftsgefühl und unterordnen es dem neurotischen Streben nach Sicherung auf Kosten der verkannten Umwelt.

Definition 2: Das Gemeinschaftsgefühl, das die unter Def. 1 gekennzeichneten Merkmale besitzt, zeichnet sich vor allen anderen seelischen Funktionen dadurch aus, daß es als einziges angeboren ist. Diese Auffassung wird begründet durch den Hinweis darauf, daß die Gemeinschaft das biologische Schicksal des Menschen und somit das Gemeinschaftsgefühl gewissermaßen Voraussetzung und Mittel dieses Schicksals ist.

Definition 3: Das Gemeinschaftsgefühl ist das angeborene Streben des Menschen nach der idealen Gemeinschaft. Die Gemeinschaft ist ein Ideal, das niemals ganz realisiert sein wird; je mehr wir uns ihm nähern, um so mehr entfernt es sich von uns. Die Gemeinschaft ist eine Idee und keine Realität.

Während die erste Definition die Frage nach der Gemeinschaft offenließ, und das Gemeinschaftsgefühl selbst im Bereiche des Seelischen blieb, das von der Individualpsychologie als nicht angeboren betrachtet wird, so »exterritorialisieren« es die nächsten Definitionen. Da ist es ausnahmslos angeboren, die Gemeinschaft ist ein Ideal, der ganze Begriff löst sich in einen ethischen Dunst auf.

In der Tat ist Adlers ursprüngliche Auffassung von dem Gemeinschaftsgefühl zutreffend. Das Gemeinschaftsgefühl und seine unübertreffliche Bedeutung zu verkennen, wäre ebenso verkehrt, wie es dem mythischen Begriff Eros unterzuordnen. Das Gemeinschaftsgefühl ist Kompensation, ist die lebenswichtige Anpassung an die Umwelt: *Es ist die Sicherung durch die Umwelt.* Unter bestimmten Voraussetzungen entwickelt sich das Gemeinschaftsgefühl zu einem Gemeinschaftsbewußtsein, das eine wichtige Voraussetzung für den Zusammenschluß von Menschen zu einer zielgerichteten Gruppe ist. Wer die Rolle der Solidarität unterschätzt oder gar ignoriert, wer Massenbewegungen auf die sexuelle Komponente ihrer Mitglieder oder auf deren Ödipuskomplex zurückführt, kapituliert vor der Mythologie.

Der Psychologe muß erfassen, daß die Gemeinschaft eine Realität ist, innerhalb deren all unsere Beziehungen entstehen und vergehen. Die Gemeinschaft ist nicht schlechthin die Umfassung aller Menschen — das könnte sie gegenüber der außermenschlichen Natur vorübergehend werden. Jedoch schweißt die Macht der Natur die Menschen nicht nur zusammen, sondern sie treibt sie auch gegeneinander. Es könnte also geschehen, daß auf einem Eisblock im Nordpol einer seinen Kameraden tötet, um sich mit seinem Fleische vor dem Hungertod zu retten. Es gibt Gemeinschaften und nicht *die* Gemeinschaft schlechthin. Ihre Pluralität läßt den Schluß zu, daß sie im Kampfe und zum Zwecke der Sicherung gegeneinander geschaffen worden sind; es handelt sich stets um äußerst veränderungsbedürftige Gruppierungen.

Der Psychologe gelangt zur Gewißheit, daß er nicht von der Gemeinschaft schlechthin sprechen kann, sondern von den realen Gemeinschaften, die unsere Gesellschaft charakterisieren. Innerhalb dieser Auffassung bekommt die Feststellung des Gemeinschaftsgefühls ein wohl abgewogenes Gewicht.

Indem wir die spezielle Umwelt, in der einer die wichtigsten Jahre seiner Kindheit verbracht hat, genau untersuchen — und das müssen wir, um die Wirkungen seiner Erziehung zu begreifen —, untersuchen wir die Gemeinschaft, an die der einzelne sich unmittelbar anzupassen hatte und aus der die sozialen Kompensationsnotwendigkeiten für ihn erwachsen sind. Nur indem wir so den Begriff Gemeinschaft jeweils konkretisieren, wird er für uns brauchbar. Alfred Adler hat gelehrt, daß die Flucht vor der Realität und aus dieser hinaus — gleichviel wohin — eine Flucht vor dem Leben und seinen Forderungen sei. Wir stimmen ihm zu. Wir stellen die Gemeinschaftsfrage immer wieder konkret, um zu einer konkreten Lösung zu kommen. Das Himmelreich überlassen wir den Theologen.

9

Die Kompensation der organischen Minderwertigkeit durch intellektuelle Leistung. Das Beispiel Immanuel Kants. Ein Fall von nervöser Darmstörung. Der Vergleichszwang. Nietzsches Wille zur Macht. Die Fassade des Heldentums. Die Illusion der Eitelkeit und die Eitelkeit der Illusion. Die Komödie der Vollkommenheit und der Mut zur Unvollkommenheit. Der Wert der Desillusionierung. Was ist unlogisches Handeln? Zur Analyse der »Unlogik« der Frau. Vorteil der Dummheit. Das Wesen der patriarchalischen Familie. Entwicklung der Familie von der Produktionsgemeinschaft zur Konsumtionsgemeinschaft. Der Prozeß der Auflösung der Familie. Die Familie als Konservatorin der Ideologie.

Aus dem Hörerkreis:

A.: »Es will mir nicht einleuchten, daß auch die geistigen Funktionen höherer Natur nur aufgrund von Kompensationen zustande kommen. Die denkerische Kraft des Menschen muß doch aus einer anderen Quelle gespeist werden. Soll Kants ›Kritik der reinen Vernunft‹ als Kompensation aufgefaßt werden, dann muß wohl gefragt werden, welche Nöte er damit kompensiert hat? Ich kann nicht glauben, daß das möglich wäre, obschon es mir andererseits einleuchtet, daß körperliche Mängel, wenn sie Minderwertigkeitsgefühle erzeugen, irgendeine ausgleichende Leistung verursachen können. Es leuchtet mir aber nicht ein, daß es da zwischen geistigen und körperlichen Leistungen nicht einen grundlegenden Unterschied geben sollte.«

B.: »Sie gehen davon aus, daß die Schwäche ein Anstoß zur Entwicklung der Stärke werden kann. Das mag zutreffen. Aber warum übersehen Sie, daß es eine natürliche Stärke gibt, die von vornherein Stärke und nicht erst ein Kompensationsprodukt ist? Es gibt starke Menschen, die keinerlei Schwäche kompensieren müssen, und es gibt schwache Menschen, die vielleicht durch eine Kompensation eine gewisse Stärke erlangen können. Das hebt aber den grundsätzlichen Unterschied zwischen den Starken und den Schwachen nicht auf. Z. B. gibt es einen Willen zur Macht aus Schwäche — nur von diesem sprechen Sie — und außerdem gibt es den Willen zur Macht aus Stärke, aus einer gewaltigen Vitalität, die wirken will und muß, weil sie wirken kann. Denken Sie daran, was der erste, der vom *Willen zur Macht* gesprochen hat, was Friedrich Nietzsche unter diesem verstanden hat.«

C.: »Ich kann Ihren Optimismus nicht teilen. Meine Erfahrung zeigt mir immer wieder, daß man nicht jeden Mangel kompensieren kann. Wie soll z. B. jemand, der das Pech hat, ein häßliches Äußeres zu haben, das kompensieren? Er kann es ja doch nicht zum Verschwinden bringen. Manches Frauenschicksal ist wegen dieses unverschuldeten

Moments zu einem tragischen geworden. Das Häßlichkeitsgefühl könnte man nur dann überwinden, wenn man seine Häßlichkeit verlöre. Und das ist doch unmöglich.«

D.: »Ich möchte gerne noch auf die Diskussion über die Vererbung zurückkommen. Und zwar möchte ich behaupten, daß der Unterschied zwischen Mann und Frau unüberbrückbar ist. Das kann ich am besten beweisen, wenn ich Sie daran erinnere, daß alle Menschen, Männer ebenso wie Frauen sich darüber einig sind, daß die Frau, mag sie noch so gebildet sein, letzten Endes unlogisch ist. Das zeigt sich bei jedem Streit, an dem eine Frau beteiligt ist. Wie gesagt, spielt hier die Intelligenz oder die Bildung der Frau gar keine Rolle. Das kann doch nicht mit Kompensationen zusammenhängen.«

Verehrte Hörer! Ihre Einwände werfen viele Fragen auf. Wir wollen versuchen, sie zu beantworten.

A. frägt, ob man nicht doch zwischen den geistigen und den körperlichen Leistungen einen Unterschied machen müßte. Nun der Unterschied ist vorhanden und besteht in vielerlei, das wir nicht näher zu erörtern brauchen, doch ist er weder allgemein noch grundlegend. Im Sinne unserer Zukunftsperspektive ist es sehr wohl denkbar, daß die verabscheuungswerte Entfremdung zwischen geistiger und körperlicher Leistung aufgehoben werden wird. Eine der Voraussetzungen dazu wird die richtigere Bewertung der mit Absicht und System entwerteten körperlichen Arbeit sein. Hierbei wird klar werden, daß diese Trennung eine künstliche ist. Jegliche geistige Leistung ist auch eine körperliche Bemühung.

Die Unterschiede sind, wie gesagt, von uns nicht verkannt. An dem Beispiel des gigantischen Lebenswerkes Immanuel Kants können wir nichts exemplifizieren, weil uns zu wenig psychologisch zulängliches Material über seinen Charakter bekannt ist. Doch möchten wir auch zu diesem Beispiel folgendes bemerken: So unwahrscheinlich es klingt, wäre es doch möglich, daß zu den wichtigsten Anstößen, die Kant zu seiner Leistung gedrängt haben, seine organischen Eigenheiten oder Unzulänglichkeiten gehört haben. Die außerordentliche Empfindlichkeit seines Organismus tat sich sehr deutlich kund in der verwunderlich peniblen Organisation seiner Lebensführung, die in vielerlei Hinsicht abnorm war. Kants Lebensangst, seine Unfähigkeit, mit der sexuellen Frage fertigzuwerden, seine auffällige Eingeschränktheit, sind Momente, die in einer Charakterdeutung Kants gewiß nicht zu vernachlässigen wären. Die Strenge der Automatismen, die er sich zur Befriedigung seiner organischen Bedürfnisse — gewiß auch unter dem Zwange der Unzulänglichkeit seiner Organe — geschaffen hatte, bewirkten in weiterer Folge die gleiche Strenge der Automatismen seiner Arbeit, die die Voraussetzungen zu seinen gewaltigen Leistungen waren. Sie ermöglichten ihm jenes Maß von Konzentration auf seine speziellen Interessen, ohne das er seine Höhe nicht erreicht hätte.

Die Systematik und Beharrlichkeit seines Trainings ist aufs beste belegt. Sogar jegliche Improvisation für im Konversationston geführte Gespräche war aufs beste vorbereitet und schriftlich vermerkt. Das war nur möglich, weil er vielem, dem die Menschen gewöhnlich einen großen Teil ihrer Aufmerksamkeit zuwenden, völlig abgewandt und verschlossen war. Daß hinter dieser Verschlossenheit sich wirkliche und vermeintliche Unzulänglichkeiten verbargen, kann auch nach dem wenigen, was wir an biographischen Kenntnissen haben, als sicher gelten. So kommen wir zu einer recht wichtigen und manches Mißverständnis ausschließenden Interpretation des Kompensationsprinzips: Die Kompensation muß nicht immer auf dem Gebiete erfolgen, auf dem der Widerspruch, der zu ihr drängt, entstanden ist. Die kompensatorische Leistung kann aus verschiedenen Gründen auf ein anderes Gebiet verlegt werden. Der Blinde kann durch die Kompensation nicht sehend werden, aber er kann auf kompensatorischem Wege seine Tastempfindlichkeit oder seine Gehörempfindlichkeit bis zu einem Grade entwickeln, der überdurchschnittlich ist. Es kann sein, daß einer in einem Milieu aufwächst, in dem man sich bemüht, peinlich zu verheimlichen, daß man von Zeit zu Zeit das Klosett benützen muß. (Es gibt so lächerliche und von vornherein zu Mißerfolg verurteilte Verheimlichungsversuche als strenge Riten des gesellschaftlichen Lebens. Wir werden ihren Sinn in passendem Zusammenhange aufzuzeigen versuchen.) In diesem Milieu wächst also ein geltungsstrebiges Kind auf, das mit einem minderwertigen Magen-Darmtrakt belastet ist. Seine charakterliche Nervosität drückt sich unter anderm dadurch aus, daß es gerade, wenn Besuch da ist, das Klosett aufsuchen muß. Es leidet an nervösem Durchfall. Während es sich in der ungewollten Isolation befindet, denkt es angestrengt darüber nach, wie es, in die Gesellschaft zurückgekehrt, seine Blamage — als solche empfindet es den Weg ins Klosett — ausgleichen könnte. Das Kind kommt zum Schlusse, es müßte sich mit einem besonders geistreichen Satze wieder einführen. Es denkt eifrig nach und findet ihn. Allmählich beginnt dieses Kind, »auf Vorrat« zu denken — wie es das selbst nennt. Indes andere Kinder, wenn sie nicht beschäftigt sind oder spielen, ihre Zeit sozusagen vergeuden, hat dieses Kind eine es immer weitertreibende Aufgabe: Nun trainiert es Dialoge, bereitet es Antworten vor. 25 Jahre später bewundert man auf fast allen europäischen Bühnen den glänzenden Esprit und den Einfallsreichtum, der in den Dialogen seiner Schauspiele immer wieder überrascht.

Für die Erklärung des Inhalts der Kantschen Werke ebenso wie des Inhalts der Schauspiele reichen die Momente, die wir angeführt haben, natürlich *keineswegs* aus. Diese ergeben sich erst aus der Analyse der Umwelt und der *Inhalte*, mit denen diese den einzelnen erfüllt. Worum es uns hier ging, war, darauf hinzuweisen, daß alle Leistung, gleichviel welcher Art und welchen

Ranges sie sei, nur im Zusammenhang mit dem umweltmäßig begriffenen Charakter verständlich ist.
Unsere Interpretation des Kompensationsprinzips ist auch die Grundlage für die Beantwortung der Fragen C.s. C. meint, daß man Häßlichkeit nicht kompensieren könne. Das stimmt nicht. Man kann sie in sehr verschiedener Art und mit verschiedenem Erfolg kompensieren. Die ungeheuerliche Erniedrigung der Frau, die sich darin ausdrückt, daß unter der Männerherrschaft von ihr Vorzüge verlangt werden, die im wesentlichen angeboren sind — eben die Schönheit —, erzeugt auch bei Frauen, die nicht häßlich sind, beträchtliche und intensive Unsicherheitsgefühle. Eine Frau, deren ganze Position sich auf ihre Schönheit stützt, empfindet jeden Mangel ihres Äußern zumeist noch viel stärker als andere. Diese Erniedrigung, die alle Frauen betrifft, kann sie dazu anspornen, ihr ganzes Interesse dem Kampfe um die Aufhebung dieser Erniedrigung zuzuwenden. Die Häßlichkeit finden wir häufig durch ein tieferes und begründeteres Interesse für überindividuelle Probleme kompensiert, durch Charme und Esprit, durch vieles also, das die Schönheit durchaus überlebt. Seltener kompensieren Männer ihre Häßlichkeit so fruchtbar. Sie betrachten sie wohl als das verdiente Schicksal ihrer Frauen. (Natürlich ist der Schluß, daß schöne Frauen dumm, schöne Männer noch dümmer seien, ein ideeller Racheakt der Benachteiligten.)
Mag es sehr wohl sein, daß die Kompensation des Häßlichen auf, sagen wir, intellektuellem Gebiete sein Häßlichkeitsgefühl nicht behebt, so schafft es doch ein Gegengewicht in seinem Selbstbewußtsein gegen das Gefühl der Entwertetheit. Mag die Kompensation dieser Art eine Flucht sein, eine Flucht vor dem Widerspruche, der durch sie nicht aufgehoben wird, so ist es doch eine Flucht nach vorne. Und wenn man bedenkt, daß man unsere Kultur unter diesem Gesichtspunkte als eine fortgesetzte Flucht nach vorne bezeichnen könnte, so will es scheinen, daß solch eine Flucht doch einen großen Fortschritt herbeiführen kann. Das Häßlichkeitsgefühl ist in der Tat ein überraschend verbreitetes Unsicherheitsgefühl; fast jeder scheint einmal davon befallen gewesen zu sein. Die Häufigkeit, mit der es in der Kindheit erlebt wird, ist ungleich größer, als man annehmen würde. Eines der vielen ebenso lächerlichen wie brutalen Mittel, mit denen Erwachsene ihre Kinder unterdrücken, besteht darin, daß sie ihr Selbstbewußtsein schwächen, indem sie ihnen — häufig nur im Scherz, den sie für pädagogisch halten — ihre Häßlichkeit vorwerfen. Es kommt nun darauf an, welches Gewicht das Kind darauf legt, gerade durch sein Äußeres zu gefallen und sich so Geltung zu verschaffen. Da spielt natürlich die Schönheit eines Geschwisters, eines Nachbarkindes oder eines Verwandten — des immer wieder auftauchenden, also unvermeidlichen Cousins z.B. — eine große Rolle. Die Fähigkeit, Vergleichen Erkenntnisse abzugewinnen, wird zu einem Zwange immer dann, wenn

der Vergleichende darin, worin er sich vergleicht, unterlegen ist. Der Vergleich erfolgt sodann immer negativ: Was hat der andere, was ich nicht habe? — Es ist klar, daß diese Vergleichsweise von außerordentlich entmutigender Wirkung ist. Es ist, als ob sie zur Selbstverneinung drängte. Auf allen Gebieten begegnen wir diesem Vergleichszwange. Es gibt kein nervöses Charakterbild, in dem er nicht im Vordergrund stünde. Er vermindert die Objektivität der Wahrnehmung und verstärkt die Unbewußtheit seiner Wirkung auf das Apperzeptionsschema. Das lebensnotwendige Selbstwertgefühl wird durch solche Vergleiche aufs empfindlichste verletzt, das seelische Gleichgewicht gestört.

Wir können also C. nicht zustimmen. Wo die Häßlichkeit zum ästhetischen Vergleichszwang geführt hat, hat nicht nur die Häßlichkeit diesen Zwang bewirkt, sondern auch Umwelteinflüsse, die die Häßlichkeit zu einem Entwertungsgrunde gemacht haben. Häßlichkeit ist kein Schicksal, aber man kann sie dazu machen.

Überdies können wir mit dem Pessimismus C.s nicht übereinstimmen. Man muß nicht häßlich bleiben. Wie häßlich einer ist, hängt nicht zuletzt davon ab, was er alles dazu tut, um es nicht zu sein. Dabei verkennen wir nicht, daß die Angehörigen wohlhabender Stände auch in dieser Hinsicht einen ungleich besseren Start bereitet bekommen als die Unbemittelten. Die Verwendung kosmetischer Mittel, die sich gewiß auch weiterhin noch sehr vermehren werden, sollte für alle eine Selbstverständlichkeit sein. Konnte ein mit Gold beladener Esel die Mauern Athens übersteigen, so kann eine mit Gold gezierte Häßlichkeit leichter gefallen, als die Schönheit einer Magd. Nicht ohne Grund beschreiben unsere Kolportageromanciers ihre Heldinnen, die am liebsten Töchter amerikanischer Milliardäre sind, als schön. Daß Milliardärinnen eben nicht häßlich sein können, das beweisen allabendlich die Filme den zahllosen Zuschauern.

B. wirft uns vor, daß wir die natürliche Stärke verkennen und nur die Schwächen sehen, die auf kompensatorischem Wege zu Stärken werden. Nun, wir müssen gestehen, daß wir an die angeborene Stärke nicht glauben. Was wir sehen können, ist, daß die Stärke nicht anders als durch Leistung entsteht, daß zu dieser Leistung Spannungen drängen, die sich aus der Unzulänglichkeit des Menschen gegenüber den Anforderungen ergeben, welche seine Organbedürfnisse und seine Umwelt immer wieder stellen. Der Hinweis auf Nietzsche überzeugt uns nicht. Nietzsches Wille zur Macht beruht nicht auf einem psychologischen Schlusse, sondern auf seinem philosophischen Wunsche. In seinem einzigen, psychologisch widerspruchslosen Werke »Menschliches, Allzumenschliches« finden Sie diesen Idealmenschen mit dem Willen zur Macht nicht. Voller Esprit und Scharfblick zeichnet er den Menschen, wie er von seiner Unsicherheit und Eitelkeit besessen ist, wie er sich immerfort auf

die Fußspitzen stellt, um größer zu erscheinen, weil er das Gefühl der Kleinheit nicht verträgt, und wie alle diese Scheinkompensationen seine Jämmerlichkeit nicht beseitigen.
Nietzsches Übermensch mit dem vitalen Willen zur Macht, mit der vollkommenen Vorsicht und mit der vollkommenen Rücksichtslosigkeit — dieser Übermensch war das überkompensatorische Persönlichkeitsideal Nietzsches, des organisch und seelisch schwächlichen Mannes und Lebensängstlings. Sein Traum von der unbrechbaren und unerschöpfbaren Vitalität war der Traum eines, der sich fernhielt von den gedeckten Tischen, der den großen Strom pries, indes er selbst in dessen totem Arm blieb. Das alles sagt natürlich nichts gegen Nietzsche aus, aber es beleuchtet deutlich genug die Quelle, aus der Übermenschentum, Glaube an angeborene Stärke und dgl. herrühren mögen. Wir haben Menschen, die sich anmaßten, aus eigener Kraft die Welt aus den Angeln heben zu können, wie hysterische Weiber heulen gesehen, wenn ihrer Eitelkeit Böses zugestoßen war. Wir haben den Zusammenhang zwischen der Lächerlichkeit und der Tragik, die erhaben sein will, sehr deutlich erkannt, denn wir haben Helden aus der Nähe gesehen. Es gibt Heldentum — man preise es, wenn man zu dessen Taten steht, doch ohne den Helden erst entmenscht zu haben, um ihn als Übermenschen preisen zu können. Wir haben Photos gesehen, auf denen im Vordergrund Kriegshelden mit Siegermiene Zigaretten rauchen, indes im Hintergrund auf schändlich mißbrauchten Bäumen Frauen und Kinderleiber hängen. Und wir haben starke Männer gesehen, deren Stärke sich immer wieder durch eine Morphiumspritze herstellen ließ.
Die Stärke, alles für eine Überzeugung hinzugeben, für sie zu kämpfen und zu sterben, ist gewiß nicht selten. Dieses wahre Heldentum entbehrt der beliebten theatralischen Heldenattitude. Es entsteht im Kampfe um die Aufhebung eines überindividuellen Widerspruchs, der empfunden wird, als ob er ein persönlicher wäre. Das Kompensatorische dieser Haltung ist fraglos.

Vielleicht ist es überhaupt nicht richtig, von Stärke zu sprechen. Es ist ein so undeutlicher Begriff, ein Fassaden-Dekor. Der Psychologe verweilt nur so lange bei der Betrachtung der Fassade, als notwendig ist, um auch von ihr auf das, was hinter ihr ist, zu schließen. Eine Fassade kann man sich sozusagen auch ausborgen — Napoleon ließ sich in dieser Hinsicht von einem Schauspieler unterweisen. Ein gleiches tat ein anderer »Starker«, ein gemäß B. »geborener Führer« der Gegenwart, der sich von einem mittelmäßigen Schauspieler die Improvisationen seiner flammenden Begeisterung und seine intuitiven Einfälle einstudieren ließ.
Wer die Welt als Fassade liebt, hüte sich vor der Psychologie. Wer die Menschen göttlich sehen will, um sie und ihr Werk bejahen zu können, hüte sich

davor, ihr Menschliches, Allzumenschliches zu erkennen. Er glaube, schwärme und träume.

Unsere Erkenntnisse entwerten, wie gesagt, den Menschen nicht. Die Zerstörung von Illusionen ist keine Zerstörung von Werten, sondern im Gegenteil eine wichtige Voraussetzung allen Schaffens. Zerstören Sie die Illusion von der angeborenen Stärke des Menschen, dann müssen Sie erforschen, wie sie entsteht, wie man sie fördert.

B. sagt: »Es gibt starke Menschen, die keinerlei Schwäche haben, die sie kompensieren müssen.« Woher weiß er es? Stützt er sich etwa auf die Aussagen dieser Starken? Haben wir doch deutlich genug gezeigt, daß die Aussage eines Menschen über sich selbst selten als psychologisches Urteil gelten darf. Wer von sich behauptet, er sei in keiner Hinsicht eitel, er kenne keine Minderwertigkeitsgefühle, der ist in seiner Selbsterkenntnis nicht einmal so weit, daß er den Mut zu seiner Schwäche aufbringen könnte. Nun ist gerade dieser Mut eines der ersten Zeichen des kritischen Selbstwertgefühls der kompensatorischen Aktivität. Trauen Sie den Mitteilungen von der vollkommenen Stärke ebensowenig wie der Bescheidenheit jenes, der da sagt: »Ich bin unter den Geringsten der Geringste.« Solch ein Ausspruch verrät den Weg zum Größenwahn.

Wenn Sie sich umsehen, dann erkennen Sie, wie ähnlich wir alle einander sind, ähnlich in der Unvollkommenheit, von der nur ein unendlicher Weg zur Vollkommenheit führen könnte, wenn es sie überhaupt gäbe. Das autoritäre Denken beruft sich auf die Vergangenheit. Das System der primitiven Gesellschaftsordnung beruft sich in gewissen Entwicklungsphasen auf die überirdische Macht der Ahnen, dank denen die Häuptlinge für sich selbst göttliches Ansehen verlangen und legitimieren. Eltern spielen ihren Kindern die Rolle der geschichtslosen Vollkommenheit vor. Es ist das idiotische Spiel zweier Menschen, die nichts anderes zustande gebracht haben, als das, was die Natur so erleichtert: zu zeugen und zu gebären, und die nun einen, weil sie ihn verursacht haben, in eine botmäßige Gläubigkeit hineinzwingen, deren verehrungswürdige Götter sie selber sind.

Jene toten Häuptlinge waren gewiß nicht mehr wert als ihre Nachkommen, die sich mit deren Göttlichkeit legitimieren. Aber die Lebenden haben diese Toten nicht gekannt, und da sie nichts Sicheres über sie wissen, glauben sie alles. In vielerlei pädagogisch-psychologischen Hinsichten befinden wir europäische Kulturmenschen uns mitten im zurückgebliebenen Negerdorf. Man hat uns mit Mythen und Legenden erzogen, wir spinnen sie weiter. Diese Hirngespinste sollen die Kultur erklären und sind selbst doch das Überbleibsel völlig kulturloser Zustände.

Sehen Sie den Menschen als abgeschlossen an, dann können Sie leicht Legenden um ihn weben. Sehen Sie ihn jedoch in fortgesetzter Entwicklung und

als niemals abgeschlossen an, dann brauchen Sie keine Legenden und sollten sie im Keime zerstören. Weben Sie z.B. fleißig Legenden um Platons Eros, dann hüten Sie sich davor, Platons Wesen, etwa seiner panischen Angst vor der Frau nachzuforschen, die augenscheinlich in seinem Apperzeptionsschema starr mit seiner tyrannischen Mutter identifiziert wird.
Die Desillusionierung kann keinem erspart bleiben, der den Weg zur Psychologie eingeschlagen hat. Sie soll niemandem erspart bleiben, denn Illusionen erzeugen Täuschungen auch dann noch, wenn enttäuschende Erfahrungen sie zu zerstören drohen. Der Lügner reagiert auf die Entlarvung seiner Lüge mit neuen Lügen, der Illusionist auf die Ernüchterung mit neuen Illusionen. Desillusionierung ist nicht nur Enttäuschung, sondern auch Beseitigung des Bedürfnisses nach Illusionen, sie ist die ermutigende Erkenntnis, daß man ohne diese auskommen und *planvoller* als mit ihnen sein Leben gestalten kann. Der Enttäuschte klagt die Welt oder bestenfalls seine Illusionen an, statt die Illusionen zu analysieren und festzustellen, wozu er sie braucht. Die Anklage reicht in keinem Falle aus. Es gibt Menschen, die ihr Leben lang Ankläger bleiben. Sie sterben, bevor das Urteil gesprochen ist.

D. verweist uns darauf, daß es eine allgemein bekannte Tatsache sei, daß die Frauen wesensmäßig unlogischer seien als die Männer. Es zeige sich, meint D., in jedem Streite, an dem eine Frau beteiligt sei. Der Glaube an die Unlogik der Frau ist eine der sichersten Rückzugspositionen des Glaubens an die weibliche Inferiorität.
Was Unlogik ist, läßt sich ja nicht so ohne weiteres allgemein sagen. Ein Kind, das sich immer wieder ans Fensterbrett stellt, obschon es von den Eltern gewarnt worden ist, es könnte hinunterfallen, handelt auf den ersten Blick unlogisch, da es ja keinen Unfall erleiden möchte und sich dennoch in die Gefahr begibt. Sieht man aber näher hin, so bemerkt man, daß das Kind durchaus logisch handelt. Sein Aufenthalt beim Fenster zwingt die Erwachsenen, sich intensiv mit ihm zu beschäftigen und stellt es in den Mittelpunkt ihrer Aufmerksamkeit. Das Kind ist überzeugt davon, daß, ehe die Gefahr wirklich eintreten würde, die Erwachsenen eingreifen werden. Gewöhnlich irrt es sich auch nicht. Die Erwachsenen, die solch' Verhalten als unlogisch empfinden, fallen sozusagen auf dieses Spiel herein. Die Unlogik des Verhaltens liegt zweifellos bei den Erwachsenen, die von ihren Erfahrungen keinen Gebrauch machen und stur die Bedingungen für die Wiederholung des herausfordernden Spiels neu schaffen.
Die Situation des Kindes in der Familienerziehung, insbesondere, wenn sie verzärtelnd ist, verführt das Kind zu einer Anzahl von Verhaltensweisen, die ihm die totale Ausbeutung des Verzärtelungspotentials seiner Eltern gewährleisten. Spätestens vom dritten Lebensjahr an erlangen Kinder die Fä-

higkeit zum logischen Handeln, die ihrer Entwicklungsstufe gemäß ist. Der wesentliche Unterschied gegenüber den Erwachsenen besteht nicht in einer quantitativen Differenz der Logik, sondern darin, daß das Kind durch seine Erzieher auf die mannigfachste Weise verführt wird, sich eine eigene Logik zurechtzulegen und ihr gemäß zu handeln. Man darf ruhig aussprechen, daß viele Eltern mit Kindern, die sich anders verhielten, nichts Rechtes anzufangen wüßten.

In der Männerherrschaft sind die Frauen in vielerlei Hinsicht in die Situation der Kinder und Jugendlichen gedrängt. Ihre Unselbständigkeit ist nachgerade eine moralische Forderung. Gemäß dem Ehesakrament unterliegt die Frau der Gehorsamspflicht, indes der Mann das Züchtigungsrecht ihres Vaters übernimmt. Diese formalrechtlichen Verhältnisse sind zwar in fortgeschrittenen Schichten nicht mehr aktuell, aber ihre materielle Grundlage ist noch vorhanden. Trotz aller Modernität, trotz der — halben — Emanzipation ist's der Frau aufgegeben, die weibliche Rolle als eine der männlichen unterlegene und unselbständige anzuerkennen. Die Ungleichheit der Positionen beider Geschlechter in der Männerherrschaft macht für sie verschiedene Verhaltensweisen »logisch« bzw. »unlogisch«. Würde die Frau, die zur Abhängigkeit verurteilt ist, trotzdem die Pflichten der Selbständigkeit ohne die Vorteile der Unabhängigkeit auf sich nehmen, so würde sie unlogisch, d.h. gegen ihre Anpassungsinteressen handeln.

Einer stets logisch handelnden und argumentierenden Frau wäre der durchschnittliche Mann nicht gewachsen. Es ist mit hoher Wahrscheinlichkeit anzunehmen, daß eine solche Frau in ihren Beziehungen zu Männern schwere Konflikte erleben würde, denen sie würde unterliegen müssen, weil die Macht auf seiten des Mannes liegt. Wo die Macht ist, ist auch das Recht und die »Logik«. Sehr unlogisch müßte also die durchschnittliche Frau in der Beziehung zu einem solchen Manne sein, damit sie die Chancen ihrer Unterdrückung, die Vorteile ihrer Nachteile nicht ausnutzte. Es gibt Situationen, in denen es Dummheit ist, die Chance, dumm zu sein, *nicht* auszunützen. Woraus unter anderm hervorgeht, daß auch die Dummheit ein gewöhnlich zu Unrecht verallgemeinerter Begriff ist, da, was er bezeichnet, nur beziehungsmäßig verstanden werden kann.

Aus alledem mag ersichtlich werden, daß die Argumentation D.s fraglich ist. Man kann eben nicht, ohne vorher zu differenzieren, von der Logik oder Unlogik eines Verhaltens sprechen. Dabei haben wir davon abgesehen, die charakteristische Unlogik des männlichen Verhaltens aufzuzeigen. Was kann dümmer sein als jenes typische Verhalten des Mannes, der sich für den Verführer und die Frau für die Verführte hält, indes es genau umgekehrt ist. Die Technik der weiblichen Verführung steht auf einem unendlich höheren Niveau als die der männlichen Verführung, deshalb auch kann der Mann an sein

Heldentum glauben. In der Tat ist er so lächerlich wie jeder von seinen Sklaven beherrschte Herrscher. Es ist Sklavenkunst, daß er es nicht immer merkt. Die Sklavenstrategie ist notwendig voller Winkelzüge und Schlauheit. Sie muß häufig die Logik mißbrauchen. Unlogisch kann man sie aber dennoch nicht nennen. Unlogisch ist z. B. die männerherrschaftliche Sexualpsychologie, die lehrt, daß der Mann von Natur aus polygam und die Frau monogam sei. Diese Unlogik ist die Logik des Männerrechts, des ideologischen Überbaus und der juristischen Sicherung der Männerherrschaft.

...

Wir dürfen nun die Darlegung unserer Grundbegriffe fortsetzen. Von der Rolle des Vergleichs, der vergleichenden Wahrnehmungen und des Vergleichszwanges haben wir schon andeutend gesprochen. Das Vergleichsprinzip bildet sich in den ersten Lebensjahren, es ist ein Teil des die Wahrnehmung bestimmenden Auswahlsprinzips. In ihm verwirklichen sich die Wirkungen der engsten Umwelt des Kindes und ihrer Ideologie, der Erziehung und aller Einflüsse, die auf das Kind in den für die Charakterbildung entscheidenden ersten drei Lebensjahren ausgeübt worden sind.

In diesen ersten Lebensjahren ist es vor allem die Familie, die auf das Kind einwirkt, daher muß sie uns ganz besonders interessieren. Ihre Ewigkeit und Heiligkeit ist oft proklamiert worden, doch ist sie das weder ewige noch heilige Produkt einer außerordentlich langwierigen historischen Entwicklung, in deren Verlauf sie entstanden und eine große Anzahl von Wandlungen durchgemacht hat. Unsere Familie ist die beste Organisationsform des Patriarchats und seine verläßlichste Garantin. Die matriarchalische Familie war und blieb während verschiedener Entwicklungsphasen grundlegend von unserer Familie verschieden. (Wir verweisen auf die bedeutsamen, aber leider zu falschen Konsequenzen führenden Arbeiten Bachofens, auf die Feststellungen Morgans, die Friedrich Engels in »Ursprung der Familie, des Privateigentums und des Staates« historisch-materialistisch interpretiert und systematisiert hat. Schließlich empfehlen wir die Mitteilungen Malinowskis über seine Erfahrungen auf den Tobriandinseln.)

Unsere Familie ist aufgebaut auf der rechtlich garantierten Überlegenheit der sie bildenden männlichen Teile, insbesondere des *pater familias.* Sie ist eine durch das Erbrecht gesicherte Gemeinschaft, innerhalb deren die Autorität der Erwachsenen durch deren ökonomische Überlegenheit geschützt wird. Der Familie in der Epoche der antiken Sklaverei, wie der des Feudalismus und unserer Epoche ist der patriarchalische Charakter gemeinsam, indes ihre Verschiedenheit gekennzeichnet ist durch die Verschiedenheit der jeweils vorherrschenden Produktivität, von deren Eigentümern und der durch diese repräsentierten herrschenden Schicht. In jedem Falle bewährt sich die patriarchalische Familie als die bestmögliche Anpassung an die auf Privateigentum beruhende Gesellschaft. Der Charakter der Familie bestimmt keineswegs die gesellschaftlichen Verhältnisse, sondern wird umgekehrt von ihnen und ihren Wandlungen bestimmt. Oberflächliche Beobachter der sich auflösenden Familie kommen zum Schluß, daß ihre Zersetzung den Niedergang der Gesellschaftsordnung verursache; sie vertauschen Ursache und Wirkung miteinander.

Vor dem Anbruch unserer Epoche, ehe alles Arbeitsprodukt zwangsläufig den Charakter der Ware annehmen mußte, war die Familie eine ökonomisch maßgebliche Gemeinschaft, nämlich eine Produktionsgemeinschaft. In unserer Epoche der gigantisch angewachsenen gesellschaftlichen Produktion, die in einen immer schärferen Gegensatz zur privaten Aneignung gerät, spielt die Familie nur noch die Rolle der Konsumtionsgemeinschaft, eine unerhebliche Rolle. Unerheblich deshalb, weil letztlich die Produktion und nicht die Konsumtion bestimmend ist. Die Verkennung dieses Verhältnisses, zu der die Kleinbürger aller Schattierungen aufgrund ihres eigenen Standortes innerhalb der Gesellschaft gelangen, verführt sie immer wieder zur Entdeckung von Irrtümern, die für die bürgerliche Nationalökonomie zu Zeiten Ricardos und Smiths bereits abgetan waren.

Mit dem Verluste ihres Charakters als Produktionsstätte beginnt der überaus langsame, aber in seinen Wirkungen gerade für den Psychologen außerordentlich wichtige Auflösungsprozeß der Familie. (Wo die Familie noch Produktionsgemeinschaft ist, z. B. in der zurückgebliebenen kleinen Bauernwirtschaft, da zeigt sie natürlich eine außerordentliche Widerstandskraft, die zu erlahmen beginnt, wenn die unvermeidliche Konkurrenz der modernen Agrarindustrie den Ruin der Bauernwirtschaft und damit die Basis der bäuerlichen Familie zerstört.) Der Prozeß der Auflösung bringt alle Widersprüche an den Tag und zu ihrer konfliktuösen Austragung, aber die Familie selbst wird in ihrer Existenz nicht ernstlich bedroht. Der Autoritätsanspruch der patriarchalischen Familie hat schon immer den Widerspruch der Heranwachsenden herausgefordert. Der Kampf zwischen den Generationen hat, seit es elterlichen Autoritätsanspruch gibt, auf der Tagesordnung gestanden. Dieser Kampf wurde aber tatsächlich immer wieder um eine Generation vertagt, da ja jede jüngere Generation sehr bald selbst eine autoritäre ältere Generation wurde. *Erben sind schlechte Streiter im Kampfe gegen Erblasser, denen das Gesetz auch das Recht zu enterben gegeben hat.* Die feudale Familie hatte in der Geschwisterreihe ihrer Kinder eine »gottgewollte« Rangordnung. Im Interesse der Erhaltung der zu vererbenden Produktionsstätte war der Erstgeborene der Haupterbe, indes die Nachgeborenen sich auf andere Weise in ihrem Stande zu erhalten suchten. Staatsämter und Kirchenstellungen waren Abgeltungen ihrer Benachteiligung. Es ist aufschlußreich, daß in manchen Gegenden noch heute nicht der Älteste, sondern der Jüngste den

Bauernhof erbt. Man geht wohl nicht fehl, wenn man diese Erbfolge als Sicherungsmaßnahme gegen die verhältnismäßig früh erwachsen und fordernd werdenden Ältesten auffaßt. Der Jüngste als Haupterbe sichert den Eltern ihre ökonomische Sicherheit um die gleiche Zahl von Jahren, die er jünger ist als der Älteste.
Der ökonomische Sinn der rangtabellarischen Geschwisterreihe ist in den fortgeschrittenen Ländern geschwunden, aber sie selbst ist, ebenso wie die elterliche Autorität, bestehen geblieben. Es ist als ob die Form den Inhalt überlebte; die gewandelten Dinge geraten mit ihrer alten Ordnung in jenen Widerspruch, der für alles charakteristisch ist, das sich in den letzten Phasen des Niedergangs befindet.

Alle Familienerziehung zielte sinngemäß danach, die jüngere Generation nach ihrem eigenen Ebenbilde zu erziehen. Die Familie erzog Familienmenschen, Mitglieder der Produktionsgemeinschaft, in die sie hineingeboren waren. Unsere Epoche löst diese Gemeinschaft auf und fordert eine Erziehung, die zur Teilnahme an der gesellschaftlichen, also in unserer Epoche vorherrschenden Produktion befähigt. Zu diesem Zwecke werden der Familie wichtige Teile der Erziehungsfunktionen abgenommen und der öffentlichen Erziehung in teilweise obligatorischen Schulen überwiesen. Aber da die entscheidenden Einflüsse in den ersten drei Lebensjahren ausgeübt werden, ist die Familie noch immer der wichtigste Faktor der Erziehung, die den Familienmenschen hervorbringen soll. Da sie selbst aber nur noch eine unvollkommene Familie ist, da sie selbst im Auflösungsprozeß steht, erzeugt sie als Erzieherin zahllose Widersprüche. Sie erhebt nach wie vor Autoritätsansprüche, aber sie hat nicht mehr genügend Mittel, um deren Erfüllung so wie früher durchzusetzen. Ihr autoritärer Glaube an sich selbst ist erschüttert — die sich auflösende Familie unterliegt einer Art von Sozialisierungsprozeß, die ihre Geschlossenheit zerstört. Aber auch hierbei gilt es zu differenzieren. Die mittlere Schicht — die Bauern, Handwerker, alle, die im Prozesse der Warenverteilung sich noch eine gewisse Selbständigkeit bewahren konnten, die Krämer und Händler, summarisch: die Schicht der sogenannten Gewerbetreibenden — diese mittlere Schicht zeigt die verhältnismäßig größte Stabilität in ihrer Familienorganisation. Das Proletariat, das proletarisierte Bauerntum, die proletarisierte Intelligenz, sie alle können die Stabilität der Familie nicht mehr erhalten. Hier ist der Auflösungsprozeß in vollem Gange. Auch die Familien des Großbürgertums zeigen eine bemerkenswerte Strukturwandlung. Die — gewöhnlich durch einen besonderen Ehevertrag — gesicherte ökonomische Unabhängigkeit der großbürgerlichen Ehefrau gestattet ihr eine weitgehende sexuelle Freiheit, von der sie vollen Gebrauch machen kann, nachdem sie ihrem Manne einen oder zwei Erben geboren hat. Die

Ehegatten bleiben äußerlich beisammen, aber sie gestalten ihr weiteres sexuelles Leben unabhängig voneinander. Das ganze Heer ökonomisch und sozial degradierter junger Menschen aus den mittleren Schichten steht ihnen zur Verfügung: zur Erziehung ihrer Kinder, als Gigolos, Eintänzer und ausgehaltene Freunde, als leicht abfindbare Maitressen u. dgl. m. Auch hier ist nur noch die Form der Familie erhalten, der Inhalt ist auf ein Minimum reduziert.

Die Erziehung, die die sich auflösende Familie ihren Kindern gibt, muß notwendig einen schwer überbrückbaren Widerspruch zwischen dem Charakter der Kinder und den Anforderungen der weiteren Umwelt erzeugen. Dies um so mehr, je mehr die Familie im Interesse und mit der Ideologie der traditionellen Familie und ihrer verlorenen Stabilität erzieht. Die ihren Unterbau überlebenden Ideologien bergen stets eine Gefahr für diejenigen, die mit ihnen hinter den fortgeschrittenen Verhältnissen zurückbleiben. Und gerade da spielt die Familie als Konservatorin ungültig gewordener Ideologien eine wichtige Rolle.

Die moderne Psychologie entsteht genau an jenem Punkte, an dem die Folgen der traditionellen Familienerziehung unter der Einwirkung der veränderten und von der Familie nicht zur Kenntnis genommenen Verhältnisse für das Einzelschicksal katastrophal werden. Schwererziehbarkeit und Neurose werden auf die Tagesordnung gestellt und von ihr nicht mehr abgesetzt, nicht weil es nun eine Psychologie gibt, die sie etikettieren und erklären kann, sondern umgekehrt entsteht eben diese Psychologie, weil die Schwererziehbarkeit nun zu einem sozialen Problem geworden ist. Die Fehlschläge der Familienerziehung sind soziale Fehlschläge, die eine soziale Kritik und eine Analyse herausfordern.

Weder die Individualpsychologie Alfred Adlers noch die Psychoanalyse Sigmund Freuds nehmen den Standpunkt der sozialen Kritik und Analyse ein. Sie stellen ihre Wirkung darauf ab, innerhalb der Familie die Fehlschläge zu vermindern, zu verhüten und zu beseitigen, doch sie verkennen, daß die Familie selbst als Institution fraglich geworden ist. Ihre Kritik geht nicht an die Wurzel, sie ist also nicht radikal. Beide Systeme bleiben hinter der Entwicklung der Familie zurück. Freud spricht noch immer von der Hysterie des *fin de siècle,* Adler von jener Gemeinschaftlichkeit, zu der die Familie vor dem Weltkriege, vor dem Beginn des Niederganges unserer Epoche, also in den ersten Phasen der Familienauflösung fähig war.

Inzwischen ist mancherlei passiert. Die Hysterie ist heute eine weniger häufige Neurosenform. Die Fähigkeit der Familie, richtig zu erziehen, ist trotz aller psychologischen Aufklärung nicht größer, sondern geringer worden. Gesellschaftliche Widersprüche haben ein kaum noch vergrößerbares Maß erreicht. Die Not, die sie erzeugen, treibt den einzelnen, treibt den familiären

Privatmenschen, aus dem Privatleben hinaus, vermindert die Brauchbarkeit seiner Automatismen, zwingt ihn, Umstellungen vorzunehmen, für die ihn die Familie, ihrem Wesen nach stets konservativ, nicht im mindesten vorbereitet hat. In den ungezählten einzelnen erleidet die Familie ihren Schiffbruch. Es ist der Schiffbruch einer Ordnung, innerhalb deren eine ihre Regeln sprengende Unordnung entstanden ist.

Kein Wunder, daß die deutende Psychologie immer wieder auf den ungeordneten Menschen stößt, daß sie, ehe sie Normen hat festlegen können, zur Feststellung ihrer praktischen Negation gelangen mußte.

Der Weg von der Pathopsychologie zur Psychologie führt über die Sozialpathologie. Im Mittelpunkte der Sozialpathologie hat die Familie zu stehen als das Objekt der vergleichenden kritischen Analyse, die erst auf der Grundlage einer kritischen Soziologie anwendbar werden kann.

Krise der Familie. Krise der Ehe. Elemente der Beziehungsanalyse. Das Wesen der autoritären Beziehung. Die Mutterliebe. Der Wiederholungszwang in den menschlichen Beziehungen. Der reziproke Ödipuskomplex. Das »typische Erlebnis«. Die Bedeutung der Kindheitserinnerungen. Die Lebens- oder Grundstimmung. Ereignis-Erlebnis-Erfahrung. Z.s Kindheitserinnerungen. Künstlerische Erlebnisintensität. Dreißig Fragen über die Kindheit zur Feststellung des Charakters. Die Bedeutung der Ökonomie.

10

Verehrte Anwesende! Indem wir den Versuch unternehmen, die Familie eingehender zu betrachten, nähern wir uns der Untersuchung der typischen Beziehungsweisen, wie sie sich innerhalb der Familien ausbilden und für das einzelne Individuum sein ganzes Leben lang charakteristisch bleiben.

Wir haben einige Merkmale der Familie bereits genannt. Wir haben auf ihren Autoritätsanspruch und auf die rangtabellarische Ordnung hingewiesen und deren inzwischen verlorenen ökonomischen Sinn aufgezeigt. Der Kampf um das Erstgeburtsrecht zwischen Jakob und Esau wäre heute zwar sinnlos, aber es gibt innerhalb der Familie diesen Kampf noch, denn auch heute übertragen automatisch die Eltern ihren eigenen Autoritätsanspruch auf die älteren Kinder zuungunsten der jüngeren. Der Herrschaftsanspruch der Jahre, um die man älter ist, gehört wesensmäßig zur Familie.

Die Familie hat ihren Kern, sozussagen das Zentrum ihrer Organisation, in der Ehe. Umgekehrt fand die Ehe bisher ihre Existenzberechtigung — übrigens auch ihre moraltheologische Legitimierung — darin, daß sie der Kern einer zu bildenden Familie sein wollte und sollte. Es ist klar, daß, sofern es eine Krise der Ehe gibt, sie auch die Krise der Familie sein muß. Die gleichen gesellschaftlichen Veränderungen, die die bisherige patriarchalische Familie zu einer sehr widerspruchsvollen Institution gemacht haben, machen die Ehe zu einer krisenhaften Einrichtung. Die durchschnittliche und auch darum sehr populäre Sexuologie und Sexualpsychologie durchschaut diese Ehekrise nicht, sie widerspiegelt die Symptome der modernen Ehekatastrophen, aber sie erklärt sie nicht, obschon sie es zu tun meint. Das Fehlen der Sexualtechnik und die Sexualbefriedigung, die der Frau zu oft versagt bleibt, sind keine Erklärung, wenn auch an sich wichtige Momente. Die Frau von vor zwei- oder dreihundert Jahren fand nicht mehr Befriedigung, war nicht weniger frigid, sie und ihr Mann hatten nicht mehr Sexualtechnik. Also nicht in diesen

Punkten hat sich etwas geändert, nicht von hier aus ist die Krise der Liebesbeziehungen zu verstehen. Der Einblick in das Leben von Primitiven, die die Phase des Patriarchats noch nicht erreicht haben und bei denen die Frauen eine hervorragende gesellschaftliche Stellung einnehmen, belehrt uns darüber, daß es auch dort sexualtechnische Probleme gibt, die im Sinne und Interesse der Frau gelöst werden. Ungezählte Aphrodisiaka und künstliche Verlängerungen und Verdickungen des männlichen Glieds sind dort außerordentlich häufig. Die sexualorganische Unzulänglichkeit des Mannes, von der Frau aus erlebt, wird dort — augenscheinlich unter dem Drucke des Matriarchats — kompensiert. Der Sexualegoismus des Mannes hat zur Voraussetzung seine Macht, ihn zu betätigen. Er ist also wie jeder Egoismus, mag er noch so privat erscheinen, an gesellschaftliche Bedingungen geknüpft.

Mit der Veränderung der Situation der Frau verändert sich notwendig ihr Anspruch, mit dem Beginn ihrer Emanzipation beginnt er überhaupt erst spürbar zu werden. Die ökonomische Entwicklung treibt die Frau in die öffentlichen, das heißt unfamiliären Produktionsstätten, schaltet sie in die Konkurrenz der Arbeitskräfte ein. Der Zwang zu arbeiten befreit sie so weit, daß sie ihre Unterdrückung als nicht unbedingt notwendig zu begreifen beginnt. Gleichzeitig wird der Mann immer mehr durch ihre ökonomische Selbständigkeit entthront. Die Frau beginnt zu ahnen, daß sie das Recht der männlichen Überlegenheit bestreiten darf, daß ihre Position nur eine gesellschaftlich minderwertige sei und es nicht bleiben müsse. Erst nur vereinzelt, dann aber immer häufiger präsentiert sich in einer in dieser Hinsicht vor lauter Verwöhnung verdummten Männerwelt die fordernde Frau, die kritische Frau, die aufhört, nur Objekt, und die beginnt, Subjekt ihrer Beziehungen zu sein. Das patriarchalische Liebesleben und damit die Familie ist auf dem Objektsein der Frau aufgebaut. Was der Lebensplan jedes Neurotikers in seiner Beziehung zu den Mitmenschen ist — daß sie ihm nämlich nur Objekt sein sollen —, das war Wirklichkeit in der Beziehung des Mannes zur Frau. Die romantische Liebe — eine verhältnismäßig neumodische Erscheinung — hat die Objektrolle der Frau nicht aufgehoben, sie hat sie nur dekoriert. Die fetischisierende Verehrung in der ersten Phase der romantischen Liebesbeziehung erwies sich als ein schnell beendetes Vorspiel sehr alltäglicher Beziehungen. (Mehr als alle Sexualpsychologie haben Balzac und Stendhal zur Entlarvung der romantischen Liebesbeziehungen beigetragen. Sie hatten einen wundervollen soziologischen Scharfsinn, der unseren Sexualpsychologen leider fehlt. Daher sexualisieren sie die Soziologie, statt aus ihr zu lernen. Am Schlusse produzieren sie einen Roman über die Schöpfung der Gesellschaft, der als Roman zu schlecht und als Wissenschaft zu sehr Roman ist. (Siehe »Totem und Tabu« von Sigmund Freud.)

Wir sind beim wichtigsten Moment der Beziehungsanalyse angelangt, beim Problem der *Subjekt-Objekt-Beziehung.* Wir sagten schon an anderer Stelle, daß auch die privatesten Beziehungen der Menschen untereinander nicht aus ihrer Privatheit verstanden, sondern nur als soziale Beziehungen begriffen, analysiert und kritisiert werden können. Die privaten Beziehungen widerspiegeln aufs deutlichste die gesellschaftlichen Verhältnisse, innerhalb deren sie entstehen und in denen sie begründet sind. Autoritäre gesellschaftliche Verhältnisse begründen autoritäre private Beziehungen, d.s. Subjekt-Objekt-Beziehungen. Das Subjekt kennt nur sich als Ich, das Objekt aber wird von ihm nicht in dem diesem gemäßen Bezugssystem betrachtet, sondern in seinem eigenen, d.h. dem des betrachtenden Subjekts.

Eine Beziehung, derenthalb die Familie so sehr gerühmt wird, ist die vielgepriesene Mutterliebe. Darunter ist nun verschiedenes, sind verschiedene Beziehungen der Mutter zum Kinde zu verstehen. Die typische Mutterliebe ist, das lehrten illusionslose Erfahrungen, zu häufig autoritär, eine Subjekt-Objekt-Beziehung. Woraus erstens hervorgehen mag, daß es auf die bewußte »gute« oder »schlechte« Absicht einer Beziehungsperson nicht ankommt. Zweitens, daß eine autoritäre Beziehung keineswegs durch die üblichen Gewaltformen charakterisiert sein muß. Auch der Staat beginnt ja, sein autoritäres Wesen durch Gewalt erst zu bekunden, wenn seine Autorität im Schwinden begriffen ist. Vorher macht er sich nur als eine Schutz- und Pflegeinstitution beliebt.

Die Mutter, die ihr Kind restlos an sich bindet, die sich zwischen es und die weitere Umwelt stellt, erzieht das Kind zur Beziehungsunfähigkeit gegenüber allen anderen. Natürlich geschieht es nicht grundlos; wir erinnern an Frau Müller, die ihren Sohn Z. so fest an sich gebunden hatte, weil sie sonst gar keine Beziehungen gehabt hätte, weil sie in Wirklichkeit beziehungslos war. Und es sind vor allem beziehungslose Menschen, die nur als Subjekte zu Objekten Beziehungen eingehen können. Das Kind ist das Objekt, es muß ungeheure Kräfte aufbringen, um aus dieser Objektposition herauszukommen. Es kann aber bereits durch die elterliche Beziehung so fehlgeleitet sein, daß es gar nicht mehr hinauswill, daß es fortab selbst nur Subjekt in Beziehungen zu Objekten sein will. Frau Müller ist das Objekt ihres Sohnes Z. geworden, er selbst ist unfähig geworden und geblieben, Beziehungen einzugehen, die auf der Grundlage der Gegenseitigkeit, des gleichen Anspruchs und des gleichen Rechts beruhen.

Die Wandlung des Objekts zum Subjekt ist in der autoritären Beziehung eine kämpferische Wandlung, voller Unbewußtheit und Verkennungen. Die autoritäre Beziehung ist in jedem Falle eine Erziehung zum Sklaven mit Usurpator-, mit Herrschaftsgelüsten. Niemand verträgt es, nur Objekt zu sein. Deshalb entsteht als die unvermeidliche Folge jeglicher autoritären Beziehung der charakterliche Zwang, ausschließlich Beziehungen zu suchen, die autoritär sind und in denen man selbst Subjekt ist.

Die ersten, also die familiären Beziehungen des Individuums werden zu dem Bezugssystem, in dem es alle ferneren Beziehungen wahrnimmt und gestaltet, richtiger: wiederholt. Der Zwang zur autoritären Beziehung, von dem wir als einem charakterlichen gesprochen haben, hat gewissermaßen den Inhalt eines *Wiederholungszwanges.* Es ist der Zwang, erlebte Beziehungen zu wiederholen, obschon sich ihre Bedingungen geändert haben. Es ist der Zwang, die Vergangenheit zur Gegenwart und zur Zukunft zu machen. Wenn die Psychoanalyse etwa von einem Manne spricht, der in jeder Frau seine Mutter suche, so ist das sogar in Fällen, wo alle Tatbestände dafür zu sprechen scheinen, keineswegs richtig interpretiert. Die Psychoanalyse neigt sehr häufig dazu, das *Gleichnis,* das sie selbst geschaffen hat, mit der Wirklichkeit, die es verdeutlichen sollte, zu *verwechseln.* In der Tat sucht dieser Mann nicht die Mutter, sondern die Beziehung, die jener gleichen soll, die ihm allein die Mutter geboten hat. Seine Fixierung an die Mutter ist nicht der Grund seiner Beziehungsstörungen, sondern auch diese Fixierung ist nichts anderes als ein Effekt der familiären Beziehungen, die die Entwicklung seiner seelischen Fähigkeit aufs stärkste beeinflußt und schließlich bestimmt haben. Die Fixierung der *Mutter* an das Kind ist der wichtigere Teil jenes Beziehungskomplexes, den Freud, ihn zu Unrecht verallgemeinernd und ihn auch deshalb maßlos überschätzend, den *Ödipuskomplex* genannt hat. Uns erscheint er wichtiger in seiner sozusagen reziproken Gestalt: als die Bindung des Elternteils an das Kind, durch die dieses verhindert oder zumindest nicht ermutigt wird, seine Beziehungsfähigkeit im notwendigen Maße zu entwickeln.

Verständlicherweise ist bisher der Vater als Repräsentant der elterlichen Unterdrückung mehr hervorgetreten als die Mutter. Dies entspricht dem Charakter der patriarchalischen Familie, die ja auch die Mutter der Unterdrükkung durch den »pater familias« unterwirft. In seiner allerersten Lebensphase bleibt das Kind der unmittelbaren väterlichen Einwirkung entzogen und im großen und ganzen der Mutter überantwortet. Erst später wird der Einfluß des Vaters ein unmittelbarer. Und da erweist er sich gewöhnlich als autoritär und gewalttätig. Die sich nunmehr häufenden Eingriffe väterlicher Macht und Gewalt stellen das Kind vor schwere Probleme. Nun muß sich erweisen, ob es auf mehr als eine einzige Beziehung vorbereitet ist, ob die Mutter nicht zwischen ihm und seiner ganzen übrigen Umwelt steht. Tut sie es, dann wird jeder dritte als eine Störung empfunden, alle anderen außer der Mutter sind die feindliche Umwelt, deren es sich nur erwehren kann, indem es sich um so stärker an die Mutter hält. Die Front, die feindliche Umwelt, die in sein Leben und in seine parasitische Symbiose einbricht, wird immer breiter, je älter das Kind wird. Die Geburt eines Geschwisters, dem die Mutter dann natürlicherweise die Aufmerksamkeit zuwendet, die früher ungeschmälert ihm gehörte, wird ebenso zu einer Katastrophe, wie später jedes soziale Experiment. Der Vater, ältere Geschwister wie jüngere, jegliche Art von Erkrankung — alles zwingt das Kind zur Betätigung und zum Beweise seiner Beziehungsunfähigkeit.

Die Bemühungen der Psychologie als einer Beziehungswissenschaft und Beziehungsanalyse müssen in jeglichem Falle auf eine maximale Differenzierung abzielen. Verallgemeinerungen sind gerade hier nur sehr selten brauchbar, zumeist sind sie verderbliche Verführungen zur Überschätzung sowohl der Häufigkeit als auch des Gewichts konstatierter Sachverhalte. Ein lehrreiches Beispiel für diese verderbliche Verallgemeinerung stellt die Theorie vom Ödipuskomplex dar. Statt die Unterdrückung des Kindes bis zum äußersten zu differenzieren, wie sie sich tatsächlich in seinen Erlebnissen bewußt und unbewußt differenziert, wird sie immer wieder, man möchte fast sagen: wie unter einem Zwange, im Sinne der Libidotheorie verallgemeinert. Daß der psychoanalytische Therapeut in der aufgefrischten Erinnerung Erlebnisse findet, die zur Libidotheorie nicht in Widerspruch treten, beweist gar nichts, auch wenn man die Freudsche Theorie der infantilen Sexualität als richtig unterstellt. Dies beweist nichts, denn wir fragen danach, was alle anderen Erlebnisse außerdem beinhalten. Es ist — für uns, wenigstens heute — undenkbar, daß wir imstande sein sollten, *alle* Erlebnisse eines Menschen heranzuziehen, um ihn verstehen zu lernen. Es kommt also — wie schon mehrfach betont — auf das Auswahlprinzip des Psychologen und vor allem darauf an, daß dieses so umfassend sei, daß es nichts vernachlässigt, was zur Differenzierung beitragen kann. Mit einem falschen, mit einem zu engen Auswahlprinzip kann auch der beste Psychologe es zustande bringen, in einer durch drei Jahre täglich durchgeführten Analyse eines Individuums Wichtigstes zu vernachlässigen, um fortgesetzt zu suchen, was er längst gefunden hat.

Die Vielheit und die Vielfältigkeit der einzelnen Erlebnisse, selbst des erlebnisärmsten Menschen, ist so erdrückend, daß keiner sich rühmen könnte, jemals eines andern Erlebnisse auch nur annähernd umfassend zu kennen. Indes nicht nur der Psychologe verwendet ein Auswahlprinzip, jeder Erlebende tut es. Dieses Prinzip ist für ihn nicht weniger charakteristisch als seine Erlebnisse, es prägt sich in ihnen aus, es wiederholt sich in ihnen und bewirkt sie — in einem gewissen Sinne. In diesem Sinne sprach Nietzsche vom »typischen Erlebnisse«, dem Erlebnisse von besonderer Eindruckskraft, das sich wiederholt, das untrennbar von der erlebenden Persönlichkeit ist. Alfred Adler hat entdeckt, daß Kindheitserinnerungen ganz besonders charakteristisch sind. Wichtig ist allerdings, daß die erzählende Persönlichkeit sie möglichst unvermittelt und ohne Besinnung darauf, welche Deutung sie ergeben könnten, vorbringt. Wir rufen Ihnen die erste Erinnerung des Herrn Z. ins Gedächtnis:

Ich spiele mit meiner Schwester im Treppenhaus. Meine Schwester rutscht rittlings das gewundene Treppengeländer hinunter. Ich will das gleiche machen, falle aber gleich hinunter, zerschlage mir die Nase, so daß sofort Blut rinnt. Wie ich das Blut sehe, beginne ich zu heulen. Da lacht die Schwester und sagt: »Und eine Beule auf der Stirne hast du auch!« Da heule ich noch lauter, bis die Mutter kommt und mich in die Wohnung hinaufträgt. — Damals war ich sechs Jahre alt und die Schwester acht.

Wir tragen eine zweite Erinnerung Z.s nach:

Ich spiele mit meinem jüngeren Bruder. Er soll mich fangen. Da ich besser laufen kann als er, kann er mich nicht fangen. Während ich laufe, drehe ich mich immer wieder um und rufe höhnisch: »Du fängst mich niemals!«, da stolpere ich über eine Gießkanne und falle längelang hin. Mein kleiner Bruder brüllt vor Triumph. Ich habe eine schreckliche Wut gegen ihn, aber ich zeige es nicht, sondern ich tue so, als ob ich tot wäre. Ich denke, daß es ihm dann leid tun wird. Und wirklich höre ich bald sein Höhnen nicht mehr, aber wie ich die Augen aufmache, ist er verschwunden. Ich habe mich sehr geschämt.

Gemäß der Adlerschen Auffassung müssen diese Erinnerungen für Z. charakteristisch sein. Und das sind sie in der Tat auch. Natürlich nicht, weil sie etwa objektiv wichtige Erlebnisse beinhalten — das ist bei Kindheitserinnerungen erstaunlich selten der Fall —, sondern weil die in ihnen zum Ausdruck gelangende Stimmung auch für den heutigen Z. charakteristisch ist. Sicher könnte Z. auch viele andere Erlebnisse erzählen — z. B. wenn er es unternähme, eine Autobiographie zu schreiben —, aber daß er gerade diese Erlebnisse auf die Aufforderung, die ihm zuerst einfallenden Kindheitserinnerungen zu erzählen, wiedergeben muß, ist natürlich nicht zufällig, sondern charakteristisch, also für den Charakterologen aufschlußreich.
Wir haben im Zusammenhang mit vielen hundert Kindheitserinnerungen experimentelle Erfahrungen gemacht, sowohl indem wir die Deutung der Erinnerungen, die wir durchführten, ohne deren Autoren zu kennen, in Vergleich gesetzt haben zu dem Erwachsenenleben dieser Autoren (Erinnerer), zu ihrem Charakter, zu ihrem Selbstbewußtsein, als auch indem wir diese Personen aufforderten, unvermittelt neuere Kindheitserinnerungen zu erzählen. Wir haben feststellen können, daß diese sich dann von den früheren wesentlich unterschieden, wenn die Versuchspersonen inzwischen bedeutende Änderungen durchgemacht hatten. Wir können somit annehmen, daß sich mit dem Charakter die Kindheitserinnerungen und daß sich mit der Grundstimmung die Stimmung, die sich in diesen Erinnerungen konkretisiert, verän-

dern. Es handelt sich also *nicht so sehr um die erinnerten Erlebnisse*, als um die *erlebten Erinnerungen.*
Betrachten wir nun die Kindheitserinnerungen Z.s, den wir ja schon ein wenig kennen, etwas näher. Die handelnden Personen der ersten Erinnerung sind die Mutter und die Schwester, die sein nächst älteres Geschwister ist, in der zweiten Erinnerung ist neben ihm nur noch der jüngste Bruder handelnd. In beiden Erinnerungen ist ein Unfall, den er erleidet, der dramatische Wendepunkt, von dem aus allerdings in der ersten Erinnerung eine Art von »happy end« erreicht wird, indes in der zweiten auf den Unfall eine weitere, taktische Niederlage folgt. Das Fehlen der Mutter verhindert hier das »happy end«, das dort, dank ihres Eingreifens, mühelos erreicht wird. Hingegen ist die Rolle der Geschwister insofern ähnlich, als beide nach seinem Unfall, seiner Niederlage, triumphieren. Der Unterschied besteht vor allem darin, daß die Schwester — in der ersten Erinnerung — von vornherein überlegen ist, indes der jüngere Bruder anfangs der Unterlegene ist und seine Unterlegenheit erst nach dem Wendepunkt ausgleichen kann.
Angenommen, Sie stellten sich die Aufgabe, jede der beiden Erinnerungen so zu deuten, als ob sie Fabeln wären und Sie deren Moral zu suchen hätten, dann müßten Sie wohl zur folgenden Deutung gelangen. Moral der ersten Erinnerung, gültig nur für den Erinnerer, der ja selbst die Hauptrolle spielt: 1. Ich soll mit meiner Schwester nicht konkurrieren. 2. Meine Schwester hat mit mir gar kein Mitleid, im Gegenteil ist sie mir feindlich gesinnt. 3. Nur die Mutter meint es gut mit mir. Ohne die Mutter wüßte ich nicht, wie ich aus dem Unglück hinauskomme.
Die Moral der zweiten Erinnerung: 1. Ich soll mit meinem jüngeren Bruder nicht konkurrieren. 2. Mein jüngerer Bruder mag mich nicht. Ihm ist es gleichgültig, ob ich tot bin. 3. Es genügt nicht, im Wettkampf überlegen zu sein. Das Wichtigste ist, daß man Glück hat. 4. Ich bin überlegen, aber ich bin auch ein Pechvogel.
Sie haben Z. in großen Umrissen schon kennengelernt. Sie wissen also, daß die Moral dieser ad hoc als Fabeln aufgefaßten Kindheitserinnerungen mit seiner Lebensanschauung und vor allem mit der Grundstimmung seines Lebens ausgezeichnet harmoniert. Wir wissen von Z., daß er sich vor allem für einen Pechvogel hält, daß er sein Versagen und Zurückbleiben hinter den Geschwistern auf sein Pech zurückführt. — Mit der Gewinnung dieser Moral sind seine Kindheitserinnerungen noch nicht gedeutet. In diesem Zusammenhang wollen wir uns um die weitere Deutung nicht bemühen. Es genügt die Feststellung, daß sich in dieser Art von Kindheitserinnerungen tatsächlich jene Stimmung des Erinnernden widerspiegelt, die sich im Auswahlprinzip seiner Wahrnehmungen, also im Bewußtsein, mit dem er seine Erfahrungen macht, konkretisiert.

Die Kindheitserinnerungen ersetzen nicht die Biographie, sie ersetzen auch nicht die Träume, aber sie geben einen ersten Anhaltspunkt, von dem aus man dann tastend den Versuch zur Deutung der Träume und zu dem Verständnisse der Biographie wagen darf. (Nebenbei bemerkt werden Wiederholungsträume aus der Kindheit außerordentlich häufig als Kindheitserinnerungen gebracht. Von hundert Kindheitserinnerungen beinhalten 30 bis 40 solche Träume.)

Wir haben sehr allgemein und wenig konkret von der Grundstimmung, von der Lebensstimmung gesprochen. Untersucht man genauer, was sich in diesen Stimmungen konkretisiert — gleichviel ob sie überhaupt und ob sie deutlich ins Bewußtsein treten —, so findet man immer wieder als das konkrete Substrat Beziehungserlebnisse, Beziehungseinwirkungen und Folgen der eigenen Beziehungsfähigkeit bzw. ihrer Gestörtheit. Indem wir also die Grundstimmung eines Menschen untersuchen, forschen wir seinem Beziehungssystem und dem diesem entsprechenden Bezugssystem nach und gelangen zu bedeutenden Differenzierungen all jener Beziehungen, die ein Mensch im Verlaufe seines Lebens angeknüpft hat. Kein wie immer geartetes Erlebnis, mag es objektiv, das heißt als Begebenheit, größtes Gewicht haben, hat eine außerhalb des gekennzeichneten Zusammenhangs feststellbare bzw. verallgemeinernde Bedeutung. Die Begebenheit selbst, ihre Widerspiegelung als Erlebnis und die Verarbeitung dieses Erlebnisses zu einer Erfahrung — das sind drei Prozesse, die zwar miteinander in einem Zusammenhange stehen, der aber seinerseits sehr variabel ist. Ihr Verhältnis ist im wörtlichen Sinne des Wortes ein beziehungsweises. Nicht jede Begebenheit wird mit jener Intensität wahrgenommen, die sie zu einem für die psychische Entwicklung belangvollen Erlebnisse macht. Nicht jedes Erlebnis findet das Individuum fähig und bereit, aus ihm eine Erfahrung zu gewinnen. Es ist gewiß, daß jeder nur aus einem geringfügigen Bruchteile seiner Erlebnisse neue Erfahrungen gewinnt. An anderer Stelle werden wir die Konsequenzen, die aus dieser Konstatierung zu ziehen sind, aufzeigen und versuchen, die Technik einer notwendigen Selbstbeschränkung darzustellen.

Ob ein Ereignis zu einem bedeutenden Erlebnisse wird, hängt davon ab, unter welchen Umständen es eintritt und in welchem Bezuge es erlebt wird. Es kann jemand Zeuge einer welthistorischen Begebenheit sein und fast nichts davon merken, weil seine ganze Aufmerksamkeit von seinem schmerzenden Zahn in Anspruch genommen wird. Dieser Schmerz konkurriert hier erfolgreich mit der Weltgeschichte, die in seinem Bezugssystem unerheblich wird. Menschen mit anders gearteten Beziehungen zu sich selbst verlieren angesichts eines welthistorischen Ereignisses, das sie miterleben, das Bewußtsein ihrer Zahnschmerzen und damit subjektiv diese selbst — gleichviel, ob die mechanistische Medizin solchen Vorgang vorsieht oder nicht.

Ein beschränkter Kleinbürger macht eine Weltreise — vielleicht weil er die erste Prämie bei einer Kreuzworträtsel-Konkurrenz gewonnen hat. Nach seiner Heimkehr stellt man fest, daß sie seine Erfahrungen nicht im geringsten erweitert hat; sie hat nur seine Überzeugung erhärtet, daß es in seinem Lande, in seinem Städtchen, in seinem Hause, in seinem Bette, bei seiner Frau, bei seiner Stammtischrunde doch am schönsten, und daß das Bier in seinem Stammwirtshause doch das beste sei. Es ist mit seinen Erlebnissen genau wie mit den Photos, die er mitbringt. Auf diesen sieht man *ihn* und im *Hintergrund* den Dogenpalast, *ihn* und im *Hintergrund* die Peterskirche, *ihn* und im *Hintergrund* die Akropolis, und so weiter. Nur der Hintergrund wandelt sich, er aber nicht. Hier werden Begebenheiten kaum zu Erlebnissen und gar nicht zu Erfahrungen.
Ein Künstler sieht an einem späten Sommernachmittag von einer Brücke auf die Seine hinunter. Vorher hat's geregnet, nun ist die Luft durchsichtiger, glaubt er, und das Licht verändert die Farbe aller Dinge. Vielleicht erlebt nur er die Wandlung so deutlich. Er hat völlig Neues erlebt, obschon nichts Besonderes geschehen ist, was bei ungezählten anderen solch intensives Empfinden hätte hervorrufen können. Einem Künstler werden eben objektiv unwichtige Begebenheiten zu Erlebnissen, manchmal sogar zu umwälzenden Erfahrungen, was nur aus ihrem Bezugssystem zu erklären ist. (In »Der Bauch von Paris« schildert Zola mit seiner großen Liebe zur zeitgenössischen impressionistischen Malerei einen Maler, seinen Jugendfreund Cézanne, dessen Erlebnisweise den Psychologen in vielerlei Hinsicht interessieren muß.)
Die im Erlebnisse und in der Erfahrung wirkende Tendenz kann nur im Zusammenhang mit dem Bezugssystem des erlebenden und erfahrenden Individuums erfaßt werden. Dieses System ist seinerseits nur verständlich als das in vielen Widersprüchen gestaltete Erlebnis seiner ersten Beziehungen, nicht zuletzt seiner Beziehung zu sich selbst, in der sich alle anderen Beziehungen kaleidoskopartig spiegeln und brechen.
Die Beziehungsanalyse beginnt nicht mit den ersten Beziehungen des Kindes zur Umwelt, sondern mit den ersten Beziehungen der Umwelt zum Kinde. Diese gestalten und bestimmen jene. Auch von da aus gelangen wir zum Schlusse, daß die Biographie des einzelnen nicht die Biographie des Einzigen ist. Mit der Feststellung der autoritären Erziehung und der Feststellung des Ödipuskomplexes ist noch nicht viel getan. Die Forderung nach der Differenzierung ist zugleich die Forderung nach einer umfassenderen Konkretisierung. Gemäß dieser Forderung müssen unter anderem mit äußerster Genauigkeit folgende Sachverhalte erkannt werden:

1. Die sozial-ökonomischen *Ausgangs*situationen des Vaters und der Mutter.
2. Die *aktuelle* sozial-ökonomische Situation der Familie und ihre *Entwicklung* seit ihrer Begründung. *Besondere* Berücksichtigung der gleichzeitigen durchschnittlichen Entwicklung der Schicht, der diese Familie angehört (bzw. auch der Schicht, der sie angehört hat, wenn Veränderungen eingetreten sind).
3. Die Charaktere des Vaters und der Mutter sowie der Geschwister, eventuell auch der Großeltern und der Verwandten, sofern sie im Leben der Familie eine Rolle spielen oder gespielt haben.
4. Die Beziehung der Eltern zueinander, ihre Geschichte, ihre Störungen. Ursachen und Symptome dieser Störungen.
5. Organische Eigenheiten (Minderwertigkeiten), chronische Krankheiten und Erkrankungen der Eltern. Ihre Wirkung auf das Familienleben und die Erziehung der Kinder. Organische Eigenheiten (Minderwertigkeiten) der Geschwister. Chronische Krankheiten und Kinderkrankheiten.
6. Die Beziehung beider Elternteile zu jedem der Kinder, ihre gegenseitige Stellung zur Beziehung zwischen dem Partner und den Kindern.
7. Stellung der Eltern zur eigenen sozial-ökonomischen Position, ihre diesbezüglichen Hoffnungen und Enttäuschungen. Ihre Ideologie. Ihre Stellung zur Moral, zur Kirche, zum Staat, zu politischen Parteien, zur jungen Generation.
8. Die Rolle der Sexualität in der Ehe der Eltern. Außereheliche Beziehungen. Voreheliche Sexualbeziehungen.
9. Gewolltheit oder Ungewolltheit des Kindes. Schwierigkeiten während der Schwangerschaft (Erbrechen, Verdauungsstörung, Depressionen, Krankheitszufälle). Besondere Erlebnisse in dieser Zeit. Das Verhältnis zwischen den Eltern. Bestimmte Vorstellungen in bezug auf das Kind, sein Äußeres, sein Geschlecht, seine Ähnlichkeit zu Verwandten oder Unähnlichkeit betreffend. Positive und negative Idealvorstellungen in bezug auf das Kind. Besondere Ängste. Angst vor dem Gebären.
10. Vorbereitung der schon vorhandenen Kinder auf das Hinzukommen eines Geschwisters. Sachliche oder unsachliche Vorbereitung. Sexuelle Aufklärung oder Storchmärchen.
11. Art der Geburt. Gewicht des Neugeborenen. Auffällig gewordene Besonderheiten. Art und Schwierigkeiten der Nahrungsaufnahme in den ersten Lebenstagen. — Stimmung der Eltern in diesen Tagen. Enttäuschung oder Freude über erfüllte Erwartungen. Erste und wiederholte Reaktionen der Geschwister auf das Vorhandensein des Neugeborenen.
12. Personen, die an der Pflege des Säuglings beteiligt sind: Mutter, Amme, professionelle und nichtprofessionelle Pflegerinnen.
13. Frühe organische Störungen bzw. Besonderheiten. Befund der ersten, umfassenden ärztlichen Untersuchung.

14. Reaktionen des Kindes auf akustische und visuelle Eindrücke. Reaktionen auf fremde Personen; auf Bewegungen, die mit ihm ausgeführt werden.
15. Zeitpunkt der verschiedenen Interessenwandlungen des Kindes: seines Interesses für seinen Körper, für seine Umwelt, für Greifbares in der Nähe und in der Ferne. Äußerungsform und Beharrlichkeit seines Interesses.
16. Erste bzw. frühe Äußerungen von Sympathien und Antipathien.
17. Zeitpunkte, zu denen das Kind rein geworden ist, gehen, sprechen gelernt hat. Die hierbei angewandten Methoden seiner Erzieher.
18. Auffällig gewordene Ängstlichkeiten, genauer synchronologischer Zeitpunkt, zu dem sie von den Erziehern bemerkt worden sind.
19. Beziehung zu den Geschwistern und deren Beziehung zu dem Kinde.
20. Auffällig gewordene Interessen für einzelne Körperteile und für einzelne Organfunktionen.
21. Genaue Feststellung dessen, was und wie dem Kinde verboten wurde, ferner, welche Personen die Verbote erließen.
22. Erste Erkrankungen, Kinderkrankheiten. Besonders zu achten auf Störungen der Nahrungsaufnahme in den ersten Lebensmonaten, auf Keuchhusten und Scharlach und dessen Folgen. Bei Mitteilungen über Grippe nach der Art der Grippe forschen, da die Encephalitis (Kopfgrippe) häufig den Eltern nur als Grippe bekannt wird.
23. Erste Freundschaften, vorgezogene Spiele, Verhalten gegenüber fremden Kindern, bzw. auch gegenüber einem nachkommenden Geschwister.
24. Erste Fragen nach Geburt, Zeugung, nach der Funktion der Geschlechtsorgane, nach dem Unterschied der Geschlechter und die Antworten der Erzieher. Stärkste Bindungen bis zum dritten Lebensjahre, weitere Entwicklung dieser Bindungen. Ferner: etwa schon auftauchende Berufswahlphantasien.
25. Lieblingsmärchen, Lieblingsgebärden, Lieblingsspiele.
26. Typische Schlafstellungen. Art oder Zeremoniell des Einschlafens und des Aufwachens, des Aufstehens, der Waschungen und der Tolilette.
27. Feststellung, ob das Kind allein schlief und schläft, bzw. mit wem es schläft oder zu schlafen wünscht. Bei *Pavor nocturnus* (Nachtangst) Feststellung, wann zum erstenmal aufgetreten, unter welchen Umständen Beruhigung eintritt.
28. Im dritten Lebensjahr oder früher auffällig gewordene Fähigkeiten und Interessen sowie Unfähigkeiten des Kindes. Stellung der Erzieher zu den kindlichen Interessen.
29. Verhalten des Kindes im Kindergarten oder in einer unorganisierten Kindergemeinschaft. Isolierungstendenzen.
30. Deutlich werdende Bemühung des Kindes, eine bestimmte Person seiner Umwelt, bewußt oder unbewußt, nachzuahmen. Stellung zu den Erwachse-

nen, zu ihren Ansprüchen und zu ihren Verboten. Ausdrucksformen des Trotzes.

In diesen 30 Punkten wird angedeutet, welche Tatsachen, Umstände und Zusammenhänge berücksichtigt werden müssen. Natürlich könnte man noch ebensoviele Punkte hinzufügen. Die beziehungsanalytische Auffassung vom Individuum als einer sozialen psychophysischen Einheit setzt der differenzierenden Konkretisierung keinerlei Grenzen, macht es aber andererseits erforderlich, daß alle verifizierten Sachverhalte im Hinblick auf die gesellschaftliche Wirklichkeit neu überprüft werden. Wir wissen z. B. alle, daß wesentliche Veränderungen in der sozial-ökonomischen Situation einer Familie weitreichende Folgen nach sich ziehen. (August Strindberg, der Sohn einer Magd, und Henrik Ibsen, der Sohn einer verarmten und degradierten Familie, haben darüber in ihren Romanen bzw. Dramen psychologisch außerordentlich wertvolle Aufschlüsse geliefert.)
Nun kommt es stets darauf an, ob Veränderungen das sozusagen private Schicksal einer einzelnen Familie oder ob sie das Schicksal einer ganzen Schicht sind. Die Inflation z. B. hat in Mitteleuropa ganz große Teile der mittleren Schichten ökonomisch und damit auch sozial degradiert. Sie war ein Massenschicksal, das von den zahllosen Betroffenen als persönliches Unglück erlebt wurde. Solch massenweise Veränderung ruft eine andere Reaktion hervor, als das als einzig empfundene Schicksal. Das Bewußtsein, deklassiert worden zu sein, muß unter diesen Umständen nicht unbedingt mit einem Gefühl der persönlichen Entwertung einhergehen.
In Zeiten großer ökonomischer Umschichtungen erfolgen auch bedeutende ideologische Umstellungen, die sich unter anderm auch in einer veränderten Bewertung der herrschenden Moral ausdrücken können. Die Erschütterung der moralischen Stabilität nach dem Weltkriege kann man zwar in vielen Einzelfällen feststellen, doch nur richtig bewerten, wenn man sie zusammen mit dem Zeitgeschehen analysiert.
Sexualmoral und Sexualunterdrückung bewahren je nach der sozialen Schicht eine andere Bedeutung. Das proletarische Kind, das mit Geschwistern und Eltern in einem Raume schlafen muß, bekommt natürlich frühzeitig eine Art sexuellen Anschauungsunterricht, indes die wohlhabenden Schichten die sexuelle Aufklärung ihrer Kinder länger hinausschieben können. Wie überhaupt bürgerliche Kinder längere Zeit in einer Art Kinderwelt verweilen können, in der vieles unendlich leichter ist als in der Welt da draußen, während proletarische Kinder frühzeitig zur Auseinandersetzung mit einer harten und erbarmungslosen Wirklichkeit gezwungen sind. (Käthe Kollwitz und Heinrich Zille haben in ihren Zeichnungen den Zwang zur frühen Reife, dem das proletarische Kind unterliegt, und das ökonomische Leid

als den strengen Lehrer dieser Kinder überzeugend dargestellt.)
Das Eingreifen professioneller oder jedenfalls nicht zur Familie gehörender Erzieher kann die Entwicklung der kindlichen Persönlichkeit stärkstens beeinflussen. Es ist um so überraschender, daß Eltern bei der Wahl des Erziehungspersonals nicht einen Bruchteil jener Vorsicht und Umsicht aufwenden, die sie gewöhnlich bei der Anstellung eines Kassenboten walten lassen. Das erklärt sich nicht nur daraus, daß unsere Zeitgenossen von Geld unvergleichlich mehr verstehen als von Dingen der Erziehung (wie wenig sie aber auch vom Geld verstehen, haben die Inflationen des vorigen Jahrzehnts bewiesen), sondern auch daraus, daß ihre Erzieherideale schnell erfüllt zu sein scheinen. Wahrscheinlich trauen sie jedem zu, daß er fähig ist, genau die gleichen Fehler wie sie selbst zu machen. Wenn die Leistung der manuellen Arbeit so schlecht und unverläßlich wäre, wie die der erzieherischen Arbeit fast aller elterlicher und eines großen Teils der professionellen Pädagogen, dann wären wir alle längst Opfer fortgesetzter Unfälle geworden.

11

Unterschiede in der Erlebnisfähigkeit. Der Fall des Malers T., ein Fall von Überkompensation. Auseinandersetzung über die Rolle der Ökonomie. Das Beispiel der Selfmademen. Die Frage der Begabung. Die Unfähigkeit, aus Erlebnissen Erfahrungen zu gewinnen. Die Auswirkung der elterlichen Organminderwertigkeiten auf das Seelenleben der Kinder. Die psychophysische Einheit der Persönlichkeit, ihr dialektisches Wesen, ihr soziales Schicksal. Der kranke Mensch. Die psychologische Bedeutung der Kinderkrankheiten.

Aus dem Hörerkreis:

A.: »Was Sie über die besondere Erlebnisfähigkeit des Künstlers gesagt haben, leuchtet mir ein. Aber man muß sich doch fragen, ob diese besondere Erlebnisfähigkeit nicht nur quantitativ, sondern auch qualitativ von der des kleinbürgerlichen Weltreisenden verschieden ist. In diesem Falle müßte man davon ausgehen, daß diese Fähigkeit angeboren ist. Wie wollen Sie sie sonst erklären?«
B. »Ich glaube, daß Sie das Ökonomische sehr überschätzen. Das kann sich doch sehr schnell ändern, indes der menschliche Charakter es nicht tut. Die meisten, die schnell reich geworden sind, die berühmten Selfmademen, entstammten ärmlichen Verhältnissen. Trotz diesen sind sie bedeutende Wirtschaftsführer geworden — dank ihrer eigenen Kraft und dank ihrer Zähigkeit, die die meisten anderen eben nicht haben. Mir scheint, Sie wollen den Reichtum oder die Armut zu einem Erklärungsgrund des Charakters machen, anstatt, wie es richtig wäre, sie aus dem Charakter der Ökonomie zu erklären. So stellen Sie alles auf den Kopf.
Ich bin davon überzeugt, daß große Begabungen aus allen Schichten des Volkes kommen; sie setzen sich durch, eben weil sie Begabungen sind.«
C.: »Mir ist der Unterschied zwischen Erlebnis und Erfahrung nicht genügend klar geworden. Schließlich ist ja jedes Erlebnis eine Erfahrung und alle Erfahrungen beruhen auf Erlebnissen. Menschen, die viel erlebt haben, sind darum auch viel erfahrener als die, die wenig erlebt haben.«
D.: »Warum halten Sie die organische Minderwertigkeit der Eltern für so wichtig, wenn Sie doch in der organischen Vererbung gar keinen Beweis für die seelische Vererbung sehen? Ich glaube, hier sind Sie im Widerspruch mit sich selbst.«

Verehrte Hörer: Sehr mit Recht stellt A. die Frage, ob die Unterschiede in der Erlebnisfähigkeit nur quantitativ und nicht auch qualitativ seien. Das heißt, A. sieht in der künstlerischen Erlebnisweise die Wirkung einer besondern Fähigkeit. Von dieser Annahme aus gelangt A. zum Schlusse, daß die künstlerische Erlebnisintensität angeboren sein müsse. Wir stimmen mit ihm natürlich nicht überein, aber wir geben zu, daß hier ein interessantes und erörternswertes Problem vorliegt.

T., 34jährig, von Beruf Zeichner und Maler, begibt sich wegen Arbeitsunfähigkeit in psychologische Behandlung. Er klagt über die Unfähigkeit, begonnene Arbeiten zu Ende zu führen, über fortgesetzte destruktive Selbstkritik, die er wie einen selbstmörderischen Zwang empfindet. Er ist sich selbst verdächtig geworden, als er zur Zeit, da seine Arbeiten ausgestellt waren, so ängstlich wurde, daß er das Haus nicht mehr verließ. Am Tage der Eröffnung der Ausstellung hatte er schweren Durchfall, er verbrachte fast den ganzen Tag im Klosett. Die Ausstellung brachte ihm übrigens einen ungewöhnlichen, sowohl finanziellen als auch moralischen Erfolg. Seither ist ihm nichts mehr gelungen, alle Arbeiten, die er begonnen hat, sind unvollendet geblieben. Seine Beurteilung dieser Arbeiten schwankt zwischen höchster Schätzung und Verachtung.

T. leidet an schweren Einschlafstörungen, gegen die er auf Anraten seines Hausarztes immer größere Dosen von Schlafgiften nimmt; er erwacht danach sehr unlustig, fühlt sich den ganzen Tag wie benebelt —: »Ich habe ein Brett vor dem Kopf!« — nur gegen Abend ist es ein wenig besser.

Etwa seit der gleichen Zeit ist auch sein Sexualleben in Unordnung geraten. Er hält sich für impotent und distanziert sich auch äußerlich von seiner Ehefrau, der er nahelegt, sich von ihm scheiden zu lassen, da er kein brauchbarer Mann für sie sei. Er erklärt, daß er sich aufgegeben habe und nun auf seinen Tod warte. Nervöse Herzbeschwerden kündigen ihm, wie er sagt, seinen nahen Tod an. (Die genaue internistische Untersuchung des Herzens ergibt keinerlei Befund.)

T.s künstlerische Eigenart ist auffällig durch eine besondere Plastizität seiner Zeichnungen, die im Sinne der Kompensationstheorie unschwer zu deuten ist: T. ist einäugig, sein anderes Auge ist seit seinem zehnten Lebensjahre erblindet. (Der behandelnde Arzt sagte damals in seiner Gegenwart voraus, daß etwa in 20 bis 30 Jahren auch das andere Auge erblinden könnte, falls T. es nicht ganz besonders schonen werde. Tatsächlich hat sowohl T.s Mutter als auch ihr Bruder etwa um das 35. Lebensjahr das Augenlicht verloren.) Dieser einäugige Mann war tatsächlich von einer *Sehgier* besessen, wie wir sie niemals und nirgends beschrieben gefunden haben. Auch seine akustischen Erlebnisse verwandelten sich ihm in visuelle Erlebnisse — jeder Ton nahm für ihn Gestalt an, bekam Farbe. Er sagte von sich selbst: »Ich höre mehr mit dem Auge als mit den Ohren.« Für T. gibt es nichts Uninteressantes in der sichtbaren Welt. Bemerkenswert ist, daß seine malerische Fähigkeit weit zurückbleibt hinter der zeichnerischen; seine Malerei ist kaum etwas anderes als kolorierte Zeichnung. Er erlebt also die Farbe sozusagen sekundär und die dreidimensionale Gestalt primär. Jedes Gewand wirft Falten, jede Landschaft ist hügelig, jedes Gesicht eine Berglandschaft. Er arbeitet ungerne

nach dem Modell, doch bringt ihm sein unwahrscheinliches visuelles Gedächtnis jedes einmal gesehene Gesicht mit allen Einzelheiten in Erinnerung: »Wenn ich arbeite, muß es absolut einsam um mich sein. Was ich von der Welt brauche, habe ich schon im Kopf und im Auge.«
Eine seiner unvollendet gebliebenen Arbeiten aus der letzten Zeit ist eine zeichnerische Komposition, der »Gezeichnete« genannt. Man sieht einen Mann, ängstlich geduckt, auf der Landstraße, in der Nähe unter einem Baum sitzt eine Gruppe von heiteren Menschen, die stark an Manets »Frühstück im Freien« erinnert. Einer von ihnen blickt den Mann auf der Straße mit unverhohlener Abscheu an. Dieser hat nur ein Auge, es ist fast in der Mitte des Gesichts.
T. erzählt folgenden Traum aus der letzten Zeit:

»Ich bin allein in der Wohnung. Plötzlich klingelt's. Besonders scharf, wie wenn man mit einer Hacke etwas durchhaut. Mir ist beklommen zu Mut und ich denke, ich werde nicht öffnen. Dann klingelt's noch einmal und da kann ich nicht anders, ich fühle, ich muß öffnen, obwohl ich gar nicht will. Ich öffne. Ohne zu grüßen, tritt ein Polizeimann ein. Er fragt mich nach meinem Namen und als ich ihn nenne, schaut er mich verachtungsvoll an und sagt: ›Unten beim Portier liegt die Leinwand von der Ausstellung. Was draufgemalt war, hat man abgekratzt und auf eine andere Leinwand gegeben. Die Behörde hat herausgekriegt, daß die Malerei gar nicht von Ihnen war, sondern von Ihrem Kollegen Robert N. Sie sind ja notorisch blind — wie können Sie da behaupten, daß Sie ein Maler sind.‹ Ich will ihm beweisen, daß ich nicht blind bin, daß ich auf dem linken Auge sehr gut sehe, da bemerke ich zu meinem Schrecken, daß ich tatsächlich nichts sehe. Ich bin plötzlich wirklich blind, ich möchte schreien, aber ich bringe keinen Ton heraus, ich bin auch stumm geworden. Ich lasse mich auf den Boden fallen und denke ganz gleichgültig: Nun werden es bald alle wissen.«

Von diesem Traume war T. aufs tiefste beeindruckt. Auf die Frage, wer der im Traum genannte Kollege sei, erklärt er, daß es ein Mann sei, mit dem er früher recht eng befreundet gewesen sei, mit dem er aber seit Jahren keinen Kontakt habe. In der letzten Auseinandersetzung mit diesem Freunde habe dieser ihm gesagt: »Es ist, als wenn du deine Seele verloren hättest. Du bist seelenlos geworden, alles, was du machst, ist seelenlose raffinierte Technik, aber du merkst es nicht.« Dieser Freund hat irgendeine, von T. als nicht weiter definierbar bezeichnete Ähnlichkeit mit seinem einzigen, um dreieinhalb Jahre älteren Bruder. Gedrängt, ausführlicher über diese Ähnlichkeit zu sprechen, sagt T.: »Ich weiß nur, daß die Beziehung zwischen meinem Bruder und mir sehr viel Ähnlichkeit hatte mit der Beziehung zwischen Robert und mir. Auch jene hat mit Feindschaft geendet. Auch jene war voller Liebe und voller Konkurrenzangst und Konkurrenzneid.« Nach einiger Besinnung findet T., daß der Polizeimann eine große Ähnlichkeit mit seinem Bruder gehabt habe. Besonders erinnerlich ist ihm dieses versteckte ironische Lächeln

des Polizeimannes, das er an seinem Bruder seit jeher kenne. Sein Bruder ist von Beruf Kunstkritiker.
Er habe nie eine Ausstellung beschicken wollen, weil er auf das Urteil des Publikums nichts gebe, weil er wisse, daß die öffentliche Meinung auf diesem Gebiete von Cliquen gemacht werde. Er sei kein Cliquenmensch wie Robert. Er habe sich auch beharrlich geweigert, diesmal auszustellen, aber seine Frau habe ihm in den Ohren gelegen, daß er es doch tun möge, daß es für seine Zukunft so sehr wichtig sei usw. Er habe sich schließlich dazu bewegen lassen und habe 2 Landschaften und ein Selbstporträt hingeschickt. Er habe sich im voraus darauf gefreut, daß die Jury die Bilder so hängen werde, daß niemand sie zu sehen kriegt. Als er den Bescheid bekam, daß alle 3 Bilder angenommen seien, daß sie an bester Stelle gezeigt werden würden, hat er eine schwere Depression bekommen. Dann sagte er sich aber, daß die Kritiker ihn sicher heruntermachen würden. Dafür würde schon sein Bruder und ganz besonders Robert sorgen, der in der maßgebenden Clique eine große Rolle spielt. Dann kamen die Kritiken — und sie waren alle über Erwarten ausgezeichnet. Es war fast ein Triumph. T. genoß ihn nicht. Von diesem Tage an war es ihm, als ob man ihm eine unerträglich schwere Last aufgebürdet hätte. Die Freude seiner Frau über den Erfolg reizte ihn zu Tobsuchtsanfällen gegen sie. Plötzlich fühlte er, wie fremd sie ihm war, und er wußte auf einmal, daß sie ihm immer fremd geblieben war, daß sie ihn niemals verstanden hatte. In der auf diesen Tag folgenden Nacht schrie er seine Frau, als sie sich ihm zärtlich näherte, ganz unvermittelt an: »Du bist ein Robert — Mensch, du gehörst zu ihm und nicht zu mir.« Seither empfand er seine Frau als völlig reizlos, ihre Nacktheit abstoßend. Immer mehr glaubte er zu durchschauen, daß sie ihn nur aus Geldgier und Ruhmsucht geheiratet habe. Er skizzierte das Porträt einer habgierigen und aus Habgier häßlichen Frau. Erstaunt und halb erschreckt entdeckte er, daß er seine schöne Frau so haßvoll gezeichnet hatte, daß sie dem Betrachter häßlich erscheinen mußte.

Diese Angaben genügen Ihnen gewiß, um sich eine Vorstellung von dem Ausmaß der Wirrnis, in die T. geraten war, zu machen. Sie sind, hoffen wir, in der Anwendung der psychogenetischen Denkweise genügend geübt, um zu erkennen, daß diese Wirrnis nicht das Ergebnis einer plötzlichen Katastrophe, sondern das folgerichtige Verhalten dieses Mannes war. Daß er in dieser Situation einer gefährlichen Vereinsamung verfiel, als ob ihn eine unendlich hohe enge, kreisrunde Mauer von allen anderen trennte und ihn sich selbst auslieferte: Alles, was mit ihm geschah und was er sich antat, war auf seine Bindungsunfähigkeit und seine Beziehung zu sich selbst zurückzuführen, in der sein Selbstwertgefühl zwischen minus und plus unendlich schwankte, in der er bald Gott und bald die elendste Kreatur war. T.s Vereinsamung war nichts Neues, sondern nur die Zerstörung seiner Lebensorganisation, die ein Schutz und eine Art Rechtfertigung seiner Einsamkeit gewesen war, war das Neue. Nun schien die Welt gegen ihn aufzustehen, alle waren ihm feind, da konnte es nur noch den Zusammenbruch geben.

Er hatte sein Überlegenheitsgefühl gegenüber den anderen darauf aufgebaut, daß er ihnen unnahbar blieb, daß sie ihn nicht anerkannten, und er daher ihre mitmenschliche Überlegenheit nicht anerkennen mußte. Sie waren minderwertig, Cliquenmenschen, voller Unverständnis für seine Welt, die eben nur die seine war und zu der keine Brücke führen sollte. Was bedeutete ihm ein Erfolg, der ihn verpflichtete, da er unverpflichtet bleiben wollte? Seine Insel war wie durch ein gigantisches Naturereignis ans Land geschwemmt worden — was blieb ihm da anderes übrig, als ins Meer zu springen?

Sein Geltungsstreben hatte ihn verführt, mit anderen Maßen als die anderen zu messen. Sein Ruhm sollte sozusagen nicht von dieser Welt sein. Man verstehe recht: Er wollte den Ruhm, er wollte ihn gieriger, als es sich sagen läßt, aber dieser Ruhm mußte so groß sein, daß niemand in der Lage sein durfte, ihn zu bescheinigen oder gar ihn zu vermitteln. Wer ist größer: der Krönende oder der Gekrönte? Da die anderen daran gingen, ihn zu krönen, hatten sie die Überlegenheit erreicht. »Mit dem bißchen Ruhm, das sie mir geben, wollen sie mich unterkriegen!« — ruft T. erregt aus.

Schwere Jahre hat seine Frau neben ihm ausgeharrt. Sie war die erste und lange Zeit die einzige, die an ihn glaubte. Und er hatte sie erzogen, an ihn zu glauben wie an einen Einzigen, wie an einen Gott, dessen Schwäche noch göttlich ist. Sehr wohl empfand diese Frau die Gefahr, die seine Vereinsamung für sie beide in sich barg. Sie versuchte immer wieder, den Bannkreis, den er um sie beide zog, zu durchbrechen. T.s Teilnahme an der Ausstellung war ihr erster Erfolg. Sie hatte sich geirrt, sie hatte seine Angst vor der Ausstellung nur als Angst vor einem Mißerfolg gedeutet, sie hatte nicht erfaßt, daß es die Angst des Marodeurs vor der Front war. Je näher er an die Front kommt, um so größer wird seine Angst.

Wir wollen uns nicht weiter mit dem Fall T. beschäftigen; wir müssen seinen Fall nicht analytisch zergliedern, er diene uns nur als lehrreiches Beispiel für unsere Erörterung, ob die künstlerische Erlebnisweise aufgrund der Kompensationstheorie erklärt werden kann; dies bedeutet nicht zuletzt, sie im Zusammenhange mit dem ganzen Charakter des Individuums zu verstehen. Von diesem aus ist es auch erklärlich, daß einzelne über die Kompensationen hinaus zu Überkompensationen gedrängt werden. Im Falle T. ist es sehr deutlich geworden, daß eine ganz ungewöhnlich schwere Unsicherheitsposition einen ungewöhnlich intensiven Anstoß zu ihrer Überwindung darstellt. Die Sehgier T.s, von der wir gesprochen haben, kommt einer Visualisierung alles Erleb-

ten gleich. Sehen — das ist für ihn Überwindung, das ist für ihn immer wieder ein Erfolg, den er vielleicht jetzt zum letztenmal errungen hat.
Die überkompensatorische Haltung finden Sie bei T. nicht nur in dieser einen, für seine künstlerische Arbeit entscheidenden Hinsicht, sondern natürlicherweise in seinem Charakter, also auch in seinen Sicherungsvorstellungen gegenüber der Umwelt, in seinem *Gottähnlichkeitsstreben* (Adler). Einem Minderwertigkeitsgefühl von minus unendlich entspricht ein Kompensationsstreben von plus unendlich.

Wir stehen vor der Frage, ob die überkompensatorische Tätigkeit nur quantitativ oder vor allem qualitativ, d. h. ihrem Wesen nach von der Kompensation unterschieden ist. Wir können mit aller Vorsicht aussprechen, daß wir in der Überkompensation bisher nur einen graduellen Unterschied gegenüber der Kompensation gefunden haben, ein größeres Maß der Leistung in einem überdurchschnittlich großen Maße des Widerspruchs, aus dem sie hervorgegangen ist. Bei der Überkompensation spielt das minderwertige Organ als Minderwertigkeitsposition und Grundlage des entsprechenden Minderwertigkeitsgefühls eine auffällige, vordringliche Rolle.
B. wirft uns Ökonomismus vor. Darunter versteht man die Auffassung, daß alles Menschliche allein aus dem Ökonomischen zu verstehen sei. Leider kann man über diese Auffassung deshalb nicht leicht diskutieren, weil keineswegs eindeutig ist, was unter ökonomisch verstanden wird. B.s Begriff von der Ökonomie ist ein *dingfetischistischer* Begriff, den der bürgerliche Idealismus in seiner schlechtesten Stunde und im Geiste eines schwärmerischen Buchhalters zu einem wissenschaftlichen erhoben hat. Wenn man aber unter Ökonmie nicht ein Warenlager oder das Geld im Strumpfe versteht, sondern in ihr die menschlichen Verhältnisse als Produktionsverhältnisse entdeckt und die Menschen, die sie bilden und die sie verändern, dann kann man im Ökonomischen den umfassendsten Unterbau finden, der in seinem Überbau überall hin ausstrahlt. Sprechen wir vom Ökonomischen, so meinen wir verändernde, bedingte, bedingende Verhältnisse. Man kann die Menschen nicht von den Verhältnissen trennen, die sie miteinander eingehen. Das Wasser des Meeres kann sich nicht an Land begeben, um von da aus seinen Wellenschlag zu betrachten. Man kann den Menschen nicht von den Verhältnissen und diese nicht von ihm abstrahieren. Wer es dennoch tut, gelangt nicht zu einem allgemeingültigen Satze, sondern dorthin, wo er Abstraktionen abstraktionieren muß, so lange und so beharrlich und so unangefochten von der Nichtsnutzigkeit seiner Tätigkeit, bis er würdig ist, ein Professor der modernen idealistischen Philosophie à la Heidegger zu sein.
Die Selfmademen, die B. erwähnt, wollen doch etwas anders betrachtet werden. Hat man sich die Mühe genommen, die allgemeinen Umstände, unter

denen sie hochgestiegen sind, eingehender zu studieren, dann weiß man, daß Selfmademen dort vorhanden sind, wo eine Wirtschaft sich in einem ungeheueren Tempo und unter rücksichtsloser Ausnutzung aller — zu dieser Zeit eben günstiger — Bedingungen entwickelt. Die USA, die in wenigen Jahrzehnten aus einem halbkolonialen, unentwickelten Lande mit Kapitaleinfuhr zum wichtigsten Machtfaktor unserer Erde, zum größten Kapitalexporteur, zum rationellsten Ausnutzer eigener und fremder Rohstoffe wurde — dieses Amerika mußte ebenso sicher Selfmademen hervorbringen, wie das Amerika von heute keine mehr hervorbringt. An der Zähigkeit und der Beharrlichkeit liegt es nicht. Gering geschätzt: Zwölf Millionen amerikanischer Arbeiter, nicht gezählt die verelendeten Farmer des mittleren Westens, sind bereit, so viel Zähigkeit und Beharrlichkeit aufzubringen, als nur möglich ist — doch die Wirtschaft braucht ihre Zähigkeit nicht, braucht ihre Beharrlichkeit und ihre Arbeit nicht. Am brauchbarsten wären sie alle wohl noch für den nächsten Krieg. Ja, diese zwölf Millionen sind bereit, Selfmademen zu werden — aber es gibt keine Konjunktur für sie.

Wir unterschätzen nicht die Tüchtigkeit der Selfmademen. Aber wir wissen, daß die Gesetze ihres Handelns insoferne richtig waren, als sie den Gesetzen der wirtschaftlichen Entwicklung entsprachen. In der Konjunktur sind alle Unternehmer weitsichtige Wirtschaftskapitäne — in der Krise sind sie deren subventionsbedürftige Opfer.

Wir haben nicht behauptet, daß die Armut oder der Reichtum den Charakter erkläre. Das zu behaupten liegt uns fern. Wir haben den sozialökonomischen Start jedes Individuums als einen wichtigen, unmittelbar und mittelbar wirksamen Faktor in seiner Charakterentwicklung bezeichnet und gleichzeitig aufgezeigt, wie sehr es darauf ankommt, die sozialökonomische Ausgangssituation in Vergleich zu setzen mit der Situation der ganzen Schicht, mit ihrer historischen Entwicklung usw.

»Große Begabungen kommen aus allen Schichten des Volkes und sie setzen sich durch, eben weil sie Begabungen sind« — meint B. Daß große Begabungen aus allen Schichten des Volkes kommen, darin stimmen wir mit B. durchaus überein. Was er aber ununtersucht läßt, indes es unser Interesse bis zum äußersten Maße anregt, ist die Frage: Welche unahnbare Zahl von Begabungen, von überkompensatorischen Möglichkeiten geht verloren innerhalb der zwei Milliarden Menschen, die diese Erde bewohnen, von denen aber nur ein geringfügiger Bruchteil den Zugang zur Kultur findet?

Es hat eine Zeit gegeben, in der das Schreiben ein Privileg besonderer, an der Herrschaft beteiligter Kasten war. Die überwiegende Majorität derer, die zu jenen Zeiten lebten, glaubte, daß die Fähigkeit zu schreiben angeboren, die Wirkung eines göttlichen oder sonstigen mystischen Willens sei. In den fortgeschrittenen Ländern gibt es nunmehr keine Analphabeten mehr. Die Erhöhung des allgemeinen Niveaus bis zur Schreib- und Lesefähigkeit erwies sich als ein Leichtes, sobald nur die sozial-ökonomischen Voraussetzungen hierfür gegeben waren. Wer will es wagen, eine Grenze zu ziehen, vor welcher das allgemeine Niveau in seiner Aufwärtsentwicklung haltmachen müßte, und bezweifeln, daß, wenn alle Menschen dieser Erde an der Kultur teilhätten, die Zahl und die Qualität der überkompensatorischen Leistungen sich in einer heute unvorstellbaren Weise erhöhen würden? *Was Überkompensation ist, entscheidet sich sozial und damit auch individuell danach, was die äußerste allgemeine Kompensationsgrenze nach oben ist.* Die Überkompensation von gestern wird zur Kompensation von heute.

C. fordert uns auf, den Unterschied, den wir zwischen Erlebnis und Erfahrung gemacht haben, besser zu begründen und deutlicher zu charakterisieren. Wir wollen es versuchen:
Wäre C.s Behauptung, daß jegliches Erlebnis einer Erfahrung im Sinne der Bewußtseinserweiterung gleichkommt, richtig, dann stünden wir vor der unfaßbaren Tatsache, daß unsere Erfahrungen sozusagen immer wieder verlorengehen, daß unser Bewußtsein sich immer wieder durch Erlebnisse erweitert, um dann, wie über Nacht, sich wieder zu verengen. Es wäre wie Penelope, die in der Nacht auftrennte, was sie bei Tage zusammengenäht hatte; dem ist aber nicht so. Wir wollen zunächst ein komisches Beispiel bringen: Ein kleiner Angestellter, der sehr ungerne ins Büro geht, dem im Winter das Aufstehen besonders schwerfällt, erlebt es häufig, daß, wenn er atemlos zur Straßenbahnhaltestelle gerannt kommt, seine Bahn eben die Haltestelle verläßt. Er ist böse — auf wen? Auf sich? Nein — auf die Bahn, auf den Wagenführer, auf den Schaffner, auf die ganze Welt. Es ist, als ob er, der sonst ganz normal und zumindest ohne Wahnideen ist, in dieser Hinsicht einer Wahnidee anhinge: nämlich der Idee, daß der Fahrplan so geregelt wird, daß er seine Bahn versäumen muß. Als ob also im Rathause ebenso mächtige wie tückische Feinde säßen, die den Fahrplan in Hinblick auf ihn und ihre feindlichen Absichten regelten. Daß er sich irrt, steht für uns alle fest; er selbst würde es auch nicht bestreiten. Praktisch aber verhält er sich im Sinne der Wahnidee. Er steht nicht früher auf, vertrödelt beim Frühstück kostbare Zeit und kommt zu spät. Seine unbewußte Tendenz, zu spät zu kommen, in der sich seine Abneigung gegen seinen Beruf, gegen seine Arbeitsstelle als ein ärmlicher Protest ausdrückt, müßte der Inhalt der Erfahrung sein, die er aus dem Zuspätkommen gewinnt. Diese Erfahrung hätte die Folge, daß er, was sein Zuspätkommen verursacht, veränderte und somit keinen Bedarf mehr an seiner komischen Wahnidee hätte. Sie sehen sehr deutlich, daß hier ein Erlebnis keine Erfahrung abwirft, geschweige denn mit ihr identisch ist. Oder sollte es angehen, seine Wahnidee als eine Erfahrung zu bewerten? Das ginge auch deshalb

nicht, weil diese Wahnidee bei unserem Manne älter als sein Zuspätkommen ist. D.h. man findet schon in seiner Kindheit die Neigung vor, das eigene Verschulden zu übersehen und in anderen, von ihm unabhängigen Bedingungen die Rechtfertigung für sein Versagen zu suchen. Kam er zu spät zur Schule, so war gewöhnlich der Schuldiener schuld, der seine Uhr um 2 Minuten vorgeschoben hatte. Man findet also hinter der Unfähigkeit, aus bestimmten Erlebnissen Erfahrungen zu gewinnen, eine charakterliche Abneigung gegen sie, eine tendenziöse Apperzeptionsunfähigkeit. Unser Mann ist nicht einfach unpünktlich, er kommt gewöhnlich um eine Minute oder auch nur um einen Bruchteil einer Minute zu spät, er ist ein »verhinderter Pünktlicher«. Er selbst hindert sich daran, pünktlich zu sein.

Ist hier also bewiesen, daß ein Erlebnis nicht notwendig in eine Erfahrung ausmünden muß, auch dann nicht, wenn es sich unter sehr ähnlichen Bedingungen ungezählte Male wiederholt, so ist andererseits ein Großteil unserer Erfahrungen übernommen und nicht erlebt. Wir können es natürlich nicht erst darauf ankommen lassen, daß ein Kind von der vierten Etage fällt, damit es erfährt, daß ein solcher Sturz lebensgefährlich ist, daß es sich also vor ihm in acht zu nehmen hat. Der Wegfall des tierischen Instinktes beim Menschen macht sowohl den erhöhten Schutz notwendig, den die Erwachsenen den Kindern zuteil werden lassen, als auch die Übermittlung von Erfahrungen, die, wenn möglich, *nicht* am eigenen Leibe gemacht werden sollen. Ohne diese gäbe es selbstverständlich keine Kontinuität in der Entwicklung unserer Kultur. Es werden jedoch nur jene Erfahrungen, die dem *common sense* gemäß sind, übermittelt. Der Unterschied zwischen dem Erlebnis und der Erfahrung ist — gestatten Sie ein Gleichnis — sehr ähnlich dem Unterschied zwischen einem lyrischen Gedichte über eine Zypresse und einer botanischen Abhandlung über diese. Im Gedichte ist die Stimmung des Erlebenden das vorherrschende Moment, die Zypresse ist nur ein Element dieser Stimmung, auch wenn sie als ihr Anlaß geschildert wird. In einer andern Stimmung würde die Zypresse unbeachtet bleiben oder ganz anders erlebt werden. Der Baum ist unabhängiges, sagen wir subjektiviertes Objekt. In der botanischen Abhandlung sind die wesentlichen Merkmale der Zypresse genau beschrieben, ihre Wirklichkeit ist vom Betrachter völlig unabhängig. Das lyrische Gedicht hat seinen Wert gerade in der Unwiederholbarkeit, in seiner Einmaligkeit, es gilt für die dichtende Person und sagt über sie wesentlich mehr aus als über die Zypresse. Die botanische Abhandlung läßt ihren Autor völlig aus dem Spiel, denn sofern das, was sie wiedergibt, richtig ist, ist es für jedermann richtig, unabhängig von seiner Stimmung und seinem Verhältnis zu diesem Baum; Stimmungen sind nicht verallgemeinerbar, Tatsachen können es sein. Erfahrungen sind also dadurch gekennzeichnet, daß sie ihre Gültigkeit behalten, gleichviel, wer sie anwendet, gleichviel, ob man sie bejaht oder abweist.

Die Erfahrung ist der objektive Kern eines jeden Erlebnisses, sie ist nicht gegeben, sondern muß aus ihm gewonnen werden. Die Objektivierung eines Erlebnisses ist eine Form seiner Beendigung, seine Überführung auf das höhere Niveau verallgemeinerbarer Erkenntnisse.
Forscht man danach, ob erwachsene Menschen häufig neue Erlebnisse haben, so gelangt man zu der überraschenden Feststellung, daß die überwiegende Majorität der Menschen ihre Erlebnisse auch dann wiederholen, wenn ihr Inhalt neu ist. Ist zum Beispiel das Altern als unmittelbares Erlebnis für jeden Betroffenen neu, so wird es in solcher Art empfunden, daß es sich in eine Variante früherer, für den einzelnen typischer Erlebnisse verwandelt. Das erklärt die Beschränktheit jener, die immer nur das erfahren, was sie schon gewußt haben.
Die Behauptung C.s, daß einer, der viel erlebt hat, darum auch erfahrener sein muß, als wer wenig erlebt hat, ist somit nicht ohne weiteres gültig. Wer aus einer vergleichsweise geringen Zahl von Erlebnissen alle aus ihnen gewinnbare Erfahrung sich zu eigen machen würde, könnte sich auch an Erfahrungen bereichern, die nicht seinem eigenen Erlebnisbereich entsprechen. Und umgekehrt mag einer, der eine große Reise getan hat, viel zu erzählen haben, aber der Erfahrungswert seiner Erzählungen kann geringfügig bleiben.

D. meint, wir träten in Widerspruch zu unseren Anschauungen, wenn wir die organischen Minderwertigkeiten und Krankheiten der Eltern bei der Beurteilung des Charakters des Kindes in Betracht ziehen. Nein, wir sind auch weiterhin der Ansicht, daß die organische Vererbung eine wichtige *Bedingung* für die Gestaltung des Charakters ist, daß sie aber nicht bestimmend ist. Fragen wir nach den organischen Eigenheiten der Eltern, so geschieht dies, weil diese folgenreiche Erlebnisse des Kindes bewirken können. Nehmen wir an, die angeborene Minderwertigkeit des Magen-Darmtrakts habe beim Vater zu einer »Diktatur des Bauches« geführt. Er ißt immer etwas anderes als die anderen; alle Familienmitglieder sind gezwungen, ergriffene Zuschauer seines erregungsreichen Eß- und Verdauungsdramas zu sein. Man darf annehmen, daß diese Diktatur nicht ohne Wirkung auf das Kind bleiben wird und darauf, was es selbst mit seinem vererbten minderwertigen Magen-Darmtrakt anfängt; es lernt jedenfalls, daß man damit etwas Besonderes anfangen kann. An diesem Punkt setzen sehr häufig die Vererbungsgläubigen mit ihrer Beweisführung ein. Sie sagen z. B.: Genauso hat sich der Vater verhalten. Auch er hat das weiße Fleisch vom Hühnchen nicht vertragen, auch er hat, wenn's ums Essen ging, die ganze Welt vergessen. Genau der Papa. Sie sehen davon ab, daß das Kind einen hervorragenden Anschauungsunterricht genossen hat. Dieser genügt, die Vererbung ist nicht ausschlaggebend.

Es hat Zeiten gegeben, da eine Frau aus dem wohlhabenden Stande, die etwas auf sich hielt, dies unter anderm auch dadurch bewies, daß sie bei jeder Gelegenheit einen ausgiebigen Migräneanfall hatte. Migräne war etwas Besseres; das hat sich inzwischen gegeben. Solch eine Frau machte die Erfahrung, daß die Migräne ein unwiderlegbarer Entschuldigungsgrund und ein Zeichen höheren Menschentums sei. Es ist unbestreitbar, daß — sagen wir — die vierzigjährige Frau, die sich wegen einer Anzahl von nervösen Störungen in die psychologische Behandlung begibt, einen Anschauungsunterricht bei ihrer Mutter genossen hat. Dieser Anschauungsunterricht kann nicht nur eine verführende, die Konkurrenz herausfordernde Wirkung haben, er kann auch abstoßend wirken. Das Fehlen eines Symptoms bei einem neurotischen Charakter, zu dem es ausgezeichnet passen würde, ist häufig dadurch begründet, daß ein Elternteil gerade dieses Symptom mit virtuoser Meisterschaft zu »arrangieren« verstand. Die Kopfschmerzen der Mutter können auch zur Folge haben, daß die nervöse Tochter sie nie hat: Sei es, weil die Tochter sie zu sehr als »Theater« durchschaut hat, sei es, daß die Mutter in dieser Konkurrenz — wer hat die größeren, wer hat die interessanteren Kopfschmerzen? — einen uneinholbaren Vorsprung hat. Es ist also klar, daß die organischen Eigenheiten und Krankheiten der Eltern von großer, mittelbarer und unmittelbarer Wirkung auf die Charakterentwicklung des Kindes sein können, aber auch, daß diese Wirkung nicht mechanisch aufgefaßt werden darf.

Letztlich entscheidet sich ihre Art ebenso wie ihr Ausmaß innerhalb der Beziehung zwischen Eltern und Kind, die allerdings auch von ihr bedingt ist. Das Problem der besonderen Korrelation von Psychischem und Organischem bleibt eines der interessantesten und zugleich schwierigsten.

Da das Verhältnis zwischen dem Organischen und Psychischen ein unlösbares ist, da es recht eigentlich das psychische Sein ausmacht, ist es klar, daß jegliche Störung des einen oder des andern eine Störung des Ganzen, eine Störung der Person ist. Organische Störungen betreffen ebenso den Charakter des Leidenden wie seelische Störungen jeder Art einzelne Organe und damit den ganzen Organismus in Mitleidenschaft ziehen. Nur eine selbstvergessene Medizin konnte die Zellularpathologie, deren Wert nicht im mindesten unterschätzt werden soll, an die Stelle einer Personalpathologie setzen. Es war die Zeit, da die Medizin vollkommen in den Grundanschauungen des mechanistischen Materialismus befangen war. Diesem ist ein psycho-physischer Parallelismus ungleich verständlicher als das komplizierte, weil dialektische Verhältnis des Psycho-Physischen als einer Funktionseinheit. Deren Schicksal ist ein soziales. Die scharfe Trennung in der mechanistischen Medizin zwischen den endogenen und exogenen Faktoren, zwischen den inneren organischen Dispositionen und den Einwirkungen, die der Organismus von außen erfährt, besteht nicht zu Recht: Das Schicksal des Endogenen ist im großen und ganzen die Wirkung des Exogenen. Nur die Leichensektion kann das Nichtbestehen dieses Verhältnisses feststellen, der lebende Organismus ist in diesem Verhältnisse verhaftet und ohne dieses nicht denkbar.

Von hier aus ergibt sich die Notwendigkeit, den Begriff der Krankheit unmißverständlich abzugrenzen. Weder ist ein Symptom eine Krankheit, noch ist das sogenannte nervöse Symptom ohne weiteren Befund der Beweis des Fehlens der Krankheit. Eine »eingebildete« Krankheit erheischt nicht weniger das therapeutische Interesse als ein positiver Befund. Somit muß die *Krankheit* als eine *Funktionsstörung der psycho-physischen Einheit Individuum* aufgefaßt werden, als eine Gleichgewichtsstörung, die im Hinblick auf die ganze Person und nicht nur im Hinblick auf ein bestimmtes Organ erforscht werden muß. Der fortgeschrittenste Teil der Medizin von heute weiß, daß sie den kranken Menschen und nicht nur das kranke Organ zu heilen hat. Damit wird notwendig der Anteil des Organischen an der psychischen Störung und der Anteil des Psychischen an der organischen Störung gesucht und gefunden. Wenn heute der durchschnittliche Internist einen Mann mit »nervösen« Herzbeschwerden als vollkommen gesund oder nur mehr oder minder fraglicher chemischer Industrieprodukte bedürftig nach Hause schickt, so hat er, letztlich auch im Hinblick auf das weitere Schicksal des untersuchten Organs, fahrlässig gehandelt. Denn in einem gewissen Sinne kann man auch an nervösen Herzbeschwerden sterben, nicht zuletzt dadurch, daß der fortgesetzte Mißbrauch, der mit einem an sich zumeist insuffizienten Organ in Form von nervösen Symptomen getrieben wird, in der Folge sehr wohl seine Erkrankung zur Folge haben kann. Der Mann mit den nervösen Herzbeschwerden und ohne Befund dürfte daher nicht als gesund nach Hause geschickt werden, sondern seine »eingebildete Krankheit« als eine Art von Gleichgewichtsstörung erkannt und behandelt werden. Hypochondrie z.B. ist als Krankheit aufzufassen, aber als eine, die man nicht mit Brom, sondern als psychische Störung zu behandeln hat. Daß der Hypochonder im allgemeinen häufiger erkrankt als andere, ist weniger darauf zurückzuführen, daß er tatsächlich zumeist mit einer durchschnittlich hohen Zahl von Organminderwertigkeiten behaftet ist, als darauf, daß er, stets auf Krankheit trainierend, diese nicht kompensiert hat.
Um zu erfassen, wie organische Eigenheiten und Erkrankungen auf das Psychische einwirken, muß man ermessen, welche Bedeutung das Krankheitserlebnis im frühen Kindesalter für die Charaktergestaltung gewinnt. Daher das besondere Interesse, das man sogenannten Kinderkrankheiten zuwenden soll. Die Krankheit ist jene Phase, in der die Eltern auf eine besondere Probe gestellt sind. Sie können sich so verhalten, daß dem Kind sein Leben lang die

Krankheit als ein paradiesischer Zustand in Erinnerung bleibt, daß es in ihr eine Lebensmethode von einzigartiger Leichtigkeit zu erkennen meint. Es ist Alfred Adlers Verdienst, aufgedeckt zu haben, daß die Flucht in die Krankheit zu einer Lebensmethode werden kann. Er wandte stets sein Augenmerk darauf, welches das charakteristische Verhalten der engsten Umwelt gegenüber der Krankheit des Kindes gewesen war. Die Krankheit als eine Vorzugsposition, als Anlaß zur hemmungslosen Verzärtelung, als Befreiung von allen Schwierigkeiten und allen Forderungen, als eine privilegierte Inaktivität, als Quelle vergrößerter Geltung und als Machtsteigerung? Ja, alledem kann die Krankheit die Vorwände liefern in den frühen Jahren, da das Kind seinen Lebensstil noch sucht und die Entscheidung für seine typische Aktionsweise noch nicht getroffen ist. Die *passive Aktionsweise* und die ihr gemäße Lebensmethode von Flucht und Ausflüchten kann unter ihrem Einflusse ihre bleibende Form annehmen.
Ob ein Kind z. B. Keuchhusten gehabt hat oder nicht, kann für seine Entwicklung zweifellos von Bedeutung sein. Wie es auf die Entwicklung einwirkt, bestimmt nicht der Keuchhusten, sondern das Verhalten der Eltern gegenüber dem Kinde. Unser Z. hustet noch heute von seinem Keuchhusten her. Er mußte seinerzeit, wie Sie sich vielleicht erinnern, deswegen ausgeschult werden. Kinder, die den Husten nach der Genesung beibehalten, haben während der Krankheit nicht nur husten gelernt, sondern auch herausbekommen, welche Erfolge man mit gut angebrachtem Husten erzielen kann. Die Mutter Z.s ist noch heute tief beeindruckt, wenn ihr Sohn zu husten beginnt; und das tut er, sooft er ihr gegenüber in eine schwierige Situation gerät, oder wenn die stärkeren Argumente auf ihrer Seite sind. Dann zeigt er, was eine Harke ist: Er hustet sozusagen die stärkeren Argumente seiner Mutter weg. Daß ein Leidender immer recht hat, hat Z. in seiner Kindheit erfahren. Er hat seither nichts dazugelernt.

Drei typische Grundeinstellungen zur Krankheit. Gibt es eine Typenlehre? Das Streben nach der zentralen Position. Die Rolle der Eitelkeit. Die Passion der passiven Lebensmethode. Notwendigkeit der Synthese psychologischer und somatologischer Kenntnisse. Pawlows Reflexologie. Das Verhältnis zwischen Psychischem und Physischem — eine Korrelation.

12

Wir haben aufzuzeigen versucht, daß das organische Leidensmoment sich auf mannigfaltigste Weise mit psychischen Elementen verbinden kann, was von großer Bedeutung für die charakterliche Entwicklung des Kindes ist. Das *Erlebnis* der Krankheit ist zwar *organisch bedingt,* doch durch die *Umwelteinflüsse bestimmt.*

Um das Verhalten der Umwelt, im besondern der Eltern, gegenüber dem erkrankten Kinde beurteilen zu können, muß man deren Charakter und deren Stellung zu eigenen Krankheiten in Betracht ziehen; man muß auch ihre Anfälligkeiten und Organminderwertigkeiten feststellen. Da diese vererbt, also gewöhnlich bei einem der Elternteile oder bei beiden gegeben sind, findet das Kind bereits automatisierte Reaktionen auf diese Insuffizienz vor und kann an ihnen lernen, wie man es macht oder wie man es nicht macht.

Man stößt zumeist auf eine der folgenden Verhaltensweisen: 1. Ablehnung der Krankheit als einer Minderwertigkeitsposition, als einer Schwächung und Behinderung der normalen Aktivität. 2. Bejahung der Krankheit als einer Verzärtelungssituation ersten Grades, Herausbildung von Patientenattituden, die die Krankheit und Rekonvaleszenz überdauern. Eine stete Bereitschaft, sich der Krankheit hinzugeben, Hypochondrie und — in nur scheinbarem Gegensatz zu ihr — eine auffällige Leichtfertigkeit, die die Akquisition neuer Erkrankungen fördert. 3. Drückende Entmutigung durch die Krankheit, auch wenn sie leicht ist, unbegründete Angst vor dem Tode, extrem schwankende Stimmungen. Es handelt sich hier gewöhnlich um Menschen von überdurchschnittlichem Elan und großer Vitalität, die auf die Krankheit so wenig vorbereitet sind, daß sie sie fast »depersonalisiert« erleben. Sie nehmen die Erkrankung ungern, mit Verspätung wahr und lassen sie erst gelten, wenn sie schon das kritische Stadium erreicht hat.

Die erste Haltung ist eine typisch kompensatorische. So werden denn diese Menschen mit ihrer Krankheit gut und schnell fertig. Sie kommen aus ihr mit einer merklich gesteigerten Aktivität heraus, sie sind ihre erfolgreichen Überwinder. Der zweite Typ überwindet nie die Krankheit, sie bleibt ihm stets in Erinnerung als ein überaus wichtiges Erlebnis. Dieses Ausbleiben der vollkommenen Überwindung ist nicht nur psychisch, sondern auch organisch: Fast jede Krankheit läßt eine kurz oder lang dauernde Störung irgendeiner Organfunktion zurück. Es ist, als ob der Körper sich nicht entschließen könnte, wieder ganz gesund zu sein. Sehr gut erscheint uns dies im folgenden Witz illustriert: »Ein Mann fährt nachts in der Eisenbahn und stöhnt fortgesetzt: ›Gott, hab ich einen Durst, hab ich einen Durst.‹ Ein Mitpassagier, der sich durch diese Rufe sehr belästigt fühlt und sieht, daß der Durstige nichts dazutut, um seinen Durst zu stillen, holt bei der nächsten Station ein Getränk und überreicht es ihm. Nachdem dieser nun getrunken hat, tritt eine Weile Ruhe ein, die aber bald wieder dadurch gestört wird, daß dieser lästige Mitpassagier zu stöhnen beginnt: ›Gott, hab' ich einen Durst gehabt, hab ich einen Durst gehabt‹.« Man sieht, daß dieser Mann zwar den Durst löschen, aber die pathetische Erinnerung an ihn nicht aufgeben kann und will. Im Sinne der Kompensationstheorie ausgedrückt: *Minderwertigkeitspositionen, die man nicht durch eigene Leistung kompensiert und beseitigt, bleiben länger in Erinnerung und bewirken fortgesetzt Minderwertigkeitsgefühle.*

Daß der durch besonderen *élan vital* gekennzeichnete Mensch ein so schlechter Patient ist, ist weiter nicht verwunderlich. Indem die organische Gleichgewichtsstörung seinen Elan sehr vermindert, bedroht sie seine Grundstimmung; er glaubt, ohne diese ins Bodenlose fallen zu müssen. In einem Gleichnisse gesprochen: Diese Art Mensch kann sehr gut laufen, aber nicht stehend ausharren. Wenn er stehen soll, läßt er sich fallen.

Es handelt sich hier um drei Typen charakterologischer Art, die nicht als solche geboren, sondern zu solchen geworden sind. So sehr sie sich durch ihr verschiedenes Verhalten in der Krankheit unterscheiden, so wenig kann man sie nur dadurch eindeutig charakterisieren. Damit sehen wir uns in die Notwendigkeit versetzt, mit einigen Worten zur *typologischen* Charakterologie Stellung zu nehmen.

Der Begier der Menschen, auf kürzestem Wege zu einer stets praktikablen Menschenkenntnis zu gelangen, scheint jegliche Art von Typologie entgegenzukommen. Doch ist es entgegen allem Anschein nicht möglich, eine typologische Charakterologie zu schaffen. Nehmen wir den günstigsten Fall: Kretschmer hat in seinem »Körperbau und Charakter« durch die Aufstellung einiger Konstitutionstypen einen recht wichtigen Behelf sowohl für die Konstitutionsforschung als auch für eine psychiatrische Charakterforschung geliefert. Dennoch müssen seine Befunde mit Zweifel aufgenommen werden; seine statistischen Feststellungen bieten keine Grundlage für eine gesicherte Typologie. Auch Jungs Unterscheidung zwischen Introvertierten und Extravertierten sichert keine wie immer geartete Typologie. Mag seine Feststellung auch richtig sein, so ist sie charakterologisch dennoch so unbrauchbar

wie die graphologische Typologie, da sie Undifferenziertes verallgemeinert. Da jegliches Verhalten im Zusammenhang mit der bisherigen Geschichte der Person ebenso wie mit der Situation, in der sie agiert und reagiert, allein zu verstehen ist, setzt sie Typisierung eines Verhaltens zumindest die Gleichheit der Situation und des Verhaltens voraus. Schon von hier aus wäre es möglich, die alte Weisheit zu begründen: Wenn zwei dasselbe tun, ist es nicht dasselbe. Doch kommt hinzu, daß die Charakterologie, die wir meinen, genetisch ist, daß sie somit in dem einzelnen Verhalten des Individuums nur eine Fortsetzung, in einem gewissen Sinne: eine *Anwendung* seiner bisherigen Geschichte, seines *ganzen* bisherigen Verhaltens sehen muß. Die Typologie vernachlässigt aber gerade dieses sozusagen historische Moment, somit gerade das, was unseres Erachtens ausschlaggebend ist.
In der Gegenwart verbindet sich Vergangenheit und Zukunft, sie sind in der Tat ihre Realität; für den Typologen aber ist die Situation zeitlos, ist das Individuum geschichtslos.
Die drei Verhaltensweisen von Kranken kennzeichnen nur situationsgemäß verschiedene Typen, jedoch keineswegs im Sinne einer Charakterologie. Natürlich entspricht jeder von ihnen das Verhalten in anderen Situationen, trotzdem ist ein Analogieschluß hier nicht gestattet. Würde man z.B. die zeitweilige Hypochondrie und sehr übertriebene Todesangst des 3. vitalen Typs isoliert betrachten, so käme man leicht zu einer Identifizierung mit dem Typ 2., von dem er sich indes grundsätzlich unterscheidet. Wo immer wir den Begriff Typen verwenden, ist es nicht im Sinne der Typologie zu verstehen, sondern in einem eingeengten Sinne: Repräsentanten eines charakteristischen *Verhaltens*.
Kinderkrankheiten verführen unter gewissen Umständen den Leidenden dazu, den aktiv-kompensatorischen Weg zu verlassen, die sozialen Verpflichtungen wieder aufzuheben und sich so alle Vorteile der frühkindlichen Situation wieder anzueignen. Die Verführung ist um so größer, je verfehlter das Verhalten der erziehenden Umwelt ist. Aufs neue fühlt sich das Kind in den Mittelpunkt der Aufmerksamkeit aller gerückt, und die Mühelosigkeit, mit der es die zentrale Position wieder erobert hat, kann ihm sehr wohl die Krankheit als das sicherste Mittel zu einem uneingestehbaren Zweck erscheinen lassen.
Damit ist vorausgesetzt, daß Kinder gewöhnlich gerne im Mittelpunkt des familiären Interesses stehen. Ist es tatsächlich so? Warum?
Das Streben nach einer zentralen Position hat sehr verschiedene Ausdrucksformen, die häufig verkannt werden. Das sogenannte unbrave Kind, von dem manche Pädagogen fälschlich meinen, ihm liege nichts an der Meinung seiner Familie, zieht es nur deshalb vor, nicht brav zu sein, weil es die Erfahrung gemacht hat, daß es durch Unfolgsamkeit viel mehr Aufmerksamkeit erringen

kann als ohne sie. Vielleicht hätte jener Herostratos, der den Tempel der Diana zu Ephesus in Brand steckte, sich lieber durch den Bau eines Tempels einen Namen machen wollen als durch eine Brandstiftung. Doch da Architektenruhm ungleich schwerer zu erringen ist, wählte er die Brandstiftung, um — wie er selbst gestand — berühmt zu werden. Was ihm ja sonderbarerweise gelungen ist! Wir haben keinen Grund anzunehmen, daß Herostrates weniger religiös als seine Zeitgenossen gewesen ist. Obschon er die Göttin gefürchtet hat, zündete er den Tempel an: Sein Streben nach Ruhm war stärker als die Angst vor der Strafe.

Das Geltungsstreben, das im kindlichen Leben vor allem auf die Erringung der vollen Aufmerksamkeit der engeren Umwelt abzielt, drückt sich in verschiedenen Formen aus. Und man erkennt an den verschiedenen Ausdrucksformen unschwer den zur Nachahmung drängenden Einfluß der Erzieher. Daß das Kind einer überängstlichen Mutter ihre Angst vor allem dazu gebraucht, um die Mutter immer wieder auf sich aufmerksam zu machen, leuchtet jedem ein. Ein Junge, der selten die Lust verspürt, an einem Baum hochzuklettern, wenn seine Mutter fern ist, kann dem Drang, es zu tun, nicht wiederstehen, sobald sie in der Nähe weilt. Das »Theater«, das die Mutter sodann aufführt, ist ein reichlicher Lohn.

Ein fünfjähriger Junge fährt mit seinem Vater am Sonntag in der Straßenbahn. Während der Vater Zeitungen liest, schlägt der Junge immer heftiger mit seinen Füßen gegen die Bank. Der Vater beachtet dies überhaupt nicht und tut so, als ob er die Störung gar nicht wahrnähme. Der Junge verstärkt das Gestrampel, doch bleibt der Erfolg auch weiterhin aus. Endlich unterbricht er seine anstrengende Tätigkeit und sagt: »Papa, merkst du nicht, was ich da mache?« Der Vater: »Nun?« Der Junge: »Ich mache ein schreckliches Geräusch; das gehört sich doch nicht, sagte die Mama.« Sie erkennen, daß der Junge sich verhält, wie es der zu erwartenden Reaktion der Mutter gemäß wäre. Doch macht das andersartige Verhalten des augenscheinlich erzieherisch fähigeren Vaters sein Verhalten *sinnlos. In jedem Verhalten des einzelnen wirkt die Umwelt mit, verwirklicht sie — im Widerspiegeln oder im Widerspruch — ihr eigenes Verhalten.* Der Sohn eines pedantischen Vaters kann ein Pedant werden oder das Gegenteil eines Pedanten — dies hängt von seiner Beziehung zum Vater ab. Nur dem Formallogiker mag es unwahrscheinlich erscheinen, daß sich in der herausfordernden Nachlässigkeit des Verschlampten die Pedanterie seines Erziehers auswirken kann. Nur dem Vererbungsgläubigen mag es sicher scheinen, daß der pedantische Sohn nur dank der psychischen Vererbung dem pedantischen Vater ähnelt.

Das Geltungsstreben drückt sich stets nur in jenen Formen aus, die dem Verhalten, den Forderungen oder Verboten der engeren Umwelt entsprechen.

Solcherart ergibt es sich, daß vielerlei Verhaltensweisen, die scheinbar mit dem Geltungsstreben nichts zu tun haben, doch dessen Wirkungen sind. Manche Gegner der Adlerschen Auffassung haben es sich eben zu leicht gemacht, indem sie unterstellten, daß das Geltungsstreben stets bewußt und leicht erkennbar sei; das ist es aber nicht. Man denke z. B. nur daran, wie häufig die Bescheidenheit ein Mittel und ein Ausdruck des Geltungsstrebens ist. »Meine Wenigkeit ...« oder »Meine unmaßgebliche Meinung ...«, wenn einer so beginnt, wird Ihnen das Studium seiner Mimik schon deutlich machen, daß er in aller Bescheidenheit einen maximalen Anspruch erhebt. Das gilt auch dort, wo solche Äußerungsformen zu konventionellen Redefloskeln geworden sind. Wenn nicht alle sie gebrauchen, so sind sie für alle, die sie gebrauchen, charakteristisch. Was man also gemeinhin und sehr undifferenziert Eitelkeit nennt, ist im seelischen Leben von überragender Bedeutung. Der Psychologe muß sie allerdings differenzieren, um die Kenntnis von ihr charakterologisch verwenden zu können. La Rochefoucauld in seinen »Maximen und Sentenzen«, Stendhal in all seinen Werken, Nietzsche besonders in »Menschliches, Allzumenschliches«, Dostojewski und Knut Hamsun, diese Vollender der vorwissenschaftlichen Psychologie, haben das Geltungsstreben als einen allgemein menschlichen Charakterzug entlarvt. Die wissenschaftliche Psychologie geht dank Adlers Entdeckungen einen bedeutenden Schritt weiter: Sie analysiert die Eitelkeit als eine Wirkungsform des Kompensationsstrebens. Und innerhalb der kompensationstheoretischen Betrachtung wird die Eitelkeit differenziert.

Wir wollen nun untersuchen, warum insonderheit Kinder im Mittelpunkt des Umweltinteresses stehen wollen. Als wichtigstes Moment ist in Betracht zu ziehen, daß das Kind in der ersten Phase seiner Entwicklung auf das tätige Interesse der Seinen vital angewiesen ist; dieses immer wieder zu erwecken, wird es schon von organischen Spannungen, mit denen es allein nicht fertig werden kann, gedrängt. Häufig vermindert sich jedoch dann das täglich, stündlich bezeugte Interesse — vom Kinde aus gesehen — grundlos, z. B. wenn ein Geschwister nachkommt oder erkrankt. Diese plötzliche Verminderung der höchst intensiven Aufmerksamkeit wird vom Kind zumeist als ein Verrat erlebt. Dieses *Verratserlebnis* bewirkt, daß manche Kinder daran zu zweifeln beginnen, daß sie wirklich ihrer Eltern Kinder sind; zu dieser Zeit setzt nun der verschärfte Kampf um das Interesse der Familie ein. Und sie führen ihn mit ungleich mehr Bitternis, als man Kindern zutrauen möchte. Im Verlaufe dieses Kampfes erweist sich die Krankheit als eine in jeder Hinsicht rettende Situation, denn sie erzwingt die Wiederkehr der Verwöhnung, die sofort das alte Maß, ein Übermaß erreicht. Alles ist vergeben; man steht wieder im Mittelpunkt; die Konkurrenz der Geschwister ist geschlagen, jegliche Leistungsforderung ausgeschaltet — genau wie in der frühen Kindheit. Hier formt sich der zweite Krankentyp, *hier entsteht die Passion der passiven Lebensmethode.* Die Erfahrungen, die das Kind in dieser Situation macht, bleiben die einprägsamsten: Es wird nun Schulfieber haben können, d. h. es wird jederzeit die Flucht vor der Schule mit dem Leidensargument rechtfertigen können, es wird auf jede Leistungsforderung, die ihm nicht genehm ist, mit einem Leiden antworten. Und wenige Forderungen sind einem Kinde genehm, das erfahren hat, daß schon sein *Sein eine Leistung* ist, insbesondere sein *Kranksein.*

Es gibt Menschen, die ausnahmslos auf jede schwierige Situation — und das ist vor allem für sie jede neue Situation — mit irgendeinem organischen Leiden, z. B. mit Kopfschmerzen, reagieren. Diese stellen sich überall dann ein, wenn der Leidende eine Enthebungslegitimität oder einen Milderungsgrund braucht. Es darf unterstellt werden, daß dieser Kopfschmerz subjektiv genauso quälend erlebt wird, wie einer, hinter dem ein objektiver positiver Befund steht. Der Psychologe darf an keiner Stelle die allerdings deutungsbedürftige *Realität des Subjektiven* außer acht lassen, er darf keineswegs verkennen, *daß jegliche subjektive Schwierigkeit, erstens für die Umwelt praktisch eine objektive Schwierigkeit ist, zweitens, daß sie notwendig auch für das Individuum selbst in eine objektive umschlägt.* Der sogenannte nervöse Kopfschmerz wird den Patienten von ihren Ärzten gewöhnlich als konstitutionell bezeichnet. Der Kopfschmerz erscheint dann als das Schicksal, das prinzipiell unaufhebbar, aber immer wieder, dank der chemischen Industrie, abkürzbar ist. Daß nicht alle Lebensängstlinge mit dem nervösen Kopfschmerz operieren, mag einen objektiven Grund auch darin haben, daß die konstitutionelle Disposition zu solchem Leiden bei verschiedenen Individuen verschieden groß ist. Man denke an den hier erwähnten Fall, in dem das Fehlen des Kopfschmerzes ausschließlich darauf zurückgeführt werden mußte, daß die Mutter eine unübertreffliche Virtuosin in dem Gebrauch dieses Leidens war. Die organische Disposition verwandelt sich somit auch hier keineswegs automatisch in eine entsprechende Position, das heißt sie macht die Funktionsstörung nicht unvermeidlich; was aus der Disposition wird, entspricht dem Umwelteinfluß.

Der Psychologe wird gut daran tun, angesichts eines Symptoms, wie des nervösen Kopfschmerzes, sich bei einem Konstitutionsforscher Rat zu holen, der gleich ihm die dialektische Korrelation von Organischem und Psychischem als grundlegend anzuerkennen gelernt hat. Der beste Rat, der ihm zuteil werden kann, wäre der, die *Technik des Symptoms* zu erforschen. Wenn der Psychologe zum Beispiel in der Lage wäre, die besondere Art der Spannungsfähigkeit oder Entspannungsfähigkeit des nervösen Leidenden zum Ausgangspunkt seiner speziellen Untersuchung zu machen, wenn er dem Nervösen erklären könnte, daß er unbewußt seinen Kopfschmerz *macht,* so könnte er sein

eigenes Verständnis und das des Nervösen für die Rolle des Symptoms wesentlich verbessern.
Es ist zu hoffen, daß Sie von unseren Ausführungen über dieses große Grenzgebiet nur sehr wenig befriedigt sind und daß Sie das Problem stärker als die versuchten Lösungen beeindruckt hat. Gleichviel, wie brauchbar oder unbrauchbar Ihnen diese erscheinen mögen, Sie müssen erkennen, daß die psychologische Forschung hier vor Aufgaben gestellt wird, ohne deren Erfüllung sie am Fortschreiten sehr behindert wäre.
Wir werden mehrfach auf die Rolle der Krankheit, allgemeiner: des organischen Selbsterlebnisses, zurückkommen, weil es von außerordentlicher Bedeutung ist und weil es nicht zuletzt die Aufgabe des Psychologen ist, es zu erforschen. Daß diese Forschung eine charakterologische sein muß, versteht sich für uns ebenso wie daß sie nur auf materialistischer Grundlage erfolgen kann. Der Organmystizismus, der jetzt sehr im Schwange ist, kommt für uns als Betrachtungsweise keineswegs in Frage. Er bedeutet für uns eine der vielen ideologischen Ausdrucksformen der Zersetzung jenes Teiles unserer Kultur, der gewalttätig seinen historischen Existenzgrund zu überleben versucht.
Wir haben nicht den geringsten Anlaß, an den wissenschaftlichen Erfolgsmöglichkeiten zu verzweifeln. Wir stehen auf dem Vorposten im Kampfe gegen jeden Versuch, an die Stelle der Wissenschaft die Mystik zu setzen.

13

Was ist der Wille? Suggestion und Autosuggestion. Der Fall F.: Ein Mann auf der Flucht vor der Ehe. Die Rolle der Suggestion in der ärztlichen Praxis. Das Wesen der Massensuggestion. Das Beispiel einer politischen Partei. Über die Hypnose. Furcht und Angst. Die kindliche Nachtangst. Mangelhafte Wahrnehmung, die Voraussetzung der Angst.

Aus dem Hörerkreis:

A.: »Der Fall des Malers T. interessiert mich ganz besonders. Wäre es nicht möglich, daß Sie über ihn und darüber, was aus ihm geworden ist, berichten?
Ferner möchte ich gerne wissen, was es bedeutet, wenn in den ersten Kindheitserinnerungen immer wieder die eigene Erkrankung im Vordergrund steht.«

B.: »Es steht fest, daß die Suggestion bei der Behandlung auch von körperlichen Krankheiten eine sehr große Rolle spielt. Warum erwähnen Sie das nicht? Wäre es nicht möglich, daß durch die Suggestionskraft der ärztlichen Persönlichkeit ein Patiententyp geändert wird? Zum Beispiel so, daß der Typ 2 sich in den Typ 1 verwandelt? Wie ist Ihre Stellung zur Hypnose?«

C.: »Gibt es nicht organische Leiden, die tatsächlich auf das Psychische bestimmend einwirken? Ich denke da an die Hirnparalyse. In diesem Falle spielt doch das Psychische gar keine Rolle — was aus dem organischen Befund eindeutig hervorgeht.«

D.: »Ich glaube, daß Sie das Moment der Angst, das vielleicht eines der wichtigsten des ganzen seelischen Lebens ist, zu wenig berücksichtigen; sie ist gewiß das Umfassendste im animalischen Leben.«

Liebe Hörer, A.s Frage, was es wohl bedeuten mag, daß in Kindheitserinnerungen die eigene Krankheit immer wieder im Vordergrund steht, ist in einem gewissen Sinne typisch. Daher mag es hier am Platze sein zu erörtern, welche an den Psychologen oft gestellte Fragen von vornherein unbeantwortbar sind. Jede Frage, die auf einer ungerechtfertigten Verallgemeinerung beruht, ist unbeantwortbar, ebenso jede, die eine charakterologische Auskunft über einen einzelnen verlangt, über dessen Werden und Entwicklungsbedingungen nichts mitgeteilt wird. Gleiches gilt für jede Frage, die auf Voraussetzungen beruht, die nicht gesichert sind oder nicht verifiziert werden können.
Daraus, daß die Kindheitserinnerungen einer Person von frühen Krankheitserlebnissen beherrscht sind, läßt sich mancherlei folgern, jedoch mit einer so geringen Sicherheit, daß die Folgerung besser unterbleibt. Es kommt z. B. unter anderm darauf an, den genauen Inhalt dieser Erinnerungen zu kennen. Dieser kann so sein, daß aus ihm hervorgeht, die Krankheit sei äußerst un-

angenehm empfunden worden, oder umgekehrt, als Vorzugsposition im Hinblick auf konkurrierende Geschwister. In jedem dieser aus einer großen Zahl von Möglichkeiten herausgegriffenen Fälle wird die Deutung anders sein.
Entnehmen Sie daraus, meine lieben Hörer, wie vorsichtig der psychologische Praktiker sein muß, wie sehr die allgemein übliche Beantwortungshast, eine Wirkung der Denkhast und denkerischer Kurzatmigkeit, eine gefährliche Untugend ist. Und auf dem Gebiete unserer Praxis läßt sich die Schädlichkeit übereilter Antworten fast augenscheinlich beweisen.
A.s Wunsch, über die Entwicklung des Falles T. mehr zu erfahren, werden wir an anderer Stelle — bei unserer Auseinandersetzung über die Angst — befriedigen. Indes bitten wir A., uns mitzuteilen, weshalb er sich für ihn interessiert.
Einen großen Problemkreis berührt B. mit seiner Frage nach der Suggestion. Unter Suggestion versteht man die Beeinflussung, die bewußt oder unbewußt von einer Person auf eine andere oder auf eine Gruppe direkt und indirekt ausgeübt wird. Es ist eine landläufige Vorstellung, daß die Suggestion einer geistig-seelischen Vergewaltigung gleichkommt. In diesem Zusammenhang wird eine sonderbare Auffassung vom *Willen* angewendet. Es wird davon ausgegangen, daß alle Beziehungen der Menschen zueinander durch die unterschiedlichen Grade ihrer Willensstärke bestimmt werden. Es gibt eine weit verbreitete psychologische »Winkel«-Literatur, die sich ausführlich mit der Möglichkeit beschäftigt, den Willen zu stärken, bis er unüberwindlich wird. Manche dieser populären Schriften tragen Titel wie: »Werde Herr deines Schicksals« — »Wie meistere ich durch meinen Willen alle Menschen, mit denen ich in Berührung komme?« oder »Der sichere Weg zum Erfolg — durch Stärkung des Willens« oder »Jeder sein eigener Hypnotiseur« usw. Man sieht: Diese Literatur verspricht sehr viel. Und die Art, in der sie verspricht, beweist die genaue Kenntnis des Bedürfnisses, das sie ausnutzt.
Dieser Mythos des Willens und seiner Stärke erscheint uns — gelinde gesagt — naiv, es ist der Mythos der Schwächlinge, die den Aberglauben hegen, ihre Schwäche durch die Stärkung ihres Willens überwinden zu können. Dahinter steckt häufig die — zumeist nicht sexuelle — Vergewaltigungssehnsucht des Schwächlings.
Die sogenannte Schulpsychologie ordnete das Seelenleben in drei Kategorien: des Erkennens, des Fühlens und des Wollens. Daß die Grenzen dieser Kategorien aber fließend sind, leuchtet jedem ein, der aus eigener Erfahrung weiß, daß ein Erkennensakt ebenso ein Akt des Wollens und des Fühlens in sich schließen kann, wie der Akt des Fühlens das Erkennen und das Wollen einbegreifen mag.

Der Wille, als ein abgesondertes und zentrales Phänomen, ist nicht erst von der Schulpsychologie, sondern auch von verschiedenen philosophischen Schulen in den Mittelpunkt gestellt worden. Die alte Debatte über die Freiheit oder Unfreiheit des Willens, braucht uns in diesem Rahmen nicht weiter zu interessieren, wohl aber die Frage, ob der Wille als eine psychische Funktion besonderer Art aufzufassen ist; ferner, was man unter Willensstärke und unter Willenlosigkeit versteht. Präliminär fällt uns auf, daß der Zusammenhang zwischen Wille und Tat oder Ausführung gar nicht so eng ist, wie von vornherein anzunehmen wäre; ebenso, daß die Berufung auf das Wollen fast immer im Zusammenhang mit dem Ausbleiben seiner Erfüllung erfolgt. Ein Satz, der beginnt: »Ich habe den besten Willen«, endet gewöhnlich mit der Deklaration des Nichtkönnens. Auf den »besten Willen« folgt ein »Aber«. Der Widerspruch zwischen Absicht und Tat wird nun von manchen darauf zurückgeführt, daß sich in der Absicht ein zu schwacher Wille auswirke. Doch muß man das Auseinanderklaffen von Absicht und Tat in dem umfassenderen Zusammenhang der einheitlichen Perönlichkeit und ihrer Umweltbeziehungen untersuchen. Daß einer *will,* daß er *nur will,* sagt nichts über seine wirkliche Tendenz, über die von ihm tatsächlich verfolgten Ziele aus. Mehr als das: Es kann sehr wohl sein, daß der bewußte Willensinhalt, also das bewußt angestrebte Ziel, nichts anderes als eine Tarnung des für das *Verhalten* entscheidenden, jedoch unbewußt gebliebenen Zieles darstellt. Nur innerhalb jener psychologischen Systeme, die den unbewußten Teil der Persönlichkeit vernachlässigen, kann der Wille im herkömmlichen Sinne und überdies phänomenologisch aufgefaßt werden. Das »Ich will« allein, ist somit in keiner Hinsicht ein Argument, es ist keine eindeutige Äußerung der ganzen, also auch unbewußt zielstrebigen Persönlichkeit. Um die Behauptung zu verdeutlichen, ein Beispiel:
Ein 39jähriger Mann lernt ein 25jähriges Mädchen kennen; nach verhältnismäßig kurzer Bekanntschaft verspricht er ihr die Ehe. Da er immer wieder unter verschiedensten Vorwänden, die sie nicht durchschaut, die Eheschließung hinausschiebt, dringt sie auf Verlobung. Nach drei Jahren kommt diese endlich zustande. Vier weitere Jahre dauert es, bis sich dieser Mann dazu bewegen läßt, endgültig das Datum für die Trauung festzusetzen. Vorher sind verschiedene Termine besprochen worden, die der Mann aber nicht eingehalten hat. Nun ist es endlich so weit, die mißtrauisch gewordene Braut sendet Einladungen aus, um den Bräutigam vor ein »Fait accompli« zu stellen. Zwei Tage vor der angesetzten Zeremonie erscheint der Bräutigam mit allen Anzeichen tiefster Depression bei seiner Braut. Er legt ihr dar, daß er ein Verbrecher sei, daß er es mit seinem Gewissen nicht vereinbaren könne, sie zu heiraten: Er habe sich mit einer Gonorrhöe infiziert.
Diese im entscheidenden Augenblick auftretende Gonorrhöe wird treffend

als Bräutigamstripper bezeichnet. Um einen solchen handelt es sich hier sehr deutlich. Der junge Mann hatte sechs Jahre lang dem Mädchen versichert, daß es sein sehnlichster Wunsch wäre, mit ihr vor den Traualtar zu treten. Der Bräutigamstripper dementiert ohne Worte eindeutig seine verbalen Willenskundgebungen und schiebt zumindest die Eheschließung auf unabsehbare Zeit hinaus. Denn wie lange die Behandlung einer Gonorrhöe dauert, hängt letztlich nicht so sehr vom Arzte, als vom Patienten ab. Es gibt erstaunlich viele Gonorrhöiker, die trotz fortgesetzter Behandlungen nicht gesund geworden sind. Sieht man von jenen Fällen ab, in denen eine angeborene Minderwertigkeit des Genitalapparats einer Fortdauer dieser Krankheit förderlich sein kann, so bleiben die Fälle, in denen die Heilung aus unerkannten oder uneingestandenen psychischen Gründen verhindert wird.
Sie erkennen, wie wenig die pathetischen Willensäußerungen dieses unwilligen Bräutigams über seine wahren Absichten aussagten, und wie sehr ihr Widerspruch zu seinem wirklichen Verhalten verrät, was hinter ihnen steckt. Um sein Verhalten zu verstehen, muß man wissen, daß dieser Mann Sohn einer sehr autoritären, die ganze Familie tyrannisierenden Mutter ist. Eine seiner ersten Kindheitserinnerungen betrifft eine Szene, in der seine Mutter den Vater in Anwesenheit vieler Menschen schimpflich erniedrigt hat. Auch daher seine fast panische Angst vor Frauen, die sein Sexualleben schärfstens beeinflußt hat. Obschon er von seinem 20. Lebensjahr an ökonomisch selbständig war und in einer Großstadt lebte, wagte er erst im 26. Lebensjahr den ersten Geschlechtsverkehr, natürlich mit einer Prostituierten. Der Versuch mißlang, woraufhin er die Prostituierte verprügelte — »damit sie mich nicht auslacht«, sagte er selbst. Mit anderen Frauen hatte er lange nichts zu tun und blieb in ihrer Gegenwart maßlos schüchtern. Doch führte er in seinem männlichen Bekanntenkreis fortgesetzt sexual-renommistische Reden, rühmte sich, viele Frauen »gehabt« zu haben und jede »kriegen« zu können. Da begegnete er dem Mädchen, das seine Braut wurde. Es war die erste Frau, der gegenüber er relativ selbstsicher war, denn sie selbst war schüchtern und unsicher — sie hatte einen verkrüppelten Arm. Im übrigen erinnerte sie ihn an das Dienstmädchen, das in seiner Familie gedient hatte, als er noch ein kleiner Bub war. »An ihr hat jeder von uns die Wut entladen, die wir alle gegen die Mutter hatten.« (Diese Ähnlichkeit ist ihm erst im Verlaufe einer psychologischen Besprechung zum Bewußtsein gekommen.)
Mit seiner Braut erging er sich in großartigen Gesprächen über seine unbändige Sexualgier und seine ungewöhnliche Potenz. Doch vermied er es die ganzen Jahre hindurch ängstlich, die Beziehung zu ihr zu sexualisieren — unter moralischen oder ausgetüftelten Vorwänden, die das sexuell äußerst unerfahrene Mädchen ihm glaubte.
Er wollte geliebt werden und seinen Bekannten endlich eine Eroberung vor-

führen. Er will nicht lieben, schon deshalb, weil er es gar nicht kann. Und vor allem: Er hat eine panische Angst vor dem Geschlechtsverkehr mit dieser Frau, davor, daß er impotent sein könnte und daß ihm die Defloration nicht gelingen würde.
Man kann also behaupten, daß das, wonach einer tatsächlich strebt, häufiger dadurch entschieden wird, wovor er Angst hat, als dadurch, was er zu wollen meint und zu wollen vorgibt. Sofern also das Wollen nicht die unmittelbare und bewußte Wirkungsform des charaktergemäßen Strebens ist, ist es ein *unbewußtes* psychisches *Arrangement* (Adler), um etwas bewußt zu wollen und unbewußt zu sabotieren.

Diese lange Abschweifung war notwendig, um an einem konkreten Fall zu erweisen, daß es nicht angeht, über den Willen schlechthin zu sprechen. Wenn wir nun zu erörtern haben, wie es mit dem starken bzw. schwachen Willen beschaffen ist, so müssen wir nach dem eben gebrachten Grundsatz erkennen, daß der sogenannte schwache Wille eben jene psychische Funktion ist, die ein unbewußtes Streben erfüllen hilft. Der Willensschwächling will gewöhnlich etwas völlig anderes als er — seinem Charakter gemäß — unbewußt anstrebt. Dieser häufige Widerspruch zwischen Wollen und Streben ist beim Willensstarken zumindest darin, worin er willensstark ist, nicht vorhanden. Er setzt seinen Willen durch, sofern dies objektiv möglich ist, gemäß dem Diktat seines Charakters, der sich in seinem Streben ebenso eindeutig äußert wie in seinem Wollen.
Wenn dem so ist, dann müssen wir uns fragen, wie denn Suggestion eigentlich möglich sei. Charles Baudouin bringt in seinem Buch »Suggestion und Autosuggestion« treffliche Beweise dafür, daß die Suggestion in jedem Falle eine Autosuggestion, zumindest eine indirekte Autosuggestion sei. Die landläufige Vorstellung von der Suggestion ist irrig; man kann niemandem etwas suggerieren, was er sich nicht suggerieren lassen will. Anders ausgedrückt: Das Individuum macht sich jenen Teil der Suggestion zu eigen, der seinem Wesen entspricht, der mit seinem Streben harmoniert und bleibt unberührt von allen Suggestionen, die seinem Wesen gar nicht entsprechen, also seinem charakterlichen Streben zuwiderlaufen. Sein Wille wird nicht geändert, sondern — sofern er vorhanden ist — bestärkt. Der Suggesteur ist nicht Herr über den suggestiv Beeinflußten, sondern sein Helfer. Es ist somit ungleich schwerer, einen Menschen richtunggebend zu beeinflussen, als man gemeinhin annimmt, und der »Willensschwächling« widersteht da auf eigene, besonders wirksame Weise der Beeinflussung. Pädagogen, die solch einen Typ einen Schwächling genannt haben, haben oft Gelegenheit gehabt festzustellen, wie wenig sie mit ihrem »stärkeren Willen« gegen diesen »schwächeren« etwas ausrichten konnten.

Nun erst können wir auf die Frage B.s nach der Rolle der Suggestion bei der Behandlung von körperlichen Krankheiten eingehen. Sie spielt gewiß eine große Rolle, aber nur innerhalb der Beziehung, die zwischen dem Patienten und dem Arzt besteht. Sofern der Patient dem Arzt Vertrauen entgegenbringt, hat dieser ein leichtes Spiel, was sich auch in seinen Erfolgen auswirken muß. Aber diese Vertrauensbeziehung kommt nicht dank der Suggestionskraft des Arztes zustande, sondern dank dem charakterlichen Bestreben des Patienten, sich gerade einem solchen Arzte anzuvertrauen. Die Praxis bestätigt, daß verschiedene Ärzte auf die gleichen Patienten sehr verschieden wirken; der schwierige Patient wandert so lange von einem Arzt zum andern, bis er den passenden gefunden hat. Dieser passende kann so untüchtig sein wie er will — er hat Erfolg. Der größte Teil der Patienten schätzt es, wenn der Arzt in bezug auf sie hypochondrisch ist. Je besorgter er scheint, je mehr er verordnet, je mehr er verbietet, um so besser erscheint er ihnen. Die Kranken folgern daraus, daß er gerade für sie ein besonderes Interesse aufbringt. Solche Patienten spielen offenbar eine Rolle aus ihrer Kindheit weiter und verlangen eine Beziehungsperson, die sich genauso verhält, wie sie es in ihrer Kindheit erlebt haben. (Diejenigen von Ihnen, die Gelegenheit hatten, in einem teuern Sanatorium zu weilen, haben gewiß erkannt, daß dort die Krankheit mit jener Sorgfalt und Übertreibung behandelt wird, die Verwöhnte erwarten und verlangen.)

Ein Arzt, der einem Hypochonder gerade heraus den Weg zur Gesundheit zeigen will, fällt bei ihm durch, umgekehrt erzielt er einen durchschlagenden »Erfolg«, wenn er ihn in seiner Hypochondrie bestärkt. Was die Suggestion wert ist, entscheidet somit der, auf den sie ausgeübt wird.

Man kann gewiß ein sehr wichtiges Argument gegen unsere Auffassung durch den einfachen Hinweis auf die Massensuggestion vorbringen. Da gibt es z. B. eine Partei, die sich offen zum Mittel der Massensuggestion bekennt und deren Führer sich rühmen, Meister in dieser Kunst zu sein. Diese Partei hat tatsächlich einen beispiellosen Massenzulauf, der überraschenderweise fast aus allen Schichten kommt, jedoch ganz besonders aus der Schicht des Klein- und Mittelbürgertums, die in diesem hochkapitalistischen Lande einem beschleunigten Deklassierungsprozeß preisgegeben ist; dem Führer dieser Partei wird eine ungewöhnliche Suggestionskraft nachgerühmt. Dieser Sachverhalt steht nicht im mindesten im Widerspruch zu unserer Auffassung von der Suggestion, denn nachweislich gewinnt diese Partei den Massenanhang dadurch, daß sie skrupellos jeglicher Schicht die Erfüllung ihrer maximalen Sonderansprüche verspricht, ohne sich im mindesten daran zu stoßen, daß die Erfüllung aller gegeneinander gerichteten Sonderinteressen völlig unmöglich und unrealisierbar ist. Diese Partei verspricht den Arbeitern Arbeit und Sozialismus, den Kleinbürgern die Rückgängigmachung der ganzen kapitalistischen Entwicklung bis zur Wiederherstellung der Zünfte, den Bauern Boden und hohe Agrarpreise, den Großagrariern alles, was sie sich wünschen, der Industrie niedrige Löhne und staatliche Sicherung gegen Streik usw. Wir selbst hegen keinen Zweifel daran, daß diese Partei tatsächlich nur die Interessen der herrschenden Schicht vertritt, daß sie nur die Versprechen, die sie dieser gibt, erfüllen wird. Jedoch kann der ungeheuere Propagandaerfolg durch die Kongruenz der Suggestion mit dem Streben derer erklärt werden, auf die die Suggestion ausgeübt wird. Problematischer wäre es wohl, wenn diese Partei ihre Propaganda etwa so durchführte, daß sie den Arbeitern bekennte, daß sie zur strikten Bekämpfung des Sozialismus, daß sie zur Sicherung der Arbeitgeber da sei, wenn sie dem Kleinbauern offen erklärte, daß sie nur die Interessen der Großgrundbesitzer vertrete — wenn sie trotzdem die Massen für sich gewänne, dann wäre es allerdings ein Problem, das wir mit unseren Auffassungen nicht lösen könnten. Doch ist dem nicht so, die Suggestion erweist sich als eine Demagogie. Und Demagogie, das ist: allen alles versprechen, was sie nur irgend wünschen; das heißt: entschlossen sein, alle zu betrügen — mit Ausnahme derer, in deren Interesse dieser Betrug erfolgt.

B. fragt uns nach unserer Stellung zur Hypnose. Wir stimmen mit den Begründern der deutenden Psychologie in der Ablehnung der Hypnose als eines psychotherapeutischen Mittels überein. Die Suggestion, die in ihr ausgeübt wird, unterliegt den gleichen Gesetzen wie die Wachsuggestion. Die Persönlichkeit ist sowohl im natürlichen wie im künstlichen Schlafe mit der wachen Persönlichkeit identisch — sofern man allerdings den Anteil des Unbewußten an der wachen Persönlichkeit zu erkennen und anzuerkennen gelernt hat. Kommt hinzu, daß die Hypnose gerade das nicht vermittelt, was jegliche Erziehung vermitteln müßte: Selbständigkeit, Selbstbewußtsein und Bewußtheit. So ist die Hypnose zumeist eine Fortsetzung jener autoritären Pädagogik, deren Zöglinge psychotherapeutischer Beeinflussung bedürftig werden, eben weil sie einer verfehlten Erziehung ausgesetzt worden sind.

C. fragt, ob es organische Leiden gibt, die auf das Psychische bestimmend einwirken. Diese Frage kann nur mit äußerster Vorsicht und vielen notwendigen Einschränkungen bejaht werden. Das soll an dem Beispiel der Hirnparalyse, das C. selbst gebracht hat, deutlich gemacht werden. Es handelt sich hier um eine Krankheit, die tatsächlich eine auffällige Veränderung der ganzen Persönlichkeit herbeiführt. Die Persönlichkeit wird psychotisch. Der organische Grund dieser Psychose steht, hierin hat C. recht, außer Zweifel. Indes, wenn man sich für die Äußerungen eines Paralytikers interessiert, so stellt man unschwer fest, daß deren Inhalte in einem bestimmten Verhältnis zur präpsychotischen Persönlichkeit stehen. Die psychologische Psychiatrie vermutet im Gegensatz zur alten Psychiatrie in solchem Inhalt einen Sinn.

Ihre Feststellungen ergeben eindeutig, daß jeder sozusagen die Psychose hat, die er verdient. So erweist es sich denn, daß auch hier das Organische auf den *Inhalt* des Psychischen keinen bestimmenden Einfluß hat, selbst da, wo es seinen Funktionsablauf stört.

D. verweist uns auf die Rolle der Angst, die »das Umfassendste im animalischen Leben« sei. Wir stimmen mit D. darin überein, daß man nicht Psychologie betreiben kann, ohne sich über das Wesen der Angst aufs gründlichste auseinandergesetzt zu haben. Die Angst und der Zwang sollen uns im folgenden beschäftigen. Doch gilt es gleich am Anfang zwischen Furcht und Angst zu unterscheiden. Der Unterschied besteht tatsächlich und nicht nur philologisch. (Nebenbei: Es gibt keine sprachlichen Unterscheidungen, denen nicht reale Unterschiede zugrunde lägen. Die Definition des Synonyms als der identischen Bedeutung zweier Wörter ist schlechthin falsch. Das läßt sich jeweils aus der Geschichte der zwei Wörter beweisen. Allerdings bedarf es dazu auch einer Sprachwissenschaft, die einer historischen und einer ökonomisch-geographischen Grundlage nicht entbehrt.)

Die Furcht ist die Reaktion auf eine richtige Wahrnehmung einer realen Gefahr. Wenn einer von bewaffneten Männern überfallen und mit dem Tode bedroht wird, hat er guten Grund zu fürchten. Er wird aus dieser Furcht zu irgendeiner Kompensation gedrängt: Er wird verhandeln oder sonst was unternehmen, um sich aus dieser Situation zu retten. Die Furcht ist innerhalb des Kompensationssystems als die Antithese, als ein Kompensationsstreben aufzufassen. Sie stellt im übrigen kein Problem dar.

Die Angst ist in keiner Weise an eine objektive Gefahr oder an eine richtig wahrgenommene Situation gebunden. Sie widerspiegelt mehr den seelischen Zustand des Individuums als seine äußere Situation. Ein Beispiel: Sie können auf belebten Straßen häufig folgendes sonderbare Verhalten wahrnehmen: Ein Mann ist im Begriffe, die Straße zu überqueren. Auf den Fahrdamm tretend, bemerkt er ein Auto in einer Entfernung von etwa 60 Metern. Er hat bequem Zeit, den gegenüberliegenden Bürgersteig zu erreichen. Viele Passanten, die hinter ihm gingen, haben inzwischen gefahrlos die Straße passiert. Von diesem Beispiel beeindruckt, entschließt sich der zögernde Mann nun, da das Auto in bedrohlicher Nähe ist, hinüberzugehen. Jetzt ist es wirklich gefährlich. Er läuft vor und wieder zurück, verwirrt den Chauffeur und ist nun tatsächlich in Lebensgefahr. Im letzten Moment hatte er begründete Furcht, vorher Angst. Diese Angst entsprach keiner objektiven Gefahr, sondern etwas, das in ihm selber war. So ist es verständlich, daß wir formulieren müssen: *Die Furcht verrät eine Situation, die Angst einen Charakter.*

Der Mann hat eine zögernde Attitude bewahrt. Diese ist zwar für den ängstlichen Menschen charakteristisch, aber nicht wesentlich charakteristisch für die Angst. Für diese ist die wichtigste Voraussetzung eine inadäquate, subjektiv-verzerrende Wahrnehmung, die ihrerseits einem tendenziösen Apperzeptionsschema entspricht. Die tendenziöse Wahrnehmung ist, sofern sie im Widerspruch mit der wahrgenommenen Realität ist, fragmentarisch, fehlerhaft, so unvollkommen in der Widerspiegelung des Wahrnehmungsobjektes, daß sie mehr den Wahrnehmenden als das Wahrgenommene verrät. Daraus erklärt es sich, daß ein Irrtum psychologisch belangreicher sein kann als die Wahrheit. Er trägt in sich die Elemente des Subjektiven, die ihn hervorgerufen haben.

Ein Kind fährt jede Nacht schreiend und weinend aus dem Schlafe auf und läßt sich von seinen Eltern erst dadurch beruhigen, daß sie es zu sich nehmen. Ein anderes Kind ängstigt sich im Dunkeln, wenn es allein gelassen ist, kann aber bei Licht nicht einschlafen. Die Lösung wird darin gefunden, daß eines seiner Elternteile im Dunkeln an seinem Bette so lange sitzen muß, bis es eingeschlafen ist. Versuchen Sie, diese Angst aus Wahrnehmungen, die Sie unmittelbar begründen, zu verstehen, so werden Sie das Opfer von Mißverständnissen. Natürlich können Ihnen die Kinder angeben, wovor sie sich ängstigen: vor einem Gespenst, vor schrecklichen Erscheinungen im Traum usw. Das Entscheidende ist aber, daß die Angst nicht das Produkt dieser Erscheinungen ist, sondern daß umgekehrt diese Erscheinungen das Produkt der Angst sind. Nur ängstliche Kinder haben beängstigende Träume und meinen, Beängstigendes im Dunkel wahrzunehmen. Bei dieser Gelegenheit möchte ich einen weit vertretenen Irrtum beseitigen: Es stimmt natürlich nicht, daß die Angst vor dem Dunkel etwas Natürliches, Kindgemäßes ist. Auch diese Angst ist ein Produkt der Erziehung. Sie rührt zumeist daher, daß das Kind wahrnimmt, wie gleichzeitig mit dem Lichte der Erwachsene verschwindet. Die Angst vor dem Dunkel ist in der überwiegenden Zahl von Fällen eine Angst vor dem Alleinsein, ein Protest gegen das Alleingelassenwerden. Es ist sehr aufschlußreich, daß das Kind in der ersten Phase — von Ausnahmen, etwa im Falle akuter Erkrankungen abgesehen — keine Nachtangst zeigt.

Sie müssen also in den beiden angedeuteten Fällen das Kind in seinen Beziehungen zur Umwelt und die Beziehung der Umwelt zum Kinde erforschen, um die Angst zu verstehen. Das »Material« der Angst, das heißt der spezielle Inhalt, ist zumeist bei weitem nicht so wichtig, wie von manchen modernen Psychologen angenommen wird.

Nehmen wir an, das Kind sähe immer, wenn es allein im Dunkeln ist, einen riesigen Leichnam, der steil aufgerichtet an der Türe steht. Wir dürfen annehmen, daß in diese Wahrnehmung Erzählungen der Erwachsenen über Tote, über Gespenster u. dgl. einfließen. Wir wissen ja, daß es keinen Einfall gibt, mag er noch so dumm sein, auf den Erwachsene nicht kommen können, nur um ein Kind unter der Fuchtel der Autorität zu halten. Gott und die tote Großmutter, der Teufel und der schwarze Mann, gute und strafende Engel — all das bildet einen Teil des Inventars, mit dem landläufig erzogen wird. Nur Narren wundern sich, daß das Echo ihnen den Unsinn zurückbringt, den sie in den Wald gerufen haben. Eltern, die ihr Kind systematisch mit ängstigenden Erzählungen und grausamen Märchen aus dem Gleichgewicht werfen, sollten sich über die Reaktionen des Kindes nicht wundern.

Man darf also mit einer hohen bis höchsten Wahrscheinlichkeit in den Inhalten der kindlichen Angst die unmittelbaren Wirkungen der erzieherischen Einflüsse vermuten. Doch auch diese bestimmen die Angst nicht. Sie sind nur ein Teil der Wirkungen jener Beziehungen zwischen Kind und Umwelt, innerhalb deren die Angst begriffen werden kann. Gewiß spielen auch aktuelle Erlebnisse eine Rolle, und es kann eine spezielle Organminderwertigkeit in solchen Fällen von Belang sein: die angeborene Insuffizienz des Sehorgans, wenn insonderheit Astigmatismus vorliegt; der Minderwertigkeit des Gehörorgans und seiner Überempfindlichkeit kommt eine ähnliche Bedeutung zu. Doch weder die Organminderwertigkeit, noch aktuelle Erlebnisse, noch besondere Drohungen der Umwelt allein können die Deutung der Angst ergeben — sie bieten nur Möglichkeiten ihrer Erklärung.

Häufig spricht sich in der Nachtangst deutlich der Protest gegen Vernachlässigung, gegen ein fremdes Milieu, gegen eine neue Situation aus, und schließlich die Absicht, zu rächen und zu strafen. Sie hat nicht nur ungezählte Ausdrucksformen, sie hat auch ungezählte charakterologische Inhalte. Verschiedene Angstinhalte zu etikettieren — nichts wäre leichter als das. Doch wäre es durchaus verfehlt, schon heute ein fertiges Schema zur Analyse der Angst anzubieten. Unser Bemühen geht dahin, möglichst wenig neue Termini zu schaffen und uns mit den bisherigen Mitteln der Sprache verständlich zu machen.

Wenn wir im folgenden einige Arten der Angst, die sich voneinander klar unterscheiden, stets als *Angst* bezeichnen, so geschieht es, weil wir bisher nichts entdeckt haben, das uns veranlassen könnte, in ihr etwas anderes zu sehen. Eine griechische Vokabel stellt sich eben ungleich leichter ein als eine Entdeckung. Wir finden, daß es in der modernen Psychologie mehr solche terminologische Vokabeln als Entdeckungen gibt.

Verehrte Hörer, wir werden uns in den nächsten Vorlesungen eingehend mit den Erscheinungen der Angst beschäftigen. Ermutigt durch Ihre bisherige Mitarbeit, bitten wir nun ganz besonders dringlich um Ihre Beiträge zu diesem Thema. Auf dem Gebiete der Angst ist in einem gewissen Sinne jeder ein Fachmann: Angst hat jeder gehabt.

III

Angst und Zwang

14

Die tierische und die menschliche Angst. Der Totstellreflex. Was ist die Urangst? Die Angst vor der außermenschlichen Natur. Die Todesangst. A.s Angsterlebnis. Ein Angsterlebnis T.s. Fünf Grundsätze zur Deutung der Angst. Die Angst in der Magie. Der Sinn der Angst; Angst als Ausdruck und als Mittel.

Aus dem Hörerkreis:

A.: »Der Fall des Malers T. interessiert mich aus Gründen, die ich nicht genau angeben kann. Jedenfalls fühle ich so etwas wie Verwandtschaft mit ihm. Besonders was Sie über seine Einsamkeit gesagt haben, hat mich betroffen.

Ich erinnere mich genau, in meiner Kindheit so etwas wie Angstwellen gehabt zu haben. Es war mir stets unfaßbar, warum die Angst kam und warum sie ebenso grundlos verschwand. Die Situationen, in denen die Angst auftauchte, waren voneinander sehr verschieden und häufig überaus gleichgültig. Ich empfand in solchen Momenten so etwas wie eine eisige Umklammerung, deren mich zu erwehren, mir völlig unmöglich erschien. — Wie deuten Sie diese Angst?«

B.: »Es ist gewiß, daß es eine Urangst gibt, die uns alle umfaßt, die man mit psychologischen Mitteln wahrscheinlich überhaupt nicht untersuchen kann. Sie ist wohl mehr biologisch. Sie verbirgt vielleicht ein Geheimnis aus der Zeit des Urmenschen. Jedenfalls kann ich nicht glauben, daß man jede Art von Angst rationell erfassen kann. Sie ist das Unrationalste in unserm Wesen.

Von mir selbst möchte ich sagen, daß ich eigentlich keine Angst kenne. In der Kindheit war ich zwar sehr eingeschüchtert — dazu hatte gewiß die sehr autoritäre Erziehung in meinem Elternhause beigetragen —, aber diese Einschüchterung ist doch wohl gerade das, was Sie zum Unterschiede von der Angst als Furcht hervorgehoben haben.«

C.: »Alle meine Angsterlebnisse — und ich muß gestehen, daß mein Leben vielfach mit ihnen ausgefüllt war — sind so geartet gewesen, daß ich die Überzeugung gewonnen habe, es müsse hinter jeder Angst ein organischer Vorgang zu finden sein, ja, daß ein organischer Vorgang überhaupt für sie bestimmend ist. Wenn also die Angst eine körperliche Erscheinung mit seelischem Ausdrucke ist, dann ist es fraglich, wie man mit den Mitteln der Psychologie allein das Wesen der Angst sollte aufhellen können.«

D.: »Ich glaube, daß die Kindheit jene Entwicklungsphase ist, in der jeder Mensch ausnahmslos der Angst preisgegeben ist; es ist die Aufgabe der Erziehung, dem Kinde allmählich die Angst zu nehmen. Mit Angst kommt der Mensch zur Welt, sein erstes Gefühl ist Angst. Auf dem Wege zur Reifung lernt er allmählich, die Angst zu überwinden.«

Verehrte Hörer! Ihre Antworten werden wir im folgenden sehr ausführlich berücksichtigen; wir werden das Prinzipielle, das in ihnen enthalten ist, diskutieren müssen.

Die Angst als die umfassendste Erscheinung des menschlichen Seelenlebens ist bisher unter allen erdenklichen Gesichtspunkten betrachtet worden. Von einem der Philosophie benachbarten Standpunkte glaubte man, zur Feststellung einer Urangst gelangen zu können. Es ist weiter nicht verwunderlich, daß man, durch Beobachtung an Tieren verführt, zu einer biologischen Begründung dieser Urangst tendierte. Wir sagten: verführt — weil wir — wie a.a.O. schon dargelegt — die tierpsychologischen Versuche nicht als *psychologische* Versuche anerkennen. Es will uns scheinen, daß die Autoren zu oft die Anthropomorphisierung, die bereits in der Voraussetzung ihrer Arbeit steckt, verkennen. Es ist nicht erwiesen, daß man von einem Seelenleben der Tiere in einem Vergleiche mit dem Seelenleben des Menschen sprechen könnte. Auch wir konnten uns dem Eindruck nicht entziehen, daß die Tiere ungewöhnlich häufig etwas erleben, das wir mit unserer Angst identifizieren möchten. Entscheidend bleibt jedoch, daß wir, indem wir dieses täten, eine Differenzierung vernachlässigten, statt sie zum Ausgangspunkt unserer Untersuchung zu machen. Jedenfalls steht für uns fest, daß die Angst des Tieres, sofern wir sie überhaupt als solche bezeichnen können, in seinem Leben eine völlig andere Rolle spielt als die Angst im Leben der Menschen. Die Angst des Tieres ist so sinnvoll wie unsere Furcht, sie ist ein Teil seiner Wahrnehmung, ein Teil seiner Aktivität in der Auseinandersetzung mit der Umwelt. Es ist anzunehmen, daß jene Tiere, die zu dieser Art von Furcht nicht fähig waren, im Kampfe ums Dasein zugrundegehen mußten. Wir denken z. B. an die Tiere mit dem Totstellreflex. Diese sind zeitweilig wie tot — wir können es recht genau verstehen, da bestimmte Typen von Angstneurotikern etwas sehr Ähnliches wie den Totstellreflex produzieren — und verharren in diesem Zustande, bis die Gefahr vorüber ist. Dieser Reflex rettet sie vor ihrem Tode, da ihre Verfolger tote Tiere nicht angreifen. Nun ist es uns klar, daß ein solcher Reflex sehr sinnvoll ist — beim Tiere. Ebenso klar ist es, daß er beim Menschen nicht nur sinnlos, sondern unter bestimmten Umständen nachgerade gefährlich ist. Bezeichnen wir den Totstellreflex als eine wohlgelungene Kompensation einer Gefahrensituation, die anders nicht zu überwinden wäre, so bedeutet ein ähnlich geartetes Verhalten beim Angstneurotiker völlig anderes, es schiebt praktisch die Aufgabe der Rettung anderen zu.

Wir können von der Urangst nicht sprechen. Daß die außermenschliche Natur den Menschen seit jeher Angst eingeflößt hat, leugnen wir nicht. Dann war die Angst ein Ausdruck und eine Wirkung des Verhältnisses zwischen den Menschen und der unmenschlichen Natur, zum Teil nur ein Überbau über ihrer begründeten Furcht. Die Furcht selbst wurde zu einem Beweggrund bei der Herstellung der Mittel, mit denen die Menschen sich immer mehr von der unmenschlichen Natur befreiten, indem sie sie zu beherrschen begannen. Indes meint man, wie B. sehr scharf formuliert hat, wenn man von der Urangst spricht, etwas Apriorisches, vielleicht auch etwas Mystisches. So begreift es B., wenn er von der Unrationalität der Angst spricht. Wir können ihm nicht zustimmen. Wir suchen die Angst in den menschlichen Verhältnissen und finden sie da wohl begründet und mit deren Veränderung veränderbar.

Noch immer ist die außermenschliche Natur eine außerordentliche Bedrohung für uns. Taifune, die unerwartet und unvoraussehbar kommen, zerstören fast so viel wie ein kleiner Krieg um Öl oder Erz, schwere Gewitter ebenso wie Eisberge scheinen immer wieder das Selbstbewußtsein unserer Kultur erschüttern zu können. Aber all das kann die Tatsache nicht verdunkeln, daß die menschliche Gesellschaft in ihrer fortschreitenden Entwicklung sich immer mehr von den objektiven Begründungen der sogenannten Urangst und damit von dieser selbst entfernt. Dieser Prozeß, der vielleicht nie vollendet sein wird, hat indes bereits heute eine Stufe erreicht, wo gesagt werden kann, es sei dem Menschen nichts Außermenschliches so gefährlich, wie sein Mitmensch es werden kann. Die zerstörenden Naturkräfte zu überwinden oder zumindest ihnen erfolgreich auszuweichen, ist heute ungleich leichter, als dem nächsten Kriege auszuweichen. Der Urwald verwandelt sich in eine friedliche Idylle, verglichen mit den Vorgängen in manchen Kulturzentren, die friedliche Straßen in Schlachtfelder verwandeln, auf denen der Tod das gewisseste Schicksal ist. Ohne also die außermenschliche Natur als die Quelle von Ängsten zu verkennen, meinen wir, daß es hauptsächlich die Verhältnisse der Menschen untereinander sind, aus denen wir am ehesten die Angst verstehen lernen können.

Gewiß, man darf nicht vergessen, daß der Tod, dem wir alle entgegenleben, eine unausweichliche Gefahr und somit eine unversiegbare Quelle der Angst sein kann, aber sonderbarerweise ist er es sehr selten. Wir haben schon an anderer Stelle erwähnt, wie wenig Realität der Tod in unserem Leben erlangen kann, wie sehr wir leben, als ob uns die Unsterblichkeit gewiß wäre, als ob jeglichem Heute ein Morgen folgen müßte. Wenn wir trotzdem, z.B. beim Angstneurotiker, die *Todesangst* vorfinden, so beweist jedoch eine eingehende Untersuchung in jeglichem Falle, daß die Todesangst eine Ausdrucksform der *Lebensangst* ist. Denken Sie an die sogenannte Agoraphobie (Platzangst). Der Agoraphobe erklärt häufig, deshalb Angst zu haben, weil er auf der Straße plötzlich sterben könnte, und dann wäre niemand bei ihm, der ihm in der Todesgefahr Rettung bringen oder zumindest beistehen könnte. Er ist in dem Falle ein Lebensängstler, einer, der aus Angst vor dem Leben Selbstmord begehen könnte. Die Erforschung des Seelenlebens zahlreicher Selbstmordkandidaten läßt uns immer wieder darüber erstaunen, welche

Angst sie vor dem Tode haben: Selbstmordkandidaten sind sehr häufig Lebensfeiglinge. Dem genialen Psychologen, dem Dichter Knut Hamsun, verdanken wir (im »Letzten Kapitel«) ein vollendetes psychologisches Porträt eines Selbstmordkandidaten.

Wir können also von einer Todesangst nur in sehr beschränktem Maße sprechen und müssen lernen, sie nicht so sehr aus der Beziehung des Menschen zu seinem Tode als aus seiner Beziehung zum Leben zu verstehen. Man kann natürlich über den Tod endlose Spekulationen anstellen. Ihn hinauszuschieben oder vielleicht zu verhindern, ist Aufgabe der Biologie. Seine Realität in unserem Leben ist nur vom Leben aus begreifbar. Das Leben beherrscht uns so sehr, daß wir in unseren Vorstellungen sogar den Tod verlebendigen: als ob wir uns bemühten, ihn nicht zu sterben, sondern zu erleben. Die Angst schlechthin mit der Todesangst zu identifizieren, erscheint uns restlos verfehlt. Wir können ja die Angst auch dort feststellen, wo es das Wissen vom Tode gar nicht gibt: beim Kinde und bei den primitivsten Völkern, die an den Tod nicht glauben, sondern da, wo einer eines natürlichen Todes stirbt, annehmen, er sei mit Mitteln der Zauberei ermordet worden. Diese Primitiven kennen die Angst. Sie resultiert aus ihrem Verhältnis zur außermenschlichen Natur, in der sie zumeist sehr hilflos sind, wie aus ihren Beziehungen untereinander.

Gehen wir von Angsterlebnissen A.s aus: Er hat uns mitgeteilt, daß er in seiner Kindheit so etwas wie »Angstwellen« erlitten habe, die ihm unfaßbar geblieben seien. Dies wohl um so mehr, als die Situationen, in denen diese Angst in Art einer eisigen Umklammerung von überwältigender Stärke auftauchte, voneinander sehr verschieden und häufig überaus banal gewesen seien.

So dankenswert diese Darstellung in der Wiedergabe der Stimmung ist, so mangelhaft ist die Charakterisierung dieser als gleichgültig betrachteten Situation und des Verhaltens A.s. Es muß uns sehr interessieren, wie einer mit seiner Angst verfährt, wie er sich ihr zu entziehen versucht, ob und wie er der Umwelt von ihr Mitteilung macht und sie zur Rettung vor der Angst heranzieht. A. hat uns eine »einsame« Angststimmung mitgeteilt. So isoliert, ist weder die Angst noch irgendeine andere seelische Erscheinung verständlich. Indes kennen wir solche Angst, auch der Maler T. hat zeitweise unter ihr gelitten. Er beschrieb sie, genau wie A.: Angst, ungebunden an die Situation, in der sie auftauchte.

Z. B.: »Ich gehe auf der Straße in ganz guter Stimmung. Es geht an mir ein Mensch vorbei. Ich habe ein unangenehmes Gefühl, als ich ihm ins Gesicht sehe. Ich gehe weiter. Plötzlich dünkt es mich, daß er sich nach mir umgedreht habe, ich verspüre ein peinliches Gefühl im Nacken. Ich drehe mich um und sehe, daß dieser Mensch seinen Weg, ohne sich nach mir umgewandt zu haben, weitergegangen sein muß. Ich mache einige

Schritte und ganz plötzlich ist die Angst da. Ich fühle so etwas wie Stiche im Herzen. Als ob ich gelähmt wäre, kann ich mich einige Sekunden gar nicht vorwärtsbewegen. Ich denke nur: Jetzt ist die Angst da. Ich denke wirklich nichts anderes als das. Nach einiger Zeit lassen die Stiche in der Herzgegend nach, ich kann meinen Weg fortsetzen. An Tagen, an denen ich so etwas erlebe, werde ich sehr unruhig, da passieren mir viele kleine Malheurs, der Pinsel fällt mir aus der Hand, die Staffelei verschiebt sich ununterbrochen, ich bekomme kein gutes Licht in den Raum usw.«

Es galt festzustellen, wie jener Mann ausgesehen haben mochte. Hierbei war uns das schon erwähnte hervorragende Physiognomiengedächtnis T.s sehr hilfreich. Es ergab sich, daß der Mann eine gewisse, wenn auch sehr entfernte Ähnlichkeit mit einem Kollegen T.s aus der Kunstakademie gehabt habe. Diesen Kollegen kannte T. gar nicht genauer, er hatte mit ihm nur wenige Male und auch dann nur über Nebensächliches gesprochen. Er erinnert sich, einmal das Gefühl gehabt zu haben, daß dieser Kollege gegenüber einer gemeinsamen Bekannten, einer Kunstschülerin, eine abfällige Bemerkung über ihn gemacht hätte. Befragt, was diese abfällige Bemerkung beinhaltet haben könnte, meint T., daß es sich gewiß auf seine Männlichkeit bezogen habe. Er glaubt, dieser Kollege habe gesagt: »Der T. ist doch kein Mann!« Übrigens hat ihn nicht so sehr das Gesicht an diesen Kollegen erinnert, sondern die Krawatte des Passanten. Die war nicht gebunden, sondern einfach »herübergelegt«. Genauso habe der Kollege, der ein »Gigerl« gewesen sei, seine Krawatten getragen.
Halten Sie sich bitte vor Augen, daß die Erinnerung an den Kollegen und was damit zusammenhängt, T. erst im Verlaufe der Besprechung bewußt geworden ist. Als er diesem Passanten begegnete und daraufhin den Angstanfall bekam, fehlte ihm diese Erinnerung vollkommen und damit natürlich auch jegliche Ahnung des Zusammenhanges zwischen diesem Passanten und dem mißliebigen Kollegen.
Daraus darf man einige Folgerungen ziehen: 1. *Es gibt keine gleichgültigen Situationen.* 2. *Es gibt keine gleichen Situationen.* 3. *Erinnerungen wirken auch dann, wenn sie unbewußt bleiben.* 4. *Ihre Wirkung kann unter Umständen umso intensiver sein, je unbewußter sie bleiben.* 5. *Die Anteile des Unbewußten an der Angst sind um so größer, je weniger der Angstbefallene sich seine Angst erklären kann. Das Unerklärliche, das er hierbei empfindet, ist nichts Irrationales, nichts Unbegründetes, es ist das Unverstandene, das Unbewußte.*
Der Tatbestand der Angst muß für T. so lange vollkommen unbegreiflich bleiben, als er die Begegnung mit diesem an den Kollegen erinnernden Mann außer acht läßt, solange er also diesen Tatbestand ohne seinen Kern zu verstehen versucht. Solche Unbegreiflichkeiten lassen sich in beliebiger Zahl im alltäglichen Leben erzeugen. Sie hören in Ihrem Zimmer nachts ein Geräusch. Sie gehen diesem Geräusch nach und finden es nicht. Sie vermuten

Einbrecher und durchsuchen Ihre Wohnung — erfolglos. Sie begeben sich wieder zur Ruhe. Knapp vor dem Einschlafen wiederholt sich das Geräusch. Sie wiederholen den bisherigen Forschungsgang mit dem früheren Mißerfolg. Sie beginnen allmählich zu glauben, es sei irgend etwas Unheimliches am Werke. Je danach wie groß Ihre Bereitschaft zu Wunderglauben ist, wird es für Sie feststehen, daß gerade Sie auserkoren sind, Zeuge oder Opfer eines übernatürlichen Vorgangs zu werden. Holzsachverständige, aber auch viele Laien können Sie darüber aufklären, daß Holzmöbel unter bestimmten Umständen bestimmte Geräusche verursachen — im Wege eines Trocknungs- und Dehnungsprozesses. Der etwaige Einwand, daß diese Geräusche nur in der Nacht laut werden, ist unerheblich, weil man in der Stille der Nacht natürlicherweise Geräusche hört, die bei Tag im allgemeinen Lärm untergehen. Wir sagten, daß die Mangelhaftigkeit bzw. die Unvollkommenheit der Wahrnehmung entscheidende Voraussetzungen jeglicher Angst sind. Sind Sie uns bisher gefolgt, haben Sie unsere Auffassungen über das tendenziöse Apperzeptionsschema zur Kenntnis genommen, dann wird es Ihnen gewiß einleuchten, daß alles Unverstandene der Angst überaus förderlich ist.

Welche Rolle die mangelhafte Wahrnehmung in der Geschichte der Menschheit, besonders aber in der Ausbildung und Erhaltung der Magie spielt, können Sie aus jeglichem Zeugnis über die Magie aller Völker erfahren. Da glaubt ein Stamm, daß seine Zauberer die Jahreszeiten machen, regnen und die Sonne scheinen lassen, und er ist überzeugt davon, daß, wenn seine Zauberer versagten, die Natur versagen würde. Sehr gut beweist J. G. Frazer in seinem »The golden Bough«, daß diese Annahme der Primitiven nicht unlogisch sei, daß sie ihrer Stufe, der Stufe ihrer Produktionsverhältnisse durchaus entspreche. Nach Frazer könnte der Zauberer, würfe man ihm die Unsinnigkeit seines Tuns vor, wie folgt argumentieren: »Kann etwas klarer sein, als daß, wenn ich meine Zweipfennigskerze auf Erden anzünde, die Sonne sogleich ihr großes Feuer am Himmel entzündet? Ich möchte gern wissen, ob, wenn ich mein grünes Kleid im Frühling angezogen habe, die Bäume danach nicht dasselbe tun? Das sind Tatsachen, die vor jedermann offen zutage treten. Ich bin ein einfacher, praktischer Mann, nicht einer von Euern Theoretikern, Haarspaltern und Wortklaubern. Theorien und Spekulationen mögen auf ihre Art ganz gut sein, und ich habe nicht das Geringste dagegen, daß Ihr Euch damit abgebt. Aber erlaubt mir, mich an die Tatsachen zu halten; dann weiß ich, woran ich bin.« Sehr geistvoll fährt Frazer fort: »Die Irrigkeit dieses Räsonnements ist uns klar, weil es sich zufällig um Tatsachen handelt, über die wir uns längst klargeworden sind. Aber laßt eine Beweisführung von genau demselben Kaliber auf Dinge anwenden, die noch umstritten sind, so kann man sich fragen, ob eine deutsche Zuhörerschaft sie nicht als vernünftig und den Sprecher, der sie anwandte, für einen zuverlässigen Mann halten würde.«

In der Angstempfindung steckt zweifellos ein Element des Magischen — zumindest für den, der die Angst erlebt. Wir verstehen dieses um so besser, als in der Magie ebenso wie in der nervösen Angst die Unvollkommenheit der Wahrnehmung für die Qualität des Erlebnisses und für die aus ihr resultierende Erfahrung entscheidend ist.

Sie erinnern sich, welches Übermaß von Empfindlichkeit wir bei T. festgestellt haben. Sie erinnern sich an seinen Traum, in dem die ganze Welt ihm feind ist. Im Hinblick auf die schwere organische Behinderung, die seine Kindheit belastet hat und ihn im Erwachsenenleben bedroht, versteht man sehr wohl, daß er empfänglich ist für alles, wofür ein anderer kaum besondere Empfindungen aufwenden würde. Wir verstehen, daß er ununterbrochen um sein Prestige besorgt ist, obschon er immer so tut, als ob ihm an der Meinung der anderen nichts läge. *Ihm ist jeder Mitmensch Widerstand.* Deshalb erzeugt die Begegnung mit dem Passanten in ihm die gleichen unangenehmen Gefühle, die er seinerzeit in der Schule empfunden hat. Indes war damals keine Angst dabei. Zur Peinlichkeit ist nunmehr die Angst hinzugekommen. Also muß noch ein bisher unerwähntes Moment mitwirken, das sowohl mit dem Besonderen der Situation zusammenhängt, in der diese Begegnung erfolgt, als auch mit Erlebnissen aus der Kindheit. Wir wissen, wie problematisch alle Beziehungen T.s sind, wie wenig ihm die Hingabe gelingt, wie sehr er distanziert bleiben muß, auch von all denen, zu denen er sich hingezogen fühlt, als ob eine undurchdringliche Wand ihn von den anderen trennt. Diese unglückliche Liebe T.s — unglücklich, weil er nicht lieben kann und doch geliebt werden möchte — diese unglückliche Liebe T.s zu seinem Bruder, zu seinem Freunde Robert kennzeichnet seine Beziehungsunfähigkeit. Und das Verharren in der Distanz, obschon alles verlockt, sie zu überwinden, dieses Frieren in der Wärme, diese Einsamkeit mitten unter den Menschen — all das verrät vor allem Angst vor den Menschen und Angst um sich selbst.

Die erste Kindheitserinnerung T.s lautet:

»Das war, als ich fünf Jahre alt war. Ich trat auf die Straße und sah die Sonne untergehen. Es war, als ob sie auf die Erde fiele. Ich sah sonst niemanden. Ich und die Sonne, wir waren ganz allein. Da packte mich eine große Angst vor allem, was ist. Ich dachte, ich müßte meinen Bruder rufen, dann würde es nicht so schrecklich sein. Aber ich tat es nicht, sondern beschloß, mich so lange nicht zu rühren, bis alles zu Ende sein würde. Ich meinte, bis ich tot sein würde. Und ich hatte das dunkle Gefühl, daß mein Tod und der Untergang der Umgebung aufs engste zusammenhängen. Wenn ich sterbe, geht gleichzeitig die Welt kaputt. Ich glaube, damals zum ersten Mal die Stiche in der Herzgegend verspürt zu haben. Sie haben mich niemals verlassen. Sie kehren immer wieder und zeigen mir, daß ich nur auf Abruf lebe, und daß ich sinnlos die einzige sinnvolle Tat, meinem Leben ein Ende zu machen, hinauszögere.«

Der visuelle Charakter dieser Erinnerung überrascht Sie wohl nicht, da Sie wissen, daß das Leben zu T. nicht spricht, sondern sich gewissermaßen nur seinem Auge zeigt. Überraschend ist jedoch, daß ein fünfjähriges Kind solche Eindrücke empfangen und daß die kindliche Depression solche Tiefe erreichen kann. In der Tat wissen die meisten Eltern nicht, daß die Selbstmordwünsche von Kindern so heftig, so voller Sehnsucht nach dem Nichtleben, von solcher Fluchtintensität sein können, daß, was in Büchern als selige Kindheit gepriesen wird, sich zeitweise in ein Höllenleben zu verwandeln droht. Ungezählte Kinder überfällt es wie ein unbeschreiblicher Schock: Vielleicht sind sie nicht ihrer Eltern Kinder, sondern Fremde, Rechtlose. Und da fühlen sie sich so überflüssig, so vereinsamt, so sehr einer feindlichen Welt preisgegeben, daß sie an nichts anderes als an das Nichtsein denken können.
T. hat häufig solche Befürchtungen gehegt und die Depressionen des Kindes gewiß tiefer erlebt als andere Kinder. Aber erkennen Sie richtig das Wesen der Depression, dann wissen Sie, daß in ihr nicht nur Trauer und Unmut enthalten ist, sondern auch ein ungewöhnliches Quantum von Wut und Haß steckt. Diese Seite der Depression ist ihr kompensatorischer Anteil, es wirkt in ihr das Gefühl der Ohnmacht, aber nicht weniger das Streben, mit ihr fertig zu werden. Auf dem Wege zur Überwindung einer überwältigend empfundenen Ohnmacht verliert sich das Individuum in die Einsamkeit, in den Tagtraum von seiner Macht, die, konnte es sie im Leben nicht erringen, durch seinen Tod erobert werden soll. Die Aufhellung sehr zahlreicher Selbstmordfälle legt die Vermutung nahe, daß der Selbstmord ein Akt der Rache sein kann, daß der Freitod ein Argument der Ohnmacht und der Ranküne ist.
Frühzeitig also empfand T. diese Erde so, als ob er in Feindesland wäre, einem übermächtigen Gegner ausgeliefert. Die Angst entspricht seiner subjektiven Situation, wie die Aggression seiner Depression entspricht. Wie nahe das Gefühl, ein Nichts zu sein, mit dem Größenwahn zusammenhängt, mögen Sie daraus ersehen, daß einer, der sich ein Nichts dünkt, doch meint, es sei der Untergang der Erde mit seinem Untergang aufs engste verknüpft. Unverkennbar der Größenwahn im Rufe des Melancholikers: »Tötet mich wie einen Wurm, denn ich bin schuld, wenn die Erde untergeht, wenn die Menschen von Tag zu Tag schlechter werden« usw. Auf einem mit »minus unendlich« zu kennzeichnenden Punkte angelangt, kann das Individuum leicht vermeinen, bei plus Unendlich angelangt zu sein: Himmel und Hölle neigen ineinander, oder anders ausgedrückt: In der Stunde tiefster Erniedrigung, gekreuzigt und verspottet, wird der Menschensohn zum Gott.
Also ist die Angst T.s Ausdruck und Wirkung seiner Beziehung zur Umwelt, seiner Einsamkeit. Die Wirklichkeit besteht für ihn aus zwei feindlichen Teilen — aus der Welt einerseits und ihm andrerseits. Im Feindeslande entwik-

kelt man besondere Aufmerksamkeit. Man meint, mehr zu sehen und zu hören, als überhaupt hörbar und sichtbar ist. Alle Bewegungen der anderen werden so verstanden, als ob sie sich nur auf ihn, den Fremden, bezögen. Das ist die Praxis des Egozentrismus. Die Erde kreist nicht um die Sonne, sondern um ihn, den Einsamen — das meint in seinem kleinmütigen Größenwahn der zentrifugale Egozentriker.

Kehren wir nun zu diesem Angsterlebnis T.s zurück. Wir verstehen jetzt etwas besser seine Vorbereitung für die Angst. Wir verstehen, daß ihm sehr leicht Beängstigendes zustoßen kann. Das Problem ist so gestellt: Da T. gar nicht wußte, weshalb er Angst hat, da in seinem Bewußtsein die Erinnerung an den spöttischen Kollegen im Momente der Begegnung nicht aufgestiegen war — wie konnte diese Erinnerung wirken? Auf welchen Schleichwegen gelangt das Unbewußte zu einer Wirkung, die so viel stärker erscheint als die des Bewußtseins?
T.s Erinnerung wurde durch die Ähnlichkeit der Krawatte hervorgerufen — sie war »gigerlhaft«. T. mag keine Gigerl, denn er hat sie stets als unsaubere Konkurrenz empfunden. Ähnliches empfand er gegenüber allen wohlhabenden Kollegen: »Sie spielen ihr Haben gegen mein Sein aus!« Die unangenehme Wirkung trat also visuell durch den Anblick der Krawatte ins Bewußtsein. Nunmehr trat sie — pars pro toto — anstelle des spöttischen Kollegen auf. Wir sind hier bei einem wichtigen Prinzip der Symbolbildung angelangt. Eine ihrer wichtigsten Techniken besteht eben darin, einen Teil an die Stelle des Ganzen treten zu lassen. Diesem Teile ist dann die Wirkung des Ganzen beschieden. Angenommen eine Frau träumt den Mann bzw. sein Genitale als Messer. Die Annahme der Psychoanalyse, daß das Messer — wie übrigens alles Konvexe — in jeglichem Traum die gleiche Bedeutung habe, ist falsch, jedoch kann sie natürlich auch diese Bedeutung haben. Es wäre aber außerordentlich verfehlt zu meinen, daß die Deutung mit der Feststellung vollendet sei. Im Gegenteil beginnt eigentlich erst hier die Deutungsaufgabe. Warum träumt eine Frau in diesem Jargon ihr sexuelles Problem? Was bedeutet es, daß sie das Genitale als ein so gefährliches Werkzeug träumt? Und was bedeutet die Reduktion des Mannes auf das Genitale? Die Deutung ist natürlich erst dann brauchbar, wenn diese Fragen beantwortet sind, und zwar so, daß sie charakterologisch brauchbar werden.
T. ist der Sohn eines Maurers, der mit 40 Jahren ein Arbeitsinvalide geworden ist. Damals war T. 6 Jahre alt. Er ist in unbeschreiblicher Armut aufgewachsen. Die Wohnung seiner Eltern lag in einem Viertel, das alle diejenigen nicht kennen, die seine Heimatstadt als eine schöne Stadt preisen. Die Gegenden der Armen, der »Erniedrigten und Beleidigten« sind kein Ziel der Touristen, sie sind die Kehrseite der von ihnen gesuchten schönen Seite. T.

wuchs auf der Kehrseite auf. Er erinnert sich deutlich, daß, als er halbwüchsig war, es seine große Sehnsucht war, eine auffällige Krawatte und glänzende Lackschuhe zu besitzen. Viele Jahre später, als er selbst schon die Krawatte trug, genierte er sich, wenn er mit seinem Vater auf der Straße ging, weil dieser keine Krawatte trug, die für ihn das Symbol der anderen Seite war, die er haßte und auf die er sich dennoch schlagen wollte. Also ist dieses sonderbare, weil erstaunlich überflüssige Kleidungsstück im Seelenleben T.s mit Affekten beladen. Die Krawatte ist mehr als nur ein Kleidungsstück, sie ist das Kennzeichen jenes Standes, dem gegenüber er bis jetzt noch nicht das Gefühl der Minderwertigkeit verloren hat. Es war ein lumpenproletarisches Gefühl, kein proletarisches Klassenbewußtsein.
Die dem Fünfjährigen drohende Welt widerspiegelte sich in seinem Hirn noch äußerst undifferenziert. Je älter er wurde, um so mehr differenzierte sie sich, und im Verlaufe dieses Prozesses glaubte er zu erkennen, daß seine gefährlichsten Feinde die Erfolgreichen sind, die Wohlhabenden, jene, denen die »Krawatte angeboren ist«.
Sein Kollege trug die Krawatte »herübergelegt«, ungeknotet. Das erschien T. als Originalitätshascherei. Er haßt die Originalitätshascher. Vor allem deshalb, weil er an ihren Erfolg glaubt. »Denen fällt all das in den Schoß, worum ich bis zur Erschöpfung meiner Kräfte kämpfen muß.«
Die Wirkung des Unbewußten ist somit durch seinen ganzen Lebenslauf automatisiert, so, wie unsere Stellungnahme zur Welt automatisiert ist und nur geändert wird, sofern veränderte Verhältnisse uns zwingen, unsere Stellungnahme zu revidieren. Wir haben an anderer Stelle ausführlich dargelegt, daß bei der Ausübung der Automatismen das Tätigkeitsbewußtsein nicht nur nicht eingeschaltet werden muß, sondern daß diese Einschaltung häufig zu einer Störung des Automatismus führen kann. Ein Mann schließt seit Jahrzehnten, wenn er abends nach Hause kommt, die Wohnungstüre ab. Diese Handlung ist so automatisiert, daß er sie — man möchte fast sagen — bewußtlos vollführt. Plötzlich kommt dieser Automatismus ins Wanken, und zwar so, daß dieser Mann jedesmal auffährt und daran zu zweifeln beginnt, daß er die Türe geschlossen habe. Er kann sich aus einem triftigen Grunde nicht daran erinnern, da ja dieses Türeschließen restlos automatisiert ist. Er ist also gegen seinen Automatismus mißtrauisch geworden, obschon er anfangs bei jeder Nachprüfung feststellen muß, »daß seine Hand gescheiter war als sein Kopf«, daß also die Türe ordnungsgemäß verschlossen ist. Allmählich gelingt es ihm tatsächlich, den Automatismus zu zerschlagen. In diesem Falle haben sich nicht die äußeren Bedingungen der Anpassung geändert, sondern das bislang gut angepaßte Individuum unterliegt einer inneren Veränderung, die seine Adaptation und somit auch seine Lebensweise gefährdet.
T. ist automatisiert in seiner Stellungnahme zur Welt, er ist in dieser Stellung-

nahme *erstarrt,* und diese Stellungnahme ist eine ängstliche, also feindliche; sie ist eine feindliche, also eine ängstliche Stellungnahme.

Wir müssen uns nun fragen, ob man in der Angst nur eine Reaktion sehen darf, ob ihr nicht eine positive Funktion in der Gestaltung des Lebens zukommt, man muß nach dem *Sinn der Angst* forschen. Wir haben den Sinn des Totstellreflexes im Tierleben anerkannt und haben zugleich angedeutet, daß er im menschlichen Leben nicht von fördernder, sondern behindernder Wirkung ist. Das bedeutet natürlich, daß er keinen Sinn habe: Dieser ist zwar im Widerspruch zum Leben, aber nicht zur »privaten Logik« (Adler) des einzelnen Individuums. Welchen Sinn hat nun die Angst T.s und welche Bedeutung innerhalb seiner Lebensmethode? Sie wirft ihn immer mehr und immer wieder auf ihn selbst zurück, sie verdichtet seine Isolation, die Wand zwischen ihm und den anderen, kurz: Sie erweist sich als eine *unüberbietbar wirksame Methode zur Sicherung seines Systems, seines »Lebensstils«* (Adler). Wie, die Angst sollte eine Sicherung und nicht genau das Gegenteil sein? Denken wir darüber nach, wie sehr uns diese Erwägung in Widerspruch zu einem Vor-Urteil bringt. Wir haben die Angst immer wieder als Ausdruck der Unsicherheit bezeichnet, und das ist sie auch, so erleben wir sie. Aber ist das Seelische nur *Ausdruck?* Wer es nur als Ausdruck betrachtet, geht fehl, wird das Opfer jener Wirrnis, die die ungewöhnliche Mannigfaltigkeit der möglichen Ausdrucksformen unseres Seelischen für den erzeugt, der die Form abgetrennt vom Wesen zu erfassen sucht. Keine Bewegung, keine Funktion ist nur Form; sie ist auch dieses, und zwar deshalb, weil sie ein Teil des Wesens ist, das in einer ununterbrochenen Entwicklung wirkt und wird. Ohne die mannigfachen Ausdrucksformen der Angst zu vernachlässigen, müssen wir uns vor allem der Aufgabe widmen, das *Wesen* der Angst zu erkennen. Sie erweist sich unter Umständen als ein hervorragendes Sicherungsmittel, als ein Mittel der Selbstbehauptung; als eine Bemühung, der Selbstentfremdung zu entgehen.

Untersuchen wir die Situation, in der bei T. die Angst auftrat: Er hatte etwa um 9.30 Uhr die Begegnung. Seine Stimmung war, als er aufwachte, wie er es selbst nennt, eine »gemischte«. Einerseits war er froh, denn er hatte am Abend vorher eine sehr angenehme Bekanntschaft gemacht: Ein junges Mädchen, das richtig in ihn verliebt zu sein schien. Doch warf er sich andererseits vor, daß er von dieser Chance keinen Gebrauch gemacht hatte. Er konnte sich an die Träume dieser Nacht nicht erinnern, doch hatte er den Eindruck, daß er sehr vieles »durcheinander« geträumt hatte. Am Morgen überlegte er sich dann, ob er nicht mit dem Mädchen ein Rendezvous ausmachen sollte; knapp bevor er das Haus verließ, hatte er sich dazu entschlossen. Dies stimmte ihn froh und unternehmungslustig, bis er dann die angstauslösende Begegnung hatte. Sie erinnern sich wohl noch an den Ausspruch, den der Kollege seinerzeit gemacht haben soll: »Der T. ist doch kein Mann!« Sie erkennen nun einen gewissen Zusammenhang zwischen dieser »gleichgültigen« Situation und der Angst T.s. In der Tat ist T.s Männlichkeitsgefühl immer sehr unsicher gewesen. (Wir werden ein anderes Mal auf seine geschlechtlichen Beziehungen zu sprechen kommen.)

Es ist ersichtlich geworden, daß die Deutung der Angst in jedem Falle die Rationalisierung unrational verwerteter Erlebnisse einschließt. Sofern man die Regengüsse in Zentralaustralien nur im Zusammenhang mit den vorhergegangenen Regenzeremonien des Zauberers betrachtet, ist es in der Tat unverständlich, wieso dem Zauberer durch seine unsinnigen Sprüche und Handlungen sympathetischer bzw. imitativer Magie (Frazer) etwas gelingt, was Ihnen aufgrund Ihrer Kenntnis der Naturgesetze unmöglich erscheinen muß. Indes werden Sie natürlich den Zusammenhang Ihrer Betrachtung wesentlich ausdehnen bis zum Einschluß der wichtigsten klimatologischen Erkenntnisse: Das Tun des Zauberers werden Sie hinwiederum mit Hilfe der Anwendung soziologischer und teilweise auch psychologischer Gesichtspunkte begreifen. (Wir erinnern auch an das an anderem Orte zitierte Witzgleichnis vom Manne mit dem Schirm und dem Löwen in der Wüste.)

Die Angst T.s ist uns nun nicht mehr unbegreiflich. Doch verstehen wir noch immer nicht, was ihr konkreter Sinn war. Wir haben seine charakterliche Vorbereitung für die Angst entlarvt, aber wissen noch nicht, warum bzw. wozu er sie gerade in dieser Situation erleben mußte. Natürlich war die Krawatte ein auslösendes Moment. Indes, verehrte Hörer, für einen Ängstler gibt es *keine* Erscheinungen auf dieser Welt, die *nicht* angstauslösende Momente sein können. Da er jedoch nicht immer Angst hat, muß man jedes Mal die Frage beantworten, was für ihre Auslösung bestimmend sein mag.

Unsere bisherigen Darlegungen haben Ihnen bestenfalls Hinweise darauf geboten, wie man an die Deutung eines Angsterlebnisses herangeht, und noch nicht, wie man sie zu Ende führt. Dies auch deshalb, weil wir bisher die überaus fruchtbare finalistische Fragestellung Adlers noch nicht angewandt haben. Aber aus einem anderen Grunde noch. Sie wissen noch immer zu wenig von der Kindheit T.s. In der Geschwisterreihe ist er der Jüngste bzw. der Jüngere. Sein bereits erwähnter Bruder ist um vier Jahre älter. Ihm folgte eine um zwei Jahre jüngere Schwester, die starb, als T. 1 Jahr alt war. T.s Mutter ist, wie gesagt, mit 35 Jahren erblindet, sein Vater mit 40 Jahren Arbeitsinvalide geworden. Der gleichfalls erblindete Bruder der Mutter lebte im Hause seiner Schwester. Er hat einen ziemlich großen Einfluß auf T. ausgeübt. Die Kinderkrankheiten T.s: noch vor Ende des ersten Lebensjahres Keuchhusten, frühzeitig die Spuren der Rachitis, im Alter von 3 Jahren Masern, mit 7 Jahren Scharlach und schwere Mittelohrentzündung, die eine

Schwächung des Gehörs des einen Ohres zurückgelassen hat. T. mußte die erste und die dritte Volksschulklasse wiederholen. Er war während seiner ganzen Schulzeit ein schlechter Schüler, schüchtern und jähzornig in einem; er galt bei den Lehrern als geistig unterdurchschnittlich. Sie beachteten zu wenig seine körperliche Unzulänglichkeit, die viel dazu beitrug, daß er in der Schule nur schwer mitkam.

Wir wollen in der nächsten Vorlesung unsere Betrachtungen über die Angst fortsetzen und auf Ihre Antworten, sofern wir es noch nicht getan haben, eingehen.

15

Hintergründe von T.s Angst. Der Organdialekt der Angst. Über die Herzneurose. Analyse der Angst Z.s. Die sozial adressierte Angst. Die Platzangst der Frau R. Jeder kennt die Angst. Angst vor der Angst. Die Frechheit der Schüchternen. Die unbewußte (chronische) Angst.

Wir haben gezeigt, wie die Ursachen im bewußten wie im unbewußten Teil des Bewußtseins Zielvorstellungen erwekken, so daß man häufig, genauer als die Ursachen, das Ziel seiner Bewegung kennt. Die verursachte Wirkung wird zur Ursache der nächsten Wirkung und jedes Ziel, ist es erreicht, zu einer Etappe auf dem Weg zu einem weitergerückten Ziele. Das seelische Leben im System von Ursache und Wirkung betrachtet, bedeutet auch, es im System von Mittel und Ziel zu betrachten. Die mythologische Auffassung des Seelischen, zu der wir systematisch erzogen worden sind, hat unsern Sinn für eine rationale Betrachtung unserer selbst verbildet. Die Auffassung, daß jegliche seelische Funktion am besten als Mittel verstanden werden kann, ruft in uns einen beträchtlichen Widerstand hervor. In den Vorlesungen über die Voraussetzungen ging es nicht zuletzt um Widerstände dieser Art. Wir können daher unsere Erörterungen über die Angst fortsetzen, ohne nochmals über diese Widerstände zu diskutieren.

— Wozu brauchte T. seine Angst? Für welches bewußte oder unbewußte Ziel war diese Angst Mittel? Unterstellen wir erst einmal, daß wir überhaupt so fragen dürfen. Die konkrete Antwort wird erweisen, ob eine solche Fragestellung möglich ist.

T. fühlte sich durch die Komplimente des verliebten jungen Mädchens sehr geschmeichelt. Für ihn war es sogar mehr als das, da er gerade in dieser Hinsicht nicht verwöhnt worden ist. Er galt in seiner Kindheit als sehr häßlich, besonders im Vergleich zu seinem älteren Bruder, dessen äußere Erscheinung besonders anziehend war. Der Unzweideutigkeit der Chancen, die ihm das Mädchen bot, war er sich bewußt. »Jeder andere Mann an meiner Stelle würde nicht lange zögern«, sagte er sich. Er aber zögerte und verpaßte alles. Warum? Er hatte Angst. Gewiß, eine Angst anderer Art als jene, die ihn am andern Tag anfallen sollte. Eine Mischung von Skrupeln — er kennt den Vater des Mädchens, seine Frau wartet zu Hause auf ihn — und andere weniger präzise Bedenken. So ängstigte ihn zum Beispiel die Vorstellung, daß das Mädchen ihn für einen Sexualhelden halten könnte und deshalb enttäuscht sein würde. Dabei spielt eine Rolle, daß er einmal eine Art Privatalbum mit

zeichnerischen Darstellungen des Liebeslebens herausgegeben hat. Ihr künstlerischer Wert unterschied sie von der üblichen Pornographie. Das junge Mädchen hatte dieses Album gesehen und war, als sie mit T. sprach, noch deutlich unter dem Einfluß des erregenden Erlebnisses. T. wußte es; er hatte das »dumme« Gefühl, daß diese Zeichnungen eine Art Hochstapelei von ihm gewesen wären.
Was wollte nun T.? Den Geschlechtsverkehr mit diesem Mädchen oder die Erhaltung einer Illusion, deren Held er war? Er wollte beides, war aber davon überzeugt, daß jedes von beiden das andere ausschließe. Es war für ihn nun wichtig, ohne Prestigeverlust auszuweichen, doch war er selbst dem Ausweichen nicht gewachsen, da dieses einen Prestigeverlust vor sich selbst bedeutet hätte. Also ein Ausweichen, das getarnt ist, ist die beste Lösung. So kann ein Schüler, der seine Zeit vertrödelt, anstatt seine Aufgaben zu machen, die seltsamsten Wünsche produzieren: Damit er anderntags der Blamage, die er heute vorbereitet, nicht ausgesetzt sein sollte, sieht er seinen Lehrer plötzlich sterben. Die humorlose Psychoanalyse ereifert sich über die Todeswünsche und hat tiefe Deutungen für sie. Wir haben festgestellt, daß der Feigling sehr schnell bei der *ultima ratio* anlangt. Im Kalkül des Feiglings spielt der Tod die Rolle eines Dienstboten... (Wir verweisen auf Duhamels »Mitternächtliche Beichte«, in der ein psychologisch vollendet geschilderter Lebensfeigling einem Konkurrenten den Tod wünscht und, als dieser tatsächlich eintritt, davon überzeugt ist, daß er der Verursacher des Todes sei, daß seinen Wünschen eine übernatürliche Kraft innewohne. Der Psychoanalytiker nennt das das Schuldgefühl, wir — moralisch getarnten Größenwahn, der an dem Punkte von Minus unendlich, im Moment tiefster Unsicherheits- und Minderwertigkeitsgefühle in einer Art psychotischer Überkompensation entstanden ist).
T. soll also ohne Prestigeverlust vor sich selbst ausweichen. Und es gelingt ihm — eben dank dem Angsterlebnisse, das seine Stimmung ändert, sein Interesse vom erotischen Abenteuer ablenkt und ihn in seine Isolation zurückwirft. Er wollte einen Schritt hinaus machen; als ihm ein zweiter folgen soll — da hält ihn eine Kette zurück. Eine plötzlich hereingebrochene schlechte Stimmung führt eine völlige Entwertung des erotischen Erlebnisses in seinem Bewußtsein herbei: »Was soll mir das Mädchen? Ich bin ein kranker Mann. Mein Herz taugt nichts. Ich darf die kurze Zeit, die mir noch zur Verfügung steht, nicht so vertrödeln.«
Wir wissen aus früheren Darstellungen, daß sein Herz »nervös« ist, daß es keinen organischen Befund gibt. Natürlich ist nicht das Herz »nervös«, T. ist es. Die Herzstiche, wie T. sein psychogenes Herzsymptom nennt, rühren, wie wir der Kindheitserinnerung entnehmen konnten, aus seinen frühesten Jahren her; sie treten immer in Begleitung der Angst auf. Daß Angst auf das

Herz, am häufigsten in der Art einer Beklemmung einwirkt, ist bekannt. Die Angst kann jeden Organdialekt (Adler) sprechen. Welchen es spricht, ist nicht gleichgültig und hängt davon ab, welches Organ insuffizient ist. Dieses ist sodann der *locus minoris resistentiae,* durch den die Angst durchdringt. Es kann indes sein, daß der Organdialekt zur Verstärkung der Angst oder als ihr subjektiver Anlaß oder anstatt der bewußten Angst wirkt. Der erste Fall ist klar. Der zweite tritt ein, indem der Neurotiker vorerst das Symptom erlebt und seine Angst sich sodann auf dieses Symptom konzentriert. Etwa: Das Herz »setzt aus«, ihn packt die Angst, daß er nunmehr sterben werde. Bei Magen-Darmtrakt-Nervösen finden wir häufig folgende Argumentation: Ich kann nicht in Gesellschaft gehen, da ich ja plötzliche Beschwerden haben könnte; ich bin eben nicht gesellschaftsfähig. Ich habe Angst wegen meiner Symptome. Es ist natürlich klar, daß er nicht wegen des nervösen Magen-Darmtrakts Angst hat, sondern daß der nervöse Magen-Darmtrakt eine Folge seiner Angst ist. Jedoch wird innerhalb der praktischen Lebensmethode das Symptom zu einem hervorragenden Mittel, die Angst zu verstärken und damit die Sicherung, die sie bedeutet. Der dritte Fall, in dem die Angst verhältnismäßig unbewußt bleibt und das Symptom an ihre Stelle tritt, ist von großer Häufigkeit. Wir werden uns mit ihm ausführlich beschäftigen.
Im Fall T.s sind die ersten zwei Möglichkeiten miteinander verknüpft. Es ist fraglos, daß das Herzsymptom zur Verstärkung seiner Angst und zur Vergrößerung seiner Isolation beiträgt. Da er ganz gewiß auch andere insuffiziente Organe hat — beim Herzen liegt nur eine etwas schwach entwickelte Muskulatur vor —, müssen wir uns fragen, warum die Angst sich gerade des Herzens bemächtigt hat. Antwort: Weil er die anderen Organminderwertigkeiten — man denke vor allem an seine Sehorgane — nicht nur kompensiert, sondern sogar überkompensiert hat. Sie erinnern sich, daß er z. Z. seiner Ausstellung schwere Störungen der Darmtätigkeit gehabt hat. Somit ist sein Herz zwar nicht das alleinige organische Ausdrucksmittel seiner Angst, doch ist die Herzneurose im subjektiven Erlebnis des Neurotikers die effektvollste aller Organneurosen, da sie das Leben unmittelbar zu bedrohen scheint.
Fragen wir uns, was denn die Isolation dem Selbstisolierten bietet, damit er in ihr verharren kann, so erscheint uns sein Verhalten auf den ersten Blick nur sinnwidrig. Genauso sinnwidrig wie, daß einer aus der zweiten Etage auf die Straße springt, mit der Begründung, sein Leben retten zu wollen. Aber dies ist nicht sinnwidrig, wenn ihn im Hause ein undurchdringliches Flammenmeer bedroht und ihm jeden andern Ausgang versperrt. Im Vergleiche zum sichern Flammentod ist der gefährliche Sprung sinnvoll und vernünftig. Die Pein, die der Neurotiker über sich selbst verhängt, gleicht dem rettenden Sprung aus dem Fenster — es ist die schmerzliche Rettung vor der größeren Pein, vor der er flüchten muß. Gewiß, diese größere Pein würde dem Nicht-

neurotiker kaum als solche erscheinen. Doch gemäß seinem Apperzeptionsschema ist für T. jede neue Situation, vor allem aber jede neue Beziehung, eine ungeheuere Gefahr. Daher der fluchtartige Rückzug, den er ja nicht als Flucht erlebt, sondern wie eine Heimkehr zu sich selbst. Er ist vor sich selbst durch das *Pathos seines Leidens* gerechtfertigt. »Wie, ich habe einen Rückzug gemacht? Ich habe Angst vor dem Mädel? Im Gegenteil. Ich war entschlossen und frohgemut. Aber die Angst, die meine Stimmung verdarb, ist wie eine Erkrankung und hat mit dem Mädchen nichts zu tun.« So könnte T. argumentieren, weil er seine Angst nicht als Frontangst durchschaut. Auf dem Wege zur Front, wenn die Waggons mit Blumen überschüttet werden, wenn man als Held gepriesen wird, kennt auch der Kriegsneurotiker keine Angst. Vielleicht gefällt er sich sogar in der suggerierten Rolle des Helden. So hat sich T. frohgemut immer näher an die Front herangeschoben und erst als er vor ihr stand, wurde die Angst notwendig. Da hatte er sie, da hatte sie ihn. Man führe sich doch vor Augen, daß der Mut nicht anders erprobt werden kann als in der Situation, da es gilt, ihn zu bewähren. Europa ist jetzt voll von Helden; sie führen einer verkommenen Kultur vor Augen, zu welcher Kühnheit sich die Feigheit aufschwingen kann.

T. flieht also, sobald er sich der Front nähert, in die Isolation zurück. Da es keine totale Isolation gibt, fällt der Schatten der Umwelt auf den Einsamen. In seinem Monodrama spielt er viele Rollen. Es ist der quichottische Kampf darum, sich selbst zu genügen, für sich selbst alles zu sein. Ein aussichtsloser Kampf, dessen Niederlagen als Depression und Angst zutage treten.

. . .

Die Angst Z.s ist natürlich völlig anderer Art. Ist T. ein Verwahrloster, Vernachlässigter gewesen, so hat die verzärtelnde Erziehung seiner Mutter Z. in Distanz von der Umwelt gehalten und die Entwicklung seiner Sozialität behindert. Bei Z. handelt es sich um eine *adressierte Angst*; sie wendet sich an jemanden. Schreit er aus seinem Angsttraum auf, so findet er die Mutter an seinem Bette; das wird zu einem typischen Erlebnis. Seine Angst ist in jenen Phasen entstanden, da er sich an die weite Umwelt anpassen sollte. Es erwies sich jedoch, daß er sich nicht wirklich anpassen mußte, da seine Mutter zwischen ihm und der Welt stand. Es gab kein besseres Mittel, der gefährlichen Umwelt zu entgehen, als die Angst, welche sofort die Mutter mobilisierte. So kann Angst ein adressiertes Signal sein. Es ist unverkennbar, daß diese Angst sozusagen sozialer ist als die Angst T.s, denn sie schließt immerhin noch einen Menschen ein, ein »Du«, den sie als »Ich« natürlich nicht kennt. Adler hat diese unbewußt arrangierte Angst so ausführlich geschildert, daß es genügen mag, auf seine Werke hinzuweisen. Übrigens ist der *Pavor nocturnus* ein konkretes Beispiel für diese Angstform, die dem Psychotherapeuten am meisten auffallen müßte. Aus wohlverständlichen Gründen: Wer an ihr leidet,

teilt seine Angsterlebnisse gern mit. Er ist auch besonders geneigt, sich an den Psychotherapeuten zu wenden, um von ihm die gleiche Verzärtelung zu erfahren, die in seiner Charakterbildung eine konstitutive Rolle gespielt hat. Der Vernachlässigte hingegen erwartet nichts von der Mitteilung seiner Angst, denn sie wirkt unmittelbar auf ihn allein und nur mittelbar auf seine Umwelt. Überdies ist folgendes zu bedenken: Die Patienten der Psychotherapeuten rekrutieren sich hauptsächlich aus den mehr oder minder wohlhabenden Schichten, bei denen man die verzärtelnde Erziehung ungleich häufiger findet als die vernachlässigende. Die Vernachlässigten kommen schon deshalb selten in die Psychotherapie, weil ihnen ihr ökonomischer Standard nicht nur diese kostspielige Therapie verbietet, sondern es ihnen häufig unmöglich macht, über die Psychotherapie überhaupt etwas zu erfahren. Deshalb spielt in den Berichten der Psychotherapie die Verzärtelung eine ungleich größere Rolle als die Vernachlässigung und die Verwahrlosung, obschon diese als soziales Problem weit mehr Berücksichtigung verdienen.
Diese Angst Z.s entsteht in der Unsicherheitssituation als eine verzerrte Widerspiegelung der Mutlosigkeit und zugleich als ein Streben, die kompensatorische Leistung der Umwelt abzufordern. Die verzärtelnde Umwelt schafft die Sicherheit und bringt das Sicherheitsgefühl hervor, das ansonsten durch eigene Leistung erzeugt werden müßte. Es ist deutlich, daß hier die Umwelt eine verderbliche Rolle spielt, daß sie zur Gefangenen des ängstlichen Individuums wird. Die Angst ist das gewalttätige Mittel einer Tyrannis.
Sie erinnern sich vielleicht an die geständniswütige Frau im klimakterischen Alter. Ihr Mann brachte sie zu einem Psychotherapeuten, der sozusagen ein Eklektiker war, d. h. praktisch keine einzige wirklich psychologische Methode beherrschte, doch davon überzeugt war, über allen psychotherapeutischen Schulen zu stehen. Er arbeitete mit grober Suggestion, ihm gelangen Ermutigungseffekte, und er erzielte dem Anscheine nach Erfolge. Die Frau verlor tatsächlich ihre Geständniswut, entwickelte aber kurze Zeit nach ihrer »Heilung« Platzangst. Ihr Mann mußte sie stets begleiten und konnte sie fast nie allein lassen. Es war eine recht typische Platzangst, bei der übrigens auch das Herz in Mitleidenschaft gezogen wurde. Sie verstehen natürlich, daß die Platzangst ein verhohlen militantes Kampfmittel mit dem gleichen Ziele ist, wie es vorher die Geständniswut gewesen war. Die Frau unterdrückt den Mann, indem sie »gegen« ihn Angst hat. Sie stellt ihn so in ihren Dienst und kann nun immer mit ihm rechnen. Sie hat somit ein Symptom gegen ein anderes ausgetauscht, indes sie selbst unverändert geblieben ist, sie und ihre Angst vor dem Altern, vor dem Alleinsein, vor dem sexuellen Mißerfolg usw. Auch diese Angst ist adressiert, der Adressat ist der Mann. Die Geständniswut war ein schlechtes Kampfmittel, diese Form adressierter Angst könnte man fast als einen Geniestreich bezeichnen. Nur wenige Menschen können der unge-

heuren Suggestion der neurotischen Angst entgehen, daher erscheinen neurotische Charaktere innerhalb ihres Kreises so oft als ungleich stärkere Persönlichkeiten und ungleich intensivere als ihre nächste Umgebung.

Gewiß, trotz allem ist diese Angst als Sicherung sehr problematisch, denn die Umwelt könnte eines Tages versagen. So dehnt sich die Angst wie ein Steppenbrand immer mehr aus. Die Frau beginnt, sich nun auch um den Mann zu ängstigen: Erstens, weil sie solcherart den Mann noch mehr an sich zu binden glaubt, indem sie ihn bewegt, immer mehr zu Hause zu bleiben; zweitens ängstigt sie sich wirklich, denn wenn ihm was zustieße, wäre sie ja ihres Sicherungsinstruments beraubt.

Kinder, die etwa auf dem Wege von der Schule nach Hause die Angst befällt, ihre Eltern könnten inzwischen gestorben sein; Ehefrauen, die über keinerlei Sicherheiten verfügen und mit Selbstmord drohen für den Fall, daß ihr Gatte vor ihnen sterben sollte — ihnen allen kann es nicht erspart bleiben, das Sicherheitsgefühl mit eigenen Kräften zu erringen, denn niemand kann auf die Dauer des anderen Sicherheit sein. Nur in einer positiven, kooperationsbereiten Stellung zur Gemeinschaft liegt die Garantie für brauchbare Kompensationen. Die sozial adressierte Angst ist somit unsozial und parasitär. Sie beansprucht die Gemeinschaft wie ein Objekt und nicht als eine Kooperation. Die Familie erzieht dazu, die Umwelt eher zu mißbrauchen als mit ihr zu kooperieren.

Bevor wir unsere Erörterungen über die Angst fortsetzen, wollen wir auf Ihre Mitteilungen aus der vorigen Vorlesung eingehen. B. sagte: »Von mir selbst möchte ich sagen, daß ich eigentlich keine Angst kenne.« Eine solche Äußerung stimmt nachdenklich. Denn daß einer gar keine Angst kennt, ist so absonderlich, so vollkommen im Widerspruch mit allen psychologischen Erfahrungen, daß diese Mitteilung nur subjektiv als wahr gelten könnte. Gibt es eine Angst, von der man nichts weiß oder die zu bekennen man sich verhindert fühlt?

B. fährt fort: »In der Kindheit war ich zwar etwas eingeschüchtert.« Was bedeutet: eingeschüchtert sein? Doch wohl mutlos und ängstlich sein. Man kann einen eingeschüchterten Menschen nicht angstlos nennen. Daß die autoritäre Erziehung bei B. diese Eingeschüchtertheit hervorgerufen hat, ist ohne weiteres anzunehmen. Seit Jahrtausenden bemühen sich so mächtige Institutionen wie Kirche, Staat und Familie, Angst zu erzeugen, und es ist ihnen bisher gut gelungen. Das geschah nicht, um ein ethisches oder ästhetisches Vergnügen an der Angst der Eingeschüchterten zu genießen, sondern zu praktischen, gesellschaftlichen Zwecken, die in der Tat immer wieder erreicht worden sind. Die Unterdrücker erzeugen die Angst, um ihre Überlegenheit über die Beherrschten und Ausgebeuteten zu sichern.

B. meint, daß man diese Angst doch als Furcht bezeichnen könnte. Wir können ihm nicht zustimmen, weil die Furcht die gefährdende Situation richtig und unverzerrt widerspiegelt und weil die Furcht aktiviert. Überdies vergeht sie mit ihren Gründen. Einschüchterung aber enthält Angst und nur geringe Anteile von Furcht. In ihr widerspiegelt sich die Situation bereits verzerrt. Sie lähmt die Aktivität, und sie überlebt ihre Ursachen auch dann, wenn der Eingeschüchterte sich selbst unähnlich zu werden scheint: wenn er z. B. frech wird. Eltern finden ihre Kinder frech, wenn sie eine eigene Meinung äußern, wenn sie sich die elterliche Unterdrückung nicht gefallen lassen. Wir bezeichnen mit Frechheit ein spezifisches Verhalten des Mutlosen, des Eingeschüchterten, der sich häufig frech verhält, wenn seine Unsicherheit so groß geworden ist, daß er allen Sinn für Maß verliert, wenn er, gleichsam ein Ende mit Schrecken einem Schrecken ohne Ende vorziehend, den Stil seiner eigenen Unterdrücker übernimmt. Es ist die Rebellion des auch innerlich noch unfreien Sklaven, dessen Verhalten deutlich macht, wie vergiftend die Herrschaft gewesen ist. Ein Vater, der sagt: »Warum soll ich mein Kind nicht schlagen? Ich bin auch geschlagen worden, und es hat mir nichts geschadet.« Solch ein Vater beweist mit diesem Ausspruch allein, wie sehr ihm die Prügel seines Vaters geschadet haben. Dieser Feigling gibt die Schläge, die er zur Abwehr des Vaters notwendig gehabt hätte, seinem Kinde weiter. Er kämpft dort, wo der Kampf keinen Mut erfordert. Die Barbarei der Kinderverprügelung gibt es selten im Zustand der Barbarei. Sie beginnt mit der Zivilisation.

Es ist unwahrscheinlich, daß ein eingeschüchtertes Kind die Angst nicht gekannt haben soll. Hier liegt der Fall eines früher Eingeschüchterten vor, der heute die Angst nicht zu kennen behauptet. Was mag das bedeuten? Vielleicht dieses: Mit der Kindheitssituation sind die unmittelbaren Anlässe der Einschüchterung vergangen. Geblieben ist das Gefühl großer Unsicherheit, dem starke kompensatorische Kraft innewohnt. Diese zielt vor allem in der Richtung einer besonderen Stärke des Persönlichkeitsgefühls. Das Persönlichkeitsziel des Eingeschüchterten ist dialektisch leicht deutbar: Er hat »stark«, d. h. angstlos zu sein — so, wie der eingeschüchterte Vater dem Kind erschienen ist. So schleppt man seine Kindheit mit sich; sie hat ein anderes Gesicht bekommen, doch ist sie stets da. Sie wirkt, und der größte Teil ihrer Wirkung bleibt im Unbewußten. Erinnern Sie sich an die verschiedenen Diskussionsbemerkungen B.s und Sie werden erfassen, was wir die charakterlichen Voraussetzungen unserer Anschauungsweisen genannt haben. In all seinen Bemerkungen vertritt B. einen heroistischen, persönlichkeitsfimmligen Standpunkt. Er spricht von urwüchsiger Stärke, von geborenen Führern usw. Die Mythologie des Heldentums kommt in seinen Äußerungen immer wieder klar zum Ausdruck. Und da ist nun seine eingeschüchterte Kindheit und doch keine Erinnerung an Angst. Angstlos zu sein, ist ein erstrebenswerter Zustand. Aber der Glaube, daß man angstlos sei, ist häufig ein Beweis dafür, daß man nicht einmal zur Angst Mut hat. Und die Überwindung der Angst fängt damit ein, daß man Mut zu seiner Unvollkommenheit, Mut zu seiner Schwäche und Unzulänglichkeit hat. Unsere Entwicklung vollzieht sich nicht in einer Luftlinie, sondern in Serpentinen, in voll entwickelten Widersprüchen, über Berg und Tal. Höhen können häufig nur genommen werden, wenn man bereit ist, vorerst an Höhe abzugeben, wie der Bergsteiger sagt, wenn man in die Tiefe geht, um die Höhe zu erreichen. Die Kunst, Berge zu besteigen, erfordert nicht nur Schwindelfreiheit und Mut, sondern den noch größeren Mut, zeitweise den längeren Weg zu wählen und Umwege einzuschlagen, die wie Rückwege aussehen. Das ist die dialektische Art, mit den Lebensschwierigkeiten fertig zu werden. B. meint wohl, es gäbe eine Luftlinie in der Entwicklung des Lebens, und er meint, daß es möglich sei, immer auf der Höhe zu bleiben. Er verhält sich so, weil er das Bewußtsein des Unten, das Minusgefühl nicht überwunden hat. Diesem entspricht in einem irrealen Kompensationsideal das Plus, dem er zustrebt.

Wir haben somit eine dritte Art von Angst kennengelernt. Sie ist gekennzeichnet durch das hohe Maß der Unbewußtheit, in der sie wirkt. Dadurch, daß sie viel mehr einen kompensatorischen als den gewohnten Angstausdruck findet. Natürlich gilt das nur so lange, als keine akuten Konflikte da sind. Treten diese ein, so kann diese Angst sich in eine der beiden früher gekennzeichneten Arten verwandeln. In welche von beiden sie sich verwandelt, ist durch den Charakter, der den Konflikten ausgesetzt ist, bestimmt. Wir haben es bei dieser dritten Art von Angst in einem gewissen Sinne mit einer chronischen Angst zu tun. Sie tritt nicht ins Bewußtsein, aber sie wirkt auf das Handeln, auf das gesamte Verhalten ständig ein. Beim Jähzornigen ist z. B. die Angst schwer erkennbar, doch ist der Jähzornanfall kaum etwas anderes als eine Überkompensation der Angst, eine Überkompensation von äußerster Mangelhaftigkeit, sozusagen eine Überkompensation ad hoc. Denn die Angst wird nicht beseitigt. Der Jähzornige erlebt im Zornanfall seinen großen Moment, in dem er endlich eine sieghafte Überlegenheit erreicht zu haben glaubt. Er ist der »wilde« Mann, der keinen Widerstand anerkennt, dem alles egal ist und der sich durch nichts zurückhalten läßt. Es ist deutlich, daß er sich selbst in dem fast bewußtlosen Anfall imponiert. Analysieren wir die Entwicklung einer Stimmung bis zum Jähzorn, so finden wir in ihr ein sich fortgesetzt steigerndes Gefühl von Unterdrücktheit, Verkürztheit und Benachteiligtheit. Je mehr sich dieses Gefühl steigert, um so unerträglicher wird es. Da geht der Anfall los, überschlägt sich, und der Jähzornige versucht, diese Stimmung durch Aggression loszuwerden. Man erkennt also die Besonderheit dieser Angst an der nervösen Aggressivität, die sich in ihr ausdrückt, und an den Höhepunkten dieser Aggressivität. Sie unterscheidet sich somit von den zwei früher genannten Arten der Angst durch das hohe Maß von Aktivität und durch die Unbewußtheit. Es gibt wohl kaum einen Menschen, der von dieser Angst stets frei wäre. Sie erwächst aus dem Zwang unseres Lebens, unter dem wir leicht einem Unsicherheitsgefühl verfallen, und aus der Schwierigkeit der menschlichen Beziehungen, aus ihren Konflikten, die wir selten sinnvoll und auf dem kürzesten Wege der Einsicht und der Veränderung beenden können. Wir sind hierauf nicht vorbereitet; diese Untrainiertheit für das Leben ist mit großen Mängeln an Verständnis verbunden. Es ist kein Zweifel, daß wir in der Beherrschung der technischen Lebensbedingungen unvergleichlich weiter sind als in der Fähigkeit, unser Beziehungsleben rational zu erfassen und zu gestalten. Wir leben mit unwahrscheinlich hohen Regiespesen, da wir nicht gelernt haben, unsere Intensitäten angemessen zu verteilen. Die aggressive Angst ist unter anderem auch dafür ein Beweis, daß Stockungen in der Kompensation von Unsicherheiten nicht spurlos vorübergehen, daß sie wie ein giftiges Residuum Angst erzeugen, die diese Stockungen überlebt. In einer Atmosphäre der Unsicherheit und des Mißtrauens gegen sich selbst und gegeneinander erhält diese Angst eine außerordentliche Bedeutung. Sie ist häufig das Instrument, dessen sich verderbliche Ideologien bedienen: Im Chauvinismus, in einem größenwahnsinnig gewordenen Rassennationalismus, im ganzen Prozeß der Entfesselung des Kleinbürgers spielt der rationelle Mißbrauch dieser Angst eine gewisse Rolle. (Wir warnen bei dieser Gelegenheit nochmals davor, aufgrund einer massenpsychologischen Kompetenzüberschreitung diese gesellschaftlichen Bewegungen vor allem psychologisch deuten zu wollen. Sie sind das Objekt einer kritischen Soziologie.)

16

Angst in der Kindheit. Zur Analyse des Jähzorns: Die nervöse Aggressivität. Die Entwertungstendenz. Die Sehnsucht nach der Intensität. O., ein Fall von Vergewaltigungsangst. Der persönliche Konflikt: ein sozialer Konflikt.

Aus dem Hörerkreis:

A.: »Ich bin bei Pflegeeltern aufgewachsen, habe meine Eltern nie gekannt. Ich wuchs ohne Geschwister auf, da meine Pflegeeltern schon alt waren, als ich zu ihnen kam, und ihre Kinder außer Haus waren. Es waren gute, aber sehr nüchterne und sehr kalte Menschen. Ich erinnere mich nicht, jemals in meiner Kindheit eine Zärtlichkeit erfahren zu haben. Ich habe nicht gern mit anderen Kindern gespielt, da ich sie alle als roh und feindlich empfand. Ich war sehr schweigsam und bin es bis heute geblieben.

Ich kann mich tatsächlich nicht erinnern, welcher Art die Situationen waren, in denen mich die Angstwellen überkamen. Ich sehe aber ein, daß es keine gleichgültigen Situationen gibt.

Ein Traum, den ich noch heute träume, ist folgender: Ich bin in einer fremden Stadt und fühle mich sehr wohl. Da weiß ich plötzlich, daß ich hier nicht bleiben darf, daß ich zurück muß, woher ich gekommen bin. Es tut mir sehr leid, und ich überlege mir, ob ich mich nicht an wen wenden soll. Aber ich sehe niemanden. In diesem Traum gibt es eigentlich gar keinen anderen Menschen außer mir. Ich möchte noch dazu bemerken, daß ich jetzt, wenn ich diesen Traum träume, in ihm zu wissen scheine, daß ich ihn schon geträumt habe. Trotzdem erscheint er mir jedesmal als ein reales Erlebnis. Die Stimmung in ihm ist sehr gut, von einer Leichtigkeit, die ich sonst kaum kenne. Dann wird sie immer schlechter und trostloser. Ich glaube aber nicht, daß es eine Angststimmung ist.

B.: »Ich glaube, mich nun doch zu erinnern, daß ich als Kind vor dem Dunkel große Angst gehabt habe, außerdem Angst vor irgendwelchen Ungeheuern. Daß ich mich das vorige Mal nicht daran erinnert habe, führe ich darauf zurück, daß mir solche Ängste heute sehr fernliegen.

Ich weiß nicht, ob Sie folgendes Angst nennen würden: Manchmal, wenn ich nachts allein in meiner Wohnung bin, packt mich irgendeine Scheu. Ich weiß nicht recht wovor, aber es ist häufig so, als ob ich irgend etwas Wichtiges zu tun unterlassen hätte usw. Es ist wie das mahnende Gewissen.

Ich kann Ihnen nicht zustimmen, daß der Jähzorn eine aggressive Angst ist. Ich selbst bin jähzornig, und es steht für mich unzweifelhaft fest, daß ich das von meinem Vater geerbt habe. Objektive Beobachter bestätigen, daß eine solch frappante Ähnlichkeit zwischen meines Vaters und meinen eigenen Jähzornanfällen besteht, daß die Vererbung hier ganz außer Frage bleiben muß.

Ich möchte überhaupt zu Ihren Ausführungen über den Zusammenhang zwischen meinem Charakter und meinen Anschauungen sagen, daß natürlich jeder Mensch andere Erfahrungen macht, die seine Anschauungen beeinflussen. Das bedeutet doch nicht, daß diese Anschauungen falsch sind. Im Gegenteil: z. B. meine Erfahrung über die Vererbung des Jähzorns.«

Ich will vorerst noch auf die Bemerkungen C.s und D.s zur vorvorigen Vorlesung zurückkommen. C. meint, es müsse hinter jeder Angst ein organischer Vorgang zu finden sein, und er fügt hinzu: »Wenn also die Angst eine körperliche Erscheinung mit seelischem Ausdruck ist, dann ist es fraglich, daß man mit den Mitteln der Psychologie allein das Wesen der Angst sollte aufhellen können.« Wenn C. sich zur Begründung dieser Auffassung auf seine eigenen Angsterlebnisse beruft, so hat er subjektiv vollkommen recht. Die Angst wirkt auf den Organismus in einer Weise ein, die wir mit den heutigen Beobachtungsmitteln noch nicht erforschen können. Man kann ja auch weitergehen und behaupten, daß jegliche psychische Regung einem entsprechenden organischen Vorgang entspricht, doch ist es ein weiter und wohl kaum gehbarer Weg bis zur Folgerung, daß jegliche Angst körperlich bestimmt ist. Wer das Psychische als eine soziale Funktion des Organismus betrachtet, gesteht dem Organismus die Rolle einer *Bedingung* und nicht die einer Determinante, einer *Bestimmung* der psychischen Inhalte zu.
Die bisher geschilderten Angsterlebnisse haben in diesem Sinne sozialen Charakter und sind als Ausdruck, Mittel und Wirkung von Verhältnissen aufzufassen. Vom Standpunkt C.s ausgehend, stoßen wir auf eine Angst, an der die Beteiligung des Organismus so auffällig ist, daß in der Tat eine psychologische Deutung nicht angemessen wäre. Es ist bekannt, daß bestimmte Erkrankungen, insonderheit Hirnerkrankungen, in ihrer Inkubationszeit eine panische Angst auslösen können, ja, daß manche schwere organische Erkrankungen zuerst als Angst zutage treten. Ob jedoch diese organische Angst als Angst bezeichnet werden kann, bleibe vorerst dahingestellt.
Es gibt z. B. Fieberzustände, in denen der Kranke sonderbare körperliche Sensationen hat. Er empfindet etwa seine Extremitäten als außerordentlich vergrößert und verdickt. Es ist wie eine Selbstentfremdung des Organismus. Dies in einer Lebensphase, in der das Einheits- und Ganzheitsbewußtsein längst errungen ist. Diese Sensationen sind organisch bestimmt, der psychische Anteil an ihnen ist unerheblich.
D. meint, daß die Kindheit jene Entwicklungsphase sei, in der jeder Mensch ausnahmslos der Angst preisgegeben sei. »Mit Angst kommt der Mensch auf die Welt, sein erstes Gefühl ist Angst. Auf dem Wege zur Reifung lernt er allmählich, die Angst zu überwinden.«
Nun, es ist einfach nicht wahr, daß der Säugling mehr Angst hat als der Erwachsene oder das dreijährige Kind. Im Gegenteil, seine Angst stellt sich erst

ein, nachdem er der erzieherischen Wirkung seiner Umwelt ausgesetzt worden ist. Auch nachdem der Säugling sehen gelernt hat, zeigt er normalerweise keine Angst vor Personen, gleichviel ob er sie zum ersten oder zum wiederholten Male sieht. Seine Stellung zu ihnen ist eindeutig durch seine jeweiligen organischen Interessen (Spannungen, Entspannungsbedürfnisse) bestimmt. Erst viel später, nachdem er Personen zu unterscheiden gelernt hat, erst dann kann sich Angst z. B. vor neuen Personen einstellen. Ähnliches gilt für die Beziehung des Kleinkindes zum Dunkel. Von vornherein kennt es keine Angst vor dem Dunkel. Auch diese ist ein Erziehungsprodukt, in ihr widerspiegelt sich die Angst der Erwachsenen, der Erzieher, die dem Kinde häufig ahnungslos die Angst vermitteln. Allgemein bekannt ist, daß ein Kind, das fällt, zumeist nur dann zu heulen beginnt, wenn die Erzieher auf diesen Fall wie auf eine Katastrophe reagieren. So entdeckt erst das Kind, daß ihm wohl Furchtbares zugestoßen ist, und es erwartet, prämiert zu werden.

Die Auffassung, daß die erste Regung nach der Geburt Angst sei, liegt nahe, ist aber nicht bewiesen. Gewiß wirken verschiedene Umstände im Moment der Geburt, wie die Preßwehen, auf den kindlichen Organismus ungünstig ein: so auch der beträchtliche Temperaturwechsel, die möglichen organischen Geburtstraumen usw. Man könnte also vielleicht von einem organischen Schock sprechen. Ein psychischer ist er noch lange nicht. Die Versuche einzelner Psychoanalytiker, besonders der Ranks, das Seelenleben des Menschen aus dem psychischen Geburtstrauma zu verstehen, sind auch deshalb wenig überzeugend, weil hier das Psychische augenscheinlich nicht als eine sozial entwickelte Funktion, sondern als eine angeborene, fertige Apparatur aufgefaßt wird.

Wir können also D. nicht zustimmen, wenn er sagt, es sei die Aufgabe der Erzieher, dem Kinde allmählich die Angst zu nehmen. Die Aufgabe der Erziehung besteht vor allem darin, keine Angst zu *erzeugen*. Eine Erziehung, die ihre bisherigen Fehler vermiede, wäre bereits ein unvorstellbarer Fortschritt. Der Begriff Erziehung ist für uns allumfassend, wie man sieht.

B. verweist darauf, daß der Jähzorn vererbt sein müsse; er bezieht sich auf die Ähnlichkeit zwischen seinen eigenen und seines Vaters Jähzornanfällen. Nun, diese Ähnlichkeit ist nicht weiter verwunderlich: »Wie er sich räuspert und wie er spuckt, hat er ihm trefflich abgeguckt.« Dem Vater nämlich. Das gibt es natürlich, und es werden unvergleichlich wichtigere, kompliziertere Funktionen abgeguckt, z. B. das Sprechen. Schon in den ersten Monaten beginnt das Kind die Lippenbewegungen des Sprechenden deutlich nachzubilden. So erklärt sich auch die Ähnlichkeit des Jähzorns daraus, daß er gelernt worden ist. Jähzornige lehnen stets die Verantwortung für ihren Anfall ab; ihre Ausreden marschieren auf zwei Kaiserstraßen auf: Erstens habe man sie zum Anfall getrieben, somit seien die anderen schuld. Alle anderen, nur nicht sie selbst. Zweitens sei dies ihr Temperament, ihr angeborener, vererbter Charakter, und dafür könne man nichts.

Wenn es keinen Glauben an die psychische Vererbung gäbe, so würde der Jähzornige ihn erfinden. Er braucht ihn wie den Jähzorn selbst. Das Argument, daß unsere Auffassung nicht richtig sein könne, da der Bruder des Jähzornigen, Sohn des gleichen Vaters, eher das »Gegenteil« eines Jähzornigen sei, begegnet uns häufig. Indes beweist es, was es widerlegen soll. Ist der Jähzorn vererbt, warum nicht bei allen Erben? Ist er übertragen, dann ist es allerdings verständlich, daß mehr als zwei Jähzornige in einer Familie nicht mit Erfolg jähzornig sein können. Schon zwei sind zuviel. Häufig kriegt ein Kind heraus, daß es dem Jähzorn des Vaters am besten standhält, wenn es ihn vollkommen gewähren läßt. Allein entdeckt das Kind das allerdings nicht, auch hier orientiert es sich an der Umwelt, und zwar an jenem Teile, der diese Taktik gegenüber dem Erzürnten einhält. So schafft es sich ein Persönlichkeitsideal, das dem Zornigen sehr unähnlich ist. In der Beziehung zwischen Kind und Umwelt entscheidet es sich, welche von deren Eigenschaften es übernimmt und welche bei seiner Charakterbildung antithetisch einwirken. Somit widerspiegelt die Apathie eines Kindes nicht weniger deutlich die Unbeherrschtheit des Vaters als der Jähzorn seines Geschwisters.

Der Jähzornige braucht das Vorurteil der psychischen Vererbung, um der Verantwortung zu entgehen. Ihm imponiert sein Jähzorn und besonders der Erfolg, den er damit erringt. Er gibt ihm in jener Situation freien Lauf, in der er den Mut, sich mit den normalen Mitteln auseinanderzusetzen, verloren hat. Im Hintergrund des Jähzorns liegt fast so etwas wie eine panische Angst, die Angst, in einem Meer von Unrecht zu ertrinken und von den andern überrannt zu werden: Lebensangst.

Es handelt sich da um ein wesentliches Kennzeichen der nervösen Aggression, der stets die aggressive Angst zugrunde liegt. Der Nervöse meint, in der Defensive zu sein und stets heftig, intensiv und unter Gebrauch von unerlaubten Mitteln sich wehren zu *müssen*. Die für die Angst charakteristische mangelhafte Wahrnehmung ist somit auch hier gegeben. Sie macht verständlich, warum der Ängstler so häufig auf Angriffe reagiert, die weder erfolgt noch beabsichtigt waren. Auch da, wo es gar keine Türen gibt, versucht er, sie einzurennen. Es gibt viele Verhaltensweisen, die zwar nicht immer ihren aggressiven Charakter zeigen, deren Ursprung jedoch stets die angstvolle Wahrnehmung und die aggressive Verzerrung dieser Wahrnehmung sind. Adler hat häufig bei seinen Patienten die *Entwertungstendenz* festgestellt. Auf ungezählten Schleichwegen strebt sie ihrer Verwirklichung zu. Unser geselliges Leben ist voll von ihr. Wenn man einfach nur der Tausende ebenso fader wie abstoßender Schwiegermutterwitze gedenkt, der abscheulichen Brutalitäten gegen alternde Frauen, die sich als Scherze tarnen, dann wird ei-

nem klar, wie sehr sowohl die eigene Unzulänglichkeit als auch die Unzulänglichkeit der Schwachen dem Feigling zum Anreiz wird, sich zu erheben, indem er sich auf die Schultern des Schwachen stellt. Die Entwertungstendenz arbeitet auch in verkehrter Sprache: in Gestalt von Komplimenten, in Scherzen scheinbar wohlwollender Art. Es ist interessant festzustellen, daß der häufig humorlose Neurotiker diese oft besser erfaßt und die eigentliche Tendenz dieser Scherze aufgrund seiner Überempfindlichkeit richtig herausspürt; doch reagiert er darauf, wie gewöhnlich, falsch.
In allen Formen der Entwertungstendenz erkennen wir jedenfalls eine Wirkung der aggressiven Angst des Menschen, der die wirkliche oder angemaßte Überlegenheit des andern um so weniger erträgt, je mehr er vom Gefühl der eigenen Unterlegenheit bedrängt wird. Die Entwertungstendenz hat innerhalb unseres täglichen Lebens eine große Bedeutung; sie ist die kleine Münze der großen Angst der Menschen voreinander und vor sich selbst. Mit diesen kleinen Münzen regelt sich ein regelloses geselliges Leben, das ein Hohn ist auf die wirkliche Gesellschaftlichkeit — eine unzulänglich getarnte Reihe von Persönlichkeitskämpfen, an deren Ende es nur Besiegte gibt. Eine Normalpsychologie wird also jedenfalls der aggressiven Angst ihr besonderes Interesse zuwenden müssen. (Die ersten und überaus scharfsinnigen Ansätze zur Analyse der Aggression hat Alfred Adler im Jahre 1908 in seiner Arbeit über den Aggressionstrieb geliefert. Inzwischen ist dieser Begriff, reichlich mißverstanden, in die Psychoanalyse aufgenommen worden. Die Arbeit ist nachzulesen in dem Sammelwerk »Heilen und Bilden«, herausgegeben von Adler-Furtmüller-Wexberg.)

Wir wenden uns nunmehr der Betrachtung einer anderen Angst zu, deren Bedeutung ebenso groß, wie ihre Erkennung erschwert ist. Das Verständnis für sie hat einige Voraussetzungen.

. . .

Verehrte Hörer! Wir sagten schon, über das Leben lasse sich leicht spekulieren. Man kann darüber so viele Aphorismen und Paradoxe formulieren, als man nur will. Das ist unsere Aufgabe nicht, wir haben nicht zu spekulieren, sondern zu erkennen, d. h. eine möglichst unverzerrte Widerspiegelung der Sachverhalte in unseren Köpfen zu erlangen und die Richtung der fortschreitenden Veränderung wahrzunehmen. Wenn wir unser zeitgenössisches Leben zu erkennen versuchen, so stellen wir fest, daß es den Menschen ungleich mehr Enttäuschungen als Erfüllungen bietet, daß die Kindheit die Phase unbegrenzter Versprechungen und das Erwachsenenleben die Phase fortgesetzter Enttäuschungen ist. Ungezählte Millionen leben ein Leben, das sie wie ein Hemd wechseln möchten. Manchmal ist ihnen, als ob das gar nicht ihr Leben wäre, als ob das Ganze nur ein ödes Vorspiel sei, das nicht enden will. Über-

sehen wir nicht, welche Bedeutung dieser Enttäuschung zukommt. Die Bereitschaft, die Millionen gezeigt haben, sich in den technisierten Massenmord eines Weltkrieges hineinreißen zu lassen, muß auch den Psychologen nachdenklich stimmen, obschon der Tatbestand selber natürlich ein politisch-ökonomischer ist. Manche Autoren versichern, daß die Massen in den Krieg ziehen, um solcherart ihre sadistischen Gelüste erfüllen zu können; wir meinen, daß diese Autoren am Kriege vorbeigelebt haben: Wäre es anders, sie würden nicht solch obskurantisches Geschwätz anstelle einer Aufklärung bieten. Zweitens meinen wir, daß eben dieses Moment der Enttäuschung, dieser lästige Alltag voll Mühe und Freudlosigkeit, voll von griesgrämiger Distanzlosigkeit, in Millionen die Sehnsucht nach einem Nichtalltäglichen entstehen läßt. Die Interessenten an Kriegen wissen dieses Moment gut einzuschätzen und zu gebrauchen. Ihre Ideologieproduzenten in Literatur, Film und Theater zeigen immer wieder, was im Kriege an Überwindung des Alltags geboten wird. So wahr es ist, daß heutzutage Kriege durch Friedensreden vorbereitet werden, so wahr ist es, daß noch im pazifistischen bürgerlichen Film jene Suggestion ausgeübt wird, die zumindest in den Jugendlichen das Gefühl erwecken muß, dort sei, wonach sie sich sehnen: Romantik ohne Maß, Heldentum, Kameradschaft und vor allem Losgelöstheit von den bedrückenden Bedingungen des alltäglichen Lebens.
Stellen Sie sich vor, es sei unser Intensitätsbedürfnis auf einer bestimmten Höhe X. Unterstellen Sie weiter, daß unser Lebensgefühl, seine Sicherheit und seine Erhaltung von der Befriedigung dieses Intensitätsbedürfnisses abhinge. Stellen Sie sich nun weiterhin vor, daß die durchschnittliche Erfüllung dieses Bedürfnisses etwa gleich X : 2 ist, so bleibt eine Differenz, mit der etwas geschehen muß, eine Differenz, die im subjektiven Erlebnis wirklicher ist als der erfüllte Teil des Intensitätsbedürfnisses. Es ist damit wie mit allen Mängeln: Das vorhandene Brot ist kein Problem, ist unwichtig. Es geht um das fehlende Brot. Das kann alle anderen Probleme verdrängen. Und das mit Recht. Anders als das Sein, intensiver tritt das Nichtseiende ins Bewußtsein. Es ist Anstoß und Motor in einem.
Ungezählte Millionen Menschen leiden an *Intensitätshunger*. Dieser Hunger ist unter anderem Sehnsucht nach dem Erlebnis, Sehnsucht nach Freiheit, Sehnsucht nach einem befriedigenden Selbstbewußtsein, nach einer erfüllenden Leistung, nach einer Position, die im Lichte und nicht im Schatten steht. Dieser Hunger bleibt unbefriedigt. Es gibt für die meisten zu wenig Anerkennung, zu wenig Licht, zu wenig Befriedigung. Wer mit offenen Augen eine Großstadt am Sonntag studiert, wer diese Flucht ins Vergnügen, in die standardisierte Intensität miterlebt hat, der weiß, was die Woche den Menschen schuldig bleibt und worum der Sonntag sie betrügt.
Es gibt ein Mittel, sich Intensität zu verschaffen. Es ist billig, man braucht

niemanden als sich selbst. Das ist die Angst. Man kann in der Angst Intensitätsgrade erreichen, wie sie sonst das Leben zu versagen scheint. Also gibt es eine Intensitätsangst als die Zuflucht eines leeren Lebens, als eine Selbstverzärtelung ohne Maß, als das wahrhaft erregende, aus dem Alltag herausfallende Erlebnis. Die Angst kann also Befriedigung des Intensitätsbedürfnisses sein. Sie kann an die Stelle anderer, *unter* dem Intensitätsniveau bleibender Befriedigung treten. Sie ist eine Zuflucht und eine Rettung.

Natürlich wählt nicht jeder diesen Weg zur Intensität. Es sind nur *nervöse Charaktere* (im Sinne Adlers), die diesen Weg wählen. Und auch unter diesen wieder nur ganz bestimmte Arten von Charakteren. Die psychische Vorbereitung für diesen Abweg rührt aus der frühen Kindheit her. In dieser muß eine hohe Intensität, ein Übermaß von Verzärtelung und nach diesem, gleichsam in einer schockartigen Unterbrechung, ein Verrat erlebt worden sein. Die Verzärtelung muß ausgesetzt haben, an ihre Stelle muß eine Art von Vereinsamung getreten sein. In dieser ungewohnten Vereinsamung versuchte das Individuum, sich selbst Verzärtelung zu bieten. Und die Angst erzeugte die Temperatur, die für diese Verzärtelung notwendig war, eine außerordentlich hohe Temperatur. Sie wurde zum Indikator des Verzärtelungsgrades: je größer die Angst, um so höher dieser Grad. In der Selbstverzärtelung spielt das Individuum zwei Rollen, die Rolle seiner selbst und die Rolle jener Beziehungsperson, die es am meisten verzärtelt hat. Mit der Angst ruft es sich selbst auf, die Rolle der verzärtelnden Person zu spielen. Sehr deutlich erkennen Sie ebenso die Elemente der sozialadressierten Angst wie des sekundären Minderwertigkeitsgefühls in der Intensitätsangst. In der Tat steht sie etwa zwischen beiden, enthält beider Elemente und ist in beiden teilweise enthalten.

Sie finden diese Angst besonders häufig bei Frauen in jenem Alter, in dem sie so leicht der Vernachlässigung durch Gatten und Kinder ausgeliefert zu sein meinen oder es tatsächlich sind. In den Wechseljahren mit ihren vielen ungewohnten körperlichen Sensationen taucht diese Angst häufig auf. Sie finden diese Angst überdies ausnahmslos in allen Fällen der Zwangsmasturbation. Eine 49jährige Frau leidet an Vergewaltigungsangst. Wenn sie abends auf der Straße ist, steht sie wie unter dem Zwange, sich fortgesetzt umzudrehen und zu erspähen, wer wohl hinter ihr gehen mag. Schritte schrecken sie. Sie glaubt sich fortwährend verfolgt, und obschon es nicht ganz klar in ihr Bewußtsein tritt, so ist es doch ausgemacht, daß sie — sagen wir — halbbewußt den vermeintlichen Verfolgern Vergewaltigungsabsichten unterschiebt. Solch ein Fall ist sehr häufig und im Bereiche der alltäglichen Erfahrung. Im gleichen Bereich ist das Kuriosum, daß sich gewöhnlich eher die weniger anziehenden Frauen sexuell verfolgt glauben. Darüber gibt es viele höhnische Scherze. Sexuell erfolglose Frauen, sogenannte alte Jungfern, sind es zumeist

nicht deshalb geblieben, weil sie zu wenig anziehend waren, sondern weil sie vor dem sexuellen Erlebnis Angst hatten. Diese Angst war ein Ausschnitt ihrer Lebensangst. Es ist klar, daß, je älter sie werden, je mehr Chancen sie verpassen, um so ungünstiger ihre Situation wird. Wo sollen sie da Intensität finden? Es ist die Angst, die in ihnen jene Intensität erzeugt, die sie sonst nirgends finden können, sie ist ein wirksames Mittel, ohne einen Mitmenschen auszukommen, sie ist die Förderung einer Fiktion, die keineswegs preisgegeben werden darf: der Fiktion, daß man zwar gewollt wird, jedoch selbst nicht will. Das befriedigende Gefühl des Erfolges ohne die Gefahren des Erfolgs, wird so mit den denkbar geringsten Spesen erreicht.
Kehren wir zur 49jährigen Frau zurück: Sie ist seit ihrem neunzehnten Lebensjahr verheiratet, hat drei Kinder, die erwachsen und außer Haus sind. Ihr Mann vernachlässigt sie — seinem großbürgerlichen Stande gemäß hält er sich eine junge Freundin. Zwischen Geschäft, Bridge und seiner Freundin teilt er seine Zeit, so daß für seine Frau so gut wie gar nichts übrig bleibt. Sie ist überdies stets frigid gewesen, hat im ehelichen Verkehr nie einen Orgasmus erlebt. Sie hat ihren Mann nie geliebt und ihn nur geheiratet, um das Elternhaus zu verlassen. Einmal — sie war etwa 8 Jahre verheiratet — begegnete sie einem Mann, der in ihr Gefühle ungewohnter Intensität erweckte. Als er sie umarmte und küßte, erlebte sie den ersten Orgasmus ihres Lebens.
Als ihre Kinder sie nicht im mindesten mehr brauchten, verlor ihre Existenz jeglichen Sinn. Sie suchte ihn im Bridgespiel, in Bemühungen um ihre ganze Verwandtschaft, aber all das war letztlich nicht befriedigend. So oft in ihr die Erkenntnis auftauchte, daß ihr Leben verpfuscht, daß es ihr so vieles schuldig geblieben sei, wies sie sich selbst in die Schranken durch den Hinweis auf die Frauen ihres Gesellschaftskreises, die es ja auch nicht besser hatten. Als ihr die ersten Zeichen des Klimakteriums anzudeuten schienen, daß nun die besten Jahre vorüber seien, erfaßte sie eine ungewohnte Unruhe. Sie stand wie unter Bilanzzwang, und je mehr sie rechnete, um so größer war der Verlust an Intensität, an Lebensfreude, den sie errechnete. Sie fühlte sich überflüssig. Sie sah um sich und suchte Menschen, die sie brauchten. Und sie fand niemanden. Sie entdeckte, daß auch der Haushalt ohne sie klappen könnte und war darüber ehrlich gekränkt. Sie begann, die Hausangestellten zu schikanieren, nur um ihre eigene Wichtigkeit im Hause zu zeigen. Sie mengte sich in alles, nur um das Gefühl der Überflüssigkeit zu vermindern. Als sie eines Abends die Bridgestube verließ, stieß sie zufällig einen Mann an. Er wandte sich um und sah sie prüfend an. Von da ab begann sie, sich ängstlich dafür zu interessieren, ob ihr wer folgte; sie begann, auf der Straße nach der Intensität zu suchen, die sie sonst nirgends erhielt. Die Angst war natürlich auch so etwas wie eine Erwartung, daß einmal ein Wunder geschehen werde. Und da-

bei war sie fest entschlossen, dem Wunder zu wehren. Kein Mann konnte ihr bieten, was die Angst ihr bot: die in jeder Hinsicht ungefährliche Befriedigung ihres Intensitätsbedürfnisses. Ihre sexuellen Erregungszustände hörten auf, sobald sich ihr ein Mann wirklich näherte. Unverkennbar die masturbatorische Erregung der Frau, die so gut wie nie durch Masturbation, sondern in der Vorstellung erfolgte. Diese Vorstellungen waren übrigens nicht sexueller Natur, sondern erfüllt von Bildern der Zärtlichkeit einer begütigenden Art.
Wir haben von der Wundererwartung schon mehrfach gesprochen. Sie liegt zumeist auf der Linie des gekennzeichneten Intensitätsbedürfnisses. Man beobachte das sonderbar intensive Interesse so vieler für das, was ihnen die Post bringen könnte. Man beobachte die fast magische Beziehung der meisten Telefoninhaber zu ihrem Telefon: Als ob sie bei jedem Klingeln, das sie an den Apparat ruft, erwarteten, einer beglückenden Überraschung entgegenzugehen. Wer steht an der anderen Seite des Drahts? — Das scheint auch nach dem zehntausendsten Anruf eine erregende Frage zu sein.
Mit Recht könnte die Frage gestellt werden: Woher rührt die Sehnsucht nach der Intensität? Die Frage ist nicht leicht zu beantworten. Es scheint uns, daß häufig vom Organischen her eine Art Intensitätsverwöhnung gegeben ist, deren Niveau im seelischen Leben nicht durchgehalten werden konnte, so daß die überhitzte Atmosphäre der Kindheit eine auffällig schlechte Voraussetzung für die gelungene Anpassung an die wesentlich temperiertere Atmosphäre des Erwachsenenlebens bedeutet. Dieses liegt sozusagen unter dem Intensitätsspiegel der Kindheit. Drittens ist zu bedenken, daß das Erwachsenenleben unter den gegebenen gesellschaftlichen Bedingungen eine außerordentliche Einschränkung der Freizügigkeit bedeutet. Gewiß unterliegt auch das Kind sehr vielen Einschränkungen, doch ist deren Maß relativ und im Verhältnis zur kindlichen Fähigkeit geringer als die Einschränkung, der der Erwachsene durchschnittlich ausgesetzt ist. Nicht zuletzt ist zu bedenken, daß auch die der gegenwärtigen Produktionshöhe entsprechende Arbeitsteilung den Beschäftigten ein ungewöhnliches Maß der Beschränkung auferlegt. Mögen die bürgerlichen Psychotechniker gleichviel welche Tests ausarbeiten, mögen ihre Ideologen großartige Versprechungen machen, es bleibt bestehen, daß der Arbeiter am fließenden Bande, sofern ihm nicht ganz besonders günstige materielle und kulturelle Lebensbedingungen geboten werden, durch diese Arbeit verkümmern muß. Nur die polytechnische Erziehung des Arbeiters kann die Entmenschung durch den Supertaylorismus bannen. Von solcher polytechnischen Ausbildung ist unter den vorhandenen Bedingungen natürlich keine Rede. Der größere Teil der jetzt lebenden Menschen steht unter dem Zwange von Arbeitsformen und Arbeitverhältnissen, die ein maximales Maß der Beschränkung, der Ausschaltung der psychischen Intensität und der Initiativfähigkeit bedingen.

Von hier aus wird sichtbar, wie eng und lebensfremd eine Betrachtungsweise wie die psychoanalytische notwendig bleiben muß, da sie die Hauptfront, an der das Schicksal der Menschen entschieden wird, annähernd vollkommen vernachlässigt. Es entspricht einer Gesellschaft, die von schärfsten Widersprüchen durchzogen ist und deren Produktion im Gegensatze zur Aneignung gesellschaftlich ist, daß sie bis zum Konflikt gesteigerte Probleme erzeugt, die zwar persönlich, d. h. privat erlebt werden, aber nur vom Sozialen her begreifbar sind.

Kehren wir nun zu unserem eigentlichen Thema zurück. Wir haben bisher folgende vier Arten von Angst unterschieden: erstens die sozial adressierte Angst (Pavor nocturnus, Fall Z.); zweitens die Angst als sekundäres (arrangiertes) Minderwertigkeitsgefühl (Fall. T.); drittens die aggressive Angst (B.); viertens die Intensitätsangst, die wir zuletzt dargestellt haben. Die Angstart, auf die C. hingewiesen hat, vermögen wir, wie gesagt, nicht als Angstart einzureihen, da die bisher mangelhafte Erforschung dieser Erscheinung uns kein Urteil darüber gestattet. Nochmals betonen wir, daß die Unterscheidung zwar durch die Erfahrungen gerechtfertigt ist, daß sie aber keineswegs so strikt aufgefaßt werden darf, als ob zwischen den genannten vier Angstarten nicht häufige Verschränkungen möglich wären. Die Unterscheidung erscheint desungeachtet notwendig. Wenn z. B. in der Analyse einer Angstneurose die Angst fast ausschließlich als eine sozial adressierte aufgefaßt wird, die anderen also übersehen werden, so geschieht dieses nicht zuletzt, weil diese bisher charakterologisch zu wenig erkannt sind. Aus Gründen, die einleuchten: Die zweitgenannte Angst — es ist die Angst des Einsamen, des in der Kindheit Vernachlässigten — ist deshalb so wenig in den Vordergrund getreten, weil die Menschen, die unter dieser Angst leiden, selten den Psychotherapeuten beanspruchen. Die aggressive Angst beschäftigt den Psychotherapeuten deshalb weniger, weil sie, wie schon erwähnt, im Falle der akuten Neurose durch eine der beiden erstgenannten Angstarten überbaut wird. Die aggressive Angst ist sozusagen das Normale. Die Intensitätsangst ist bisher zu wenig erforscht, da die beziehungsanalytische Auffassung noch zu wenig entwickelt ist. So ist auch die Beziehung des Menschen zu sich selbst, die letztlich eine Wirkung der Umweltbeziehung ist, zu wenig ergründet. Gerade diese Beziehung ist es jedoch, der in der Intensitätsangst eine besondere Bedeutung zukommt.

Wir glauben nicht, daß Sie nunmehr einen vollen und zureichenden Einblick in das Wesen der Angst bekommen haben. Wir hoffen nur, daß es uns gelungen ist, Sie so nahe an die Problemstellung heranzuführen, daß Sie imstande sind, nach der Angst richtig zu fragen und sie als eine sinnvolle Funktion im individuellen Bezugssystem zu erkennen. Viel mehr, als diese Bereitschaft zur Erkenntnis des Seienden zu schaffen, sind wir noch nicht in der Lage.

Das Wesen des nervösen Zwanges. Fall P., Fall einer Morphinistin. Die neurotische Lebensmethode. Die Tyrannis der Moral. Die Flucht in die Einsamkeit. Der Sinn der Zwangsneurose. Fall M., Fall eines Zwangsneurotikers. Der Tick. M.s kindliche Berufswahl-Phantasie. Der Sinn des Genie-Kultus.
Heirat aus »Mitleid«. Das »Sonntagsgesicht«. Hintergründe des Mitleids.

17

Verehrte Hörer, wir sind mit der Erörterung der Angst nicht fertig, solange wir ihre so häufige Verschränkung mit dem psychischen Zwange nicht näher betrachtet haben. Unter diesem verstehen wir den »inneren« Zwang, der zu tun oder zu lassen drängt, was man nicht tun oder nicht lassen möchte. So mag sich der Religiöse während des Betens plötzlich gezwungen fühlen, den angebeteten Gott zu beschimpfen; eine sonst normal saubere Person drängt es, den gleichen Akt der Reinigung fortgesetzt zu wiederholen, eine andere wieder, sinnlose, jedenfalls unnötige Bewegungen zu vollführen. Auffällig, daß gleichzeitig mit dem Zwange ein starkes Bedürfnis des Widerstandes auftaucht und unwirksam bleibt. Ein neurotischer Zwang liegt vor, wenn er in einem offenen Widerspruch zu den bewußten Tendenzen des Individuums wirkt, das er zu vergewaltigen scheint. Die sogenannte Zwangsneurose, die von diesem offenen Widerspruch konstituiert ist, ist lange nicht so häufig wie die Angstneurose. Die Unterscheidung zwischen diesen beiden Neurosenarten darf keineswegs dahin mißverstanden werden, als ob in der Zwangsneurose die Angst fehlte. In der Tat stellt diese Neurose eine höher entwickelte Angstneurose dar, die in sich alles einschließt, was die Angstneurose kennzeichnet und zugleich ein Verhalten, das nicht zu ihr gehört. Hinter jedem Zwange entdeckt man eine Angst; mehr als das: Der Zwang kann auf der Grundlage einer übersteigerten Angst entstehen. Unter welchen Voraussetzungen, unter welchen Umständen aber kann eine Angst so gesteigert werden, welchen Sinn hat der Umschlag aus der Angst in den Zwang und, schließlich, welche Charakterentwicklung fördert solche Umschläge?
P., eine Frau von 43 Jahren, klagt über Schlaflosigkeit, bemerkt nur nebenbei, daß sie seit 6 Jahren dem Morphinismus verfallen ist. Mehrere Entziehungskuren haben nur kurzen Erfolg gehabt, sie wird immer wieder rückfällig, obschon sie natürlich weiß, daß ihre Sucht nicht nur sie und ihre Ehe, sondern auf die Dauer — wenigstens ökonomisch — ihre ganze Familie zugrunde richtet. Sie macht verzweifelte Anstrengungen, um ihrer zwanghaften

Sucht zu entgehen, aber diese Anstrengungen bleiben erfolglos. Sie lebt in einer Großstadt, in der es einige hundert Ärzte gibt, die für 5 Mark bereit sind, gegen ihre Pflicht zu verfahren; sie kann soviel Morphium haben, wie sie braucht. Die Gesetze, die dies unmöglich machen sollten, sind von vornherein löchrig. Streng sind die Gesetze vor allem dort, wo es z. B. zu verhindern gilt, daß eine Proletenfrau, die bereits acht Kindern ein elendes Leben gegeben hat, das neunte, ungewollte Kind abtreibt. Wohlhabende Morphinisten hingegen finden gefällige Ärzte.
Frau P. hat eine sonderbare Kindheit hinter sich. Sie war unter vier Schwestern die »Schönheit«. Ihre äußeren Reize wurden frühzeitig von der Familie erkannt. Sie sollte die »große Partie« ermöglichen, durch die die herabgekommene bürgerliche Familie wirtschaftlich saniert werden sollte. Die schöne Tochter wurde von der Familie sorgsam behütet, damit ihrer Keuschheit nur ja nichts zustieße und sie sich nicht in einen Falschen verliebe. Ihre Schönheit wurde täglich rezensiert, was an ihr auszusetzen war, ausführlich besprochen. Frühzeitig geriet Frau P. unter den Druck schärfster Unsicherheitsgefühle. Sie kam sich dumm vor, weil Intelligenz niemals ins Kalkül gezogen wurde, und sie war maßlos von dem Gedanken gequält, was wohl sein würde, wenn sie durch einen Unfall oder das Altern ihre Schönheit verlieren sollte. Sie selbst kam sich gar nicht so schön vor. Je mehr sie sich mit anderen verglich, um so überwältigender wurde das Gefühl, daß die Leute eines Tages dahinterkommen könnten, daß ihre Schönheit nur Bluff sei; dann würde ihre ganze Position zusammenfallen. Sie wurde programmgemäß an einen 17 Jahre älteren Mann verheiratet; die Einundzwanzigjährige wußte so gut wie nichts vom Geschlechtsleben. Im Verlaufe der Ehe, von den Eltern befreit, begann sie zu reifen und durchschaute die Manipulationen, mit denen sie in diese Ehe gebracht worden war; nun erst fühlte sie sich verkauft und verraten. Obschon ihr Mann ihr ein guter Freund sein wollte und alles Erdenkliche dazu tat, um sie wirklich zu gewinnen, hielt sie sich innerlich von ihm fern. Sie hat ihn nie als Freund empfunden, sondern als einen nicht unangenehmen Gentleman, der erst lästig wurde, wenn er ihr seine Liebe versicherte und ihrerseits Liebesbeteuerungen verlangte. Trotzdem galt diese Ehe als eine glückliche; es kamen Kinder, die Frau P. anfangs einen Lebensinhalt zu bieten schienen. Ihr Interesse reichte jedoch nicht aus, die Kinder an sich zu binden, die deutlich zu ihrem Vater tendierten. Als sie das erkannte, war sie sehr unglücklich und beleidigt, aber sie tat nichts dazu, um die Beziehung zu den Kindern enger zu gestalten. Was ihre Position begründet hatte — ihre Schönheit — hatte sie geschenkt bekommen, doch wie man erobert, wußte sie nicht; das hatte sie nicht gelernt. Trotz ihrer Reifung blieb sie das schöne Mädchen, das überallhin begleitet werden wollte und nichts anderes zu tun hatte, als verehrt, behütet und geliebt zu werden. Im Alter von 37 Jahren

wurde sie einer, wie sich nachher herausstellte, überflüssigen Operation unterzogen, bei der ihre Eierstöcke funktionsunfähig gemacht wurden. Die Operation veränderte die Frau mit einem Schlage: Symptome des Klimakteriums traten auf, die Frau sah in den Spiegel und fand sich häßlich. Sie war es nicht, ja ist es selbst heute nicht. Schlaflosigkeit setzte ein. Sie nahm immer stärkere Dosen von Narkotica. Zur Linderung der postoperativen Schmerzen hatte sie mehrfach Morphiumspritzen bekommen. Im Verlaufe der schlaflosen Nächte begann sie, sich danach zu sehnen. Die ersten Spritzen, die sie sich geben ließ, waren von nicht übermäßiger Wirkung; sie war enttäuscht. Sie reagierte fast so wie ein Junge, der sich zum Rauchen zwingt, nur weil es ihm imponiert, ohne ihm rechten Spaß zu machen. Allmählich änderte sich das; es wurde ihr immer mehr und mehr zum Bedürfnis und schließlich zur Sucht. Sie empfand besonders dann den inneren Zwang, wenn die Angst vor der Gesellschaft oder vor der Zukunft sie überwältigte. Diese Angst ließ sie fortab nicht mehr los, der Zwang auch nicht. Wenn sie Morphium zu sich genommen hat, bleibt sie stundenlang vor ihrem Spiegl stehen. Das steigert ihr Selbstbewußtsein, sie findet sich wieder schön. Sie meint, es wieder mit dem Leben aufnehmen zu können, wenn sie nur von der Schlaflosigkeit befreit wäre. Die Schlaflosigkeit ist für die neurotische Lebensmethode in hohem Maße charakteristisch; die häufigste Form dieser Störung ist die Einschlafschwierigkeit. Müde und mutlos fragt sich der Schlaflose, wie er denn bisher die Kunst des Einschlafens zustande gebracht hat und wie er sie verlernen konnte. In seinen Gedanken schiebt sich eine Welt zwischen ihn und den Schlaf, der zu einem immer ferneren Ufer wird, das er nicht erreichen kann. In diesem Zustand unterliegt er auch einer Störung des sogenannten Zeitgefühls: Die Minuten seiner vergeblichen Suche nach dem Schlaf erlebt er als Stunden. Mit einer Art subjektiver Berechtigung klagt er tags darauf über eine durchwachte Nacht, indes nur eine oder zwei Stunden bis zum Einschlafen verflossen waren. Eine zweite Art der Schlafstörung ist das vorzeitige Erwachen nach wenigen Stunden Schlafs; ein erschrecktes Auffahren, nach welchem das Wiedereinschlafen nicht gelingen will. Eine dritte Art schließlich ist durch die mangelnde Tiefe des Schlafes gekennzeichnet, durch einen Halbschlaf, der den Schläfer eher ermüdet als erfrischt. Schwere Träume, die in Wirklichkeit nur hypnagoge Bilder sind, bedrücken ihn.

Schlaflose sind Menschen, die mit dem Tag nicht fertig geworden sind und die das Morgen aufs genaueste vorbereiten wollen, denn sie haben kein Zutrauen zu sich selbst und noch weniger zur Improvisation. Manager des Augenblicks, versäumen sie ihn, weil sie ihn häufig nicht wahrnehmen. Mit Problemen des Lebens nicht fertig werden, ist nichts Ungewöhnliches, denn wir werden *nie* mit ihnen fertig. Also ist der Schlaflose wohl ehrgeizig; er strebt nach einer Vollkommenheit, die es nicht gibt. So liegt die schlaflose Frau P. da und wiederholt in Gedanken Gespräche, die sie geführt hat; sie prüft die Antwort, die sie gegeben oder schuldig geblieben ist, und versucht nun bessere Repliken zu erdenken, denn nun erst hat sie die Schlagfertigkeit, den sprühenden Esprit, der ihr, als es darauf ankam, gefehlt hat. Welch lächerliches Spiel treibt sie mit sich, während sie ihren Schlaf vertreibt. Warum tut sie das? Sie steht unter dem Drucke fortgesetzter Niederlagen; in dem Zwiegespräch mit sich selbst unternimmt sie es, diese in Siege zu verwandeln. Sie weiß sehr wohl, daß das nicht gilt, denn sie ist nicht irre.

Wie flüchtet einer vor sich selbst, da er begonnen hat, sich selbst unerträglich zu sein? Wohin vor sich selbst flüchten, wenn nicht in den Tod?

Wer fragt: »Was bringt mir das Leben?«, ist entschieden, dem Leben nichts mehr zu geben, deshalb wird er auch wenig bekommen. Eine immer würgendere Angst umfängt Frau P., in der sich Verachtung, Trotz und Haß gegen ihren Mann, gegen ihr Elternhaus und zugleich gegen ihre eigene Vergangenheit verquicken. Sie könnte, wäre es nicht zu dumm, schadenfroh bekennen: »Recht geschieht euch, wenn ich zugrunde gehe.« Und wenn die Angst eine nicht mehr übersteigbare Höhe erreicht hat, dann geht alle Unruhe und Qual in einen Zwang über: Die Morphiumspritze schafft alle Probleme aus der Welt. Für eine Anzahl von Stunden läßt es sich wieder leben, als ob das Gleichgewicht nicht gestört, als ob die Bahn nicht abschüssig wäre, als ob es keine drohenden Abgründe gäbe.

Man darf den Haß und den Trotz in diesem Zwange nicht verkennen. Man muß erforschen, gegen wen sie sich wenden und wo ihre Quellen sind, warum sie einen so abwegigen Ausdruck finden, warum die Tat, zu der sie drängen, nichts anderes ist als ein Akt aus einem vielaktigen Drama des Selbstmordes.

Um diese Frage beantworten zu können, müssen wir die Rolle der Autorität und insbesondere die Rolle der Moral als Autorität erkennen und erfassen, wie sie wirkt, welch feine Differenzierungen sie im Charakter bewirkt. Wir müssen bedenken, welchen Formen autoritärer Beeinflussung und moralischer Suggestion Frau P. ausgesetzt gewesen ist. Um zu verstehen, warum einer sich immerfort im engen Kreis bewegt, müssen wir aufdecken, welche Ängste — Ängste wovor — ihn vom Zentrum des Lebens weg und in einen immer enger werdenden Kreis treiben, in dem er allmählich zu ersticken droht. Hierbei wird zu bedenken sein, ob ihm in seiner Kindheit nicht durch Gebot und Verbot, durch Moral und Strafe nahegelegt ist, niemals die Enge des Kreises zu verlassen.

Frau P. hatte eine überaus moralische Kindheit hinter sich. Mit allen Mitteln versuchten die Eltern, ihr fernzuhalten, was sie wachmachen und frühzeitig hätte reifen lassen können. Der häufigste Satz, den sie zu hören bekam, war: »Das schickt sich doch nicht.« Wo Moralisten das Szepter führen, schickt sich fast gar nichts — für diejenigen, die unter ihrer Herrschaft sind. Die Tyrannis der Moral in der Erziehung ist das weitaus sicherste Instrument zur Verkrüppelung der Selbständigkeitstendenzen, der Selbsttätigkeit, der Reifung zur Auseinandersetzung — diese Tyrannis ist ein fortgesetzes Attentat auf die Menschenwürde im Kinde — unter der Vorspiegelung, gerade diese wahren zu wollen.

Die Moral allein auf psychologischer Ebene erklären zu wollen, ist verfehlt. Sie ist das Produkt der Entwicklung bestimmter gesellschaftlicher Verhältnisse, mit deren Liquidierung sie selbst liquidiert werden wird. Sie ist eine Art von Prügelstock und ein Kennzeichen der menschlichen Beziehungen, in denen es Herrschende und Beherrschte, Unterdrücker und Unterdrückte gibt. Die Sicherung der Unterdrückung, das psychologische Instrument zur Verankerung der Ideologie der Unterdrückenden in den Unterdrückten, das ist die Moral. Die patriarchalische Familie unterdrückt das Kind, ihr Privateigentum am Menschen, mit der Autorität ihrer sozial-ökonomischen Überlegenheit und mit Hilfe der gesellschaftlichen Moral. Wer in ihr nur die Sexualmoral sieht, sieht ebenso falsch wie wer in der Unterdrückung nur die Sexualunterdrückung sieht. Die Wirkung der Moral auf das Kind kann ungeheuerlich sein, sofern sie mit praktischen Strafmaßnahmen einhergeht und mit Drohungen ewiger Strafen, als deren Exekutoren Gott und Teufel als unbarmherzige Übermächte zur Verfügung stehen.

Der Weltkrieg und die Nachkriegszeit haben auch die mittelbürgerliche Familie zutiefst erschüttert. Die ideale Ehefrau war nicht mehr einfach die Fortsetzung der idealen Tochter und der verkrampften Jungfrau. Es erwies sich, daß viele Frauen den neuen, unausweichlichen Problemen nicht gewachsen waren. Die Hilflosigkeit, früher der Charme der Ehefrau, wurde zu ihrer Gefährdung; die Unselbständigkeit, ein Ergebnis der autoritären Erziehung, erwies sich als schwere Behinderung positiver Lebensführung. Nichts blieb von der Autorität übrig: kein Respekt vor ihr, kein Gefühl der Geborgenheit durch sie, nur eines war nun vorhanden: der innere Zwang, den sie erzeugt, und der seelische Widerspruch, der zu schweren Konflikten führt.

Die autoritäre Erziehung ist die entscheidende Voraussetzung des psychischen Zwanges; sie wirkt lange, oft ein Leben lang, nach, sie bringt ihr Opfer in Widerspruch mit sich selbst und mit der Umwelt und treibt es, im neurotischen Zwange Zuflucht zu suchen. Dieser Zwang erzeugt den Widerspruch des Individuums gegenüber der Umwelt, der als Widerspruch des Individuums zu sich selbst in Zwangshandlungen zutage tritt, deren Täter sich stets als deren Opfer empfindet. Haß und Trotz sind hier keine verändernden Kräfte, weil sie nicht sinnvoll dirigiert sind, sondern gleichsam das Geheimnis des von sich selbst eingekreisten Individuums bleiben.

So seltsam es erscheinen mag: Frau P. findet in ihrem Zwange Beruhigung, gleichsam einen Waffenstillstand mit ihrer Angst. Dieser Zwang hat für sie dämonischen Charakter, doch bedeutet er ihr, ähnlich wie die Autorität der Eltern, nicht nur Druck, sondern auch Schutz. Alle Konflikte mit anderen hat sie in eine fortwährende Auseinandersetzung mit sich selbst verwandelt; ihr Rhodus liegt in ihrer Einsamkeit.

Adler lehrt, die Zwangshandlung zu verstehen, indem er fragt: Was würde der Zwangsneurotiker tun müssen, wäre er durch sein Zwangsleiden nicht verhindert, also gerechtfertigt, es nicht zu tun? Die Fragestellung mag als ein *hysteron-proteron,* als eine Umkehrung der Reihenfolge erscheinen. In der Tat stellt jedoch Adler die richtige Reihenfolge durch seine Frage erst her. Es ist nicht das erste Mal, daß derjenige, der die auf den Kopf gestellten Erscheinungen richtigstellt, verkehrt beurteilt wird. Adler hat durch seine Frage entscheidend dazu beigetragen, ein besseres Verständnis für die Zwangsneurose zu schaffen; er hat ihren sozialen Charakter ans Tageslicht gefördert. Wenn man von jemand behauptet, daß er flüchte, so muß man auch konkret angeben können, wovor er flüchtet. Die Einsamkeit mag als lyrischer Begriff zureichend begründet sein, psychologisch muß er sozial konkretisiert werden: Einsamkeit gegenüber *wem, gegen* wen. Der Einsame versucht, sich mit der Umwelt auseinanderzusetzen, indem er in die Einsamkeit flüchtet. Es mißlingt ihm, weil er ja selbst ein Umweltteil ist, in dem sich die Umwelt verwirklicht. Das ist der unveräußerliche soziale Charakter des Individuums, von ihm untrennbar und nur durch den Tod zerstörbar.

Was müßte also Frau P. tun, wenn sie den Zwang nicht hätte, der sie von allem Tun zu befreien scheint? Wenn sie daran denkt, wird sie Opfer der Angst, fühlt sie sich von der Angst wie von einem Feind umstellt und erliegt dem Zwang. Sie weiß, daß sie ihr so dumm aufgebautes Leben neu und anders aufbauen müßte, daß sie die Schlachten, die sie verlor, weil sie nie kämpfte, neuerlich zum Austrag bringen müßte. Alles Bisherige ist in ihrem Bewußtsein sinnwidrig geworden, doch hat sie vor dem neuen Beginnen Angst. Sie weiß gar nicht, wie man es zustande bringt, sich selbst sein Leben einzurichten, sie hat es ja nie gelernt. Auf den Druck des Lebens, es doch zu tun, antwortet sie mit dem »inneren Zwang«, der sie von dieser Aufgabe entfernt, doch nur scheinbar entfernt, da er die Probleme, denen sie ausweichen will, verschärft. So können wir die Zwangsneurose als jene Neurose kennzeichnen, in der aktuelle Probleme und Aufgaben eine Übersteigerung der Angst vor dem Leben herbeiführen und die Mutlosigkeit verschärfen, so daß nur noch stärkste Enthebungslegitimationen das Individuum vor der Umwelt und ihren Forderungen zu schützen scheinen.

M., ein Mann von 48 Jahren, im Beruf ungewöhnlich erfolgreich, innerhalb der Gesellschaft wegen seiner geistigen Lebhaftigkeit und seines Mutterwit-

zes sehr beliebt, leidet an Zwangsvorstellungen und Zwangshandlungen, die er mit beträchtlichem, wenn auch nicht vollem Erfolge vor der Umwelt zu verheimlichen trachtet. Seine Zwangsvorstellung besteht darin, daß er immer wieder glaubt, seinen Kindern könnten tödliche Unfälle widerfahren, wenn er nicht, um diese abzuwehren, bestimmte religiöse Handlungen vollzöge. So muß er immer wieder beten. Etwa: »Lieber Herrgott, lasse meine Kinder leben, bewahre sie vor Unfällen«. Mit diesem Text sind Gebärden verbunden, die ticartig sind. Er muß die Hände zu Fäusten verkrampfen, in die Mitte des Gesichtes heben, dabei den Kopf schütteln, die Augen verdrehen oder schließen so lange, bis er das Gefühl hat, die Gefahr sei von den Kindern abgewendet. Er behauptet, daß diese Bewegungen angemessene Gesten eines Betenden, um Barmherzigkeit Flehenden seien; in Wahrheit erscheinen sie dem Beobachter als Gebärden der Gewalttätigkeit. Man betet nicht mit drohenden Fäusten, sondern mit zum Zeichen der Ergebenheit gefalteten Händen. Herr M. ballt die Fäuste und rettet immer wieder seine Kinder vor dem Tode. Herr M. ist religiös erzogen worden, doch keineswegs gläubig. Es hat in den letzten Jahren nicht an Publikationen gefehlt, in denen es heißt, daß die Neurosen der Gegenwart auf den verbreiteten Unglauben zurückzuführen seien. Dem wollen wir entgegenstellen, daß die religiöse Erziehung sich in zahlreichen Fällen als eine ideale Vorbereitung für Neurosen, ganz besonders für die Zwangsneurose, erwiesen hat. Die übermächtige Autorität, die die Religion für sich in Anspruch nimmt, die Maßlosigkeit ihrer Strafdrohungen, ihr wohlausgebildetes System der Einschüchterung — all das kann der Entstehung von Zwangsneurosen sehr förderlich sein.
Die Gebete des Herrn M. werden somit durch die begleitenden Gebärden auffällig kontrastiert. Was er dort erfleht, erzwingt er hier. Wir gehen von seiner Gebärde, von seiner Gewalttätigkeit aus: Mit dem Munde könnte man wohl lügen, doch mit dem Maule spreche man gleichzeitig die Wahrheit, meinte Nietzsche. Dieser Gewalttäter tut niemandem etwas zuleide, außer in Gestalt von boshaften Scherzen, die zum Charme der Geselligkeit gehören. Auch im Sexuellen zeigt er keine besondere sadistische Neigung; seine Herrschsucht ist unauffällig, sie bleibt stets auf dem üblichen Niveau eines gutsituierten Mannes; M. ist Direktor eines großen Industrieunternehmens.
Man erzählt sich, ins Irrenhaus sei ein Mann wegen Größenwahn eingeliefert worden. Er behauptete fortgesetzt, der Leibkutscher seines Herrn zu sein, indes er nur Stallknecht war. Mit Recht erscheint die angemaßte Position nicht so großartig, als daß sie die Diagnose »Größenwahn« rechtfertigen könnte. Doch geht es nicht darum, welches Ansehen in *unserm* Bezugs- und Wertungssystem einem Kutscher zukommt, sondern — zum Verständnis dieses Mannes — welche Bedeutung er in *seinem* Wertungssystem hat. Einem

Stallknecht, der 30 Jahre im Schatten des Leibkutschers steht, erscheint dieser und dessen Überlegenheit doch ganz anders . . .
Herr M., meint man, hätte allen Grund, zufrieden zu sein — er ist ein beliebter, anscheinend erfolgreicher Mann. Doch auch er mißt und wertet im Sinne *seines* Bezugssystems und ist zutiefst unzufrieden. Ihm erscheint seine Position nicht erreichenswert, er fühlt sich durch sie entwertet. Wo wollte denn Herr M. hinaus? Unsagbar hoch! Unsagbar ist hier wörtlich gemeint, denn er kann selbst kaum angeben, wonach er wirklich strebte. Er wollte wie viele Kinder Straßenbahnschaffner werden. Er stellte sich dabei vor, daß es vom Führer abhängt, ob gefahren wird oder nicht, daß der Wagenlenker alles Geld bekäme, dafür wertlose Papiere gäbe usw. . . . Später, nach der kurzen Phase, in der kindliche Berufsphantasien gebildet werden, bildet er keine konkrete Berufsvorstellung mehr, doch ist er entschlossen, nur einen Beruf zu ergreifen, der ihm Macht geben würde. Unter Macht stellt er sich Allmacht vor. Für die Methoden, Macht über Menschen zu gewinnen, interessiert er sich schon frühzeitig. Es gibt kaum eine Biographie irgendeiner großen historischen Persönlichkeit, die er nicht gelesen hätte. Diese Lektüre übt auf ihn eine erregende Wirkung aus; er identifiziert sich mit diesen Mächtigen. Mehr unbewußt als bewußt versucht er, sie, soweit er sie aus Beschreibungen und Bildern kennt, auch im Äußeren und in ihren Gebärden nachzuahmen. Am imposantesten erscheint ihm Napoleon, mit dem er einen wahren, beinahe religiösen Kultus betreibt. Wir wissen, daß man in jeglichem Kultus, besonders aber im Geniekultus, eine mehr oder minder geschickt getarnte Methode indirekter Selbstbewunderung entdecken kann.
Herr M. hatte also kein bestimmtes Berufsziel, doch war er entschlossen, ein mächtiger Mann zu werden. Er gelangte zum Schluß, daß die politische Macht für ihn die wünschenswerteste wäre, doch zwang ihn seine wirtschaftliche Lage, einen andern Weg einzuschlagen. Er wurde Ingenieur und Industriespezialist, was ihm jedoch nur als Provisorium, bestenfalls als Sprungbrett erschien, als ein Heute in Vorbereitung eines unendlich größeren Morgen. Diese Provisoriumsvorstellung konnte andauern, solange er noch jung war und das Gefühl hatte, jeden Tag alles »hinschmeißen« zu können. Es wurde anders, als er heiratete. Er nahm eine arme und unschöne Cousine zur Frau — aus Mitleid, wie er meinte. Er wollte sie zu sich »heraufziehen« und aus ihr »etwas machen«. Die Erfahrung lehrt, daß solche Ehen gewöhnlich wenig taugen. Wehe dem Retter und wehe dem Opfer! Die sonderbare Komödie, die Menschen aufführen, wenn sie in die erste Phase einer Liebesbeziehung eintreten — da scheinen sie alle Engel zu sein, die nicht anders als gut zueinander sein können! Wer kennt nicht das Sonntagsgesicht, das Menschen in jenen besonderen Stunden ihres Lebens zeigen, da ihr alltägliches Wesen wie ein altes Kleid von ihnen abfällt . . . In einer solche Stunde entschloß sich

Herr M., seine Cousine zu heiraten. Er war stolz und voller Rührung über sich selbst.
Das Mitleid, liebe Hörer, wird oft gepriesen. Versuchen wir, es zu analysieren. Mitleid heißt im Griechischen »Sympathie«. Unsere Sprache aber unterscheidet zwischen Sympathie und Mitleid. Es erweist sich, daß die Menschen viel mehr Fähigkeit zum Mitleid als zur Sympathie haben, und es gibt mehr Mitleid als Mitfreude. Mit einem gestürzten Gegner Mitleid zu haben und es zu äußern — was ist leichter als das? Nur dem schärferen Beobachter verrät sich hinter diesem Gefühl geheimer Triumph. Viel wird den Toten verziehen, eben weil sie tot und ungefährlich sind. Wieviel Angst verbirgt sich in der Trauer über den Tod eines Mitmenschen — Angst vor dem eigenen Tod.
Wir haben keinen Grund, im Mitleid einen Ausdruck und die Wirkung eines positiven Verhältnisses, eines sozial angepaßten Charakters zu sehen. Als Herr M. seine Cousine heiratete und ihn dünkte, daß dies aus Mitleid geschähe, irrte er sich. Insofern nämlich, daß man ebensowenig aus Mitleid heiratet, wie man aus Mitleid Selbstmord begeht. Es müssen daher andere, unbewußte Motive durch das Mitleid sozial verhüllt gewesen sein. Da hat einer ein übersteigertes Persönlichkeitsideal und hat Angst davor, in der Ehe sein Größenziel und sein Überlegenheitsgefühl zu verlieren. Er heiratet unter dem Druck einer Tendenz, nur eine Ehe einzugehen, in der seine Überlegenheit stets ungebrochen und gesichert sein wird. Er muß daher alle Frauen ausschalten, die ihm nicht unbedingte Dankbarkeit und Ergebenheit zusichern. Daß er seine Frau zu sich »heraufziehen« möchte, steht nicht im Widerspruch dazu. Er sieht in ihr einen leicht verwandelbaren Stoff, an dem er seine Meisterschaft beweisen kann; das wohlgelungene Werk soll dann den Meister loben.
Die Ehe war nicht glücklich; sie wurde bald für den Mann und auch für die Frau, die zu ihm verehrungsvoll aufgeblickt hatte, eine bittere Enttäuschung. M. zog sie nicht zu sich »herauf«, weil er zu seinem immer unangenehmern Erstaunen feststellen mußte, daß sie gar nicht so tief unten war, weil die Ehekonflikte die Frau schnell reifen ließen und sie von ihrem Manne distanzierten. Er hatte sie in keiner Weise an seinem Berufsleben teilnehmen lassen; er wollte sie belehren und im »Geistigen« ihr Führer sein. Er war überzeugt, daß es da auf die »großen Männer« ankäme und daß er selbst einen Feldmarschallstab in seinem Tornister trage. Sie sollte zu einer Anbeterin der Großen, zu seiner Anbeterin werden. Es mißlang, weil sich in der Distanzlosigkeit der Ehe ihre Anbetung und ihr Glaube sehr schnell verloren. Sie erkannte in ihm einen maßlos eitlen Menschen, sie durchschaute bald seine raffinierte, doch nie ganz verdeckte Herrschsucht; die fortgesetzten Konflikte verführten sie nur mehr, seinen Anspruch auf Überlegenheit zu gewahren und immer weniger seine tatsächliche Überlegenheit anzuerkennen. Sie begann in ihm einen Narren zu sehen, den sie nicht liebte. In den Kindern, de-

nen sie sich ganz widmete, in deren Verzärtelung sie den Sinn des Lebens fand, zog sie Verbündete im Kampf gegen ihren Mann auf. Ruhelos, dachte der enttäuschte Gatte, daß er seinen steilen Aufstieg unbehindert würde wieder aufnehmen können, wenn es ihm nur gelänge, sich von der Ehe zu befreien. Inzwischen ging der Kampf um die Kinder weiter. Es blieb ein erfolgloser Kampf, weil er ihn mit den Affekten eines Besiegten führte.
In diesem Kampfe war die Frau die ungleich bessere Strategin: Da sie den Kindern mehr bot, hatte sie die bessere Position. Es kam eine Zeit, da M., wenn er nach Hause gehen sollte, Angst verspürte, Angst vor den Gesichtern, in denen er erfolglos Liebe für sich suchte, Angst »vor dem Feinde im Rükken«. Zu dieser Zeit entstand der Zwang. Der Zwang, darum zu beten, daß das Leben der Kinder, vor denen er sich fürchtete, erhalten bleibe. Er vollführte in diesem Zwang zwei Tätigkeiten; so wie sie nur ein — heidnischer — Gott vollführen könnte: Er tötete seine Kinder und machte sie wieder lebendig. Von seinem Gebet hing es ab, ob die Kinder leben bleiben würden; er erzwang ihr Leben durch das Gebet. Eine sonderbare Konstruktion: Einer begibt sich in Gefahr, nur um ihr zu entrinnen. So seltsam dies klingen mag, es ist keine seltene menschliche Praxis. Man denke an den Alpinismus. Der Alpenkletterer sucht immer wieder die Todesgefahr; hat er sie überwunden, dann ist er so glücklich, wie er sich, wäre er zuhause geblieben, keineswegs gefühlt hätte. Wir sehen also, daß unser Weg zum Gefühl der Befriedigung, des gesteigerten Selbstwertes, sonderbare Umwege machen kann, Umwege, die uns selbst gefährden. Der Zwang ist einer der gefährlichsten Umwege des Menschen zur Bejahung seiner selbst, zum Selbstwertgefühl.

Der Sinn einer Zwangsvorstellung und einer Zwangshandlung. Todeswünsche. Machtstreben mit negativem Akzent. Das Lachen des Erniedrigten. »Verstockte« Kinder — verstockte Pädagogen. »Die Demut ist eine furchtbare Gewalt«. Kann es eine Ordnung ohne Autorität geben? Die »Erhabenheit« der Gefühle und die Solidarität. Giftsucht. Das Wesen der Ambivalenz. Die Verführung zum Individualismus und die soziale Analayse.

18

A: Mir will es scheinen, daß der Unterschied zwischen Angst und Zwang nicht nur ein quantitativer, sondern auch ein qualitativer ist. Überdies ist der Zwang wohl etwas Naturgemäßes. Sie haben selbst von den Spannungen des Organismus als einem Erlebnis gesprochen, dem wir zwangsläufig ausgesetzt sind.

B.: Sie verurteilen so entschlossen die Autorität. Ist Erziehung ohne Autorität denn überhaupt denkbar? Die Menschen brauchen eine Ordnung. Die Ordnung aber ist das Werk der Autorität. Ich sehe nicht, wie die Menschen, ohne wie wilde Tiere gegeneinander loszugehen, autoritätslos sollten leben können. Die Autorität ist das dauerhafteste Moment in der menschlichen Geschichte.
Sie haben über das Mitleid nur Schlechtes gesagt. Ich glaube nicht, daß Sie recht haben. Mir scheint es ein erhabenes Gefühl zu sein. Wir wissen ja alle, daß vom Erhabenen zum Lächerlichen nur ein Schritt ist. Doch ist damit das Erhabene nicht aus der Welt geschafft; es äußert sich gerade im Mitleid besonders stark.

C.: Kann man die Morphiumsucht mit anderen Zwangsneurosen in eine Reihe stellen? In der Stimmung, da der Morphiumsüchtige das Morphium nimmt, ist er nur von dieser Sucht besessen, in ihm ist kein Widerspruch dagegen. Jeder kann wohl nicht Morphinist werden, es gibt Menschen, die das Morphium keineswegs vertragen und lieber den Schmerz als die Morphiumwirkung erdulden. Schließlich könnte es sein, daß jemand, der zum Zwecke der Schmerzlinderung häufig Morphium bekommt, sich an dieses Gift gewöhnt, wie man sich an Nikotin und andere, weniger gefährliche Gifte gewöhnen kann.

D.: Aus all Ihren Vorlesungen muß man schließen, daß die Menschen eines einfachen guten Gefühls nicht fähig sind. Wenn Sie das wirklich meinen, wie können Sie da auf die Autorität verzichten? Dann wären wir ohne sie ja alle verloren.

Ich danke für Ihre kritischen Bemerkungen, die in der Tat Problemkerne berühren. Bevor wir auf sie eingehen, wollen wir die Darstellung des Falles M. zu Ende führen.
M. spielt die Rolle des Retters seiner Kinder, deretwegen er in seiner unglücklichen Ehe verharrt. In seinen Vorstellungen bringt er seine Kinder zu-

erst in unmittelbare Lebensgefahr, worauf dann die Rettung erfolgt. Es wird jedesmal ein Widerstand konstruiert, der sodann beseitigt wird. Es wäre naheliegend, in diesem Zwangsverhalten einen geheimen Todeswunsch gegen seine Kinder und damit auch gegen seine Frau zu vermuten. Die Psychoanalyse hält die Rolle der Todeswünsche im Seelenleben für sehr erheblich. Dies um so mehr, als sie sie in einem moralischen System unterbringt, in dem Schuldgefühl und geheime Strafandrohungen vorherrschen. Wir unsererseits lehnen diese Bewertung der Moral ab und erkennen in der Autorität nicht die Wirkung der Moral, sondern umgekehrt in der Moral ein Instrument der Autorität. Man kann ohne weiteres behaupten, daß Herr M. Todeswünsche hegt. Wir sagten schon, daß in der Kalkulation des Feiglings der Tod eine bedeutende Rolle spielt. Stürbe seine Frau, so wäre er die Ehe los, indes er sich aus verschiedenen Gründen nicht traut, sich scheiden zu lassen. Stürben seine Kinder, so hätte er Grund und Möglichkeit, das Zusammenleben mit seiner Frau aufzugeben. Doch lassen sich auch Männer scheiden, deren Frau und Kinder bei guter Gesundheit sind. Also ist das Vorhandensein der Kinder kein entscheidender Hinderungsgrund. Müßte man die Todeswünsche so ernst nehmen, wie die Psychoanalyse es tut, so wären wir alle längst tot. Die Wünsche des Neurotikers, dessen Leben zumeist tatenlos verstreicht, sind Erwägungen, Erwartungen und Befürchtungen, die alle Zeit und Kraft verbrauchen. Daß Herr M. Todeswünsche gegen seine Kinder hat, scheint mir nicht von großer Bedeutung zu sein, wichtiger ist, daß er sie erstens nicht tötet — es kommt auf die Taten an —, zweitens, daß diese Todeswünsche zu einem System gehören, in dem er ihr Leben ununterbrochen rettet. Man merkt, wie er die Funktion, aufgrund deren seine Frau zur Mutter wurde, rückgängig macht, um selbst, so grotesk es klingt, Mutter zu sein. Vater und Mutter in einem, das ist in der Tat eine Vollkommenheitsvorstellung, die wir in der Magie und den vorreligiösen Mythen nicht selten antreffen. So sonderbare Wege geht der Mensch, um zum Vollkommenheitsbewußtsein zu gelangen, so sonderbare Wirkungen erreicht ein Persönlichkeitskampf, in dem einem nicht einmal bewußt wird, worum es eigentlich geht. Die Zwangshandlung M.s in Worte übersetzt, bedeutet: »Du, meine Frau, erscheinst Dir wichtig, weil Du die Kinder geboren und sie erzogen hast. Ihr glaubt, daß ich nichts für Euch tue, als was finanziell zu Eurer Erhaltung notwendig ist. Ihr irrt Euch! Es gibt keinen Tag in meinem Leben, an dem ich nicht mit bösen Mächten um Euer Leben ringen muß. Was ist der Schmerz des Gebärens, die Sorge um das alltägliche Leben der Kinder, verglichen mit den Todesqualen, die ich erleide, damit die Kinder leben dürfen.«

M. hat sich viele Verbote auferlegt, zumeist unwichtige. Was ihm wirklich Spaß macht, tut er natürlich. Es sind Verbote zeremonieller Art: Er darf die Zigarette nicht mit der Aufschrift nach oben halten, er darf an keiner Tür zweimal klingeln, er darf im Schlafwagen nicht einschlafen, bevor es ihm gelungen ist, sich deutlich an die Gesichter seiner Kinder zu erinnern, er darf sich zu gewissen Tageszeiten keinen sexuellen Vergnügungen hingeben usw. Überschritte er eines dieser Verbote, so brächte er seiner Zwangsvorstellung nach seine Kinder in größte Gefahr. In seiner Hand liegt ihr Leben, er braucht nur vom rechten Wege abzuweichen, und sie sind tot. Wir wollen die unübertreffliche Bedeutung des Machtstrebens in diesem Falle nicht verkennen. Der positive Weg zur Macht kann somit durch ein Gaukelspiel ersetzt werden, in dem sich einer mit negativem Akzent die Macht über Leben und Tod vorspielt.

Nichts an dem Zwange M.s widerspricht seiner Persönlichkeit. Mag seine Handlungsweise noch so absonderlich, noch so skurril erscheinen, wichtig ist, daß er solcherart, obschon in negativer Ausdrucksform, erlangt, was er anders nicht hat erlangen können: das Bewußtsein seiner geheimen Macht. Dahinter steht — wir sagten es schon — die maßlose Angst: Er ängstigt sich, daß seine Kinder sterben könnten. Doch wir wollen immer im Auge behalten, daß der bewußte Inhalt der Angst keineswegs immer der relevante sein muß. So gilt es, die Unsicherheitspositionen dieses Mannes zu erkennen, um den wirklichen Inhalt seiner Angst zu erfassen.

Seit seiner Kindheit plagt M. die Angst, von Stärkeren überwältigt zu werden. Er erinnert sich genau, spätestens vom vierten Lebensjahr ab auf die Schläge seines Vaters mit höhnischem Lachen reagiert zu haben, aber ebenso genau erinnert er sich, daß er sich nach solchen Züchtigungen in irgendeinen Winkel zurückzuziehen pflegte, um Rachepläne zu schmieden. Hierbei spielte das Verhalten der älteren Schwester eine bedeutsame Rolle. Er empfand für sie abgrundlose Verachtung und Haß, weil sie ihn dem Vater anzuzeigen pflegte. In seinen Plänen, die ihn viele Jahre beschäftigten, war das wichtigste Moment, daß er weggehen und eines Tages zurückkommen würde, begleitet von einer ganzen Armee. Diese Armee würde jeden zwingen, nach seinem Willen zu handeln; der Vater würde kommen und um Verzeihung winseln. Er würde ihm die Verzeihung verweigern; ebenso würde er die Mutter behandeln, der er außerdem bestreiten würde, seine Mutter zu sein. Was er sonst noch mit seiner Macht anfangen wollte, wußte er nicht recht. Doch brachte ihm diese Vorstellung eine wohltuende Linderung nach erlittenen Demütigungen, und half ihm zeitweise, über die Erniedrigung hinwegzukommen.

Er lachte, wenn er geprügelt wurde. Für die in der Praxis noch immer vorherrschende Pädagogik enthüllt ein Kind, das auf Strafe so reagiert, sein »verstocktes« Wesen. In der Tat sind jedoch Kinder, die auf Prügel und Tadel mit Lachen und Hohn reagieren, überempfindlich. Man sollte aus ihrem Verhalten schließen, daß die autoritäre Erziehung sie charakterlich bereits sehr geschädigt hat. Verstockte Kinder gibt es nur für verstockte Pädagogen. Dem

wirklichen Pädagogen sind sie überempfindliche, feinfühlige und maßlos leidende Kinder. Ihr Spott ist nichts anderes als ein kompensatorischer Versuch, den andern zu entwerten und so das eigene jämmerliche Selbstbewußtsein zu retten. Auf das Lachen reagiert jedoch der enttäuschte Erwachsene mit der Verschärfung seiner Maßnahmen.
In der Entwertungstendenz des geprügelten Kindes steckt jedoch nicht nur die Abwehr einer Überwältigung, sondern auch der Versuch, sich selbst auf die Seite der Überwältigenden zu stellen. Die Autorität hat solange bedrückt, bis sie in dem Bedrückten die Tendenz erzeugt hat, selbst ein Bedrücker zu sein. Auf der gleichen Linie liegt auch die Herausbildung des Masochismus. Schärfer als die ganze moderne Sexualpsychologie hat Dostojewski den Masochismus begriffen, als er formuliert hat: *»Die Demut ist eine furchtbare Gewalt.«* Der Masochist entwertet nicht nur die Wirkung der Bedrückung und damit diese selbst, sondern, indem er sie selbst herbeiführt, macht er sie zu seinem eigenen Instrumente, der Prügler wird zum Prügelstocke, dessen sich der Masochist bedient. Die Überwindung der Macht durch die Demut ist natürlich in einem größeren als dem individuellen Maßstabe undurchführbar, aber innerhalb besonders gearteter persönlicher Beziehungen eine oft ausgenutzte Möglichkeit.
Wir sahen, welche Bedeutung die Phantasien M.s für seine Charakterentwicklung und für die wesentlich spätere Herausbildung seines Zwanges hatten. Die Rolle der Phantasien wird häufig unterschätzt, weil das Überwiegen des subjektiven Elements in ihnen den Betrachter zur Meinung verführt, es sei irrelevant, wie sich in ihnen die verschiedenen Elemente aus der objektiven Welt verknüpfen. Gerade unsere realistische Grundeinstellung drängt uns, selbst in der subjektivsten Äußerung die reale Wirkung und die Vorbereitung neuer Wirkungen zu suchen. Phantasien sind niemals — im gewohnten Sinne des Wortes — phantastisch. In seiner realitätsfremdesten Phantasie, in seinem absonderlichsten Tagtraum ist M. nicht weniger er selbst als in seinem praktischen Verhalten. Gute Erzieher wissen, daß sie sich für die Phantasien ihrer Zöglinge interessieren müssen und daß sie aus ihnen oft mehr erfahren können, als aus der üblichen, sozusagen eindimensionalen Beobachtung.
M.s Vater ist seit vielen Jahren tot, die Mutter lebt noch; seine Beziehung zu ihr erschöpft sich in regelmäßigen monatlichen Geldsendungen. Seine Beziehung zu der in dürftigen Verhältnissen lebenden Schwester ist dadurch gekennzeichnet, daß er auch sie materiell unterstützt, jedoch gleichzeitig fortgesetzt erniedrigt. Sie muß sich das gefallen lassen und versucht nicht, dagegen zu protestieren. Das reizt M. sehr. Er möchte sozusagen stets eine Empfangsbestätigung für seine Schläge erhalten. Wenn die Schwester sich wehrt, gerät er in gute Laune und gewährt ihr viele Gnaden.

Man versteht, daß für M. die Kindheit auch weiterhin eine Quelle von Unsicherheit bedeutet, die er trotz allem noch nicht kompensiert hat. Seine Lebensparole — in den Prügelszenen entstanden, in denen er lachte — mag lauten: »Begib Dich in keine Situation, in der Du nicht von vornherein überlegen bist.« Ist zwar sein Ziel die Erringung der Macht, so kann er um diese nicht kämpfen, ohne sich der Gefahr einer Niederlage auszusetzen. Sein Zwang löst den Widerspruch, indem er ihm immer wieder das Machtbewußtsein gewährt, ohne einen andern Kampf als das »innere Ringen« M.s mit sich selbst. Bei einem Schachspiele, das einer mit sich selbst spielt, gibt es ein einziges Resultat, jedoch mit zwei Begründungen: »Kein Wunder, daß ich verloren habe. Ich bin eben unbesiegbar.« Oder: »Ich mußte siegen, da ich mir ja überlegen bin.« Mit dem gleichen Rechte könnte einer, der nie geboxt hat, sich für den größten Boxer der Welt halten, da es ja keinen anderen Boxchampion gibt, der nie besiegt worden ist. Man versteht, es kommt darauf an, sich einen *Nebenkriegsschauplatz* zu schaffen, auf dem man keinem Gegner begegnet. Kommt in der Angstneurose dem Streben nach Verzärtelung und nach einer Geltung ohne Leistung eine besondere, ja konstitutive Bedeutung zu, so herrscht in der Zwangsneurose vor allem das unbefriedigte Machtstreben vor, das eben dank dem Zwange seine Befriedigung auf einem Nebenkriegsschauplatz findet.

A. fragt danach, ob der Mensch, auch wenn es keine autoritäre Erziehung gäbe, nicht doch unter dem Druck organischer Spannungen Autoritätserlebnisse haben müßte. Diese Frage ist nicht ohne weiteres zu beantworten. Wir wissen, so seltsam das anzumuten vermag, vom *organischen Selbsterlebnis* des Menschen fast gar nichts, da man sich bisher zu wenig damit beschäftigt hat. Zwar wecken Schmerzen immer wieder unsere Aufmerksamkeit für den Organismus, aber unsere Erkenntnis wird dadurch wenig gefördert. Die überwiegende Majorität der Menschen hat von ihren Organen so gut wie keine Ahnung. Natürlich erleben wir den organischen Druck bewußt, wir empfinden ihn jedoch nicht als autoritär. Das Autoritäre bezeichnet ein Verhältnis und ist nur innerhalb von menschlichen Beziehungen erlebbar.
B. will wissen, ob man sich eine Ordnung ohne Autorität vorstellen könnte. Ja, man kann ohne jene Autorität, die B. als notwendig erachtet, sehr wohl auskommen. Es gibt eine andere Autorität, an der jeder teilhat, und diese ist mit der Ordnung einer wirklichen Gemeinschaft identisch. Man mache sich klar, daß, was man zumeist Ordnung nennt — und für diese sogenannte Ordnung, zu ihrer Erhaltung, werden oft Ungezählte hingeschlachtet —, die Ordnung der wenigen ist, die den Anderen sehr wohl als Unordnung erscheinen mag. Deshalb braucht sie so viel Autorität. Je breiter die Massen, in deren Interesse die Ordnung besteht, um so geringer die Autorität zu ihrer Auf-

rechterhaltung. Die Ordnung für *alle* würde durch die *Autorität aller* begründet sein. Es wäre also eine autoritätslose Ordnung. Die Befürchtung, daß die Menschen ohne Autorität wie wilde Bestien aufeinander losgehen würden, ist kaum begründet. Die Menschen sind jetzt einander ungleich gefährlicher; zumindest ist uns bisher nicht bekannt geworden, daß Löwen einander mit Gasbomben oder ähnlichem auszurotten versuchten. Unter Umständen könnte somit ein Verhältnis wie zwischen wilden Bestien bereits als Fortschritt angesehen werden — doch ist das natürlich nicht der Zustand, den wir meinen.

Man spricht davon, daß jemand *gerissen, gerieben, durchtrieben* ist, wenn man sagen will, daß einer befähigt ist, der Autorität auszuweichen. Diese Ausdrücke besagen, daß einer allen erdenklichen Strafen, wie sie im Mittelalter üblich waren und heute wieder üblich werden, unterworfen worden ist. Die Art, wie wir diese Ausdrücke verwenden, beweist den Unglauben an die verbessernde Wirkung der Strafen. Die jahrtausendealten Erfahrungen mit der Autorität sprechen eindeutig gegen sie; es einmal ohne sie zu versuchen, erscheint zumindest nicht abwegig. Doch ist es ein Märchenglaube mancher Psychologen, daß die Propaganda zugunsten der Autoritätslosigkeit die Autorität zur Abdankung bewegen werde. Diese wird aufgehoben sein, wenn ihre sozial-ökonomische Grundlage aufgehoben sein wird.

Gegen die Erhabenheit von Gefühlen, auf die B. hinweist, haben wir gar nichts gesagt. Wir freuen uns, wenn wir ihnen begegnen. Uns dünkt jedoch noch lange nicht erhaben, was sich so gibt. Die erhabensten Taten der menschlichen Geschichte sind mit äußerster Einfachheit vollbracht worden, indes die Inthronisationen von räuberischen Usurpatoren mit erhabenen Zeremonien gefeiert wurden. Wir haben im Mitleid keine Erhabenheit gefunden. Nur wenn das Mitleid mehr als Mitleid, wenn es Solidarität war, dann konnte es uns manchmal erhaben erscheinen. Beweise solcher Solidarität werden interessanterweise häufig von den unteren Schichten geliefert. Je höher die gesellschaftliche Schicht, um so geringer der Grad der praktischen Solidarität, um so mehr Geschwätz von der Erhabenheit.

D. meint, daß man aus den bisherigen Vorlesungen schließen muß, wir hielten die Menschen eines einfachen, guten Gefühls nicht für fähig. Dieser Schluß ist unbegründet. Das Gute äußert sich vor allem im praktischen Verhalten, und überdies versteht es sich von selbst. Zur Verdeutlichung unserer Auffassungen haben wir bisher vor allem problematische Haltungen, komplizierte Gefühle dargestellt. Das andere, das Einfache, das Gute bedarf unserer Darstellung nicht im besonderen. Ganz zu schweigen davon, daß der Begriff gut hier nicht brauchbarer ist als der Begriff »böse«. Wir haben von der aktiven Anpassung, von der Sozialität gesprochen, von dem Menschen also, der sich nicht nur als »Ich«, sondern auch als Umwelt erlebt, sich dementsprechend verhält und seine Mitmenschen wahrnimmt. Wir propagieren das richtige Verhalten nicht, weil es ein gutes ist, weil es irgendwelchen Postulaten einer Ethik entspricht, sondern weil es am ehesten das Unglücklichsein verhindert und am besten den Weg zu einem lebenswerten Leben sichert. Ob der Mensch sich, wie Raskolnikow, bald wie eine Laus und bald wie ein Held, wie ein Gott vorkommt — in diesem Schwanken, in dieser individualistischen Konzentration auf sich selbst ist er den anderen und sich selbst gefährlich.

C. hat vollkommen recht: Manche Menschen scheinen rein organisch verhindert zu sein, Morphinisten zu werden. Das würde gleichfalls dafür sprechen, daß ohne eine bestimmte organische »Konjunktur« die Giftsucht nicht zustande kommt. C. fragt, ob man bei der Narkomanie nicht auch von einer krankhaften Giftgewöhnung sprechen könnte. Daß eine Gewöhnung vorliegt, erscheint dadurch bewiesen, daß die Giftsüchtigen immer größere Dosen zur Erzielung der gewohnten Wirkung brauchen. Doch läßt sich daraus keineswegs schließen, daß der Morphinismus nichts anderes als eine Gewohnheit sei. Was man schlechthin Gewohnheit nennt, ist genau dasselbe, was wir unter den Namen Automatismus geschildert haben. Ein Automatismus entsteht nicht aus dem Ungefähr, sondern als eine Kompensation unter der Voraussetzung gleichbleibender Bedingungen. Ein Automatismus, der in Widerspruch zu den Bedingungen geraten ist, wird normalerweise aufgegeben. Der Morphinismus ist natürlich auch ein Automatismus, aber ein neurotischer, nicht in einer fruchtbaren Auseinandersetzung entstanden, sondern auf der panischen Flucht vor ihr. Somit ist mit der Feststellung des Automatismus hier nichts getan. Der Deuter muß sich vielmehr für den Fluchtcharakter der Sucht interessieren.

Sehr scharfsinnig verweist C. auf den zumindest scheinbaren Widerspruch zwischen unserer Definition des Zwanges und der Beschreibung der Morphiumsucht. Er vermißt in dieser den Widerspruch gegen den empfundenen Zwang. Er sieht zu deutlich die gesuchte Befriedigung durch das Gift, indes wir die Widerspruchsmomente zu wenig hervorgehoben haben. Die Darstellung des Kampfes, den Frau P. fortgesetzt um ihre Entziehung kämpft, würde Ihnen beweisen, daß die Morphiumsucht eine voll ausgebildete Zwangsneurose ist. Es gibt eine große Literatur darüber, u. a. viele autobiographische Dokumente, in denen Morphinisten ausführlich und mit einer auffälligen Selbstgefälligkeit ihren Kampf gegen »sich selbst« schildern. Wir haben vom inneren Kampf ja schon mehrfach gesprochen, davon, daß er den Widerspruch des Individuums mit sich selbst nicht widerspiegelt, sondern umgekehrt eine Wirkung des unausgetragenen Widerspruchs zwischen dem Individiuum und der Umwelt ist.

Im System der Psychoanalyse hat der von Bleuler geschaffene Begriff *Ambi-*

valenz eine hervorragende Bedeutung. Darunter wird das Auseinanderstreben der Triebe verstanden, genauer: das gleichzeitige Walten entgegengesetzter oder konkurrierender Triebe. Da die Psychoanalyse weder die Einheit des Individuums noch sein soziales Wesen erfaßt, verlegt sie den Kampfplatz in das *Es* oder auf das Terrain, auf dem *Es* und *Ich* und *Überich* gegeneinander wirken. So wird die Psychoanalyse, ohne es zu wollen, zu einer moralischen Psychologie.

Wir haben die Angst als Ausdruck, Mittel und Wirkung menschlicher Beziehungen definiert. Diese werden gegenwärtig durch das Vorherrschen von Autoritätsansprüchen erschwert und in ihrer Entwicklung beeinflußt. In der Angst manifestiert sich die Nachwirkung dissoziierender allgemeiner und spezieller autoritärer Beeinflussungen. Obschon die Autorität psychologisch beschreibbar ist, muß sie ihrem Wesen nach als ein gesellschaftlicher Tatbestand, als Quotient gesellschaftlicher Verhältnisse erforscht werden. Daher wird die Aufhebung der Autorität ein Teil des umwälzenden Aktes der Aufhebung bestimmter gesellschaftlicher Verhältnisse sein. So individuell die Angst sein mag, ihre Wurzeln liegen trotzdem in dem Überindividuellen, in den gesellschaftlichen Verhältnissen. Manche Anhänger der autoritätslosen Erziehung haben ihrer Überzeugung Ausdruck gegeben, daß ihre Erfolge die Einstellung der Gesellschaft zur Autorität und allmählich auch die gesellschaftlichen Verhältnisse ändern könnten. Wir unsererseits aber sagten, daß politische Veränderungen zum Zwecke der Sicherung und Erhaltung der vorherrschenden Ordnung all diese pädagogischen Versuche von einem Tag auf den andern zunichte machen werden; diese Voraussage ist in vollem Maße eingetroffen. Die Pädagogen, die die gesellschaftliche Wurzel der Autorität verkannt haben, müssen jetzt wieder autoritär werden oder ihren Beruf aufgeben.

So groß — und noch lange nicht ausreichend anerkannt — die Leistung Alfred Adlers gerade auf dem Gebiete der Analyse der Autoritätswirkungen ist, so groß sein Verdienst ist, die Psychologie über Freuds maßlos verengten und deshalb unhaltbaren Standort hinausgeführt zu haben, so bedauerlich ist seine Verkennung bzw. Unterschätzung der gesellschaftlichen Voraussetzungen der Autorität, deren Bekämpfung in der Erziehung Adler sein Lebenswerk gewidmet hat. So ist es nicht verwunderlich, daß Adler heute die Entwicklung des Charakters viel mehr durch die »schöpferische Kraft«, durch die »irrationale Willkür« des Individuums als durch Umwelteinflüsse bestimmt glaubt. Doch auch an dieser Stelle und gerade nach der Darstellung der Angst und des Zwanges sowie der Beziehung dieser beiden zur Autorität möchten wir nicht versäumen auszusprechen, wie viel wir Alfred Adler zu verdanken haben. Seine Leistung hat es möglich gemacht, ohne den Triebmystizismus der Psychoanalyse und ohne das irrationalistische Geschwätz manch anderer psychologischer Schulen realistisch und im Sinne einer realen Dialektik die komplizierten seelischen Funktionen der Angst oder des Zwanges begreifbar zu machen.

19

Der launische Mensch. Fall X. Das Abreagieren. Der Angriff auf der Linie des geringsten Widerstandes. Die Eitelkeit ist ein Quotient des Verhältnisses zwischen Selbstwertgefühl und Persönlichkeitsziel. Die »Eingebildeten». Die Depression. Drei Aktivitätsarten. Der reaktiv-passive Mensch — der Mensch unserer Zeit. Die Anarchie der Seele: eine Widerspiegelung der Anarchie gesellschaftlicher Verhältnisse. Die Voraussetzungen der Umerziehung. Die fördernde Rolle der Entwicklungsschwierigkeiten.

Verehrte Hörer, wir haben uns nun mit einer psychischen Störung zu beschäftigen, die dem, was man normal nennt, ungleich näher liegt als die neurotische Angst oder der Zwang. Die Depression beansprucht unser Interesse nicht zuletzt deshalb, weil diese Art Störung des Lebensgefühls ein nachgerade unausweichliches Erlebnis ist. Es erscheint unmöglich, daß der Mensch stets auf der gleichen Höhe des Lebensgefühls sollte bleiben können; die größte Schwankung ist nun häufig durch die Depression gekennzeichnet. Bevor wir sie ausführlich darzustellen versuchen, wollen wir unser Interesse der sogenannten Laune zuwenden.

Man spricht von guter und schlechter Laune und versteht darunter eine günstige, lebensbejahende bzw. eine ungünstige, eher lebensverneinende, aktivitätslähmende Stimmung. Überdies spricht man von launischen Menschen und meint damit jene, deren Stimmung in auffallend kurzer Aufeinanderfolge extremen Schwankungen zwischen der sehr guten und der sehr schlechten Laune ausgesetzt ist. Man spricht abergläubisch davon, daß einer schlechter Laune ist, weil er mit dem linken Fuß aus dem Bett gestiegen, weil ihm eine schwarze Katze oder eine Nonne über den Weg gelaufen sei. Ein Aberglaube, der jedoch der Wahrheit näher ist, ist die Meinung, die schlechte Laune sei auf »böse« Träume zurückzuführen.

Es ist unverkennbar, daß der Launische von labilem seelischem Gleichgewicht, von großer Empfindlichkeit ist. Er kippt so leicht um, weil er nicht richtig steht, weil er durch nichts fest genug gehalten ist und sich an nichts Festem anhält. Wenn seine Stimmung vorwiegend schlecht ist, vermutet man, daß er ein Depressiver ist. Die manischen Zustände, denen er gleichfalls unterliegt, sagen nichts gegen die Vorherrschaft der Depression aus. Im seelischen Haushalte des Depressiven sind manische Stimmungen notwendig vorhanden; sie sind die Wirkung des vergrößerten Ausschwunges aus der depressi-

ven Stimmung: Gemäß der Pendelwirkung liegt der repressiven Stimmung die manische am nächsten.
Erinnern Sie sich noch an X? Er ist Z.s Bruder, ein Mann voller Widersprüche. X. ist launisch und lauscht selbst angespannt auf seine Launen, die er mit peinlicher Genauigkeit registriert. Würde man ihn fragen, ob er depressiv sei, so würde er es insofern mit Recht leugnen können, als seine Depressionen keine sehr beträchtliche Tiefe erreichen. X. kommt schlecht gelaunt und unmutig nach Hause. Auf die Frage seiner Frau, was seine schlechte Laune verursacht habe, erklärt er, daß er seit einigen Stunden einen »komischen Druck« im Kopfe habe. Er bekommt kalte Umschläge, seinem Kind wird verboten, Lärm zu machen, der Raum, in dem er sich aufhält, wird verdunkelt. Stets dienstbereit, kommt die Frau immer wieder leise auftretend zu ihm. Die Stimmung im Hause ist nahezu weihevoll: »Papa ist nicht ganz wohl.« Einige Stunden danach ist er wieder wohlauf, spielt Skat und greift sich nur von Zeit zu Zeit mit einer schönen Gebärde an den Kopf, damit man nicht vergesse, daß da einer ist, auf den man immerhin Rücksicht zu nehmen hat.
Über die Kopfschmerzen des Herrn X. ist nicht viel zu sagen; man nennt sie »nervös«. Als X. seine schlechte Laune auf die Kopfschmerzen zurückführte, hat er subjektiv nicht gelogen. Doch stellten sich diese Kopfschmerzen erst nach dem Auftauchen der schlechten Laune ein und nicht umgekehrt. Hinter ihnen und der schlechten Laune muß also eine ihnen beiden gemeinsame Ursache liegen. Herr X. hatte kurz vorher einem Gespräch zwischen zwei Kollegen entnommen, daß einer von ihnen in einer besondern Vertrauensmission auf Reisen geschickt werden würde. X. hatte von dieser Mission gewußt und fest damit gerechnet, daß er gewählt werden würde. Er hatte bereits seiner Frau vorgerechnet, wieviel er an den Reisediäten verdienen werde. Das erlauschte Gespräch brachte ihm also eine Enttäuschung. Er gestand sie sich nicht ein und im Moment, da er sich gerade sagte: »Ach was! Es wäre ein Unsinn gewesen, diese Reise ist viel zu anstrengend für mich«, verspürte er den Kopfschmerz. Das Weitere haben wir schon dargestellt.
Dieser geringfügige Vorgang verrät dem Beobachter mancherlei, was zur Aufklärung der häufig wie ein plötzlicher Einbruch auftretenden Stimmungsumschläge beitragen kann. Herr X., dessen Empfindlichkeit wir kennen, hat eine Niederlage erlitten. Das Bewußtsein von ihr ist ihm unerträglich, er weicht ihm aus, indem er einen erträglichen Grund für seine schlechte Stimmung vorschiebt. Im Schatten der Kopfschmerzen soll die Niederlage unsichtbar werden: »Ach was, an der Reise liegt mir gar nichts. Wenn ich nur nicht diese dummen Kopfschmerzen hätte.« Wenn man weiß, welche Wirkung die Krankheit als Argument besonders in der Familie spielt, so versteht man recht wohl, daß Herr X. viel besser damit fährt, wenn er sich mit dem

Kopfschmerz legitimiert. Da erhält er Verzärtelungen, die Pflaster für seine geheimen Wunden sind. Sein wirklicher Schmerz wird geheilt, ohne daß er ihn bekennen muß. Natürlich ist das eine öde Komödie, sie ist aber wirkungsvoll und erfolgreich. Es gibt andere, die in der Situation des Herrn X. nicht Kopfschmerzen haben, sondern, zu Hause angelangt, sofort feststellen, daß die Suppe wieder einmal zu kalt sei, daß die Frau es immer darauf absehe, den schwergeplagten Mann aufzuregen, indem sie von ihm Geld für die Gasrechnung verlangt, daß die Fenster wieder einmal nicht geschlossen sind und dergleichen mehr. Solche Verhaltensweisen werden gewöhnlich mit dem psychoanalytischen Begriff des Abreagierens erklärt. Das ist ein unbrauchbarer mechanistischer Begriff, obschon er einleuchtend erscheint. So ist es z. B. auch durchaus einleuchtend, daß die Sonne sich um die Erde dreht — aber falsch. Das wird jedoch erst erkannt, sobald eine fehlerhafte Erfahrung revidiert wird.

Der Mann also, der seine Frau beschimpft, weil er anderswo eine Niederlage erlitten hat, reagiert nicht ab, sondern kompensiert. Für den Charakterologen ist die Frage entscheidend, warum er z. B. dem beleidigenden Chef gegenüber demütig und nur seiner Frau gegenüber heldenhaft ist. Der »Radfahrer«, wie das Volk jenen nennt, der sich oben duckt und unten tritt, dieser sozial überaus bemerkenswerte Typ ist psychologisch ein Feigling und jedenfalls ein Opportunist, der sich, wenn möglich, nur auf der Linie des geringsten Widerstandes bewegt. Das Minusgefühl gegenüber dem Chef, dem er sich unterlegen fühlt, kompensiert er in der Aggression gegenüber der Frau, gegen die er sich vieles leisten kann. Entscheidend an jenem Vorgang, den man Abreagieren nennt, ist die Beziehung, innerhalb deren er erfolgt, und der soziale Charakter der Kompensation, die solcherart zustande kommt. In diesem Sinne besteht zwischen den Kopfschmerzen des Herrn X. und dem Haustyrannengebrüll eines anderen X. gar kein Unterschied.

Wir sahen, daß die Gründe der Depression unbewußt bleiben können, ja daß sie zumeist unbewußt bleiben, weil der Widerspruch zwischen dem Pathos der Depression und der Eitelkeit ihrer Gründe rational unerträglich ist. Ein Pubertätler, der nach dem Gespräch mit dem von ihm umworbenen Mädchen das unangenehme Gefühl hat, nicht genügend imponiert zu haben, mag im Weltschmerz eine viel größere Beruhigung als im Eingeständnis seiner unbefriedigten Eitelkeit finden. Der Weltschmerz geht vorüber, die Eitelkeit bleibt. Wir haben bereits angedeutet, daß man das Geltungsstreben verstehen muß als einen Quotienten der Beziehung des Individuums zu sich selbst und zur Umwelt und zugleich aus dem Verhältnis zwischen seinem Selbstwertgefühl und seinem Persönlichkeitsziel. Je geringer das Selbstwertgefühl, um so größer die Eitelkeit. Von da aus wird auch klar, daß die Bezeichnung »eingebildet« psychologisch durchaus verkehrt erscheint. Derjenige, den man eingebildet nennt, leidet nicht an Überwertigkeitsgefühlen, sondern umgekehrt an Gefühlen äußerster Unsicherheit. Der eingebildete Mensch kämpft um den Schein, er kämpft darum, so zu erscheinen, als ob er wäre, was er sein möchte. Die Grenze der Welt des Seins in der Richtung zur Welt des Scheins überschreitet nur jener, der an der Verwirklichung seines Ziels verzweifelt. Die Welt mißversteht den »Eingebildeten«, was pädagogisch belangreich ist, weil ihr Mißverständnis ihn entmutigt und somit noch »eingebildeter« macht.

Definieren wir das Wesen der üblichen, psychoneurotischen Depression als eine Stimmung gesenkter Lebensgefühle, der Mutlosigkeit gegenüber der Gegenwart und der Zukunft, des Selbstmißtrauens und des Mißtrauens gegen die Umwelt, der Passivität und der Hoffnungslosigkeit, so kennzeichnen wir damit ein Verhalten, welches den Depressiven unweigerlich in Widerspruch zu den Forderungen der Umwelt bringt. Das Leben verträgt keine andere als eine lebendige, aktive Stellungnahme. Der Depressive glaubt mit Recht, abgrundlos zu versinken, so tief, daß die Rufe des Lebens ihm unhörbar werden. Er wäre unrettbar verloren, wenn die Haltung der familiären Umwelt, in tiefem Respekt vor der Depression, jenen unausgesprochenen Forderungen des Depressiven nicht entspräche. Jede Depression enthält eine Forderung, die nicht positiv formuliert wird und vielleicht auch gar nicht formulierbar ist. Der Anspruch, der da erfüllt werden soll, ist schon deshalb ein Überanspruch, weil er negativ bleibt. Das Kind, das in Gestalt von Angst einen Überanspruch an Verzärtelung erhebt, der Mann, der mit Weltschmerz und Selbstmorddrohungen eine Liebe erzwingen will, um die offen zu werben, er zu eitel ist, die Frau, die ihren Überanspruch durch Weinen kundtut — sie alle formulieren negativ. Sie setzen voraus, daß der andere so sehr unter ihrem Leiden leidet, daß er gleichsam aus Egoismus erfüllen wird, was sie so undeutlich fordern. Die Depression ist somit u. a. ein Kampfmittel des Überanspruchsvollen, des Kämpfers, der ohne Kampf den Sieg erringen möchte, und andererseits eine Form von Eitelkeit, die ihre Krönung verlangt, ohne zu sich selbst zu bekennen.

Diese Art der Betrachtung wird gewiß manche von Ihnen abgestoßen haben, denn die Reduktion der Depression auf Überansprüche des Geltungsstrebens oder — seltener — Machtstrebens mag durchaus peinliche Gefühle erwecken. Es mag insonderheit den »Tiefenpsychologen« nicht einleuchten, daß z. B. dem Streben verletzter Eitelkeit eine so tiefgreifende und umfassende Wirksamkeit zugeschrieben wird. Man bedenke jedoch, wie sehr unser Gleichgewicht auf einem gesicherten und sichernden Selbstwertgefühl beruht und wie abhängig dieses wiederum von Wertmaßstäben ist, die unsern Charakter mitgebildet haben. Entscheidend für das Verständnis der Depression ist, daß sie eine *passive* Aktivitätsform in der Auseinandersetzung mit

der Umwelt legitimiert und dies mit Berufung auf die totale Entwertetheit der eigenen Person. Die passive Aktivitätsform aber vermindert radikal die Anpassungsfähigkeit. Die Depression ist ein Argument, das nur denen gilt, die den Depressiven lieben und daher bereit sind, sein Defizit an aktiver Haltung mit ihren eigenen Kräften auszugleichen.
Ist die Depression einerseits ein Kampfmittel des Überanspruchsvollen, so ist sie andererseits das Ergebnis einer inneren Isolation und, ähnlich wie die Angst T.s, ein Mittel zu ihrer Verdichtung.

Betrachtet man die individuellen Aktivitätsweisen eingehend, so erhält man den Eindruck, daß der unermeßlichen Mannigfaltigkeit der Charaktere die der Aktionsweisen entsprechen müßte. Andererseits aber ist es gewiß, daß es trotz der individuellen Unterschiede repräsentative, typische Verhaltensweisen gibt. In der Stellungnahme einer Anzahl verschiedener Individuen in der gleichen Situation, zur gleichen Aufgabe, zum gleichen Problem können wir das Typische entdecken. Man könnte wohl drei charakteristische Handlungsweisen unterscheiden: 1. die produktive, 2. die reaktiv-passive und 3. die passive. Sie verstehen ohne weiteres, daß der Begriff »passive Aktivität« entgegen dem Anscheine keineswegs paradox ist, denn Sie wissen, daß es in unserm Leben eine Nichtaktivität gar nicht geben kann, daß es niemandem möglich ist, sich endlos einer Stellungnahme zu entziehen.
Man kann die erste Aktionsform auch schöpferisch nennen — jedoch nicht im Sinne unserer zeitgenössischen Mystik. Schöpferisch sein heißt, allem, was das Leben bringt, ein Höchstmaß von Sinn und Wert zu verleihen. Das Zusammenfallen der individuellen Kompensations- und Überkompensationslinie mit der Tendenz der gesellschaftlichen Progression ist ein häufiges Kennzeichen der schöpferischen Leistung. In diesem Sinne haben wir — im Zusammenhang mit der Überkompensation — jegliche geniale Leistung als revolutionär angesprochen. Schwierigkeiten und Hindernisse werden als Anstöße zu ihrer Überwindung erlebt und dementsprechend verarbeitet. Gewiß hat Adler recht, wenn er den Typ, der durch dieses Verhalten gekennzeichnet ist, als mutig bezeichnet. Der Begriff Mut kennzeichnet die Stellung eines Individuums zur Umwelt, zu ihren Anforderungen und zu sich selbst. So erlebt der mutige Mensch die Erschütterungen seines Gleichgewichts als einen positiven Anstoß, als den Teil einer Entwicklung, die er aktiv und produktiv fortsetzt, beschleunigt und zu jenem Punkte führt, an dem sein Gleichgewicht auf einer höheren Ebene wiederhergestellt wird. Er ist ein bewußter Kompensator, ein praktischer Dialektiker. Diesem Typ entspricht gewöhnlich eine Kindheit, in der es viele Schwierigkeiten zu überwinden gegeben hat, die jedoch gerade noch überwunden werden konnten; ihm entspricht eine Kindheit, in der die Entwicklung zur Selbständigkeit durch die Umwelt nicht be-

hindert worden ist und die unter dem Einfluß von Erziehern stand, die brauchbare Zielsetzungen förderten. Es ist wichtig, daß das Kind rechtzeitig Schwierigkeiten erlebt und daß es im Moment, da es versteht, daß sie überwunden werden *müssen*, sich zutraut, daß es sie überwinden *kann*. Der Sprung aus dem Reich der Notwendigkeit ins Reich der Freiheit ist hier dadurch getan, daß das, was notwendig, gekonnt und — weil als notwendig empfunden — auch gewollt wird. Es sind häufig gerade Kinder, die in schwierigen äußeren Umständen aufwachsen, die zu dieser Grundhaltung gelangen. Sie bekommen normal dosierte Schwierigkeiten zu überwinden und merken kaum, daß sich neue und größere Schwierigkeiten einstellen, denn ihre grundsätzliche Überwinderhaltung läßt sie stärker den Kompensationsanstoß als die Unsicherheit der veränderten Position empfinden. Kein Zweifel, daß das Ziel der Erziehung ein solcher Mensch sein müßte. Kein Zweifel, daß es ihn — in allen Lebenslagen — noch nicht gibt.

Die reaktiv-passive Aktivitätsform, wahrscheinlich die häufigste, ist von Schwankungen und zögernden Attituden begleitet. Stimmungsmäßig entspricht ihr sowohl der leichte manische Stimmungsaufschwung wie die leichte depressive Senkung des Lebensgefühls. Auch sie bringt Kompensationen zustande, aber recht häufig tritt in ihr die Antithese, das Unsicherheits- und Minderwertigkeitsgefühl als Widerspiegelung einer Behindertheit deutlicher hervor, denn als kompensatorischer Anstoß. So sind die Interferenzen zwischen Schwierigkeitserlebnis und Überwindung zuweilen überflüssig vergrößert. In solchem Fall kann die Depression gleichsam als Folge einer verzögerten Kompensation auftreten und eine weitere Verzögerung bewirken. Man versteht, daß hier die Aktivität nicht gleichmäßig ist, daß der Mensch als Produzent häufig in Gefahr gerät und sich selbst und anderen nur als Produkt erscheint. Ebenso wird es möglich, die Kompensation zu überschätzen, so daß manische Stimmungen auftauchen; hier ist die kompensatorische Haltung nicht vollkommen automatisiert. Es ist, als ob der reaktiv-passive Typ immer wieder erwartete, es würde ein anderer für ihn einspringen und ihm die eigene kompensatorische Tätigkeit ersparen. Da es jedoch solches »Ersparen« selten gibt, muß er nach einigem Zögern für sich selbst einspringen.
Das Reaktive besteht darin, daß er sich viel mehr von dem Geschehen lenken läßt, als daß er selber lenkt. Es ist unverkennbar, daß ihm die Dialektik des Lebens nicht aufgegangen ist. Die Möglichkeit, das Leben zu gestalten, mag ihm zwar bekannt sein, doch ist sie nicht zum Inhalt seines Bewußtseins geworden. Andererseits ist zu bedenken, daß kein menschliches Verhalten nur Aktion oder Reaktion ist, unser aller Verhalten ist beides in einem. Jedoch gibt es Situationen, in denen die Erlebnisweise des Individuums selbst reaktiv bleibt, so z. B. in konfliktuösen Beziehungen.

In einer schlechten Ehe meint jeder der beiden Partner, sein Verhalten damit entschuldigen zu können, daß er ja nur reagiert habe; er sieht somit nur ein Glied der Kette und nicht die ganze Kette. Er sieht seine Reaktion und nicht seine Aktion, die die Aktion des Partners provoziert hat. Diese Erlebnisweise ist schon deshalb von großem psychologischen Interesse, weil sie fast als eine übliche angesprochen werden muß. Die Vorherrschaft des Unschöpferischen, des Planlosen ist nicht von ungefähr. Sie ist die Widerspiegelung allgemeiner gesellschaftlicher Verhältnisse. Einer ungeordneten, planlosen Wirtschaft entspricht das mystische Geschwätz von Urkräften, vom angeborenen Schicksal und dergleichen mehr — eine »Anarchie der Seelen». Man darf diesen Zusammenhang nicht übersehen und nicht verkennen, daß die herrschende Ideologie einer Vergöttlichung der Planlosigkeit dient. Was liegt nun näher, wenn man von der seelischen Vererbung überzeugt ist, als zu glauben, daß man nur reagiere? Daß die Vererbungsgläubigen, daß die Pseudorassologen von heute soviel vom Schöpferischen sprechen, spricht nicht dagegen. Was sie unter schöpferisch verstehen, entbehrt eines begründeten Inhaltes. Elendiges Geschwätz wird als schöpferischer Akt gepriesen, indes die Wahrheit verkannt und unterdrückt wird.
Die reaktiv-passive Grundhaltung entspricht in hohem Maße der üblichen Familienerziehung. Die Ungleichmäßigkeit, die erstaunliche Inkonsequenz dieser Erzieher, gleichviel, ob sie bewußt Prinzipien gehorchen oder nicht, kommt am deutlichsten in der gekennzeichneten Grundhaltung zum Ausdruck. Man kann nicht erwarten, daß jemand, der in den ersten Lebensjahren zur Unselbständigkeit angehalten worden ist, sodann eine ausreichende Fähigkeit zur inneren Selbständigkeit besitzt, daß ein Kind, dem stets Schwierigkeiten von anderen abgenommen worden sind, erkennt, welch positive Kraft in jeder Überwindung steckt. Selbsttätigkeit und Überwindungsbereitschaft sind nicht dort zu finden, wo die Erzieher, um sich selbst zu behaupten, einer Art von Zwang unterliegen, sich unentbehrlich zu machen, sich fortgesetzt in die Angelegenheiten des Kindes einzumengen und solcherart das Kind an sich zu binden. Wem diese Kritik an der Erziehung nicht behagt, der möge bedenken, daß sie nicht eine Verurteilung der Erzieher enthält — wir wissen, daß auch die Erzieher erzogen worden sind —, sondern eine Kritik der gesamten Umweltbedingungen, aus denen die Familienerziehung hervorgegangen ist.
Die Verbindung zwischen dem Reaktiven und dem Passiven ist dadurch gegeben, daß in den bereits gekennzeichneten Interferenzen zwischem dem Erlebnis der Antithese und der Kompensation sich die Flucht in die Passivität als eine Möglichkeit bietet, auszuweichen oder zumindest aufzuschieben. Daß der Reaktiv-Passive nicht nur ausweicht, daß er immer wieder doch heimfindet, macht aus, daß man ihn nicht als einen passiven Typ bezeichnen

kann. Er steht auf eigenen Füßen und versucht nur manchmal auf Kosten anderer den Erfolg zu erreichen. Die Depression ist dem Reaktiv-Passiven kein meint.

Die passive Aktivitätsform charakterisiert jeden, der durch fortgesetzte Flucht in die sozial adressierte Angst, in die Depression, in jegliche Art von nervösem Organdialekt, also in die Krankheit, sich vor der Notwendigkeit jener Kompensation zu schützen sucht, die er ohne diese Ausflüchte zustande bringen müßte. Man kann auf verschiedene Art ein Problem ungelöst lassen und sich selbst lange darüber täuschen, wie sehr man ausweicht und die Lösungen vereitelt. Der Passive ist ohne die anderen, die für ihn agieren, undenkbar. Die Natur, insonderheit die außermenschliche, verhängt über die Passivität die Todesstrafe. Die Geschichte tut Ähnliches, aber im individuellen menschlichen Leben gibt es ungezählte Schlupfwinkel für den Passiven. Daß sich in seinem Bewußtsein seine Lage und die Anforderungen anders darstellen, versteht sich von selbst. Diesem Verzerrungsschema seiner Wahrnehmung entspricht seine Lebensmethode. Es ist nicht verwunderlich, daß der Passive einen ungewöhnlich eingeengten Erfahrungsbereich hat und an ihm krampfhaft festhält, sonst würde seine ganze Lebensmethode ihm selbst fraglich werden; und das erträgt niemand. Die Starrheit seiner Erfahrungen, die Sterilität seiner Erlebnis- und Beziehungsfähigkeit sind von Alfred Adler im »Nervösen Charakter« bildhaft geschildert worden. Gewöhnlich ist es gerade der Passive und in geringerem Maße der Reaktiv-Passive, der die Psychotherapie und die Heilpädagogik beansprucht. Der Passive erwartet vom Psychotherapeuten, daß er an ihm ein Wunder geschehen lasse und daß er selbst nicht einmal einen Versuch der Änderung seiner selbst werde unternehmen müssen. Sein Widerstand in der therapeutischen Behandlung, so unbewußt er auch bleiben mag, ist nicht zuletzt dadurch begründet, daß von ihm Aktivität gefordert wird. Diese lehnt er ab, weil er in seiner Kindheit erfahren hat, wie erfolgreich die Passivität sein kann. Würde die Gesellschaft sich zum Passiven so verhalten, wie es der Natur gemäß ist, dann würde er zweifellos zugrunde gehen. Jedoch viel wichtiger als die Frage, ob man ihn zugrunde gehen lassen soll oder nicht, ist die Forderung, daß nicht so erzogen werde, wie es bisher geschehen ist.

Die individuelle Aktivitätsform ist veränderbar, aber gewiß nicht mit jenen Erziehungsmethoden, die die Veränderungsbedürftigen hervorgebracht haben. Und man kann die schädigende Wirkung der Erziehung ohne eine analytische, befreiende Kritik an ihr nicht aufheben. Einen Menschen umerziehen heißt somit, ihn seine Kindheit wieder erleben lassen — diesmal nicht als Objekt, sondern als Kritiker seiner Erziehung. Es kommt natürlich nicht darauf an, ihn nachträglich in Opposition zu seinen Erziehern zu bringen — Kritik ist weder eine sentimentale noch eine ressentimentale Angelegenheit. Sie ist,

wo sie an die Wurzeln geht, die Methode der Erkennung der Negationen, der Gegensätze und ihrer Aufhebung — sofern dies möglich ist.
Wenn einer erkennt, wie verderblich seine Erziehung gewesen ist, und daraus die Konsequenz zieht, nunmehr alles auf die Verantwortlichkeit seiner Erzieher zurückzuführen, so hat er *falsch* erkannt. Er hat zumindest verkannt, daß auch seine Erzieher erzogen worden sind. Er kämpft nach hinten — einen schlechten Kampf. Wenn er den ganzen Sachverhalt begriffen hat, wird er verstehen, daß er selbst zu verändern hat, daß ihm diese Aufgabe vielleicht mancher erleichtern, aber niemand abnehmen kann.
Die Veränderung der Aktivitätsform ist also in Gestalt eines Umerziehungsaktes möglich. Sie ist ein Teil der Charakterveränderung, ein Akt der kritischen Selbsterziehung, zu der wir lebenslänglich verurteilt sind. Welch ein Widersinn zu denken, daß im Verlaufe eines Menschenlebens, in dem sich so viele objektive Bedingungen verändern, die Erziehung unverändert bleiben könnte! In Zeiten wie den unseren, in denen Veränderungen in einem unwahrscheinlich beschleunigten Tempo erfolgen, ist sowohl an den Einzelnen wie an Gruppen ein wesentlich gesteigerter Anspruch auch fortgesetzte Veränderung und Beseitigung von Automatismen gestellt. Die Starrheit der bisherigen Erziehung hat die Vorstellung hervorgerufen, daß, wenn die Erziehung beendet, alles beendet sei.
Aus unserer kritischen Darstellung der Aktivitätsformen ergibt sich als erste Konsequenz: *Man erspare niemandem auch nur* eine einzige Entwicklungsschwierigkeit; man vermeide alles, was die Selbsttätigkeit des Kindes im geringsten behindern könnte; man gebe endlich die paradiesische Vorstellung auf, daß die günstigsten Bedingungen im gewöhnlichen Sinne des Wortes die günstigen seien. Es ist keine günstige Bedingung, nicht kämpfen lernen zu müssen, weil Erzieher es als ihre Lebensaufgabe betrachten, ihren Zögling von der harten Wirklichkeit fernzuhalten; es ist keine günstige Bedingung, alles ohne Gegenleistung erhalten zu können. Überhaupt ist nichts günstig, was im Sinne der praktischen *Religion des Habens* so aussieht. In einer Gesellschaft, in der gerade das Haben Wertmaßstab ist, sind diese Irrtümer der Erziehung fast unvermeidlich. Erst in einer Gesellschaft, in der Sein und Leistung in einer Zweieinigkeit — und nicht das Haben — den Menschen wertvoll machen würde, wird die richtige Erkenntnis und Unterscheidung des Günstigen und Ungünstigen wesentlich erleichtert werden.
Wir haben drei Aktivitätsformen und damit soziale Stellungnahmen von Charakteren geschildert. Es ist wohl deutlich geworden, daß es keine Trennungsmöglichkeit zwischen Form und Inhalt gibt. Die Aktivitätsform ist nicht zufällig. Sie ist ebenso wie der Charakter, und untrennbar mit ihm verbunden, eine soziale Wirkung. Es wäre wichtig, die Antwort der Umwelt auf die verschiedenen Aktivitätsformen zu untersuchen; doch können wir in diesem

Zusammenhang nicht näher darauf eingehen. Wir verweisen Sie jedoch noch einmal auf unser dirigierendes Prinzip, nach welchem das individuelle Verhalten nicht nur aus der beeinflussenden Einwirkung der Umwelt, sondern auch aus der Stellungnahme der Umwelt zu dem Verhalten selbst, das sie seinerzeit erzeugt hat, zu verstehen ist. Wer diese Zusammenhänge übersieht, sieht einen abstrakten Menschen, den es nicht gibt. Er mag somit geneigt sein, die Form vom Inhalt zu trennen, doch begibt er sich dann auf den Weg eines sich fortgesetzt weiterzeugenden Mißverständnisses. Vielleicht können wir heute nicht viel mehr bieten als eben eine Möglichkeit, manches Mißverständnis zu vermeiden. Es könnte sich dabei erweisen, daß der Mensch in der Depression ein von sich selbst maximal Mißverstandener ist. Ihm zum Selbstverständnis zu verhelfen, ist nicht nur ein Akt der Interpretation, sondern auch der Veränderung.

IV

Das Verhältnis zwischen den Generationen; das Verhältnis zwischen den Geschlechtern. Das sexuelle Problem; die Neurose

20

Das Jugendproblem. Verlängerung der Jugendphase durch die fortgeschrittene Zivilisation. Das Sexualproblem der Jugend. Die Verführung zum Scheinproblem. Die Schwierigkeiten der Pubertät. Fall einer Siebzehnjährigen. Die Eltern im Kampf gegen das Erwachsenwerden ihrer Kinder. Die gesellschaftlichen Hintergründe der Jugendnot. Die Glas-Wasser-Theorie. Fall D.; Fall eines Arbeitslosen.

Verehrte Hörer, dieses Jahrhundert ist von wohlwollenden Autoren als das des Kindes gepriesen worden und zugleich als das Zeitalter der Frau. Beginnen wir mit der Feststellung, daß das bisher verflossene Drittel dieses Jahrhunderts weder die Frau noch die Jugend befreit hat. Beider soziale und ökonomische Unterdrückung und Entrechtung bestehen weiter, sichtbar für den, der sich durch Kompromißformen nicht täuschen läßt und begriffen hat, was allein Befreiung genannt zu werden verdient.

In letzter Zeit haben sich verschiedene psychologische Schulen um die Schaffung eines vermehrten und verbesserten Verständnisses für die Jugend bemüht. Es gelang ihnen immerhin, viele davon zu überzeugen, daß die Jugend ernst zu nehmen ist, daß sie selbständig denken, fühlen und erkennen kann, daß sie unter Umständen fähig wäre, nach eigenem Gutdünken ihr Leben zu gestalten. Die Psychologen konnten nicht übersehen, daß dieses Lebensalter voller Widersprüche und Konflikte ist, daß die objektiv gegebenen Probleme und die Art, wie die Jugend sie erlebt, sie in mancher Hinsicht den Erwachsenen entgegenstellt und von ihnen entfremdet. Die extremste Auffassung, etwa die der zweifellos ingeniösen Pädagogin Maria Montessori, geht dahin, das Kind nicht als den Menschen in seiner Jugend, sondern als ein Wesen eigener Art zu betrachten. Andere Auffassungen, etwa wie die von Gustav Wyneken vertretenen, stellen die Jugend den Erwachsenen als eine besondere, ständige Opposition gegenüber: Im fortgesetzten Kampf zwischen Alter und Jugend, heißt es, ist es bisher dem Alter immer wieder gelungen, die Jungen auch dadurch zu besiegen, daß es sie dazu verführte zu altern. Wyneken sprach von einer *Jugendkultur*, die zu schaffen und der Erwachsenenkultur als zumindest gleichwertig gegenüberzustellen sei. Die deutsche Jugendbewegung, von sich selbst ungewöhnlich ernst genommen, stets zu Schwüren bereit — wie z. B. auf dem Hohen Meißner 1913 — war die Avantgarde im Sinne der Wynekenschen Auffassung. Diese Jugendbewegung ist zwar nicht wirkungslos geblieben, aber dennoch elendiglich zugrunde gegangen.

Viele haben die Not der Jugend geschildert und sie zu beeinflussen gesucht. Den jungen Menschen waren ihre Nöte auch ohne Aufklärung durch Psychologen und Pädagogen wohlbekannt; doch nur teilweise, da sie über das *Erlebnis*, doch nicht über die *Erfahrung* verfügen und so das Wesen ihrer Unfreiheit und ihre Schwierigkeiten nicht ausreichend verstehen können.
Man hat die Jugendnot als eine Sexualnot beschrieben und definiert. Das ist sie gewiß auch, aber nur als Teil einer umfassenderen Notlage. Im Verlaufe der Entwicklung von der Barbarei bis zur Zivilisation der Gegenwart verschiebt sich die Differenz zwischen Jugend und Alter immer mehr. Auf der primitivsten Kulturstufe beherrscht das Kind mit 10 Jahren die Mittel und Methoden des Kampfes ums Dasein. Spätestens mit 13 ist es als gleichberechtigt und in seinem sexuellen Anspruch anerkannt; zu diesem Zeitpunkt erreicht es auch seine ökonomische Selbständigkeit. Der Dreizehnjährige ist bereits ein Erwachsener.
Auf der Höhe der modernen Technik ist es jedoch ausgeschlossen, daß der Halbwüchsige sich der Kultur so vollständig bemächtigen könnte, wie es dem 13jährigen auf der primitiven Stufe gelungen ist. Es handelt sich weit weniger um einen qualitativen als um einen quantitativen Unterschied: Das Heranbilden der Jugend nimmt eine immer längere Phase in Anspruch, so daß Angehörige der wohlhabenden Schichten zumeist erst zwischen dem 20. und 30. Lebensjahr ihre Berufsarbeit aufnehmen. Anders ist es beim Proletarier; in den fortgeschrittensten Ländern beginnt das Arbeiterkind seine berufliche Tätigkeit, etwa als Lehrling, um das 14. Lebensjahr; mit 18 soll es seine ökonomische Unabhängigkeit erreicht haben. Die Lohnstaffelung benachteiligt den Jugendlichen im Vergleich zu dem erwachsenen Arbeiter, auch bei gleicher Leistung. Somit ist die Jugend aller Schichten bis zum 18. Lebensjahr ökonomisch abhängig. Ihre psychische Reife ändert nichts an dem Tatbestand und nichts an den Folgen dieser Abhängigkeit, die sich in zahllosen Einschränkungen ihrer Freizügigkeit auswirken.
Der wirtschaftlichen Geringschätzung der Jugend entspricht die entwertende Haltung, die die Familie und überhaupt die erwachsene Welt ihr gegenüber einnehmen — sie hat mehr Pflichten als Rechte, und das kennzeichnet jegliche Unterdrückung. Der Jugendliche erlebt alle Probleme, die ein Mensch erleben kann, aber seine gesellschaftliche Position verhindert ihn, sie zu lösen. So ist es zum Beispiel zweifellos so, daß Jugendliche durchschnittlich im 16. Lebensjahr —Mädchen noch früher — sexuell genügend gereift sind, um von Sexualbedürfnissen ebenso bedrängt zu werden wie Erwachsene. Sie sind organisch fähig, sie zu befriedigen. Die Primitiven anerkennen dieses Recht ihrer Dreizehnjährigen auf Sexualbefriedigung, unsere Pädagogik versucht im Jugendlichen Abscheu gegen frühe Sexualbefriedigung zu erzeugen. Würden diese Verbote und Behinderungen nicht der ökonomischen Unter-

drückung der Jugendlichen entsprechen, so würde der moralische Zwang dort enden, wo bereits viele moralische Grundsätze geendet haben: auf dem Misthaufen der Weltgeschichte. Die Idiotie des Storchmärchens, die Versagung der sexuellen Aufklärung, das moral-theologische Geschwätz von der Gefährlichkeit des Sexualverkehrs in der Jugend für die körperliche Entwicklung, die verschiedenen sexual-moralischen Überbauten — sie alle können das Sexualproblem natürlich nicht zum Verschwinden bringen. Aber die psychoanalytische Übertreibung, der zufolge *alle* Probleme der Jugend in diesem einen Sexualproblem ihren Kern haben sollen, erzeugt das gleiche Mißverständnis wie die anderen moralistischen Systeme.

Die Jugend begegnet somit Widersprüchen und wird gleichzeitig gehindert, sie kompensatorisch aufzuheben; deshalb bleibt sie einer häufigen Erschütterung ihres Gleichgewichts, einer fortgesetzt schweren Attacke gegen ihr Selbstwertgefühl ausgesetzt. Widersprüche erleben und sie nicht aufheben können, ist unerträglich; das bedeutet eine Verführung zur Flucht auf Nebenkriegsschauplätze und das verzweifelte Ringen mit Scheinproblemen. Die autoritäre Pädagogik liefert die Jugend systematisch Scheinproblemen aus und verhindert auch dadurch, daß sie ihre wirklichen Probleme erkennt.

Scheinprobleme sind unlösbar. Sie sind gleichermaßen eine Qual und eine Verführung, bei ihnen zu verharren. Ein solches Scheinproblem ist auch das des unaufhebbaren Gegensatzes zwischen der Jugend und den Erwachsenen. Daß Wyneken, Blüher, Bernfeld, ja daß die Psychoanalyse diesen Gegensatz als einen naturgegebenen betrachten, spricht nicht dagegen, daß es ein Scheinproblem ist. Der Gegensatz ist ein gesellschaftlicher und kein naturgegebener. Mit der Gesellschaft, die ihn erzeugt und braucht, wird er verschwinden. Nur eine Jugend, die das erkannt hat, kann den Kampf um ihre Befreiung mit Aussicht auf Erfolg führen. Sonst wird sie, ehe zwanzig Jahre vergangen sind, auf der Seite ihrer »naturgegebenen« Gegner, bei den »Alten« angelangt sein.

Die Differenz zwischen Problemerlebnis und Kompensationsmöglichkeit erzeugt seelische Krisen, in denen das Selbstwertgefühl den größten Schwankungen unterworfen ist. Die Pubertät wird nicht von allen gleich erlebt, doch erweckt sie in allen die Empfindlichkeit gegenüber aller Unfreiheit und den Ruf nach Freiheit. Wenn dies das ganze Problem wäre, dann wäre es nicht so schwer zu lösen; es wird jedoch dadurch erschwert, daß der Heranwachsende seine Kindheit mit sich schleppt. Das eben ist das Kennzeichen der unzulänglichen Erziehung: Sie bereitet das Kind schlecht auf die Jugend und den Halbwüchsigen schlecht auf das Erwachsenenleben vor. Sie erzieht die Kinder so, als ob sie ewig Kinder bleiben sollten. Und der Jugendliche, der die Freiheit verlangt, ist ihr nicht gewachsen, denn er ist für sie nicht vorbereitet.

Eltern wenden sich an den Psychologen um Rat, wie sie die Konflikte mit Bernhard, ihrem 17jährigen Sohn beenden könnten. Seit zwei Jahren reagiert er auf jegliche Forderung und jegliches Verbot mit »Bockigkeit«, mit blindem Trotz. Zuhause ist er gewöhnlich übler Laune, überempfindlich und gegen jede Kritik intolerant. Das Schlimmste sei jedoch, daß er selten vor 12 Uhr nachts nach Hause käme, obschon sie ihm im guten und bösen klargemacht hätten, daß dies nicht anginge. Bernhard lernt schlecht, er ist ein Jahr vor dem Abitur; er »rutscht« bei den Prüfungen gerade durch. Die Mutter sagt: »Er ist ein gutes Kind, wahrscheinlich üben seine Freunde einen schlechten Einfluß auf ihn aus. Er braucht Autorität, er ist ja so unselbständig, nicht einmal das Hemd wechselt er von allein, man muß es ihm hinlegen. Der Vater setzt fort: »Auch Schläge nützen nichts. Als ich ihn vor einigen Monaten wegen einer besonders frechen Antwort züchtigen wollte, drohte er, rücksichtslos zurückzuschlagen. Wie ich gedroht habe, ihn in eine Erziehungsanstalt zu geben, erklärte er lachend, daß ich ihn eher an seinem Grabe als in der Erziehungsanstalt werde besuchen können. Den Jähzorn hat er von mir, aber ich war stets ein gehorsames Kind. Meinen Sie nicht, daß bei meinem Sohn eine Art Geisteskrankheit vorliegt?«

Der Sohn weigert sich anfänglich, den Psychologen aufzusuchen, mit der Begründung, daß er da nichts zu holen habe, daß der Psychologe gewiß auf seiten seiner Eltern stehe und ihm im übrigen nicht helfen könnte. Endlich, nachdem er nach einem Konflikt vom Elternhaus fortgelaufen ist, entschließt er sich doch zu kommen. Der Tenor seiner Aussagen ist etwa folgender: »Meine Eltern verstehen mich nicht. Ich habe nicht geahnt, wie dumm sie sind, wie brutal sie werden können. Ich will, daß sie mich in Ruhe lassen.« Es wird unterstellt, daß er recht habe und die Frage aufgeworfen, was er nunmehr zu tun gedenke. Im ersten Moment fühlt er sich geschmeichelt, dann scheint er ratlos: »Ja, das würde sich zeigen . . .«

Bernhard wird gefragt, wovon er denn zu leben gedenke. Seine Laune verschlechtert sich zusehends: Darüber habe er sich noch nicht den Kopf zerbrochen. Es wird angedeutet, daß er vielleicht bei einer Zeitungsexpedition durch Austragen der Blätter in den frühen Morgenstunden etwas verdienen könnte. Der Vorschlag mißfällt ihm. Er meint, er könne an einen Onkel schreiben und ihn um ein Darlehen bitten, das er ja später aus Eigenem zurückgeben könnte. Je länger das Gespräch dauert, um so enttäuschter ist er. Plötzlich erklärt er, er denke gar nicht daran, den Eltern den Gefallen zu tun, sie von ihrer Pflicht zu befreien, ihn bis zu seiner Volljährigkeit zu erhalten. Er habe Mut, jetzt gleich nach Hause zu gehen und das den Eltern ins Gesicht zu sagen. Indes klingelt das Telefon. Die Eltern fragen beim Psychologen an, wie sie sich nun verhalten sollten. Der intelligente Junge hat bald heraus, wer die Anrufenden sind und worum es sich handelt. Nun meint er, triumphieren zu können: Er werde nicht nach Hause gehen, er müsse den Eltern eine Lehre erteilen. Der Psychologe macht ihn darauf aufmerksam, daß er ihm in keiner Weise nahegelegt habe, nach Hause zurückzukehren. Im Gegenteil. Wieder ist der Junge unangenehm berührt.

Brechen wir hier die detaillierte Erzählung ab. Sie vermuten mit Recht, daß er zwar mit höhnischer Miene, aber doch ganz brav nach Hause zurückgekehrt ist. Was er und seine Eltern gesagt haben — alles stimmt. Sie haben mit ihren Darstellungen recht, aber in ihrem Verhalten unrecht. Dieser biedere Vater hält es für natürlich, daß man sich in einer Auseinandersetzung mit dem Sohn der Brachialgewalt bedienen kann und daß es sodann Sohnespflicht sei, die väterlichen Schläge hinzunehmen. Der Sohn seinerseits will die Vorteile eines Kindes genießen, jedoch kann er auf die Vorteile eines Erwachsenen nicht verzichten. Er hat die Vorrechte der Kindheit nicht abgestreift — Vorrechte der Schwachen. So verhält er sich wie ein Kind und will als Erwachsener ernst genommen werden. Selbst in der Forderung, daß seine Eltern ihn »verstehen« sollten, ist Kindlichkeit, Verzärtelungsbedürfnis enthalten. Bevor er in Gesellschaft geht, muß die Mutter ihm raten, welche Krawatte er wählen soll. Tut sie es nicht, ist er erbost. Er ist immer erbost, wenn er ratlos ist, und er wird leicht da ratlos, wo er gewohnt war, beraten und geführt zu werden.

Auf den ersten Blick ist es unverständlich, warum Eltern darauf bestehen, daß ihre Kinder früh nach Hause kommen (denn es hat sich wohl herumgesprochen, daß die Laster keineswegs das Tageslicht scheuen) . . . Aus moralischen Gründen, vor allem aber, weil sie gleichsam das Wachstum zurückhalten wollen. Sie rufen der Sonne zu: »Steh«, doch das Wunder von Gibeon will sich nicht wiederholen. Eltern, insonderheit Mütter, die den Sinn ihres Lebens bei den Kindern suchen, vertragen deren Erwachsenwerden sehr schlecht. Und daß sie gleichzeitig gewisse Züge der Erwachsenheit fordern, versteht sich von selbst. Überanspruch also auf beiden Seiten. Mangelndes gegenseitiges Verständnis findet seinen fruchtbarsten Boden im mangelnden Selbstverständnis, in einer Art von Selbstmißverständnis. In der Praxis ihrer Beziehungen verfahren die Menschen zumeist so wenig rationell, daß man vermuten könnte, daß sie die Verantwortung scheuen, die in einem rational und planmäßig geführten Leben eingeschlossen ist. Demagogen schließen daraus, die menschliche Praxis sei schlechthin irrational. Sie irren sich, natürlich.

Die Erschütterung des Selbstwertgefühls der Jugend ist also nicht zuletzt darin begründet, daß sie überaus mangelhaft für ihre Aufgabe trainiert ist. Um sich von der Planlosigkeit der Erziehung, also des Trainings, eine annähernd gemäße Vorstellung zu machen, bedenke man, daß man etwa zwei Jahrzehnte verstreichen läßt, ehe man dem Jugendlichen zum Bewußtsein bringt. welchen Beruf er eigentlich ausüben soll. Er lernt vielerlei, doch immer in einer Distanz von der Praxis, von der Möglichkeit der Bewährung in ihr. Das Bildungswesen unserer Gegenwart ist ein ebenso elendes Gemisch von verschiedenen Zeitaltern wie etwa die bürgerliche Moral, in der sich feudale und teilweise auch antike und barbarische Vorstellungen vermengen. Man lausche den Lobrednern der humanistischen Bildung und höre ihre Begründungen für den Unterricht im Altgriechischen an: z. B., damit Homer im Original gelesen werden könne. Von welch erstaunlicher Lebensfremdheit sind die Institutionen zur Vermittlung des Wissens.

Zweierlei braucht jede Jugend, um mit ihrer schweren Situation fertig zu werden: erstens ihre eigene, selbständige, selbsterzieherische Gemeinschaft; zweitens Erwachsene, die ihr zur Erkenntnis und Selbsterkenntnis verhelfen können. Beides wird der Jugend verweigert, indem sie einer Autorität begegnet, die sich als ein Herrschaftsanspruch enthüllt, indes sie nur eine Leistung sein sollte.

Weder die körperliche noch die geistige Unreife der Jugend ist das entscheidende Problem, sondern ihre Stellung innerhalb der Gesellschaft und der Familie. Wir fügen hinzu, daß, solange die Gesellschaft antagonistisch gespaltet bleibt, Psychologie und Pädagogik zeitweise gewisse Verbesserungen herbeiführen, aber an den Problemen nichts grundlegend ändern können. Man befreie die Jugend von ihrer familiär-ökonomischen Abhängigkeit, man gebe ihr die Möglichkeit, sich in Gemeinschaften zu entwickeln, um sodann ins praktische Leben einzutreten; man gebe ihr die Freiheit, über sich selbst zu verfügen, man verwandle die Millionen und Abermillionen kleiner und schwächlicher Diktatoren, als die sich so viele Eltern und Erzieher entpuppen, in Mitmenschen, die ihre Überlegenheit nicht im Kampf gegen den positionsgemäß schwächeren Jugendlichen suchen müssen, man . . . man wird es nicht tun. Denn es ist in der Tat nicht einzusehen, warum man gerade der Jugend Freiheit geben soll, indes man im gesellschaftlichen Maßstab den größten Teil ihrer Eltern in Unfreiheit hält. Man sieht: Der Akt der Befreiung der Jugend ist ein Teil einer viel größeren umwälzenderen Befreiung. Dieses Werk der Befreiung kann nur durch die Unfreien selbst vollbracht werden. So war es vor Jahrtausenden, so ist es geblieben.

Falsche Propheten verkünden der Jugend, daß sie frei sein wird, wenn sie das Recht auf den Geschlechtsverkehr erobert haben wird. Die Funktion solch falscher Propheten ist nicht nur die Verbreitung von Irrtümern und Narreteien, sondern die Ablenkung vom Kampf an jedem Kriegsschauplatz, an dem die entscheidende Schlacht geschlagen werden soll. Dieses Recht ist zu erkämpfen und zu einem unveräußerlichen Recht der Jugend zu erklären. Aber das Recht, etwas zu tun, ist nicht identisch mit der Macht, es zu tun, ist ein Schemen, ein Vorurteil, eine Lebenslüge. Ein Großteil der proletarischen

Jugendlichen hat dieses Recht schon deshalb, weil die engere Umwelt gar nicht in der Lage ist, es ihnen zu nehmen. Auf Parkbänken, hinter Haustoren, in dreckigen Mietzimmern, in steter Angst vor Schwangerschaft: So vollzieht sich ihr »beglückendes« Erlebnis. Und im Hintergrund warten weise Frauen, die in versteckten Winkeln auf gut Glück abtreiben. So sieht das Recht auf das Sexualleben aus, wenn man es abstrakt fordert.

Es gibt andere schwierige Probleme; das Sexualleben erschöpft sich nicht in der Frage des Coitus. Banale Sexuologen, Pansexualisten und jene sonderbaren Techniker des Geschlechtsverkehrs, die mit lateinischen Termini das Volk aufklären, verkennen zu leicht, daß das Sexualproblem ungleich umfassender ist. Es kann z. B. sehr wohl sein, daß ein Jugendlicher, der regelmäßig Geschlechtsverkehr ausübt, noch nicht einmal in die Nähe der Lösung seiner Sexualfrage gelangt ist und sein Problem der Beziehung zum anderen Geschlecht noch gar nicht begriffen hat. Verliebtheit ohne Geschlechtsverkehr, in der das berühmte romantische Element vorherrschend ist, kann unter Umständen für die Entwicklung des Sexuallebens positiver und bedeutender sein als der früh ausgeübte Geschlechtsverkehr selber. Wer das Sexualproblem vermeintlich revolutionär im Sinne einer Glas-Wasser-Theorie lösen will, sieht es falsch; er sieht es mit den Augen eines Reaktionärs. Wenn man Durst hat und ein Glas Wasser leert, hat man seinen Durst gestillt; man ist mit dem Durst und mit dem Glas fertig. Diese Anschauung basiert letztlich auf der Unfreiheit, der Versklavtheit der Frau. Das Sexualproblem der Jugend wird verständlich, wenn es mit psychologischer Differenzierung erkannt wird.

Was kann eine Psychologie, die sich ihrer Grenzen bewußt ist, der Jugend bieten? Vorerst wohl nichts anderes als die Bewußtmachung der Zusammenhänge, als die Verbesserung ihrer Methoden für die Selbsterziehung, für die Selbsterkenntnis und für die Auseinandersetzung mit der Umwelt. Indem also der Psychologe die Hintergründe der Jugendnot aufdeckt, macht er sie fähig, auf die Ansprüche der Kindheit zu verzichten, den Anspruch auf das Erwachsensein tatkräftig und durch Leistungsbereitschaft zu legitimieren. Er zerstört den kleinlichen Überanspruch, der das Stigma einer nicht überwundenen Kindheit ist, und versucht, der Jugend beizubringen, welche Ansprüche sie stellen darf und an wen sie sie richten soll. *Unadressierte Ansprüche sind in jedem Falle Überansprüche.*

Jugend ist die Phase, in der die Vorbereitung auf die Arbeit den größten Raum einnimmt. Gegenwärtig ist die Degradierung der Berufsfähigkeit durch eine noch nie dagewesene Arbeitslosigkeit nicht nur ein ökonomisch-gesellschaftlicher Tatbestand, sondern darüber hinaus ein kaum überwindbarer Anstoß zur Verwahrlosung. Die bisherigen Maßnahmen zu deren Verhütung versagen fast ausnahmslos, abgesehen von jener, die einen Teil der

Verwahrlosten beseitigen wird: Auf den Schlachtfeldern des nächsten Krieges wird ein großer Teil der Jugend verbluten, noch ehe er erfahren haben wird, wie sinnvoll man sein Leben gestalten kann. Inzwischen ist die Ratlosigkeit sehr groß. Was Wunder, daß diese jungen Menschen so leicht verführbar sind, daß sie jenen »Führern« nachlaufen, die ihnen versprechen, sie herrlichen Zeiten entgegenzuführen, indes sie sie darüber belehren, wie man auf schnellstem Wege erblinden und das Bewußtsein in bezug auf alles, was aus der Not herausführen könnte, verlieren kann.
Das Hinauswachsen einer Generation über die andere ist ein gesellschaftliches Faktum, das gewährleistet wird durch den Fortschritt in der Entwicklung der Produktivkräfte innerhalb einer Generation. Dieser Prozeß kann sich in verschiedenen Formen, gegen verschiedene Widerstände und mit verschiedenen, mehr oder minder sinnlosen Kraftverlusten vollziehen. Der Widerstand der ältern Generation, ihr Konservatismus, wird durch die Konservierungstendenzen der herrschenden Gesellschaftsordnung gefördert. Eine malkontente Klasse aber, die sich von den herrschenden Ideen befreit, muß notwendig den Konservatismus und den Widerstand gegen die Jugend aufgeben. Der Kampf zwischen Vater und Sohn ist eine Gefahr für den erfolgreichen Kampf der Malkontenten.
Der Vater, qualifizierter Maurer, ist seit Jahren arbeitslos und auf die fortlaufend verminderte Wohlfahrtsunterstützung angewiesen. Sein ältester Sohn, von Beruf Dreher, lebt mit seiner Frau im eigenen Haushalt. Der zweite Sohn hat als Mechaniker ausgelernt und ist arbeitslos. Er ist zwanzig Jahre alt. Die 18jährige Tochter ist als Aushilfe in einem Warenhaus beschäftigt, hat aber keine stabile Stelle. Die Familie lebt also von der Wohlfahrtsunterstützung und den wenigen Mark, die die mit einer schweren chronischen Bronchitis belastete Frau durch Aufräumen in den frühen Morgenstunden verdient. Der Vater fühlt sich durch seine Arbeitslosigkeit maßlos entwertet; überdies bedrückt es ihn, daß seine Frau nun für die Erhaltung der Familie wichtiger ist als er. Hie und da betrinkt er sich — »um alles zu vergessen«. Er vergißt natürlich nicht, daß seine Position durch die Arbeitslosigkeit zunichte gemacht worden ist, und versucht diesen Sachverhalt durch größeren Autoritätsanspruch gegenüber den Kindern und der Frau wettzumachen. Da jedoch die Grundlage seiner Autorität nicht mehr vorhanden ist, da auch die Kinder etwas »zu vergessen« haben — ihre eigene Arbeitslosigkeit und Ausweglosigkeit —, so wehren sie sich heftig, ja brutal. Er wirft dem Sohne vor, daß er faul sei und nicht richtig Arbeit suche; die Konflikte nehmen kein Ende. Dieser Vater, selbst Amboß unter dem Hammer, hat nicht begriffen, daß er und der Sohn, daß sie beide Opfer der gleichen Misere sind, daß sie nicht nur Familienbande zur Solidarität verpflichten. Er bleibt ein kleinbürgerlicher Vater, während seine proletarische Situation sich rapid in eine lumpenproletarische

zu verwandeln droht. Langjähriges Mitglied der Arbeiterorganisation, treibt er durch sein Verhalten seinen Sohn ins feindliche Lager. Dieser Mann unterdrückt in der nachkommenden Generation den eigenen Kampfgenossen.

Meine lieben Hörer, ich hoffe, daß klargeworden ist, daß das sich immerfort verändernde Verhältnis der Generationen zueinander nur im größern, historisch-gesellschaftlichen Zusammenhange verstanden werden kann. Sie können ihre psychologisch-pädagogische Wirkung nicht in einem sozusagen gesellschaftsleeren Raume ausüben. Den gibt es nicht.

21

Begründung des Sexualproblems. Zersetzung der Sexualmoral. Der »männliche Protest«. Die Frigidität.
Fall G.: eine frigide Frau.
Weiblicher Antifeminismus. Die Frauenemanzipation. Das Verkürztheitsgefühl der Frau. Die Legende der Männlichkeit. Die Sexualrenommisterei. Die Angst vor der Frau. Die sexuelle Aufklärung. Die Verliebtheit. Die erste Liebe.

Verehrte Hörer, die Sexualunterdrükkung gehört zur *allgemeinen* Unterdrückung, somit ist die Bewußtseinsverzerrung, die wir häufig in der Widerspiegelung des Sexuellen vorfinden, das Ergebnis der gesellschaftlich geförderten, *allgemeinen* Bewußtseinsverzerrung. Daß das Sexualproblem in den letzten Jahrzehnten so vordringlich geworden ist, ist auf die veränderte Stellung der Frau zurückzuführen; diese Veränderung hat sich praktisch dadurch vollzogen, daß die Frau in den gesellschaftlichen Produktionsprozeß hineingezogen worden ist. Ferner ist mit der fortschreitenden Zersetzung der herrschenden Ideologie, die Sexualmoral, die noch starken feudal-kirchlichen Einschlag hatte, erschüttert worden. Indes die Paragraphen in vielen bürgerlichen Ländern den nichtehelichen Geschlechtsverkehr als Unzucht diffamierten, waren die Richter gezwungen festzustellen, daß die Sitten sich geändert hatten und es nicht mehr gut anginge, jegliche Art von unehelichem Geschlechtsverkehr als Unzucht zu betrachten. In manchen Ländern wurde eine Art von Kameradschaftsehe anerkannt — das Zusammenleben zwischen Mann und Frau ohne das Sakrament der Ehe.
Nach dem Kriege — in den Hauptstraßen mitteleuropäischer Länder erinnerten Ruinen von Menschen ihre Mitbürger an ihre Dankespflicht gegenüber den Vaterlandsverteidigern —, nach dem grauenhaften Weltkriege wurden Tausende und aber Tausende nackt ausgezogene Mädchen auf den Bühnen präsentiert. Die sexuelle Verkäuflichkeit schien durch die Not in Mitteleuropa unbegrenzt geworden zu sein. Die pauperisierende Inflation bewirkte überdies die stärksten Zweifel an allem Hergebrachten: Wenn eine Mark zu einem billionsten Teil ihrer selber werden konnte, wo gab es da noch irgendeinen Verlaß in der Welt? Alte Rentner und Rentnerinnen wurden, verwirrt von diesen Tatbeständen, ins Irrenhaus eingeliefert, ihre Kinder und ihre Enkel aber lernten sich prostituieren, sowohl sexuell wie auch in der Aufgabe jeglicher bisher verbindlichen Moral. Es war die herrschende Klasse selbst, die solcherart ihre Moral kompromittierte und ein wichtiges Instrument zur Erhaltung ihrer Herrschaft entwertete.

So war die Zeit gekommen, in der die Erkenntnisse, die aus einer Art Rebellion gegen die Sexualmoral entstanden waren, jenen Widerhall finden konnten, der ihnen einige Jahrzehnte vorenthalten geblieben war; die öffentliche Diskussion über das Sexualproblem war eröffnet. Die Psychoanalyse trat ihren teilweisen Siegeslauf an — teilweise, denn sie wurde arg und tendenziös mißverstanden. Sie bot nicht moralische Freiheit, sondern die Freiheit, über das Sexuelle zu sprechen, und im übrigen den Kompromiß der Triebsublimierung. Es bedurfte nicht eines zu langen Zeitraumes, damit die Erkenntnis sich durchsetzte, daß so nichts gewonnen war. Die neue Moral schien nur die Kehrseite der alten zu sein. Die Benachteiligung der Frau hörte nicht auf.

Die Psychoanalyse erweist sich als eine maximale Leistung einer fragmentarischen Sexualpsychologie; fragmentarisch deshalb, weil in ihr von vornherein das Frauenproblem außer acht gelassen ist. Sie ist eine Männerpsychologie, ein System im Sinne der Männerherrschaft. Die leicht antifeministischen Scherze in der letzten Veröffentlichung Freuds sind hierfür charakteristisch. Man kann aber nicht Sexualpsychologie betreiben und dabei von der besondern Situation der Hälfte der Menschheit, von ihrer Entwertung und Entrechtung absehen. Indem man es auch nur versucht, versperrt man sich den Weg zu einer wirklichen, brauchbaren Sexuologie. Es bleibt bestehen, daß die Art unseres Sexuallebens die *soziale* Trennung von Mann und Frau zur Voraussetzung hat.

Beim Studium der weiblichen Neurosen stieß Adler auf eine Erscheinung, die er den *männlichen Protest* nannte. Dieser ist zu definieren als der Protest gegen die weibliche Rolle, da sie eine unterlegene ist, als eine Bemühung, dieser Rolle zu entgehen und die männliche zu erobern.

Frau G. ist vollkommen frigid. Im Geschlechtsverkehr erlebt sie nichts, was ihn ihr begehrenswert machen könnte. Sie reagiert anfangs mit Vaginakrampf; in diesem Organdialekt tut sie deutlich ihre Ablehnung kund. Später »gewöhnt« sie sich an das Geschlechtsleben, aber es ist deutlich, daß sie es zu vermeiden sucht. Sie wird besonders empfindlich gegen die Schlafgeräusche ihres Mannes, sie findet die Luft in einem Zimmer, in dem zwei Personen schlafen, unerträglich. Sonderbarerweise bekommt sie immer Bauchschmerzen, wenn der Mann in sexuell erregter Stimmung ist. Ihre Menstruationen dauern 8—10 Tage, ohne daß irgendein gynäkologischer Befund vorläge — all das sind deutliche Zeichen einer sexuellen Sabotage, die ihr selbst nur mangelhaft ins Bewußtsein tritt.

Die Frigidität, liebe Hörer, ist so häufig, daß man vermuten muß, daß sich in ihr etwas Wichtiges manifestiert. Verwundern Sie sich nicht, wenn Sie lesen, daß die Frigidität ein angeborener Zug der Frauenseele sei und zur *biologischen Tragödie* der Frau gehöre. Solche Auffassungen passen aufs beste in den Kram des Mannes.

Kehren wir zum Fall der Frau G. zurück: Sie war die Zweitgeborene nach einem drei Jahre älteren Bruder, und sie war die Älteste der drei Schwestern. Sie stand ihr Leben lang im Schatten ihres Bruders und unter der scharfen Konkurrenz ihrer nächstfolgenden Schwester, die, viel hübscher als sie, frühzeitig erotische Erfolge erringen konnte. Der Bruder war der Liebling des extrem patriarchalisch eingestellten Vaters, die jüngere Schwester der Liebling der Mutter. Sie war wie eingekeilt zwischen zwei bedrükkenden Konkurrenten, und sie verstand nur so viel, daß sie mit der Schwester nicht rivalisieren konnte, weil die Schwester hübscher war. Keineswegs leuchtete ihr aber ein, daß man dem Bruder, der weder hübscher noch klüger war, auch einen solchen Vorzug einräumte. Sie trat in Konkurrenz mit ihm, erzwang bei den Eltern die Erlaubnis, zu studieren, und indes ihr Bruder mit Mühe von Klasse zu Klasse aufstieg und eine Klasse sogar repetieren mußte, war sie während des ganzen Studiums Vorzugsschülerin. Am tüchtigsten war sie in jenen Fächern, in denen ihr Bruder fast vollkommen versagte, in Mathematik und Physik, in sogenannten unweiblichen Fächern. In den Kinderjahren weigerte sie sich immer, mit den Schwestern zu spielen. Sie zog es vor, mit den Buben zu spielen, mit denen ihr Bruder befreundet war. Als sie zum ersten Male die Menstruation bekam, war sie maßlos geärgert. Sie zerbrach sich den Kopf darüber, warum nur Frauen, nicht auch die Männer die Menses bekommen. Allmählich wuchs in ihr — übrigens auch sehr stark unter dem Einflusse der Weininger'schen Werke — die Überzeugung von der absoluten Minderwertigkeit des weiblichen Geschlechtes. Sie bekannte sich offen als Antifeministin, erklärte überdies, daß sie eher männlich als weiblich sei, daß es sozusagen ein tragisches biologisches Mißverständnis sei, daß sie als Frau zur Welt gekommen sei. Je älter sie wurde und je mehr sie wahrnahm, wie schlecht die Position der Frau ist, um so mehr festigte sich in ihr die Überzeugung von der Minderwertigkeit der Frau. Sie machte den Doktor der Philosophie; in einer großangelegten Doktorarbeit setzte sie sich über die »Frau im System der Philosophie« auseinander. Sie kam zum Schluß, daß alle bedeutenden Philosophen von Sokrates bis Schopenhauer misogyn gewesen seien und bekannte sich zum Ideal des Hermaphroditen im Sinne Platons: »Die Welt würde aufhören, eine Hölle zu sein, wenn an die Stelle der zwei Geschlechter das eine Geschlecht der Vollkommenheit und der Selbstgenügsamkeit: der platonische Hermaphrodit träte.« Ihren Mann heiratete sie, weil er von dem Tag an, an dem er sie kennenlernte, ihr treu wie ein Schatten folgte, ihr immer ohne Widerspruch zuhörte, sich alles von ihr gefallen ließ und stets für sie einstand. In ihrem Manne hatte sie sozusagen den besiegten Bruder gefunden. Hier war ihr von vornherein jene Überlegenheit zugestanden, um deren Anerkennung durch den Bruder sie jahrelang erfolglos gerungen hatte.

Sie heiratete also in ihrem Manne sozusagen eine Frau — gemäß ihrer Identifizierung der Unterlegenheit mit der Weiblichkeit. Der Sexualjargon, der sich darin ausdrückt, rührt nicht daher, daß die psychische Energie ausschließlich libidinös ist, wie die Psychoanalyse behauptet, sondern aus dem realen gesellschaftlichen Tatbestand, daß der Frau wirklich stets nur eine unterlegene Position zugestanden wird.

Diese Frau verachtete die Männer, weil sie nicht genug männlich seien. Sie selbst bemühte sich, in jeder Diskussion mit Männern so zu sein, wie sie sich den richtigen Mann vorstellte. Kaltschnäuzig, gefühllos, »gefrorene Vernunft«. Wenn sie in einer Diskussion unterlegen zu sein glaubte, war sie tief deprimiert. Sie haßte jeden, der ihr imponierte, und hatte uneingestandene Sehnsüchte nach ihm. Sie erkennen deutlich das Brunhildemotiv aus der Nibelungensage. Sie heiratete Gunther, sie wollte den Siegfried, aber sie hatte Angst vor Siegfried. Nach einer etwa zehnjährigen Ehe — sie blieb kinderlos, sie machte sich nichts aus Kindern, wie sie immer wieder erklärte — lernte sie einen Mann kennen, der sie schon durch geringfügigste Berührungen sexuell so heftig erregte, wie sie es noch nie erlebt hatte. Sie beschloß, diesen Mann zu meiden. Sie mied ihn natürlich nicht, sondern organisierte halbbewußt Zufälle, durch die sie ihn immer wieder traf. Er war, wie sie sagte, das genaue Gegenteil ihres eigenen Mannes, sehr hart, fast brutal, sehr selbstsicher und, vor allem, er nahm ihre Diskussionen nicht ernst. Er behandelte sie wie ein kleines, ein wenig geschwätziges, im übrigen aber liebenswertes Mädchen. Sie versuchte, sich immer wieder und mit äußerster Heftigkeit dagegen zu wehren. Sie warf es sich vor, daß sie sich mit ihm überhaupt einließ. Aber sie tat es. Sie gestand sich ein, daß sie — nun 35jährig — sich zum erstenmal in ihrem Leben verliebt hatte. Sie war dessen sicher, daß sie im Geschlechtsverkehr mit diesem Manne nicht frigide sein würde. Sie träumte: »Ich gehe durch einen Wald. Ich weiß, daß da ein wildes Tier haust. Plötzlich fühle ich einen versengend heißen Hauch. Es ist, wie wenn mich dieser Hauch einhüllte. Ich weiß, das Tier ist in der Nähe. Ich muß fliehen. Aber ich kann mich nicht vorwärtsbewegen. Plötzlich steht das Tier vor mir. Es sieht aus wie ein Löwe. Statt zu fliehen, schwinge ich mich auf seinen Rücken und weiß, nun kann es mir nicht gefährlich werden. Ich bedauere, an meinen Schuhen keine Sporen zu haben, damit ich das Tier zu schnellem Lauf reizen könnte. Dann bekomme ich wieder Angst und denke, nur so lange das Tier den Kopf nicht wendet, kann mir nichts passieren. Den Schluß weiß ich nicht mehr.« Es ist unschwer zu erraten, daß dieser Löwe mit dem gefürchteten und begehrten Manne identisch ist. In diesem Traume finden Sie ebenso deutlich seine überraschende erotisierende Wirkung wie auch die Angst der Frau vor diesem Mann, der in ein Tier verwandelt wird. Die Wendung: der Löwe wird zu einem Reittier, das man mit Sporenstreichen traktieren muß, klärt Sie deutlich genug über den Anteil des Persönlichkeitskampfes an dieser Beziehung auf. Diese Frau erwägt, ob sich der gefährliche Mann nicht doch zähmen ließe, ob sie nicht auch hier die männliche Rolle spielen könnte. Sie gesteht zu, in den sexuellen Phantasien sich immer wieder vorgestellt zu haben, daß sie beim Coitus mit diesem Manne die männliche, obere Position einnimmt. Ein deutlicher Hinweis auf den männlichen Protest. Es kam tatsächlich zu einer sexuellen Beziehung zwischen beiden, in der die Frau maßlos unglücklich war, im Verlaufe deren sie in so tiefe Depressionen verfiel, daß schwere Störungen sich einstellten. Sie mußte den Psychotherapeuten aufsuchen. Es war ihr, als ob dieser Mann sie mißbraucht hätte, als ob er sie erniedrigt und beleidigt hätte. Das Gefühl der Unterlegenheit verließ sie keinen Augenblick. Im Wachen und in Träumen kehrte immer das gleiche Motiv wieder: Sie hat sich vergessen, sie hat sich vergeben, an einen weggeworfen, der sie genommen hat, nur um ihr Selbstbewußtsein zu zerstören, nur um ihr zu beweisen, wie minderwertig sie schon deshalb sei, weil sie eine Frau ist. Sie war von unbeschreiblicher Eifersucht gequält. In jeder Frau sah sie eine überlegene Konkurrentin. Sie war wie von Feinden umstellt, und deren Anführer war ihr Geliebter.

Ihre Frigidität war in der Beziehung zu diesem Manne nur teilweise geschwunden. Sie war frigide, wenn der Geschlechtsverkehr vom Manne gewünscht wurde. Wenn der

Wunsch von ihr kam — und er stellte sich in den ungelegensten Situationen ein —, erlebte sie einen vollen Orgasmus. Man versteht, daß sie hier deutlich in der dirigierenden Position bleiben wollte. Wenn sie sich hingab, gab sie sich nicht hin; sie war hingegeben, wenn sie nahm. Sie war in diese Beziehung eingetreten, um den Mann zu besiegen, nun verfiel sie in Depression, weil sie merkte, daß sie das Spiel verlor. Es gelang ihr nicht, ihren Freund in die gleiche Abhängigkeit von sich zu bringen, in der sich ihr Gatte ihr gegenüber befand. Und sie hatte nicht die Liebesfähigkeit, sich an einen zu binden, dessen sie nicht völlig sicher war. Sie wollte besitzen, aber nicht besessen werden. Gleiches galt für den Freund. Zwei Falschspieler waren aneinander geraten; der Ungeübtere verlor: Falschspieler wollen aber stets gewinnen.

Der Weg dieser Frau zur Heilung führte über die Wiederherstellung ihres Selbstbewußtseins auf einer völlig neuen Basis, auf der Basis ihrer Anerkennung der Frauenrolle, der Erkenntnis, daß es keine biologische Tragödie der Frau gibt, über die Zerstörung des Männerwahns von der Inferiorität der Frau, den sie sich zu eigen gemacht hatte, um solcherart — welch ein Gedankensprung, welch ein Kurzschluß! — der Superiorität des Männergeschlechtes teilhaftig zu werden. Sie mußte lernen, wie man ist, was man ist, und wie man Mut zu sich selber schöpft. Und sie mußte einsehen, daß sie nie aufgehört hatte, den Geschwisterkampf aus ihrer Kindheit weiterzukämpfen, den Kampf um die Überlegenheit über ihren Bruder, um die Anerkennung, daß sie, obschon Frau, doch nicht inferior sei. Sie mußte erkennen, was für eine Falschspielerin sie war, und daß die Beseitigung des frauenfeindlichen Inferioritätswahns nicht nur ihre persönliche, sondern eine gesellschaftliche Aufgabe ist. Sie mußte die Quichotterie ihres Lebensplanes, der voller Hochmut und Demut in einem war, erkennen, einen neuen Plan fassen. Denn mit dem alten hatte sie Schiffbruch erlitten, so sehr, daß sie geglaubt hatte, nichts mehr von sich und vom Leben erwarten zu dürfen. Sie erkannte im Überanspruch den Grund ihres Pessimismus, und sie verstand, daß sie mit ihrer Kindheit und ihrer Jugend fertig werden mußte.

Wir hatten nichts gegen den Protest einzuwenden. Aber sein individualistischer Charakter war eine verderbliche Verführung. Der Kampf um die Frauenemanzipation ist, hierin dem Kampf der Jugend ähnlich, sinnvoll und notwendig. Da die Emanzipation so lange auf sich warten läßt, da die Ideologie so weit hinter dem gesellschaftlichen Sein zurückgeblieben ist, da die Neuordnung dieses Seins eben auch dank der zurückgebliebenen Ideologie Verzögerungen erfährt, ist die Verführung, den Weg des Outsiders, des Einzelgängers zu gehen, sehr groß. Der individualistische männliche Protest ist Neurose, der soziale männliche Protest ist eine wichtige und in ihrer Wirkung überaus positive gesellschaftliche Erscheinung.

Einige Jahre, nachdem Alfred Adler den männlichen Protest entdeckt und ihn charakterologisch verständlich gemacht hatte, stieß die Psychoanalyse auf den gleichen Tatbestand. In ihrer Deutung wurde er zum *Penisneid* bzw. zum *Kastrationskomplex*. Man versteht, was hier geschah. Das Entscheidende, die soziale Begründung des männlichen Protestes, die, ist sie erkannt, einen überaus positiven Anstoß zu ihrer Aufhebung ergibt — die soziale Begründung —, wurde eliminiert. In der Psychoanlayse reduzierte sich der männliche Protest zu einem mehr zufälligen Erlebnis, in dem dem kleinen Mädchen der genitale Unterschied als ein Manko ins Bewußtsein tritt. Da dieses Erlebnis keineswegs in jedem Falle nachgewiesen werden kann, mußten entsprechende theoretische Interpolationen eingefügt werden, womit nur die Eselsbrücken vermehrt wurden, deren sich die Psychoanalyse immer wieder bedienen muß, weil es schwer ist, eine vielfältige Welt in ein zu enges System zu pressen. Natürlich gibt es solch ein Erlebnis — das Neiderlebnis ist überhaupt sehr häufig —, aber eine charakterkonstitutive Bedeutung hat es nicht. Nicht der Penisneid erweckt den männlichen Protest, sondern umgekehrt bemächtigt sich der männliche Protest jeglichen Verkürztheitgefühls (Adler), schärft er den Blick für jegliche Benachteiligung der Frau gegenüber dem Mann. Der geschärften Aufmerksamkeit mag unter Umständen der genitale Unterschied besonders scharf auffallen. Der protestierenden Haltung mag die Bereitschaft zum Neide sehr wohl entsprechen. Aber entscheidend ist einzig und allein die Tatsache der Benachteiligung, der geringen Wertung der Frau, des weiblichen Kindes durch die Familie und ihre weitere Umwelt in der männerherrschaftlichen Ordnung. Der Einwand, es sei dem kleinen Mädchen doch wohl nicht spürbar, was in der Erwachsenenwelt das Frauenproblem ausmacht, ist falsch. Nachweisbar gibt es ungezählte Riten und Zeremonien, die die größere Freude über die Geburt eines Sohnes manifestieren sollen. Lange, bevor der Geschlechtsunterschied dem Kinde selbst bewußt werden kann, wird er, mit Wertungen belastet, in sein Leben hineingetragen.

Es wäre verfehlt anzunehmen, daß diese offene Bevorzugung des Männlichen schlechtweg ohne neurotisierende Wirkungen auf den Mann bleiben könnte. Der Kampf um die Männlichkeit kennzeichnet nicht nur die männlich protestierende Frau, sondern auch den Mann. Er hat eine Legende um die Männlichkeit gewoben, nun glaubt er an sie, nun vergleicht er sich mit ihr und leidet unter dem Gefühl der Differenz. Die Angst des Mannes vor der Frau, die nicht zuletzt in der männerrechtlichen Distanzierung der beiden Geschlechter ihren Grund hat, ist eines der wichtigsten Fakten unseres Geschlechtslebens. Daß diese Angst z. T. einen ganz anderen Ausdruck findet als die Angst der Frau vor dem Manne, darf nicht darüber hinwegtäuschen, welch große Bedeutung ihr in der Gestaltung unseres Sexuallebens zukommt. Denken Sie an den Mann mit dem Bräutigamstripper, von dem wir Ihnen ausführlich erzählt haben. Da war auf den ersten Blick von Angst vor dem anderen Geschlecht nichts zu sehen. Sie erinnern sich, er rühmte sich gerne, wieviele Frauen er »gehabt« hatte. Die Sexualrenommisterei ist eines der häufigsten und zugleich charakteristischsten Symptome der Angst vor der Frau. Sie finden sie in der Pubertät, aber auch im Erwachsenenleben, sie drückt sich in Zoten mit jener dreckigen Zweideutigkeit aus, die verrät, daß Menschen in einer »moralischen« Gesellschaft leben. Diese Zweideutigkeit verrät jedoch nicht eine sexuelle Verdrängung, sondern vielmehr die feige Art der Auseinandersetzung sowohl mit herrschenden Moralgesetzen als auch mit dem anderen Geschlechte.

Die herrschenden Vorstellungen verurteilen den Mann, einem männlichen Ideal zu gleichen, dem er sich zu oft zu wenig ähnlich empfindet. Zu diesem Ideal gehört es, daß halbwüchsige Jungen einen starken Bartwuchs und eine tiefe Stimme haben und von unwiderstehlicher erotischer Wirkung sein möchten — und das um so lieber, je weniger sie es haben und sind. Daß mit Männlichkeit auch Energie, Vernunft, Logik, Widerstandskraft gegen Strapazen und Schmerzen ohne weiteres identifiziert werden, versteht sich von selbst. Ebenso, daß diese Identifikation einer kritischen Betrachtung nicht standhält. Um mit dem letzten anzufangen: Wenn es tatsächlich einen generellen Unterschied in der Fähigkeit der Schmerztoleranz zwischen den Geschlechtern geben sollte, dann ist es zweifellos so, daß die Männer ungleich wehleidiger als die Frauen sind. Sie haben nur gelernt, ihre Wehleidigkeit zu verbergen, halten es für eine Ehrensache, daß man es ihnen nicht anmerkt, indes die Bedingungen den Frauen nahelegten, umgekehrt ihre Wehleidigkeit zu exhibitionieren. Es gibt kein komischeres Geschöpf als so einen wehleidigen Mann, der seiner Frau einen Helden vormacht und dabei wie ein kleiner Bub bemitleidet und verzärtelt werden möchte. Noch die dümmste Frau durchschaut dieses Heldenspiel besser als der in dieser Hinsicht komödiantische Mann selbst. Wir haben an anderer Stelle auch über die anderen angeblichen Mängel der Frau unsere Auffassung dargetan. Jedenfalls besteht keinerlei Grund anzunehmen, daß die Frau weniger energisch sei als der Mann. Ihre Energie hat gewöhnlich — eben in typisch weiblichen Situationen — andere Ausdrucksformen als die des Mannes.

Es gehört zur Wirkung der Männlichkeitsvorstellungen, daß der Mann seine Distanz zur Frau vergrößert, seine Angst vor ihr verstärkt, seine Beziehungsfähigkeit vermindert. Das Männlichkeitsideal erweist sich als eine schwere Bedrückung des Mannes selber. Unwahrscheinlich, welch wirre und übertriebene Vorstellungen von echter Männlichkeit den Großteil der Männer beherrschen, unvorstellbar, welche Gefühle eines Minus an Männlichkeit die Männer bedrängen. Man denke nur an die Vorstellungen von der sexuellen Potenz und an deren sonderbare Verherrlichung und betrachte daraufhin, welch großen Geschäftszweig jene Industrien bilden, die potenzstärkende

Mittel auf den Markt bringen. Die Erzeugung von Aphrodisiaca ist jedoch kein Kennzeichen der modernen Gesellschaft, denn sie spielen bereits auf der primitivsten Kulturstufe eine bedeutende Rolle. Es scheint, daß man auf dieser Kulturstufe eher Mut zum Zugeständnis hatte, daß das männliche Genitale — gewertet an der Aufgabe, die Frau zu befriedigen — minderwertig ist. Ungezählte Manipulationen, die die primitiven Männer zur Verdickung und zur Vergrößerung ihres Membrums anwenden, beweisen, daß sie sich ihrer Minderwertigkeit bewußt sind. Gleiches beweisen ihre Vorstellungen von Männern mit gigantischen Genitalien, die in ihren Sagen eine bedeutende Rolle spielen. Obschon der Zusammenhang der phallischen Kulte mit den Fruchtbarkeitsmagien und dem ökonomischen Hintergrund außer Frage steht — siehe die Werke Frazers —, so drängt sich doch der Eindruck auf, daß überkompensatorische Vorstellungen eigener Minderwertigkeiten bei der Herausbildung dieser Kulte mitgespielt haben müssen. Im übrigen ist das moderne Patriarchat zwar extrem sexualmoralisch, aber nicht weniger respektvoll vor der geschlechtlichen Potenz des Mannes als die Primitiven.

Nun, die Psychotherapie gewährt gute Möglichkeiten, die verschiedenen Arten sexueller Potenz und Potenzstörungen zu studieren. Es unterliegt keinem Zweifel, daß die sexuelle Potenz auch psychisch bestimmt ist; das heißt, daß sich aufgrund der natürlichen organischen Genitalität die *Psychosexualität* entwickelt. In der Potenz wie in der Potenzstörung drückt sich — keineswegs eindeutig — die Stellung zum anderen Geschlecht bzw. zur jeweiligen Geschlechtspartnerin aus; überdies erlangen gerade im Geschlechtsleben des Mannes kompensatorische und überkompensatorische Haltungen große Bedeutung. Der gleiche Mann kann eine psychogene Impotenz arrangieren und — unter anderen Umständen — eine maximale Potenz entwickeln. Der größere Teil der Männer, die die Psychotherapie wegen Potenzstörungen beanspruchen, gehört zur Kategorie der Casanovas. Unter diesen bilden Männer mit ein- oder beidseitigem Kryptorchismus oder anderen Anomalien des Genitales einen auffällig großen Prozentsatz; man stößt auch überaus häufig auf das kindliche Bettnässertum und minderwertige Harnapparate. So klar jedoch eine Potenzstörung Schwierigkeiten in der Beziehung zur Partnerin oder überhaupt zum anderen Geschlecht signalisiert, so wenig klar ist im Falle einer übernormal großen Potenz ihre beziehungsmäßige Bedeutung. Es ist oft unverkennbar, daß sie von einem übermassigen Ehrgeize erzeugt ist; es gibt sozusagen den Mann mit einem technischen Sexualehrgeiz. Dieser Typ erlebt selten eine wirkliche und volle Befriedigung, er gibt sich nicht hin, er spannt sich nur fortgesetzt an, um möglichst gute Leistungen, die er in der Coitussituation selbst kontrolliert, zustande zu bringen.

Es steht fest, daß die Art der Vorbereitung der beiden Geschlechter füreinander völlig unzureichend ist. Es handelt sich hier nicht nur um die sexuelle Aufklärung, die selbstverständlich ein Gebot der Erziehung ist, dem diese ohne Schaden für die Kinder nicht ausweichen kann. Jedoch ist die Bedeutung der sexuellen Aufklärung bzw. ihres Fehlens von psychoanalytisch orientierten Pädagogen wohl weit überschätzt worden. Das äußert sich praktisch u. a. auch darin, daß sie den Kindern die sexuelle Aufklärung in einem Maße aufdrängen, die durch die Entwicklung des Kindes selbst häufig nicht gerechtfertigt scheint. Wer in der sexuellen Aufklärung den wirksamsten oder gar einzigen Teil der sexuellen Vorbereitung sieht, verkennt Wichtigstes. Die Vorbereitung sollte die künstlich verlängerte Distanz zwischen den Geschlechtern überwinden und eine Beziehungsfähigkeit herstellen, wie sie die Familienerziehung eben nicht zustande bringt, weil sie dazu erzieht, die Familienbeziehungen ununterbrochen zu wiederholen. Sie erzeugt die Unfähigkeit zur Gestaltung neuer Beziehungen und zugleich eine Art von Wiederholungszwang.

Ob einer in seiner Frau die Mutter, die Schwester, die Cousine, das Dienstmädchen oder die Gouvernante heiratet, ist gleichgültig. Wichtig ist, daß er die Vergangenheit in die Gegenwart und in die Zukunft hineinstellt, daß er alten Erfahrungen, die revisionsbedürftig sind, neue Erlebnisse assimiliert. Die Unsachlichkeit seines Verhaltens muß sich natürlich auswirken. Unsere sexuellen Beziehungen haben zumeist mit Sexualität trotz Geschlechtsverkehrs wenig zu tun. Die Analyse geschlechtlicher Beziehungen erweist immer wieder, welche unsachlichen, d. h. nicht ins Bezugsystem der sexuellen Beziehung gehörenden Motive, für die Bindung entscheidend geworden sind. Daß diese Motive zumeist illusionär sind, daß sie Widersprüche mit der Wirklichkeit erzeugen und so in alle Beziehungen Konflikte hineintragen, beweist, daß Illusionen psychisch nicht weniger wirksam sind als die Realität.

Ein Gemenge von Verzärtelungsanspruch, von unsagbarer, weil maßloser Eitelkeit, von unbewußter Falschspielerei, von Überlegenheitsanspruch, von Selbstverkennung, von falscher Selbstdarstellung — ein Gemenge von alledem entdeckt man in den sexuellen Beziehungen immer wieder. Wir meinen natürlich nicht, wie man uns gerne mißversteht, daß die sexuellen Beziehungen auf das Machtstreben zurückzuführen sind. Das ist Nonsens. Es steht fest, daß sie ihre Gründe in der Funktion der menschlichen Genitalien haben, aber ihre Gestaltung — und darum geht es hier — hat in zahllosen Fällen mit genitalen Bedürfnissen sehr wenig zu tun. Sie ist charakterlich determiniert und nur durch eine charakterologische Beziehungsanalyse jeweils verständlich zu machen. Vom genitalen Bedürfnis aus kann man ohne weiteres nicht nur zur Masturbation gelangen, sondern auch bei ihr bleiben. Es ist unzweifelhaft,

daß vollkommene orgastische Genitalbefriedigungen durch Masturbation gelingen können. Wozu dann den anderen heranziehen? Diese Frage wäre schwer beantwortbar, wenn die sexuelle Frage nur eine genitale wäre. In diesem Falle wäre folgendes Phänomen, das wir alle kennen und nicht als abnormal betrachten, ein sicheres Zeichen des Irrsinns: Ein Mann hat ein dringendes Genitalbedürfnis. Wenn er hungrig ist, ißt er, was er nur bekommen kann. Nun aber empfindet er ein starkes geschlechtliches Bedürfnis und befriedigt es nicht. Nicht durch Masturbation, nicht mit der nächsterreichbaren, ihm zur Verfügung stehenden Frau, nein, er wartet: Er wartet auf eine ganz bestimmte Frau, in die er verliebt ist, mit der allein er sein Bedürfnis befriedigen will. Was soll das? Wie ist das vom Genitale aus zu erklären? Überhaupt nicht. Nur von seiner Persönlichkeit aus können wir es verstehen.
Das individuelle Sexualproblem ist also in jedem Falle ein charakterologisches Problem, d. h. ein beziehungsanalytisches. Die Genitalität ist eine conditio sine qua non, aber keineswegs eine Bestimmung.
Bleiben wir bei diesem Beispiele: Dieser Mann ist also verliebt. Die Verliebtheit ist gekennzeichnet durch die sonderbare, wie ein psychischer Zwang anmutende Vorstellung, daß von einer Milliarde Frauen nur eine ganz bestimmte begehrt werden kann und soll, somit durch eine ausschließliche Konzentration auf den erwünschten Partner. Verliebtheit können wir auch bei den Primitiven feststellen, aber selten in dieser extremen Weise, wie sie bei uns üblich ist. Es mag übertrieben erscheinen, aber es spricht doch sehr vieles dafür, daß die uns bekannte Verliebtheit in vielen ihrer wesentlich gewordenen Äußerungsformen ein Kunstprodukt ist. Es ist nicht so lange her, da schrieb man die Liebesbriefe von einschlägigen Briefstellern ab. Die Gebärden und besonders sonntäglichen Worte der Verliebtheit traten — man kann das historisch genau rekonstruieren — von der Bühne und aus der Literatur ins Leben. Millionen von Ansichtskarten, auf denen man genau sehen kann, wie Verliebte aussehen und was sie in verschiedenen Situationen zu sagen haben, finden auch heute noch guten Absatz. Es liegen nun viele Jahrzehnte seit jenem Jahre zurück, in dem Goethes »Werther« ein Bestseller war. Aber was ganze Generationen daraus gelernt haben, ist noch heute genau zu studieren. Seither hat sich natürlich vieles geändert, und die Statistik der Selbstmorde aus unglücklicher Liebe zeigt eine bemerkenswerte Tatsache auf: Die Kreise, aus denen Werther stammte, kennen heute den Selbstmord aus Liebe so gut wie überhaupt nicht. Hingegen sind es hauptsächlich Mädchen aus den unteren Schichten, insonderheit solche, die aufgrund ihres Berufes mit den höheren zusammenleben, welche aus unglücklicher Liebe den Freitod wählen. Am häufigsten begehen Dienstmädchen aus unglücklicher Liebe Selbstmord, zumindest in Mitteleuropa. Ein bemerkenswertes Faktum! So bemerkenswert wie die Tatsache, daß es gewöhnlich die gleichen

Schichten sind, die den faulen Zauber der Hollywooder und Neubabelsberger Filmkunst ernstnehmen.
Es ist im großen und ganzen unmodern geworden, an unglücklicher Liebe zu sterben. Die Verliebtheit hat also gewisse Formveränderungen erfahren, woraus auch hervorgeht, daß viele von ihnen Artefakte waren und sind. Wenn ein Mann seine »erste Liebe« geheiratet hat, so ist das psychologisch zumindest verdächtig; es ist normal, die erste Liebe nicht zu heiraten. Doch ist auch normal, das erstemal so zu lieben, daß man überzeugt ist, es sei für die Ewigkeit. Es ist unverkennbar, daß dieser ersten Liebe eine besondere Aufgabe zufällt, nämlich die durch die Erziehung geschaffene künstliche Distanz zwischen den Geschlechtern zu verringern und sie für eine wirkliche Liebesbeziehung zu trainieren — woraus hervorgeht, daß auch die Liebe trainiert werden will. Das ist zwar unromantisch ausgedrückt, aber von großer praktischer Bedeutung. Es gibt tatsächlich Männer und Frauen, die trotz umfassender sexueller Aufklärung nicht wissen, wie man liebt. Solche Leute stellen die einfachsten und doch merkwürdigsten Fragen: »Worüber spricht man mit einem Mädchen, in das man verliebt ist.« Oder: »Wie erkennt man, daß die Liebe erwidert wird?« In all diesen Fragen drückt sich die unmäßige Distanz vom andern Geschlecht aus. Die Frage, welche erzieherischen Wirkungen im besonderen solch störende Distanzierung hervorgerufen haben, wollen wir in der nächsten Vorlesung untersuchen.
Die Auffassung, daß das Sexualleben den Charakter bestimmt, ist genau verkehrt. Alles, was den Menschen in sozialer Beziehung zeigt, charakterisiert ihn in ausgeprägter Weise. Noch in den Posen, die er einem Schauspieler, in den Haltungen, die er der Literatur entnimmt, verrät sich dem Kundigen sein Wesen. Doch ist es klar, daß die Pose seinen Charakter nicht bestimmt, sondern umgekehrt sein Charakter dafür bestimmend ist, welche Posen und Haltungen er übernimmt und assimiliert.
Die Sexualpsychologie kann somit nur als ein Gebiet der Charakterologie aufgefaßt werden, sozusagen als eine Sexualcharakterologie.

Wandlungen der Liebesform. Geschichte der Liebesheirat. Zur Analyse der Askese. Instinkt und Intuition. Die Liebeswahl bedeutender Männer. Der »Typ« in der Liebe. Sexualanalyse.

22

Aus dem Hörerkreis:

A.: Wenn ich Ihre Ausführungen recht verstanden habe, so führen Sie sowohl die Probleme der Jugend als auch die Probleme der Frau, ebenso die Sexualprobleme auf soziale Fragen zurück. Nun würde ich nicht bestreiten wollen, daß diese bei alledem eine gewisse Rolle spielen. Aber Jugend und Geschlecht sind schließlich von jeder Gesellschaftsordnung unabhängig. Es gab sie vor weiß Gott wieviel Jahrtausenden, und es wird sie geben, solange es überhaupt Menschen gibt. Das Liebeslied ist schon vor Jahrtausenden gesungen worden, und der Mond hat den Verliebten schon seit jeher besonders geschienen und wird es auch tun, wenn die Ordnung der menschlichen Verhältnisse sich grundlegend ändern sollte. Also, bei aller Anerkennung Ihrer sozialkritischen Gesichtspunkte muß ich doch sagen, daß da die Psychologie zu kurz kommt.
Sie sprachen von psychischen Potenzstörungen. Gibt es nicht auch organische? Ferner: Ist die Keuschheit, ist die Askese unbedingt abzulehnen? Tatsache ist doch, daß auch die Askese sehr produktiv machen kann. So ist sie denn, zumindest unter dem Gesichtspunkt der Produktivierung, dem Sie großen Wert beizumessen scheinen, doch zu bejahen.

B.: Mir fällt auf, daß Sie bisher des natürlichen Mutterinstinkts keine Erwähnung getan haben. Dabei steht es doch fest, daß die Weibchen vieler Tiergattungen, wenn nicht gar alle, sobald sie empfangen haben, das Sexualempfinden verlieren und nur noch ihrer Mutterschaft leben. Das spricht eindeutig dafür, daß das weibliche Wesen eben ganz anders ist als das männliche. Von da aus muß man schließen, daß, wenn auch der Inferioritätsglaube nur ein Wahn sein sollte, jedenfalls der Unterschied zwischen den Geschlechtern so groß ist, daß er sich auch in deren beider Psychologie auswirken muß. Ich glaube also, daß Sie den Unterschied unterschätzen.
Ich sehe nicht, wo der Unterschied zwischen Ihren Auffassungen und den von Ihnen angegriffenen psychoanalytischen Auffassungen liegt, wenn Sie davon sprechen, daß einer in seiner Frau seine Mutter oder seine Schwester heiratet. Gerade das hat ja die Psychoanalyse aufgedeckt.
Sie verhöhnen fortgesetzt das Männlichkeitsideal, aber Sie übersehen, daß dieses Ideal nicht im sexuellen Leben, sondern im Leben der Krieger entstanden ist. Es gibt eben doch ein Heldentum, das typisch männlich ist, dessen die Frauen nicht fähig sind.

C.: Bedeutende Männer haben sich von sexuellen Beziehungen ferngehalten, haben nur ihre genitalen Bedürfnisse befriedigt und im übrigen die Frauen gemieden. Ich nenne nur *Schopenhauer*, der sich dazu selbst bekannt hat. Es ist überhaupt auffällig,

wieviele hervorragende Männer Männergesellschaft entschieden vorgezogen und die Frauengesellschaft gemieden haben. Die männerbündlerische Homosexualität hat hervorragende Leistungen hervorgebracht. Sie erscheint bestens gerechtfertigt. Andererseits bemerkt man, daß auch die gescheitesten Männer, sobald sie mit Frauen zusammen sind oder gar in sie verliebt sind, so etwas wie einen Niveauverlust erleiden. Wie erklären Sie überdies, daß viele bedeutende Männer sich ausschließlich zu intellektuell minderwertigen Frauen hingezogen gefühlt haben?
Mir scheint, Sie unterschätzen die Rolle des Triebs in der Sexualität. Mit der Anerkennung der Genitalität ist da nicht viel getan. Bedenken Sie doch nur, welche Rolle der Typ spielt! Es gibt eine Liebe auf den ersten Blick, und sie ist von großer Macht, von einer Gewalt, wie sie eben nur dem Triebe eigen ist.

D.: Wie erklären Sie es, daß eine Frau sich nur zu kränkelnden Männern hingezogen fühlt, daß sie immer wieder aus der Frau zur Krankenpflegerin werden muß und sich dabei sehr wohl fühlt?
Warum nehmen Sie an, daß die frigide Frau, von der Sie erzählten, deprimiert wurde, weil sie ihren Freund nicht besiegen konnte? Geliebt werden wollen ist doch etwas sehr Normales. Es ist doch natürlich, daß man unglücklich ist, wenn man liebt und nicht geliebt wird.

Verehrte Hörer! »Der Mond hat den Verliebten schon vor Jahrtausenden besonders geschienen und tut es auch heute . . .« — sagt *A*. Das klingt sehr überzeugend, aber das stimmt einfach nicht. Überraschend, wie wenig es uns einleuchten will, daß es nicht stimmt. Wir sind nämlich geneigt, das Erlebnis eines Jahrzehnts oder eines Jahrhunderts für alle Ewigkeit zu verallgemeinern. Das macht natürlich der Ewigkeit nichts aus, aber es erschwert die Erkenntnis des Heute.
Der Mond, verehrte Hörer, hat den Verliebten einmal ganz anders geschienen als heute, z. B. als weiblicher oder männlicher Gott, und sie wagten nicht, ihn als Stimmungsrequisit zu gebrauchen; und es hat auch Zeiten gegeben, da Verliebte das Mondeslicht scheuten! Vor gar nicht langer Zeit hat es zur Selbstverständlichkeit gehört, daß der Mond in einem Liebesgedicht oder in einer Liebesszene seinen bleichen Schein als einen unübertrefflichen Inszenierungseffekt beitrug. Auch das hat sich inzwischen sehr verändert; wenige gute Liebesgedichte von heute beanspruchen den Mond — er ist sozusagen außer Mode.
Wie die Menschen sich selbst, ihre Beziehungen und ihre Organfunktionen erleben, ist in fortschreitender Veränderung begriffen. Einmal wußten die Menschen gar nichts von der männlichen Zeugung; sie glaubten, daß der Mann daran vollkommen unbeteiligt sei. Das war ursprünglich eine Rechtfertigung des Matriarchats. Damals betrachtete man die Sexualbeziehungen ganz anders, als wir es heute tun; so schien z. B. die Promiskuität folgenlos zu sein. Wenn einer sich krank fühlte, fragte er nach dem verursachenden Zau-

berer, keineswegs nach dem organischen Vorgang. Es gab Stämme, bei denen der Geschlechtsverkehr nicht verheimlicht wurde, dafür aber die Aufnahme von Mahlzeiten, die doch zumeist eine öffentliche Angelegenheit ist; indes die Exkrementation bei uns zu einem Geheimnis gemacht wird, war dies bei manchen Völkern gar nicht der Fall, so bei gewissen mongolischen Völkergruppen. Also ewig ist keine menschliche Einrichtung, so wenig, als es irgendeine Vorstellung des Menschen von sich selbst sein kann.

Wir haben keineswegs ausgesagt, daß die Genitalbedürfnisse sozial bedingt seien. Im Gegenteil haben wir sie als die Bedingung des Sexuallebens dargestellt. Eben dies — daß der Genitalapparat der Menschen sich seit Jahrtausenden nicht geändert hat, unser Sexualleben aber fortgesetzt Veränderungen unterworfen ist — erweist unsere Auffassung als richtig. Wie lange ist es z. B. her, daß in den oberen Kreisen Europas die Liebesehe, zumindest ideologisch, das Selbstverständliche ist? Seit sehr kurzer Zeit! Seit so kurzer Zeit, daß es nicht angeht, vergessen zu haben, daß Ehen einerseits im Himmel, andrerseits aber auf Erden wie ein Kaufkontrakt geschlossen wurden. Ihnen gingen sehr gründliche Verhandlungen über die beiderseitigen Eigentumsverhältnisse voraus. Die Ehe zeigte also ihren wahren privateigentümlichen Charakter, der heute zwar nicht verschwunden, aber durch eine Art Liebesideologie verdeckt ist. Natürlich kannte man auch damals schon die Liebe, aber sie war entweder eine lyrische, bedeutungslose Ouvertüre oder ein absonderliches Abenteuer. Erst mit dem Siege der bürgerlichen Revolution, erst in jener Phase, in der man um das Vorrecht des bürgerlichen Privateigentums unter dem Panier von Gleichheit, Brüderlichkeit und Freiheit kämpfte, erst da wurde die Liebesideologie befreit. Doch nicht die Liebe selbst. Ihre Befreiung steht ebenso noch aus wie die Verwirklichung von Gleichheit, Brüderlichkeit, Freiheit.

Wo es sich um Psychisches handelt, haben wir somit den soziologischen und historischen Gesichtspunkt im äußersten Maße zu berücksichtigen. Hierbei kommt nicht, wie A. meint, die Psychologie zu kurz, nein, hier wird sie erst möglich. Die Psychologie kennt die Ewigkeit so wenig, wie die Geschichte sie kennt. Die Probleme der Jugend sind natürlich soziale Probleme. Das heißt jedoch nicht, daß der Psychologe sich nicht mit ihnen zu befassen hat und daß sie nicht im einzelnen psychologisch formuliert werden können. Aber der Psychologe muß sich bescheiden lernen und die Grenzen erkennen, die ihm konkret durch die Soziologie gezogen sind. Es bleibt für ihn als Psychologen genügend zu tun übrig, sofern er auch das soziale Wesen der psychischen Erscheinungen erfaßt hat. Ohne diese Erkenntnis ist er jenen Vorurteilen ausgeliefert, die beseitigen zu helfen eine seiner vordringlichsten Aufgaben ist.

A. fragt uns nach unserer Stellung zur Askese. Die Askese als Ideal einer Bewegung, die insonderheit von der katholischen Kirche repräsentiert wird, ist ein historisches Faktum. Uns interessiert natürlich der Asket; wir hatten manche Gelegenheit, ihn innerhalb der psychologischen Praxis zu studieren. Wir stellten dabei fest, daß im System der Askese eine beispiellos hochmütige Entwertung des Genusses und der Genießenden enthalten ist. Unter den Motiven der Askese fand sich kaum eines, das nicht als Ausdruck mangelnden Lebensmutes und einer unmäßigen Distanz zu den Forderungen des gesellschaftlichen Lebens entlarvt werden konnte. Was insbesondere die sexuelle Askese betrifft, so haben wir sie gewöhnlich im Zusammenhang mit deutlichen Tendenzen der Flucht, also der Angst vor dem Sexuellen, vorgefunden.
A. verweist darauf, daß die Askese eine produktivierende Wirkung haben könne. Nun, wir bejahen alles, was produktivierend wirkt, doch messen wir auch die produktivierende Kraft an dem Umwege, den sie macht; die Askese scheint uns ein überflüssiger Umweg zur Produktivität zu sein. Es gibt sichere, kürzere und vor allem weniger egoistische Wege zur Produktivität, als es die Askese manchmal ist; zu schweigen von all jenen Fällen, wo sie nur eine negative Konzentration auf das Versagte darstellt und gar nicht produktivierend wirkt. Vegetarier sprechen für unsern Geschmack zu viel vom Fressen, und Asketen interessieren sich zu viel, wenn auch negativ, für die Sexualität. Man sieht, die Askese ist natürlich keinerlei Lösung der sexuellen Frage; sie ist unter Umständen eine gesellschaftlich besonders prämiierte Methode des Ausweichens vor ihr. Die Entwertung des Sexuellen erscheint uns in jedem Falle verdächtig, ebenso die Entwertung jeglichen sozial willkommenen Genusses. Wir nehmen, in einem Gleichnis gesprochen, die Diätphilosophie von Magen-Darmtrakt-Neurotikern nur als ein Objekt unserer Untersuchungen ernst, nicht aber als eine Anschauung.
Die Frage A.s, ob es nicht auch organische Potenzstörungen gibt, ist ohne weiteres zu bejahen. Diese müssen eben einen einwandfreien, positiven Befund liefern. Sofern dieser nicht vorhanden ist, ist es erlaubt, von der Psychogenese der Störung zu sprechen. Daß auch in diesem Falle eine medikamentöse Behandlung zuweilen symptomtherapeutische Erfolge erzielen kann, widerspricht keinesfalls der Psychogenese. Auch die intensive Betrachtung pornographischer Bilder kann manchmal solche Erfolge herbeiführen.
B. erinnert uns an den Mutterinstinkt. Wir gestehen, daß wir den Begriff Instinkt beim Menschen nicht gern anwenden. Es kann unterstellt werden, daß das Tier Instinkten folgt, wenigstens dort, wo seine Wahrnehmung es nicht lenken kann. Der Mensch aber ist in der Tat instinktlos. Nur die richtige Wahrnehmung warnt ihn vor Gefahren, und er muß von Anfang an über die besten Möglichkeiten der Wahrnehmung und der Vermeidung der Gefahr

belehrt werden. Und so wenig von Instinkt ist in ihm, daß es verhältnismäßig sehr lange Zeit braucht, bis er sich dieser Erfahrungen wirklich bedienen kann. Abgesehen von einigen wenigen Schutzreflexen, etwa dem Lidreflex, kommt das menschliche Kind durch keinen Reflex und durch keinen Instinkt geschützt zur Welt.

Wir können nicht gut vom Mutterinstinkt sprechen. Die Frau merkt sehr selten, daß sie empfängt. Daß trotzdem viele Frauen darüber Angaben machen, ist darauf zurückzuführen, daß sie geneigt sind, den Moment des maximalen Orgasmus für den Empfängnismoment zu halten, was im nicht geschützten Geschlechtsverkehr wohl auch der Fall sein kann. Indes empfangen auch Frauen ohne Orgasmus, und es ist überdies wahrscheinlich, daß der wirkliche Akt der Empfängnis zumeist erst einige Zeit nach dem Geschlechtsverkehr erfolgt. Also hier versagt dieser Instinkt zweifellos. Die organischen Syndrome der Schwangerschaft sind ebenso verschieden wie ihre psychischen Zuordnungen bzw. die psychischen Beeinflussungen, denen die Schwangerschaft unterliegt. Das Schwangerchaftserbrechen z. B. ist, wenn es während der ganzen Schwangerschaft andauert, in hohem Maße psychogen. Es ist so etwas wie eine unbewußte Ablehnung der Schwangerschaft, was nicht immer die Ablehnung des Kindes einschließen muß. Auch hier wirkt keinerlei Instinkt. Bestimmte Appetitveränderungen der schwangeren Frau kann man ebenso wenig als instinktiv bezeichnen; sie entsprechen dem erschütterten organischen Gleichgewicht. Was den Geburtsakt selbst betrifft, so müssen die Frauen über das richtige Gebären belehrt werden, da sie, ohne es zu wollen, durch vollkommen verkehrte Innervationen diesen Akt häufig verlängern. Es geht natürlich nicht an, die rein organischen Funktionen der Schwangerschaft und der Lactation in irgendeine unkontrollierbare Beziehung zum Instinkt zu bringen. Es stimmt, was B. aussagt, daß nämlich manche Tierweibchen, sobald sie empfangen haben, sexuell unlustig werden. Das gilt aber nicht für den Menschen. Es handelt sich um Tiergruppen, deren Sexualität deutlich in zyklischen Phasen auftaucht bzw. verschwindet. Von zyklischen Sexualphasen kann beim Menschen nicht gut die Rede sein. Die Menstruation ist kein eindeutiger Phasenabschluß, was die sexuelle Spannung betrifft. Es gibt gesteigerte bzw. verminderte Sexuallust unmittelbar vor, unmittelbar nach und auch während der Menstruation — das ist individuell sehr verschieden. Auch jene Phase, die einen allfälligen Mutterinstinkt ganz besonders beanspruchen würde, die der Lactation, hat keineswegs eine Verminderung der Sexualität zur Folge. Natürlich gibt es auch hier individuelle Unterschiede. Manche Autoren glauben den Mutterinstinkt dadurch bewiesen, daß manche Mütter in den ersten Monaten nach der Geburt mit ihrem Kinde in einem ununterbrochenen Kontakte stehen — sie erwachen, sobald das Kind erwacht, und dergleichen mehr. Es braucht nicht erst bewiesen zu werden, daß es sich um keinen besonderen Instinkt handelt, sondern um eine automatisierte Einstellung. Wer Krankenpflege ausgeübt hat, weiß, wie solche Phänomene zustande kommen. Denken Sie an den Automatismus der Selbstweckung, den sich ungezählte berufstätige Menschen aneignen; sie erwachen auf die Minute genau, als ob sie eine Uhr in sich trügen. Häufig macht es ihnen sogar Schwierigkeiten, diesen Automatismus, wenn er überflüssig geworden ist, aufzuheben. In diesem Falle spricht niemand von Instinkt, denn die gewollte und von einer Grundeinstellung geförderte psychische *Leistung* ist unanzweifelbar.

Man hat häufig die Frage gestellt, ob die Intuition nicht als der menschliche Instinkt zu betrachten sei. Die Intuition ist eine *intellektuelle* Leistung, gleichviel, wie der, der sie vollbringt, sie zu erklären versucht. Gewöhnlich werden Leistungen automatisiert, die auf einer nicht allzu hohen Stufe stehen und von den allgemeinsten Bedingungen erfordert werden. In der individuellen Entwicklung können jedoch Faktoren entstehen, die eine Automatisierung höherer Leistungsfähigkeiten erfordern und ermöglichen. Wir erinnern an unsern Bericht über den geistreichen Dramatiker, der in seiner Kindheit Schlagfertigkeit und Esprit systematisch trainierte. Intuitive Menschen sind gewöhnlich keineswegs auf allen Gebieten intuitiv, sondern nur auf jenen Gebieten, wo ihr bewußtes und unbewußtes Training tatsächlich maximal ist.

B. meint, daß der Unterschied zwischen den Geschlechtern jedenfalls so groß ist, daß er sich auch in deren Psychologie auswirken muß; er wirft uns vor, daß wir diesen Unterschied unterschätzen. Wir haben den Unterschied nicht geleugnet, aber wir waren bemüht, ihn richtig einzuschätzen. Das mag aber, da er bisher weit überschätzt worden ist, wie eine Unterschätzung wirken. Jedenfalls, was uns bisher die axiomatische Geschlechterpsychologie geboten hat, ist charakterologisch einfach nicht haltbar. Jeglicher Fortschritt in der Veränderung der gesellschaftlichen Rolle der Frau beweist, wie sehr sie der Forderung eines Prinzips gehorcht, das ein Vorurteil im Interesse der Männer ist. Man denke einfach daran, wie selbstverständlich es diesen Psychologen erschienen ist, daß die Frau schon deshalb nicht leistungsfähig sei, weil sie normalerweise einem allmonatlichen Unwohlsein ausgesetzt ist. Hierbei störte es sie nicht, daß die Frauen der unteren Schichten auch während der Menses ihre volle Leistungsfähigkeit bewähren mußten: in den Fabriken, in der Landarbeit, in den Haushalten und bald danach auch in den Büros. Vielleicht standen sie unter dem tiefen Eindrucke anderer Frauen, der so leicht an Migräne leidenden Damen, die es sich in der Tat leisten konnten, aus ihren Menses immer wieder ein tragisch pointiertes Drama zu machen. Es ist uns nicht bekannt, daß diese Psychologen aus ihren Anschauungen die Konsequenz gezogen hätten, dafür Propaganda zu machen, daß berufstätige Frauen während der Menstruation oder zumindest in den letzten drei Schwangerschaftsmonaten bezahlten Urlaub bekämen. Sie haben nie da Konsequenzen gezogen, wo sie notwendig und brauchbar gewesen wären — auf dem Gebiete des organischen Schutzes der Frau —, sondern nur im Sinne einer Geschlechterphilosophie, die uns einer weiteren Diskussion nicht wert erscheint.

B. fragt uns, wo eigentlich der Unterschied zwischen unseren Auffassungen und den Auffassungen der Psychoanalyse liege, da auch wir davon sprechen, daß einer in seiner Frau seine Mutter oder seine Schwester heirate. Der Unterschied liegt *erstens* darin, daß, was für uns nur ein Beispiel, für die Psychoanalyse ein Naturgesetz ist. Daß, was wir in einzelnen Fällen sehen und zu erklären versuchen, für die Psychoanalyse eine allgemeine Erscheinung ist. Die Psychoanalyse, die sich ihrer Tiefe rühmt, macht tatsächlich, trotz mehrjähriger Analyse eines Falles, dort halt, wo unserer Meinung nach das Problem erst aufs neue beginnt. *Zweitens*: Die Psychoanalyse sieht in der Bindung an die Mutter, die ihr zwangsläufig und unvermeidlich erscheint — Freud spricht sogar von einer Phylogenese des Ödipuskomplexes —, etwas Primäres und die Bestimmung des ganzen individuellen Schicksals. Wir haben an dem Falle von Z. die Irrtümlichkeit dieser Auffassung nachzuweisen versucht. Wesentlicher jedenfalls als die Bindung an die Mutter erscheint uns die Angst vor der Frau, die u. a. durch die falsche Erziehung — die zu starke Bindung der Mutter an das Kind — erzeugt worden ist. Diese Angst drängt dazu, Beziehungen zu wiederholen. Man sucht nicht in der Frau die Mutter, weil man an die Mutter libidinös fixiert ist, sondern weil die Frau als Mutter weniger gefährlich erscheint. Ähnliches gilt in bezug auf die Wiederholung der Beziehung zu anderen Bezugspersonen aus der Kindheit.
B. verweist uns darauf, daß das Männlichkeitsideal im Leben der Krieger entstanden sei. Wir wissen das nicht so genau; aber daß das Kriegerheldentum ein ausschließlicher Vorzug der Männer sei, ist jedenfalls falsch. Wo die Frauen mitgekämpft haben — und das haben sie schon in der Antike getan —, haben sie ein besonderes Heldentum, wohl aus überkompensatorischen Gründen, an den Tag gelegt.
Daß bedeutende Männer, wie C. richtig behauptet, die Frauen häufig nur als Objekt ihrer genitalen Bedürfnisse gebraucht und sie nicht als Partnerinnen erkannt haben, beweist natürlich nichts gegen die Frau. Die bissigen Bemerkungen Schopenhauers gegen die Frauen verraten eine Entwertungstendenz, deren Intensität und Stärke genau seiner Angst vor den Frauen entspricht. Viele Männer und Frauen haben in den diesbezüglichen Äußerungen Schopenhauers, vor allem in den »Parerga und Paralipomena« ihre Bibel gefunden. Das beweist nur, daß sie sich auf der gleichen falschen Linie bewegt ha-

ben wie er. Das Studium guter Biographien Schopenhauers wird Ihnen seine Einstellung leicht verständlich machen.
Daß viele hervorragende Männer die Männergesellschaft entschieden vorgezogen haben, stimmt zweifellos. Sie wollten sich verständlicherweise mit solchen unterhalten, die einer Unterhaltung mit ihnen gewachsen waren; die Frauen waren es natürlich nicht, da ihnen die Möglichkeit, sich zu bilden, vorenthalten wurde. In der Zeit der bürgerlichen Emanzipation, die Ansätze zu einer Frauenemanzipation zeigt, bringen die gebildeten Frauen der oberen Schichten für die umwälzenden Vorgänge mehr Verständnis auf als ihre Männer. Diese finanzieren die Salons, in denen jene die Geistreichen sind. Die Enzyklopädisten verabscheuten keineswegs die Gesellschaft geistvoller Frauen. Rousseau und seine Freunde waren im Salon der Madame d'Epinay zu Hause, und die Gesellschaft Rahel Varnhagens suchten die bedeutendsten Männer ihrer Zeit auf. Die proletarische Bewegung schließlich hat in Frauen einige ihrer bedeutendsten Führer gefunden.
C. fragt, wie es wohl kommen mag, daß gescheite Männer einen Niveauverlust erleiden können, wenn sie sich mit Frauen abgeben, besonders wenn sie in sie verliebt sind. Das mag darauf zurückzuführen sein, daß sie in der Frau nur ein sexuelles Objekt und nicht eine Partnerin suchen. Es entspricht also einer geheimen Entwertungstendenz gegen die Frau, die auch bewirkt, daß bedeutende Männer sich zu intellektuell minderwertigen Frauen hingezogen fühlen. Die außerordentliche Überlegenheit diesen gegenüber gibt ihnen Ruhe und Sicherheit. Sie suchen also Partner, die von ihnen so weit entfernt sind, so tief unter ihnen stehen, daß Konfliktmöglichkeiten möglichst ausgeschlossen werden. Auch intellektuell sehr hochstehende Männer sind vor Unsicherheitsgefühlen gegenüber Frauen nicht gefeit, und es gibt verschiedene Methoden, sich dagegen zu sichern.
Was die männerbündlerische Homosexualität betrifft, die ja ganz offen eine antifeministische Ideologie hervorgebracht hat, so hat sie sehr interessante soziale Untergründe. Diese Bünde sind gewöhnlich mit Herrschaftscliquen identisch; in ihnen wird die Homosexualität sehr geschickt zur Cliquensicherung verwandt und zu diesem Zweck häufig erst erzeugt. Die entsprechenden Skandalaffären, auch der Vorkriegsjahrzehnte, können als brauchbares Material dienen. Mit der Homosexualität selber werden wir uns an anderer Stelle auseinandersetzen.
C. wirft uns vor, daß wir den Trieb in der Sexualität unterschätzen. Das tun wir nicht, aber wir erkennen, daß es psychologisch einzig interessant ist, wie er modifiziert und zur Befriedigung gebracht wird. Die Rolle des Typs ist uns bekannt, ebenso, daß es eine Liebe auf den ersten Blick gibt. Beides führen wir nicht auf die Macht des Triebes, auf eine »Gewalt, wie sie eben nur dem Trieb entspricht«, zurück, sondern auf den Charakter. Was diese Gewalt be-

trifft, die C. für so groß hält, so meinen wir, daß sie im Gegenteil verhältnismäßig gering sein muß, da ja alle Triebe mit Ausnahme des Hungers unterdrückt werden können, ohne daß umwälzende Rebellionen zustande kommen. Nur die Unterdrückung jener Bedürfnisse, deren Befriedigung zur Erhaltung des Lebens unumgänglich notwendig ist, hat Weltgeschichte gemacht. Die Überschätzung der Macht der Triebe ist der Moral und der Religion eigen.

Die Typenwahl im sexuellen Leben ist genau zu studieren und zu analysieren. Man wird unschwer feststellen können, daß der gewählte Typ tendenziös apperzipiert wird, daß seine Wahl dem Lebensplan, mag er noch so unbewußt sein, aufs genaueste entspricht. Man kann aus dem erkannten Lebensplan auf den vorgezogenen Typ schließen; ebenso auf die Gestaltung aller Beziehungen. Die Liebe auf den ersten Blick ist gewöhnlich nichts anderes als die Reaktion auf den bevorzugten Typ. Hierbei ist zu bedenken, daß der bevorzugte Typ keineswegs immer der ist, mit dem die Bindung tatsächlich eingegangen wird. Er wird häufig nur vorgezogen, geliebt, aber praktisch nicht gewählt — das Ideal wäre in diesem Falle nur dazu da, um nicht verwirklicht zu werden. Es gibt viele Männer, die lebenslänglich auf der Suche nach dem Ideal sind, und die, wenn sie es gefunden haben, sich gehindert fühlen, die ideale Frau zu heiraten oder sonstwie in enge Beziehungen mit ihr zu treten. Es scheint das besondere Glück dieser Männer zu sein, daß sie das Pech haben, ihre Ideale gewöhnlich erst im verheirateten Zustand kennenzulernen. Man sieht, auch mit der Feststellung des Typs ist noch nicht viel getan. Man muß wissen, warum er gewählt ist, und analysieren, warum er diese Rolle spielt.

Wenn etwa, um auf das von D. gebrachte Beispiel einzugehen, eine Frau sich nur zu kränkelnden Männern hingezogen fühlt, wenn sie ihre Frauenrolle mit der Rolle einer Krankenschwester vertauscht, so kann das u. a. auch die Ursache haben, daß der Vater häufig krank gewesen und stets von der Mutter gepflegt worden ist. Die Mutter kann als Ideal gewählt worden sein; es kann aber auch die Beziehung der Tochter zum kranken Vater so geartet gewesen sein, daß sie jetzt im kranken Mann stets den Vater sucht. Es könnten schließlich beide Möglichkeiten miteinander verbunden gewesen sein — und es kann umgekehrt auch keine von ihnen vorgelegen haben. Wieder erweist es sich, wie sehr die psychologische Analyse nur auf der Grundlage einer umfassenden und konkreten Zusammenhangsbetrachtung ermöglicht ist. Die Kenntnis solcher konkreter Fälle erlaubt den Schluß, daß eine Frau, die sich nur zu kranken Männern hingezogen fühlt, männlich-protestierend ist, daß sie den kranken Mann in eine Art weibliche Situation hineindrängt und in ihrer eigenen Helferstellung das befriedigende Gefühl der Überlegenheit findet. Hier wird deutlich, daß sich sogar die mütterliche Haltung dem männlichen Protest unterordnen läßt, denn der kranke Mann wird ja in eine kindliche Position gedrängt. Daß hierbei die Sexualität zu kurz kommt, ist auf den ersten Blick klar, doch eben gerade darin verrät sich der männliche Protest, die Ablehnung der weiblichen Rolle, die ja im Geschlechtsverkehr am schwersten zu beseitigen wäre. Dic männlich protestierende Frau kann umgekehrt vorziehen, durch außerordentliche erotische Aktivität, die ja als Vorrecht des Mannes empfunden wird, das Überlegenheits- und Männlichkeitsgefühl zu erringen. Am undeutlichsten wird das in jenen Fällen, in denen eine bemerkenswerte Mischung von Frigidität und Nymphomanie (Mannstollheit) vorliegt. In der Nymphomanie wird der Mann »übermannt«, in der Frigidität wird er sozusagen entmannt. Diese Mischung ist für einen großen Teil der Prostituierten charakteristisch. Es ist natürlich unverkennbar, daß die Nymphomanie nichts anderes als die Kehrseite der Frigidität ist; wie diese ist sie die Wirkung einer gestörten Beziehung zum anderen Geschlecht. Wer in dem Ausweichen vor dem Sexuellen, von dem wir gesprochen haben, nur die Angst vor dem Geschlechtsverkehr sieht, hat eigentlich nichts gesehen. Denn gerade diese Angst ist ja erst zu analysieren, damit, was sie wirklich enthält, verständlich wird. Die Analyse kann, wie wir mehrfach dargelegt haben, nur eine beziehungsanalytische sein.

Anwendung der Sexualanalyse auf den Fall Z. Die doppelte Buchführung in der Liebe. Herr X. im Lichte der Sexualanalyse. Sadismus und Herrschsucht. Frau Y. im Lichte der Sexualanalyse. Das Problem der intellektuell hochstehenden Frau. Zur Analyse der Perversionen. Die Angst vor der Empfängnis. Die Homosexualität.

23

Verehrte Hörer, heute möchte ich das Sexualverhalten in drei verschiedenen Fällen näher betrachten: Es handelt sich um die Brüder Z. und X. und um ihre Schwester Y. Wir wollen die Vorlesungen über Sexualität dann mit einem kurzen Hinweis auf bestimmte Perversionen und auf die kindliche Sexualität abschließen:

Z. ist immer wieder unglücklich verliebt, doch hat er noch nie mit einer Frau, in die er verliebt war, geschlechtlichen Verkehr gepflogen. Er sucht seine geschlechtliche Befriedigung bei Mädchen unterer Schichten, besonders Hausangestellten und Kindermädchen. Diese Beziehungen bricht er gewöhnlich nach kurzer Zeit ab, indem er »einfach verschwindet«. Er schließt Bekanntschaften in Parks, in billigen Tanzcafés und im Kino; da spielt er sich gewöhnlich als reicher Mann auf, erzählt, wieviel reiche Mädchen ihm nachlaufen, daß er aber entschlossen sei, ein einfaches Mädchen zu heiraten. Er bringt die Mädchen in die Wohnung der Mutter, wenn sie abwesend ist, und begründet die Bescheidenheit der Wohnung damit, daß er draußen, vor der Stadt, eine Villa habe. Er ist im übrigen das erstemal sehr spendabel, was er gewöhnlich nachher bereut. Jedes Mal, bevor er mit einer neuen Freundin schläft, fühlt er sich sehr unsicher, ist nervös und versucht, den Geschlechtsverkehr immer wieder hinauszuschieben. Er hat zweifellos so etwas wie Lampenfieber, was häufig beim ersten Geschlechtsverkehr Potenzstörungen hervorruft, die jedoch aufhören, sobald er sich an das Mädchen gewöhnt hat. Aber je länger die Beziehung dauert, um so häufiger stellt sich ein körperlicher Widerwille, ein Ekelgefühl ein, daneben die Sehnsucht nach einer andern, imaginären oder ihm bereits bekannten Frau. Er selbst staunt darüber, daß gerade, was ihn anfangs an einer Partnerin besonders angezogen hat, ihm dann abstoßend erscheint. Fast alle seine Partnerinnen sind kleingewachsene Frauen und haben einen auffälligen Busen. Obschon er nicht an der Mutterbrust genährt worden ist und obgleich diese Kennzeichen weder seiner Mutter noch seiner Schwester eigen sind, könnte sein Busenfetischismus in eine Beziehung zur Mutter gebracht werden. Diese Mutter ist etwa so groß wie er selbst, seine

Schwester etwas größer; indes sieht seine Schwägerin, die Frau des Herrn X., annähernd so aus wie die Frauen, durch die er sich angezogen fühlt. Frauen aber, in die er sich verliebt, sehen zweifellos seiner Schwester sehr ähnlich: Sie müssen intelligent und groß gewachsen sein, eine gewisse Härte in den Gesichtszügen haben und überdies ein auffällig selbständiges Auftreten. Er macht zögernde Annäherungsversuche, doch kommt er über die ersten Schritte selten hinaus. Er verzichtet bald und beginnt, diese Frauen in Gedanken zu entwerten; er findet sie immer weniger anziehend, unangenehmer und entdeckt an ihnen fortgesetzt negative Eigenschaften, bis er am Schluß feststellt, sie seien seiner Liebe gar nicht würdig. Sie verstehen, daß Z. zu keinem glücklichen Liebesleben fähig ist: Die Frauen, bei denen er Erfolg hat, schätzt er eben deshalb gering, und die Frauen, die er schätzt, vermag er nicht zu erobern. Die »Zerrissenheit« seines Wesens drückt sich hier genauso aus wie in all seinen anderen Beziehungen, wie in seiner Stellung zum Leben überhaupt. Die ungewöhnlich starke Bindung der Mutter an ihn hat im höchsten Maße dazu beigetragen, ihn beziehungsunfähig zu machen, hat ihn an Ansprüche gewöhnt, deren Erfüllung das Leben normalerweise verweigert. Er kommt nicht zur Ruhe, seine Unruhe behindert fortgesetzt seine Anpassung und wirkt sich natürlich auch im Sexualleben aus.
Daß er zwei Typen sucht, ist gleichfalls für ihn kennzeichnend. Dualismen sind Überbauten über ungelösten Widersprüchen. Der Widerspruch im Falle Z.s kann wie folgt formuliert werden: »Ich kann mich nur mit Frauen einlassen, denen ich mich von vornherein überlegen fühle, kurz: mit Dienstmädchentypen. Aber was sind das schon für Menschen: unbedeutend, eher dumm und unauffällig, so daß ich ihnen imponieren kann. Bei ihnen könnte wohl jeder Erfolg haben. Aber die anderen Frauen, die ich eigentlich verdienen würde, die sind zu hochmütig, zu eingebildet, und wenn man keine besondere Position errungen hat, dann schauen sie einen kaum an.«
Die Hingezogenheit zu dem sozial und ökonomisch niedriger stehenden Frauentyp ist nicht selten. Das sexuelle Gleichgewicht der oberen Schichten erhält sich vor allem dank der Tatsache, daß sie sich so leicht sozial unter ihnen stehender Frauen bemächtigen können. Im praktischen Leben ist es eben anders als im Film: Das Warenhausmädchen, die Stenotypistin wird nicht geheiratet, sondern zum erotischen Freiwild der Männer oberer Schichten. Es charakterisiert die vorurteilsvolle Stellung der bürgerlichen Psychologen zu den Sexualproblemen, daß sie diesen Tatbestand so gut wie völlig vernachlässigt haben. Moralische bürgerliche Eltern, die mißtrauisch die Tugend ihrer Tochter überwachen, stellen es ihrem Sohne sehr bald frei, seine sexuellen Bedürfnisse zu befriedigen. Sie lassen ihn sogar dazu durch den Hausarzt animieren und erhöhen zu diesem Zwecke sein Taschengeld. Es ist klar, daß es ihnen keineswegs vorschwebt, daß ihr Sohn die Befriedigung seines Sexual-

bedürfnisses bei der Nachbarstochter suchen soll. Es steht ebenso fest, daß diese Jünglinge in einem andern als dem moralischen Sinne durch solche Erlebnisse verdorben werden, weil sie lernen, in der Frau nur das Objekt zu sehen. Welche Entwertung, besonders der unbemittelten Frau, in dieser Haltung steckt, darüber braucht wohl kein Wort verloren zu werden. Doch soll der Psychologe sich mit diesen Tatsachen eingehend auseinandersetzen. Dann wird er in dem Verhalten der Frauen in Zolas »Germinal«, die beim Aufstand den Krämer entmannen, nicht irgendwelche komplizierten Kastrationskomplexe sehen, sondern erkennen, daß es einleuchtende Gründe sind, die Haß und Rancüne zwischen den Geschlechtern erzeugen können.

Z.s Bruder X. hat sich während seiner Studienzeit bemüht, ein Held nach Art der Korpsstudenten zu werden, und hat alle Gemeinheiten dieser jungen Leute, deren Selbstbewußtsein auf dem Vermögen ihrer Eltern beruhte, fleißig mitgemacht. Nachdem er sein Studium beendet hatte, erkannte er, daß es wohl das Beste für ihn sei, ein anständiges Mädchen aus guter Familie mit konservativen Grundsätzen zu heiraten. Unter absoluter Anständigkeit verstand er, daß das Mädchen noch niemals auch nur die geringste Beziehung zu einem andern Mann gehabt haben dürfte. Er entschloß sich für ein Mädchen, das die genannten Bedingungen bot und überdies bescheiden und sanft war. Sie schaut heute noch ebenso andachtsvoll zu ihm auf wie am ersten Tage. Ihre vollkommene sexuelle Unerfahrenheit läßt sie nicht vermuten, daß ihr Mann sie eigentlich sexuell vernachlässigt. Sie empfindet den Geschlechtsverkehr als eine Pflicht, die manchmal auch angenehm sein kann; ihre vollkommen passive Haltung ist X. willkommen. In seiner Phantasie gibt es nämlich Vampire, Frauen, die die Männer durch zu große sexuelle Ansprüche »zugrunde richten«, seine Frau aber gehört Gott sei Dank nicht zu ihnen. Er spricht mit größter Verachtung von sinnlichen Frauen: »Das Widerlichste sind Frauen, die nichts anderes im Kopf haben als das Geschlecht.« Es ist unverkennbar: Dieser Mann hat vor den sinnlichen Frauen Angst und fühlt sich zu ihnen sehr hingezogen; seine Träume sind voll von ihnen. Warum hat er Angst vor ihnen und fühlt sich doch zu ihnen hingezogen? Er hat Angst, weil er sich, wie er selbst gesteht, ihnen gegenüber wie ein kleiner Junge vorkommt, im Gespräch mit ihnen verlegen wird und das Gefühl hat, daß sie ihn ununterbrochen fixieren. Wir wissen schon, daß er jede Situation, in der er sich unterlegen fühlt, meidet. Doch hat er sich im Gegensatz zu seinem Bruder Z. sehr gut angepaßt und hat sein Leben so eingerichtet, daß er es sich leisten kann, solchen Situationen zu entgehen. Er fühlt sich u. a. zu diesen sinnlichen Frauen hingezogen, weil er im Verkehr mit dem Typ, den er meint — es war eine Prostituierte —, eine Art von Befriedigung erlebt hat, die er seither nie wiedergefunden hat.

Er hat aus seinem Leben alle großen Spannungen ausgeschaltet; alles verläuft auf einer annähernd vollkommenen ebenen Straße, doch wird er mit dem »Rest« nicht fertig: Könnte man nicht ebenso sicher leben und dabei doch der großen Spannungen teilhaftig werden, die aus dem Alltag etwas Besonderes hervorzaubern? Gemäß seiner Ideologie verachtet er alles, was imstande wäre, sein so gut geregeltes Leben in Frage zu stellen; trotzdem wird er, wie gesagt, mit dem Rest nicht fertig. Dieser »Rest« ist nicht nur in seiner mangelhaften sexuellen Befriedigung zu sehen, sondern er charakterisiert sein ganzes Leben.
Unzählige Menschen leben, so wie X., in einem Alltag, in dem sie vergeblich nach dem Sinn ihres Seins und Tuns suchen könnten; hingegen entdecken sie manchmal, daß große Intensitäten, daß die großen Impulse fehlen. Sie spüren die Unterdrückung der Moral kaum, weil sie in ihrer Rolle von moralischen Unterdrückern sehr bald vergessen, daß sie selbst unterdrückt werden. Herr X. mit seinen sonderbaren Träumen, mit seiner Ehe voll Geschlechtskälte, mit dem schlechterzogenen Kind, mit seinem großen kleinlichen Ehrgeiz, ist der europäische Kleinbürger des 20. Jahrhunderts. Natürlich kann man ihn einer pathopsychologischen Untersuchung unterziehen und manches finden, was man streng genommen nicht als normal bezeichnen würde. Seine Sehnsucht nach einem Titel, nach Überlegenheit könnte sich gewiß grausam auswirken, wenn er dazu Gelegenheit hätte. Jetzt ist Herr X. politisch entflammt. Er sucht da Intensitäten, die er sonst nicht findet. Er gehört einer Bewegung an, die viel von Heldentum, Bluthaftigkeit und dergleichen spricht. Herr X. erfährt, daß er aufgrund der Zugehörigkeit zu seiner Nation, zu dieser Bewegung, ein besonders wertvoller Mensch sei und daß alle, die nicht dazu gehören, wohl fragwürdig, wenn nicht gar »Untermenschen« sind. Herr X. versäumt nun keine Versammlung, aber er trägt das Abzeichen seiner Bewegung, die die ganze Macht im Staate anstrebt, nicht offen. Er will nicht anstoßen, wie er sagt. Sollte seine Bewegung zum Siege gelangen — und da es viele X gibt, ist das wahrscheinlich —, so wird er erst zeigen, wozu er fähig ist.

Sie erinnern sich wohl an Y., die Schwester von X. und Z., Sie wissen, daß sie verhältnismäßig spät den falschen Partner gewählt hat. Ihre unglückliche Beziehung ist nicht zufällig; wir wollen erfahren, warum sie gerade diesen Mann gewählt hat. Sie haben nicht vergessen, daß sie den Mann rettete und daß er es ihr schlecht lohnte. Y. ist zweifellos eine Frau von bemerkenswertem Niveau. Wir versuchten jedoch zu beweisen, wie wenig das ausreicht, um sie vor dem Mißverständnis ihrer selbst und ihrer Probleme zu schützen. Warum wählte sie, nachdem sie jahrelang gezögert hatte, gerade diesen Mann?
Y. wuchs in einem Milieu auf, in dem sie sehr bald die Überlegene wurde. Ihr Leben war eine Reihe gelungener Kompensationen, wohlgelungener Über-

windungen aller erdenklichen Schwierigkeiten und Widersprüche. In den Jahren, da andere junge Mädchen ihre Gedanken und Gefühle auf Liebe konzentrieren, mußte sie angestrengt arbeiten, um sich zu erhalten und studieren zu können. Die Ungunst der ökonomischen Verhältnisse zwang sie, auf manchen Genuß zu verzichten, der ihren Kollegen und Kolleginnen selbstverständlich war. Sie lernte nicht, wie man sich gut kleidet, sie hatte keine Ahnung von der Kunst der Selbstinszenierung. Viele suchten ihre Gesellschaft, denn sie war ein guter Kamerad, doch geschah es fast niemals, daß sich ihr ein Junge erotisch näherte. Sie war darüber unglücklich und konnte nicht ergründen, worauf das zurückzuführen war. Sie spornte sich manchmal an, selbst aktiv zu sein, aber da erlitt sie schwere Niederlagen. Fast unbewußt übte sie die Praxis, junge Männer, die sich ihr näherten und gefielen, mit Freundinnen zu verkuppeln; sie wurde zur Gönnerin der Liebe anderer. Mit 23 Jahren glaubte sie, daß sie so geartet sei, daß man sie zwar mögen, aber nicht lieben könnte. Ganz bewußt kompensierte sie ihr Defizit an Lebensfreude durch die Arbeit und wurde sehr bald auf ihrem Gebiet die Erste. Sie hatte resigniert — zumindest glaubte sie das — und sah nun den Sinn des Lebens in ihrem Beruf, in ihrer Leistung. Sie fand Befriedigung im intellektuellen Verkehr mit vielen interessanten Zeitgenossen. Daß sie, immer die Jüngste, häufig mitentscheiden durfte, war für sie eine große Ermutigung, verminderte aber nicht das beunruhigende erotische Defizit. Eines Tages bewarb sich ein junges Mädchen, das ihr gefiel, um einen Posten bei ihr. Nach einiger Zeit — das Mädchen war ihre Privatsekretärin geworden — entwikkelte sich zwischen ihnen, die nun in der gleichen Wohnung lebten, eine erotische Beziehung. Y. empfand keinerlei Hemmung, lesbisch zu werden, doch fand sie wenig Vergnügen daran. Sie wollte gern verzärtelt werden, doch nicht die männliche Rolle übernehmen. Sie lehnte eben ihre weibliche Rolle keineswegs ab, ihr männlicher Protest war sozial durchaus wertvoll und wirkte sich in ihrer Arbeit aus. Sie hatte inzwischen auch entdeckt, daß ihre intellektuelle Überlegenheit gegenüber fast allen in Betracht kommenden Männern ein überwindbares Hindernis war. Als sie dann endlich den Mann wählte, neigte sie dazu, ihn maßlos zu überschätzen. Sie verstand nun, daß die Überlegenheit der weiblichen Partnerin in einer geschlechtlichen Beziehung den Grundregeln der Männerherrschaft widerspricht. Sie meinte, daß sie sich am besten unterordnen sollte. Wir haben schon dargestellt, wie wenig es ihr auf diese Weise gelang, die Beziehung vor Konflikten zu bewahren. Ja, fast alles, was sie als das Richtige erkannte und wünschte, schien sich in das Gegenteil zu verkehren — und wäre es, weil der Partner eben das Richtige als das Verkehrte ansah. Um ihr sexuelles Problem auf eine befriedigende Weise zu lösen, muß Y. darauf verzichten, eine »Retterin« zu sein; sie muß lernen, sich nicht um Überlegenheit und Unterlegenheit zu kümmern, sondern um

Gegenseitigkeit, um Gleichheit bemüht sein. Die von ihr gewählte Haltung der stets Gebenden ist nicht weniger falsch als die Haltung des nur Nehmenden; in beiden Fällen ist eben die Gegenseitigkeit verweigert. Als nur Gebende muß sie Partner wählen, die stets nehmen wollen, also ungeeignete Partner.

Diese Frau hat durch ihren schweren Daseinskampf weit mehr zustande gebracht als die meisten Frauen ihrer sozialen Schicht, aber sie hat das Training des Erotischen völlig vernachlässigt. Sie hätte sich sogar mit dem Budget, das ihr zur Verfügung stand, anziehener kleiden, sich um ihre Körperpflege bemühen können. Daß sie es nicht getan hat, versuchte sie damit zu begründen, daß es ihr unwichtig erschien. Der wirkliche Grund war jedoch ihre Mutlosigkeit. Wenn sie ihr Spiegelbild betrachtete, fand sie sich nicht häßlich, aber langweilig, ihr Gesicht nichtssagend. Sie konnte nicht dank ihrem Äußern gewinnen, sie mußte anders siegen.

Die Neigung intellektueller Männer — von den anderen zu schweigen —, eine intellektuell hochstehende Frau zu neutralisieren und sie daher als unerotisch zu empfinden, verringert sich zusehends, doch bleibt es wahr, daß die Männer nur in Worten gegen die Emanzipation der Frau nichts einzuwenden haben. Noch immer ist es ein Handicap für eine Frau, ausgeprägt intellektuell zu sein, solange sie von Männern umgeben ist, denen diese Qualität den Mut zur Partnerschaft raubt. Abgesehen von allen anderen Veränderungen, die eintreten müssen, damit die Frau sich wirklich emanzipiere, ist es auch notwendig, daß der Mann sich seinerseits von seiner Männerideologie emanzipiere. Befreite Frauen sind vereinsamt, wenn sie es mit Männern zu tun haben, die sich nicht befreit haben. Was darüber geschwätzt wird, ist unerheblich; auf das Verhalten allein kommt es an.

Die deutende Psychologie als Pathopsychologie hat bisher die Perversionen als neurotisch gekennzeichnet; gleichzeitig zeigte sie, daß die Grenze zwischen dem Normalsexuellen und dem Perversen fließend ist. Innerhalb der Perversion wird einer der Partner zum Objekt erniedrigt — dies gilt nicht nur für den Sadismus oder den Fetischismus, sondern beinahe für alle Perversionen. So ist denn die Perversion gewöhnlich ein Mittel zur Distanzierung vom Partner durch eine Verwandlung aus einem Subjekt in ein Objekt, die Aufspaltung einer Zweisamkeitssituation in zwei miteinander verbundene Einsamkeiten. Damit ist der asoziale Charakter des perversen Verhaltens deutlich genug gekennzeichnet.

So einleuchtend die Auffassung der deutenden Psychologie von den Perversionen auch sein mag, so ist sie doch nicht umfassend genug; sie trägt nicht allen Umständen Rechnung, die zeitweise bestimmend sein können. Ein Beispiel: Ungezählte Paare würden den normalen Geschlechtsverkehr den Perversionen vorziehen, wenn ihre Angst vor der Schwangerschaft, vor dem Segen der Nachkommenschaft, der ihnen zu einem Fluch zu werden droht, sie nicht bewöge, eine Geschlechtsbefriedigung zu suchen, die sie dieser Gefahr entzieht. Die Schwangerschaftsverhütungsmittel bieten selten jene hundertprozentige Sicherheit, die man vor allem in jenen Ländern braucht, in denen es strenge Paragraphen gegen die Abtreibung gibt. Es ist mit einer hohen Wahrscheinlichkeit anzunehmen, daß, wenn die Wissenschaft auch nur ein Zehntel der Aufmerksamkeit, die sie der Kriegschemie widmet, der Lösung dieses Problems zugewandt hätte, die zeitweise Sterilisierung der Frau oder des Mannes ermöglicht worden wäre. Obschon die industrielle Reservearmee so groß geworden ist, daß sogar den Nutznießern dieses ungeheuerlichen Angebots an Arbeitskräften bange werden muß, haben sie doch auch weiterhin ein Interesse daran, daß es keine Praxis der zeitweiligen Sterilisierung geben soll. Sie rechnen damit, daß der nächste Krieg ein so gigantischer Aderlaß an der Menschheit werden könnte, daß gar nicht zuviel gezeugt und geboren werden kann.

Auf der Flucht vor dem Segen der Fruchtbarkeit ergreifen viele das Mittel der Perversion als Sicherung eines folgenlosen Geschlechtsverkehrs. Die gegenwärtig überaus kritischen sozialen Umstände drängen somit auch auf diesem Gebiete den Menschen psychopathische Verhaltensweisen auf: Abnormen Umständen entsprechen abnorme Verhaltensweisen eher als die normalste Anpassung. Also muß die deutende Psychologie in der Frage der Perversionen gar manches umlernen. Natürlich ist es psychologisch determiniert und schon aus der frühen Kindheit her verständlich zu machen, warum der eine diese, der andere jene Perversion wählt. Doch daß er sie wählt, ist, wie gezeigt, häufig auch auf ein umfassenderes Problem zurückzuführen, ein Problem, dessen sozial-ökonomische Akzentuierung erkannt werden muß. Wir sehen hierbei natürlich von jenen Fällen ab, in denen die Perversion ein Bestandteil der akuten Neurose ist.

Das Problem der Homosexualität hat so vielfache Behandlung erfahren, daß wir uns hier auf einige grundsätzliche Bemerkungen beschränken dürfen.

Die Behauptung, daß die Homosexualität angeboren sei, ist trotz vieler bedenkenswerten Hinweise noch nicht erwiesen. Hingegen erscheint es wahrscheinlich, daß bei Homosexuellen bestimmte sekundäre und tertiäre Merkmale des andern Geschlechts häufiger als sonst festzustellen sind. Diese werden dann gewöhnlich von den Betroffenen selbst in den Vordergrund gerückt, wobei der psychische Faktor doch als entscheidend anzusehen ist. Diese Merkmale spielen die gleiche Rolle wie irgendeine organische Besonderheit (Organminderwertigkeit), d. h. sie sind Bedingung, aber keine Bestimmung für das Verhalten. Die psychotherapeutische Behandlung der Homosexualität, in der diese nur als ein neurotisches Symptom, als eine Methode des Ausweichens vor dem andern Geschlecht behandelt wird, hat sich oft als erfolgreich erwiesen und die positive Umstellung auf das andere Geschlecht herbeigeführt. Die Homosexualität ist natürlich weder als ein Laster, noch als ein Vergehen, noch als ein angeborenes Schicksal zu betrachten, sondern als eine im großen und ganzen korrigierbare Störung der Beziehungsfähigkeit, die so wenig wie irgendeine andere Störung einer moralischen Wertung unterzogen werden soll. Das gesetzliche Verbot der Homosexualität ist, von uns aus gesehen, eine beträchtliche Förderung bestimmter psychischer Komponenten der Homosexualität, aber keineswegs ein Mittel zu ihrer Beseitigung. Die Märtyrerideologie, die man bei Homosexuellen sehr häufig findet, ihr Hochmutsgefühl der Besonderheit, ihre Distanzierung von der Umwelt — all das wird durch gesetzgeberische Maßnahmen nur gefördert.

Abgesehen von alledem ist die Homosexualität ein soziales Problem. Ein Großteil der lumpenproletarischen Jugend wird leicht ihr Opfer, denn es gibt eine homosexuelle Prostitution, die sich zumeist aus verelendeten und korrumpierten, in der Hauptsache heterosexuellen Jugendlichen zusammensetzt. Die Verführung, der sie ausgesetzt sind, zu bestrafen, wäre sinnvoll, wenn sie erfolgreich wäre. Man schaffe das ökonomische Elend dieser Jugendlichen ab, und die Wirkung wird durchschlagender als die irgendeines Strafgesetzes sein.

24

Die Häufigkeit der Neurosen. Die Hysterie. Das Wesen der Neurosen und ihrer sozialen Wurzeln. Die mangelhafte Sozialität des Neurotikers. Psychotherapie und psychotherapeutische Erfolge. Das Wesen der Bewußtmachung. Übertragung und Widerstand in der psychischen Behandlung. Der Kompromiß in der Psychotherapie. Heilung und Selbstheilung. Die beschränkten Möglichkeiten der Psychotherapie.

Verehrte Hörer, Sie wissen, daß unsere deutende Psychologie im Bereiche der Neurosenforschung entstanden ist, daß sie ihre Ausgangspunkte in der Psychogenese, in den äußerst fruchtbaren Feststellungen der Beziehung zwischen organischen und psychischen Funktionen gefunden hat. In den Jahrzehnten seit der Gründung der deutenden Psychologie bzw. der Psychogenesetheorie ist das Problem der Neurose immer mehr in den Vordergrund getreten. Warum?

Die grundlegenden Erkenntnisse der deutenden Psychologie wurden gewonnen, als die Probleme des abnormen Seelenlebens immer bedrängender wurden und ihre soziale Bedeutung immer vordringlicher zutage trat. Zu Beginn der Forschung stand die Hysterie im Vordergrund. Es gibt leider keine Statistiken, mit denen man beweisen könnte, daß die überwiegende Mehrheit der neurotischen Fälle, die die Psychotherapie zu Ende des vorigen und im ersten Jahrzehnt dieses Jahrhunderts beanspruchten, typische Hysteriefälle gewesen sein dürften. Doch steht es fest, daß das überaus charakteristische Krankheitsbild der Hysterie ungleich seltener geworden ist, während Neurosen mit anderen Symptomen in den Vordergrund getreten sind. Das gilt vor allen Dingen für die fortgeschrittenen Länder, indes Hysterien in den zurückgebliebenen Ländern noch relativ häufig sind. Die Strukturänderung ist nicht, oder vorsichtiger ausgedrückt, nicht in erster Reihe auf die Beeinflussung durch die Psychologie zurückzuführen. Die Veränderung mancher Normen, mancher Konventionen, die Schwächung von Moraldogmen, die teilweise Auflösung der Familie, die Veränderung in der Beziehung zwischen der Erwachsenen- und Jugendgeneration — all diese Momente wirkten unmittelbar auf die Gestaltung des neurotischen Krankheitsbildes ein.

Damit sind wir beim ersten Grundsatz zum Verständnis der Neurose angelangt: Die Neurose von heute spiegelt die gesamten Widersprüche wider, die unsere Lebensordnung enthält und entwickelt sich im Einklang mit ihnen. Sie ist deren Produkt, das Produkt gehäufter Widersprüche, die sich maßlos ver-

schärft haben. Mag die Hysterie einmal durch Ketzergerichte als Hexerei behandelt worden sein, so entsprach dies nicht nur den damaligen Vorstellungen, sondern auch den damaligen Herrschaftsbedingungen. Sie heute als Hexerei zu behandeln, ginge schon deshalb nicht an, weil sie in ihrer heutigen Form der sogenannten Normalität zu sehr angenähert ist. Die neurotisierende Wirkung der Umweltbedingungen ist nachgerade unbegrenzt, die Entwertung des Selbstbewußtseins der Menschen entspricht ihrer tatsächlichen Entwertung innerhalb eines gesellschaftlichen Prozesses, in dem sie, obschon leistungsfähig und leistungsbereit, durch Arbeitslosigkeit degradiert und auf den Misthaufen geworfen werden. Ihre Entwertung als Lebewesen, deren Vernichtung noch nie so leicht gewesen ist, wird durch die unbegrenzten Mittel der fortschreitenden Kriegstechnik immer offenbarer.
Der Neurotiker wird erst zum Neurotiker im Zusammenstoße mit Umweltbedingungen, die durchaus nicht denen entsprechen, für die er erzogen wurde. Nicht nach irgendwelchen abstrakten moralischen Grundsätzen, nicht vom Standpunkte ethischer Forderungen entscheidet sich, was Neurose ist, sondern nur durch ihren Mißerfolg erweist sich eine Lebensmethode als neurotisch. Dieser Mißerfolg wird unvermeidlich, wenn die Anpassungen des Individuums unzulänglich und unbrauchbar, weil den realen Lebensbedingungen nicht adäquat sind.
Ein Beispiel: Einer wächst mit dem Wunsche auf, es seinem Vater gleichzutun, Erbe des väterlichen Handwerks zu werden, eine zu ihm passende Frau zu heiraten, die der Kirche und ihm glaubt, daß sie ihm Gehorsam schulde. Er zeugt Kinder, deren Abhängigkeit von ihm so groß ist, daß sie gar nicht auf den Gedanken kommen, seiner Tyrannei zu entgehen; sie bereiten sich darauf vor, ebenso zu werden wie ihr Vater oder ihre Mutter. Wir dürfen annehmen, daß dieser Mann sein Leben erfolgreich verbringt. Wenn ihm einer sagte, er sei ein Neurotiker, so dürfte er diese Behauptung mit gutem Grunde weit von sich weisen. Denn ihm geht es ja gut, er leidet nicht. Und die Neurose ist ein Leiden. Sollte er irgendwelche organnervösen Symptome haben, so ist er davor geschützt, sie zu erkennen: Ist er krank, so bringt ihm auch das noch Erfolg und vergrößert die Chancen seiner familiären Tyrannis. Sollte seine sexuelle Fähigkeit gestört sein, so begegnet er keinerlei Forderung seitens der ehelichen Partnerin, so daß die Störung zu keinem schweren Problem wird.
Versetzen wir nun diesen Mann aus dem vorigen in dieses Jahrhundert. Lebt er in einem fortgeschrittenen Lande, so ist die Wahrscheinlichkeit, daß er pauperisiert wird, daß seinem Handwerk der berühmte goldene Boden entzogen wird, sehr groß. Nun ist er vielleicht Fabrikarbeiter und überdies arbeitslos. Seine Kinder haben von ihm ökonomisch nichts zu erwarten und müssen selbständig werden. Seine Frau, mag sie noch so ungebildet sein,

spürt sehr wohl, daß seine tyrannischen Ansprüche unbegründet sind. Ihr Glaube, daß die Keuschheit die größte Tugend der Frau sei, ist erschüttert worden. Ändert er sein Verhalten nicht, so wird er auf schwere Widersprüche, vielleicht auf tätliche Widerstände stoßen, denen er unter anderen Umständen keineswegs begegnet wäre. Es ist, als ob sein Verhalten sozusagen »in der Luft hinge«, denn die unmittelbar soziale Begründung ist weggefallen. Er verhält sich wie sein Vater, aber wo sind die Bedingungen, unter denen sein Vater gelebt hat?

Sie erkennen, verehrte Hörer, welche Bedeutung dem rein sozialen Anteil an der Neurose zukommt. Ja, er kann für die Neurose bestimmend sein. Sind die Grenzen zwischen Normalität und Abnormalität fließend, so ändern sie ihren Lauf gemäß dem Wandel der differenzierten sozialen Bedingungen, unter denen das Individuum lebt. Die Fälle, die wir hier näher betrachtet haben, sind Beispiele und Beweismaterial für den ersten Grundsatz der Adlerschen Neurosenlehre: Die Neurose ist eine soziale Erscheinung, die charakterologisch durch die mangelhafte Sozialität des neurotischen Individuums gekennzeichnet ist.

Die mangelhafte Sozialität des neurotischen Charakters ist aber nicht an einem abstrakten Gemeinschaftsgefühl, sondern an der angeforderten Sozialität, an den konkreten Umweltbedingungen zu messen, damit auch dem Neurotiker sein Mißerfolg, sein Leiden verständlich werde. Es gibt neurotische Ideologien, in denen das Gemeinschaftsgefühl genau so gepriesen wird wie in der Adlerschen Individualpsychologie. Man denke an die Retterneurosen, an die Märtyrerneurosen und dergleichen mehr. Natürlich kann dieser Überbau dem scharfsichtigen Beobachter nicht verhehlen, daß sie nur Überbau über einer mangelhaften Sozialität, über einer überanspruchsvollen und hochmütigen Lebensmethode sind.

Mit der Feststellung des sozialen Wesens der Neurose ist es natürlich nicht getan; die Erforschung ihrer Mechanismen, ihrer Symptomtechnik wie der Leidensarten, die sie hervorbringt, bleibt ein tägliches Erfordernis. Adler hat in seinen Standardwerken entscheidende Beiträge zum Verständnis dieser Mechanismen und Leidensarten beigetragen. Es ist unzweifelhaft, daß das Freudsche Werk eine Unzahl subtilster Beobachtungen auf diesem gleichen Gebiete enthält, deren unübertrefflicher Wert allerdings erst dann dem Unvoreingenommenen deutlich wird, wenn er diese Beobachtungen von der Zwangsjacke des Systems, in das Freud sie gepreßt hat, befreit. So sind sie zu wichtigen und unverlierbaren Bestandteilen sowohl der Neurosenlehre als auch der therapeutischen Praxis geworden. Die Feststellung der Deutbarkeit der Träume und der Fehlleistungen gehört zu den unverlierbaren Verdiensten Freuds.

Die Brauchbarkeit der Neurosenlehre ist natürlich vor allem in ihrer Anwen-

dung in der psychotherapeutischen Praxis zu prüfen. Diese Praxis ist noch sehr jung, daher fallen ihre Erfolge schwerer ins Gewicht als ihre Mißerfolge, wenn auch diese ungleich lehrreicher sind. Eine wissenschaftliche Richtung hat ihre Grenze erreicht, wenn sie unfähig geworden ist, ihre Mißerfolge kritisch zu erkennen, d. h. aus ihnen zu lernen. Sie übt nicht die Kritik, die die Tatsachen an ihr üben; sie wird unkritisch, dogmatisch und unwissenschaftlich. Die bedeutendsten Schulen der deutenden Psychologie haben diese Grenze erreicht. Sie sind zu Sekten geworden, die einer dogmatischen Sicherung immer schwerer entbehren können. Daraus folgt, daß sie, zur Selbstkritik nicht mehr fähig, ausschließlich zum Objekt der Kritik geworden sind. Das mag ein kurzer Hinweis deutlich beleuchten:
Es kann keinem unvoreingenommenen Beobachter entgangen sein, daß die beispiellose Krise, die wir jetzt erleben, alle Probleme des psychischen Lebens maßlos verschärft und ihnen neue hinzugefügt hat. Liest man jedoch die Zeitschriften dieser Sekten, die einmal wissenschaftliche Schulen gewesen sind, so findet man fast nichts darüber, die Krise ist nicht in ihr wissenschaftliches Bewußtsein getreten. Es sei denn, daß man in Freuds neuesten kulturpsychologischen Werken, in denen allerdings sein eigenes System recht schlecht wegkommt, die Auffrischung des von Adler bereits im Jahre 1908 entdeckten *Aggressionstriebes* als Zeichen des Freudschen Krisenbewußtseins auffaßt.

Um zu verstehen, warum Mißerfolge der psychologischen Praxis lehrreicher sein können als Erfolge, muß man zuerst klarstellen, wann man von einem psychotherapeutischen Erfolge sprechen darf. Die Behandlung ist gelungen, wenn eine vollkommene Korrektur der gestörten Beziehungsfähigkeit, eine Charakterveränderung also, eine sichtbar veränderte Lebensmethode und eine aktive Anpassungsfähigkeit herbeigeführt worden sind. Das Apperzeptionsschema wird in der erfolgreichen Psychotherapie zerstört und an seiner Stelle eine Apperzeptionsweise geschaffen, die sich vom alten Schema durch das Fehlen der Starrheit, durch wesentliche Verbreiterung des Wahrnehmungsfeldes, durch Objektivierung in der Stellung zum Wahrgenommenen, kurz, durch den veränderten Lebensplan erkennbar macht. Die Bewußtmachung ist ein noch immer sehr undeutlich gebliebener Begriff und deshalb eine noch bis heute schwer lehrbare Praxis, nicht zuletzt deshalb, weil es der deutenden Psychologie bisher noch nicht gelungen ist, das Bewußtsein zureichend zu definieren und befriedigend zu erklären. Sie versteht im wesentlichen seine eigenartige, oft widersprüchliche Beziehung zum Unbewußten. Diese Unzulänglichkeit ist sowohl auf die psychopathologische Vergangenheit der deutenden Psychologie als auch darauf zurückzuführen, daß sich ihr als einer im Wesen individualistischen Psychologie das Bewußtsein als soziale

Erscheinung zu entziehen scheint. Nur auf dem Wege über eine Sozialpathologie kann der Psychopathologie das Bewußtsein voll erkennbar werden.
Die Bewußtmachung wird nun von allen psychotherapeutischen Schulen als der entscheidende Akt der Neurosenbehandlung bezeichnet. Doch darf ein Akt nicht als Wissensvermittlung aufgefaßt werden. Es gibt viele Neurotiker, die die gesamte psychologische Literatur eifrig studiert haben, ohne sich von ihrer Neurose freimachen zu können. Wir haben bereits in unserer ersten Vorlesung auf den Unterschied von Wissen und Bewußtsein hingewiesen und an einem Beispiel klarzumachen versucht: Ein Kind, das in seiner frühen Jugend voller Angst Blitz und Donner erlebt, verliert diese Angst häufig auch dann nicht, wenn es in späteren Jahren dank der Physik erfahren hat, worum es sich in der Tat handelt. Das Wissen verändert nicht die Angst, die ein Teil, und eine Wirkung seines Bewußtseins ist. Ebenso muß man zwischen Wissen und Einsicht, zwischen Wissen und Verständnis unterscheiden.
Einsicht und Verständnis sind Funktionen des Bewußtseins; auch das Wissen ist eine Funktion des Bewußtseins, doch nicht mit ihm identisch. Bildung schützt nicht vor Neurose, schützt nicht vor einem starren Apperzeptionsschema; die Unbildung ihrerseits fördert so wenig die Neurose wie sie ihre Entstehung verhindern kann. Durch die Bewußtmachung gelangt der einzelne zur Einsicht und zum Verständnis seiner selbst, d. h. der Beziehungen zwischen ihm und der Umwelt.
Mit Recht hat Adler darauf hingewiesen, daß der Akt der Bewußtmachung nur im Einklange mit einer fortschreitenden Ermutigung des neurotischen Individuums vor sich gehen kann. Je mutiger, um so einsichtsfähiger wird der Neurotiker. Je einsichtsfähiger, um so aktiver und kompensatorisch im Sinne der Umweltforderungen. Man kann also den Bewußtmachungsakt nicht ohne den Ermutigungsakt vollführen; ohne ihn wird der Neurotiker die konkreten Veränderungsforderungen, die an ihn gestellt sind, nicht erfüllen. Die Psychotherapie kann dem Patienten nicht Urlaub vom Leben geben, da sie selbst ein Stück des Lebens ist, da sie ja sozusagen auf jenem Rhodus liegt, auf dem er springen soll. Es ist verständlich, daß die psychische Behandlung alles, was das neurotische Wesen ausmacht, im Patienten herausfordert. All seine Anpassungswiderstände, seine protestierende Grundhaltung, all seine Verzärtelungsansprüche, kurz: Alles, was seine Lebensmethode schlecht und unbrauchbar macht, kommt in der Psychotherapie in der Beziehung zum Therapeuten selbst deutlich zum Ausdruck.
Freud hat diesen Vorgang mit den Worten Übertragung und Widerstand bezeichnet. Der Begriff Übertragung ist aus seiner Libidotheorie gewonnen und bedeutet die Übertragung der auf die entscheidende Bezugsperson (Inzestbeziehung) fixierten Libidomenge auf den Therapeuten. Die psychoanalytische Praxis arbeitet somit ihrer theoretischen Grundlage gemäß konse-

quent, wenn sie die Übertragung fördert, um sie dann in einem spätern Stadium der Therapie wieder abzulösen. Hierbei stößt sie natürlich auf gewaltige Widerstände, so daß die Ablösung der Übertragung zur schwierigsten, oft unbewältigten Aufgabe der analytischen Therapie wird.

Was Freud die Übertragung nennt, ist ein unbezweifelbarer Tatbestand, der beziehungsanalytisch daraus zu erklären ist, daß der Neurotiker unfähig ist, Beziehungen zu gestalten und stets bemüht ist, die Ausgangsbeziehung aufs neue herzustellen, da er alle neuen Beziehungen so wahrnimmt, als ob sie nichts anderes als eine Wiederholung sein könnten. Doch drängt die Libidotheorie das Wichtigste in den Hintergrund, eben das Lebensmethodische an dem Verhalten. Im Gegensatz zur Freudschen Auffassung meinen wir, daß, wenn es dem Patienten gelingt, seine Beziehung zum Therapeuten tatsächlich als Übertragung zu erleben, damit die Erreichung des psychotherapeutischen Zieles aufs schwerste behindert wird. Man kann nicht annehmen, daß die Psychoanalytiker diesen Sachverhalt verkennen, denn die erstaunlich lange Dauer ihrer Therapien ist eben darauf zurückzuführen, daß sie so viel Zeit brauchen, um die gelungene Übertragung wieder aufzuheben. Gerade dagegen leistet der Patient verständlicherweise einen schwer überwindbaren Widerstand.

Wir glauben, daß die Therapie nicht nur die Übertragung nicht braucht, sondern daß ihre Verhinderung von vornherein eine der Voraussetzungen des angestrebten Erfolges ist. Der Patient muß gerade in der Therapie von Anfang an in einer unmißverständlichen Weise das Scheitern seiner Lebensmethode, die Unbrauchbarkeit seines Beziehungsschemas erleben. Es darf ihm nicht gelingen, zum Therapeuten eine Stellung einzunehmen, die für ihn bis dahin charakteristisch gewesen ist. Es ist des Therapeuten vornehmlichste Aufgabe, dafür zu sorgen, daß dieser Mißerfolg der erste wird, den der Neurotiker wirklich *versteht*.

Es ist stets eine Krise — also die praktische Kritik, die die Realität am Neurotiker übt —, die ihn zum Therapeuten treibt. Er geht zwar zu ihm, doch hat er die Kritik nicht verstanden und nur leidvoll erlebt. Sein eingeengtes Apperzeptionsschema hat ihn daran gehindert, zu verstehen, worauf es ankam: auf seine eigene Rolle nämlich, auf ihn selbst als den Produzenten der Krise und als das Objekt der Kritik. Der Therapeut hat diese Kritik nicht aus der Welt zu schaffen, sondern im Gegenteil dafür zu sorgen, daß der Neurotiker außerstande gesetzt werde, ihr auszuweichen: daß er seine Mißerfolge sozusagen konzentriert erlebe und es zum erstenmal nicht zustande bringt, sich über die Krise hinwegzulügen. Der Patient soll erleben, daß seine Grundhaltung und seine Wahrnehmung an der Haltung des Therapeuten scheitern. Es darf ihm nicht gelingen, seinen Wiederholungszwang zu praktizieren. Der am Anfang bis zum Äußersten gereizte Widerstand wird dann zum Motor der umwälzenden Arbeit, die die Psychotherapie zu leisten hat. An diesem Widerstand wird dem Patienten klargemacht, was er auf andere Weise nur sehr schwer einsehen könnte: nämlich die unerträgliche Enge seiner Wahrnehmungsweise, seine Starrheit und Unfähigkeit, neue Beziehungen zu gestalten. Er will aus dem Therapeuten seinen Vater, seinen Bruder, seine Mutter oder sonstwen machen — und eben das soll der Therapeut verhindern. Die Psychoanalyse meint im Gegenteil, daß man das fördern müßte. Wir aber sind davon überzeugt, daß es nicht zuletzt die Frage des Mutes des Therapeuten, seiner Selbstsicherheit und seiner eigenen Sozialität, seiner nachgerade künstlerischen Fähigkeit ist, den Kontakt im Widerstand und trotz ihm herzustellen.

Die *Beliebtheitsneurose* ist in den Berufen, deren Arbeit intensiven menschlichen Kontakt erfordert, sehr verbreitet: also sehr häufig bei Ärzten und besonders bei Psychotherapeuten. Beliebt zu sein, ist zweifellos recht angenehm. Doch scheint es uns unmöglich, solange es gesellschaftliche Gegensätze gibt, solange die menschlichen Verhältnisse voller Widersprüche sind, bei *allen* beliebt zu sein. In dieser Hinsicht haben Scharlatane die weitaus größten Aussichten.

Es ist nicht selten der Fall, daß Therapeuten, die mit ihrem eigenen sozialen und erotischen Problem nicht fertig geworden sind, Genugtuung darin finden, daß Patienten ihnen Avancen machen, sie umschmeicheln und ihnen Liebeserklärungen machen. Der beliebtheitsneurotische Therapeut läßt sich solcherart oft gefangennehmen; nach kurzer Zeit wird es überaus unklar, wer wen behandelt. Die Zahl der Psychotherapeuten, die jahrelang in der Gefangenschaft ihrer Patienten schmachten, ist besonders in jenen Schulen groß, die davon ausgehen, der Therapeut habe bereits einen Fortschritt erzielt, wenn es ihm gelungen ist, die Übertragung herzustellen.

Der psychotherapeutische Akt aber soll ein umwälzender, auf dem engen Boden des Privatlebens sogar ein revolutionärer Akt sein; daher kann man ihn nicht mit Kompromissen einleiten. Es erweist sich, daß der Patient zu gerne beim Kompromiß stecken bleibt und, so geschützt, die wirkliche Veränderung ablehnt und gegen sie einen verstärkten Widerstand leistet.

Ist der neurotische Widerstand zwar das nie ganz vermeidbare, charakteristische Verhalten des Patienten, so verführt dieser Umstand den Therapeuten oft dazu, Schwierigkeiten, die er selbst bereitet — seinen eigenen Widerstand, seine mangelnde Fähigkeit, die eigene, nicht ganz zu überwindende Kontaktlosigkeit zu erkennen —, auf den Widerstand des Patienten zurückzuführen. Wir sehen, eine wie schwer zu gestaltende Beziehung die Psychotherapie ist; sie hat das übrigens mit jeglicher erzieherischen Beziehung gemein.

Die Psychotherapie ist ja nichts anderes als eine kritische Umerziehung, als eine ausdauernde Bemühung, den Patienten in den Stand zu setzen, sich fortab selbst zu erziehen. Allgemeines medizinisches Wissen reicht hier ebenso wenig aus wie abstraktes psychologisches Wissen. Hier ist die wahrhafte Menschenkenntnis, die Gewissenhaftigkeit des Urteils, der Mut zur Erkennung eigener Fehler, die fortgesetzte Selbstkontrolle und die Fähigkeit, den andern als Subjekt, als ein Ich mit eigenem Bezugssystem zu verstehen, hier sind alle Fähigkeiten auf eine Probe gestellt, in der sich sehr schwer schwindeln läßt.

Der Widerstand des Patienten beruht auf den gleichen Gründen, aus denen er therapiebedürftig geworden ist — dieser Widerstand ist eine charakteristische Funktion seines Wesens, seiner Stellungnahme gegen die fordernde Umwelt. Jener Neurotiker, der erkrankt oder sich zur Séance verspätet, sobald der Therapeut ihm Unangenehmes aufgedeckt hat, der die Therapie für mißlungen erklärt und um Entlassung bittet, der bei seinem Verwandten Schutz vor dem Therapeuten sucht und erklärt, daß die Therapie ihn nur kränker mache und ihm das Gefühl einflösse, daß er nun absolut nichts mehr verstehe — dieser Neurotiker verhält sich in der Therapie genauso wie in ähnlichen fordernden Situationen seines normalen Lebens. Er hat die passive Lebensmethode, das Arrangement der Flucht und die Überbeanspruchung seiner Umwelt bis zu einem unübertrefflichen Maße trainiert; das kann er. *Und im starren System wird, was man kann, zum Zwang, und was man nicht kann, zur ewigen Unmöglichkeit.*

Der Neurotiker sucht den Therapeuten auf, um geheilt zu werden; das erklärt er und wehrt sich dennoch gegen die Heilung, wenn er entdeckt, daß das, was er erwartet hat, ihm gar nicht geboten wird. Er hat, auch wenn er es mit subjektivem Rechte leugnet, ein Wunder erwartet, das an ihm geschehen sollte. Wie eine Gnade würde das Wunder sich an ihm vollziehen, während er in seiner Passivität verharren würde. Er glaubte, von ihm würde alles genommen werden, was ihm unangenehm ist — und nichts von dem, was den anderen unangenehm ist. Er hoffte auf die Krönung seines Egozentrismus; statt dessen erwies es sich, daß er nur Fortschritte machen konnte, wenn er selbst die nötigen Schritte machte. So stellt denn die Therapie notwendig seine charakterliche Sterilität auf die Probe, so provoziert sie seine Unfähigkeit und all seine Inaktivität, indem sie gerade die Aktivität fordert. Sie treibt seine Krise auf die Spitze, sie verschärft das Antithetische seiner Situation, macht es ihm bewußt und ermutigt ihn, zur Synthese zu gelangen.

Dann erkennt der Patient, daß der Therapeut gar nicht heilen kann, was er als seine Krankheit angesehen hat und was überhaupt nicht als eine Krankheit im üblichen Sinne zu bezeichnen ist. Sofern man überhaupt von Heilung sprechen kann, handelt es sich in der Psychotherapie um die Förderung einer Selbstheilung. Erst der Patient, der zu seinem eigenen Therapeuten geworden ist, kann als erfolgreich behandelt betrachtet werden. Der pädagogische

Grundcharakter der Psychotherapie macht aus, daß für sie das gleiche gilt wie für den Erzieher: sich so schnell als möglich überflüssig machen, so daß an ihre Stelle die Behandelten selber treten. Wen die Erziehung entläßt, der hat natürlich nicht aufgehört, erziehungsbedürftig zu sein, aber er ist fortab Erzieher und Zögling in einem.
Ob die Umerziehung gelungen ist, entscheidet sich nicht daran, daß der Patient nun imstande ist, das Lieblingsvokabular seines Therapeuten zu gebrauchen, sondern ausschließlich an seinem veränderten Verhalten: an der Fähigkeit, sich selbst richtig zu sehen, sich nicht nur als Ich, sondern auch als Umwelt zu erkennen und sich entsprechend kompensatorisch zu verhalten. Geschwätz voller sozialer Schlagworte oder voller psychoanalytischer Schlagworte, wenn es sich um Psychoanalytiker handelt, beweist natürlich nichts für den Erfolg einer psychotherapeutischen Behandlung.
Wenn die Aufgabe der Psychotherapie nicht zuletzt die ist, dem Individuum bewußt zu machen, daß seine Probleme von ihm stets individualistisch und daher falsch erlebt wurden, wenn es die Aufgabe der Psychotherapie ist, ihn gemeinschaftsfähig zu machen, so steht vor ihr die Frage, *welcher* Gemeinschaft sie ihn anpassen soll. Der sektiererische Charakter der individualistischen deutenden Psychologie drängt ihre Anhänger dazu, ihren Patienten als einzig möglichen Standort in der Welt ihre eigene Sekte anzuweisen. Von Individualpsychologen behandelte Patienten werden individualpsychologische Sektierer, vom Psychoanalytiker behandelte psychoanalytische Sektierer. Diese Sekten versprechen viel und bieten, was Sekten gewöhnlich bieten: die Gewißheit der monopolistischen Beziehung zur Wahrheit. Diese Wahrheit der Sekten vergeht mit ihnen selber und der von ihnen mißverstandenen Not.

V

Die Erziehung

25

Die Erziehung als wichtigster Faktor der Charakterbildung. Die Erziehung der Erzieher. Der Dingfetischismus in der experimentalpsychologischen Pädagogik. Grenzen der Erziehung. Charakterliche Voraussetzungen des neuen Erziehers. Die Jugendgemeinschaft — die Selbsterziehung. Didaktik und Erziehung. Die sokratische Methode und der Arbeitsunterricht. Die Auffassung von der Intelligenz.

Verehrte Hörer, unsere bisherigen Vorlesungen legen vor allem den Schluß nahe, daß die Erziehung der wichtigste Faktor der Charakterbildung ist. Ihre Planlosigkeit und Unrationalität, die der wesensmäßigen Anarchie der gesellschaftlichen Ordnung entsprechen, sind von Übel. Die Erziehung kann nur die Praxis einer wissenschaftlichen Menschenkenntnis und einer fortgesetzt sich selbst kontrollierenden Selbsterziehung sein.

Wir haben ferner gezeigt, daß die Familenerziehung mit der fortschreitenden Veränderung unserer gesellschaftlichen Verhältnisse immer fragwürdiger wird. Die Entwicklung der Produktivkräfte hat die Abschaffung des Analphabetismus bewirkt und durch die Einführung der allgemeinen Volksschulpflicht das Monopol der Familienerziehung beseitigt. Die Schule wurde zu einer Bildungsinstitution, in der vor allem die herrschende Ideologie — und das ist, wie man weiß, die Ideologie der herrschenden Schichten — Art und Inhalt des Unterrichts bestimmte. Die Schule beseitigte natürlich nicht den Einfluß der Familie, sie modifizierte ihn nur; die Erziehung wurde somit von der Familie nicht befreit, der Widerspruch zwischen den Generationen nicht aufgehoben, sondern im Gegenteil verstärkt.

Der autoritäre Anspruch der Schule war andererseits noch unerbittlicher als der der Familie. Dessen ungeachtet stellte die Schule einen Fortschritt dar: Sie war gezwungen, pädagogische Fragen zu verallgemeinern, die sie vor allem an die experimentelle Psychologie richtete, deren Vertreter zu den Instruktoren der heranwachsenden Lehrergeneration wurden. Diese Instruktoren haben kaum dazu beigetragen, das Verständnis der Erzieher für die Probleme der Pädagogik zu vertiefen. Anschauungen wie die von der Vererbtheit aller psychischen Eigenschaften wurden von der experimentellen Psychologie teils glatt übernommen, teils nur unzulänglich überprüft. Begriffe wie Intelligenz, Begabung, Energie, Ausdauer wurden ohne jegliche Beziehung zur Charakteranalyse definiert und statisch begriffen. Die Fähigkeiten wurden gemessen, als ob sie vom individuellen Charakter, von der

kindlichen Persönlichkeit zu trennen wären. Dem Dingfetischismus der Wirtschaftsordnung entsprechen verschieden geartete fetischistische Grundeinstellungen in manchen Disziplinen, insonderheit in den ideologischen.
Die Maximen der Erziehung ändern sich mit ihren wirklichen Auftraggebern. Mögen sie ethisch, philosophisch, moralisch, theologisch oder sonstwie begründet sein – der Grund pädagogischer Maximen liegt nicht in Idealen, sondern in den realen Verhältnissen. Sie sind es, die die Ideale erzeugen, daher entsprechen anderen Verhältnissen veränderte Ideale. Der kritische Erzieher hat die Ideale der Erziehung ihres abstrakten Charakters zu entkleiden und ihren Kern zu erfassen. Er muß die Zusammenhänge, innerhalb deren die Ideale produziert worden sind, analytisch erforschen und anstelle der anonymen Ideale die Erkenntnis ihrer Ursachen setzen. Er muß seine Stellung zu den Auftraggebern der Erziehung, zu ihren Maximen und deren ideologischer Rechtfertigung revidieren.
Adler hat von Anbeginn die Pädagogen eindringlichst darauf hingewiesen, daß ihre Praxis einer Revision und einer psychologischen Grundlegung bedürfe. An den Pädagogen selbst ist es, sich der unwissenschaftlichen Praxis zu versagen, für die man sie vorbereitet hat.
Wir haben gezeigt, wie die gesellschaftliche Entwicklung fortgesetzt an der Familienerziehung Kritik übt, indem sie die Familie selbst immer mehr zersetzt und die gemäß ihren Idealen Erzogenen häufig zum Scheitern verurteilt. Indem die deutende Psychologie vor allem die Erziehung der Familie und nicht diese selbst bloßgestellt hat, hat sie sich der Möglichkeit begeben, eine radikale, die Wurzeln des Übels enthüllende Kritik zu üben.
Die Forderung nach der autoritätslosen Erziehung bleibt leer und sinnlos, vor allem aber wirkungslos, sofern sie nur negativ bleibt, denn es kommt nicht nur auf die Ablehnung, sondern nicht weniger auf ihre positiven Merkmale an. Diese sind: vollkommen veränderte Beziehung zwischen den Generationen; Aufhebung der Rechtsunterschiede zwischen den Geschlechtern; Herstellung der Kinder- und Jugendgemeinschaften als wesentliche Einrichtungen der Gemeinschaftserziehung. *Die Autorität kann nicht beseitigt werden, wenn sie nicht abgelöst wird.* Ihre Ablösung hat zu erfolgen durch die fordernde und fördernde Gemeinschaft der jungen Generation. Wer somit den Ruf nach der Abschaffung der autoritären Erziehung erhebt und keinen weitern Weg weist, hat zu wenig vollbracht, da es auf den Weg, der aus der autoritären Erziehung *hinausführt*, ankommt.
Gewiß, die Vermeidung der autoritären Fehler ist bereits ein bedeutender pädagogischer Fortschritt. Wie sehr dies zutrifft, hat die Schule Adlers bewiesen, in deren Erziehungsberatungsstellen für schwererziehbare Kinder — die nicht weniger Beratungsstellen für schwererziehbare Eltern sind — eine pädagogische Arbeit geleistet worden ist, die trotz ihrer äußerlichen Anspruchs-

losigkeit eine bisher noch nicht übertroffene Leistung im Sinne der Prophylaxe der Neurosen ist. Die Adlersche Schule hat in der Praxis den Beweis erbracht, daß die psychologisch verständnisvolle Vermeidung von Erziehungsfehlern bereits einen Fortschritt darstellt.
Die bisherige pädagogische Praxis hat einen so geringfügigen Teil der erzieherischen Möglichkeiten ausgenutzt, sie ist sich so wenig ihrer ungeheueren Chancen bewußt geworden, daß es bis auf weiteres verfehlt wäre, von ihren Grenzen zu sprechen. Das tut gewöhnlich gerade die schlechte Pädagogik mit einem unsympathischen Pathos, indes die bessere gemäß der Voraussetzung handelt, daß sie noch lange fortschreiten kann, ohne ihre Grenzen zu erreichen. Sie versucht, der Forderung gerecht zu werden, auf die Autorität ebenso als Ziel wie als Mittel der Erziehung zu verzichten. Jedoch wer darf verkennen, wie schwer es ist, autoritätslos zu erziehen, wenn man selbst autoritär erzogen worden ist. Das bedeutet, daß man es über sich bringen muß, in der Beziehung zum Zögling nicht das eigene *Persönlichkeitsgefühl* durchsetzen zu wollen, nicht ein Herrschaftsverhältnis gegenüber den Jungen herzustellen, sondern die Erfüllung notwendiger erzieherischer Forderungen ohne autoritäre Mittel zu erreichen.
Der gewalttätige Erzieher ist der ohnmächtige Erzieher; er prügelt, weil er keine erzieherische Kraft hat, weil er nicht weiß, wie man anders als durch Strafmaßnahmen erziehen und lehren kann. Der gewalttätige Erzieher ist oft ein Lebensfeigling, der die Flucht vom Hauptkriegsschauplatz des Erwachsenenlebens ergriffen hat und die dort drohenden Einbußen an Prestige, an Überlegenheitsgefühl im gefahrlosen Kampfe gegen Kinder negativ überkompensiert. Es ist nicht zufällig, daß man es wagt, solch seelische Krüppel auf Kinder loszulassen, daß man Menschen, die man nicht als Kassenboten anstellen würde, zu Erziehern und Lehrern macht. Die ganze Menschenverachtung einer *dingfetischistischen* Ordnung, deren Gott die *Ware* ist, gleichviel wie man ihn auch sonst nennen mag — die Menschenverachtung einer Ordnung, die Lebensmittel vernichtet, indes Millionen hungern, wird dem kundigen Betrachter auch in der Gestaltung der Erziehungsinstitutionen sichtbar, denen die Jugend wehrlos ausgeliefert ist.
Es wäre leicht, goldene Regeln einer bessern Erziehung aufzustellen, doch vergessen wir nicht, daß unsere Worte in den Wind gesprochen sind, solange wir diese goldenen Regeln als Postulate formulieren, ohne uns darum zu kümmern, wer sie erfüllen soll. Wir haben an anderer Stelle gesagt, wer nichtadressierte Ansprüche stelle, sei überanspruchsvoll; wir wären überanspruchsvoll, wenn wir dies täten. Wenn wir jedoch versuchen, uns für den Adressaten zu interessieren, so stellen wir fest, daß es ihn nicht gibt bzw. daß der Adressat von heute unsere Postulate nicht annehmen würde.
Die erste goldene Regel — die Beseitigung des autoritären Prinzips in der

Erziehung — hat bestimmte charakterologische Voraussetzungen. Man muß es sich sozusagen charakterlich leisten können, in Situationen nicht autoritär zu sein, in denen man es besonders leicht hätte, mit autoritären Mitteln vorzugehen. Die Voraussetzungen sind: das Gefühl der Selbstsicherheit, Kontaktfähigkeit, die Fähigkeit, selbst Subjekt zu sein und zugleich den andern als Subjekt anzuerkennen — und zu verstehen, daß man dem andern zuerst nur Objekt ist. Diese schöpferische Beziehungsfähigkeit beruht auf einer vertieften Selbstkenntnis und einer aktiven Selbsterkenntnis. Der Erzieher muß lernen, den andern in dessen eigenem Bezugssystem zu erfassen und dessen Lebensplan zu berücksichtigen; er soll schließlich ein wohlwollender Mitmensch sein. Wer unsicher und deshalb zu sehr auf sich selbst konzentriert ist, bringt zu wenig Wohlwollen auf und ist deshalb häufig verführt, sein Unsicherheitsgefühl durch Autorität zu kompensieren, mit der er dem andern seine Überlegenheit beweisen will.

Eine Mutter, die in ihrem Kinde den Sinn ihres eigenen Lebens finden will, ein Vater, der in seinem Sohne nur seine Fortsetzung, seine Erweiterung sieht, Eltern, die in dem Kinde die Bestätigung ihrer eigenen Größe suchen (den ewig dankbaren Lobpreiser und Sklaven), Erzieher, für die Zöglinge nichts anderes als ein Material sind, sozusagen Ton in des Töpfers Hand, Erzieher, die jede Niederlage in ihrem Erwachsenenleben an den Kindern rächen — sie alle sind, ob sie es nun wissen oder nicht, Verderber einer Generation, die ebenso schlechte Erzieher hervorbringen muß, wie sie selbst es sind. Was Wunder, daß sie so viel von den Grenzen der Erziehung sprechen und stets die Vererbung im Munde führen. Der kleinste Handwerker würde sich mit Recht verbitten, daß ein Laie sich ein Urteil über seine Arbeit, geschweige denn über die beste Technik gestattet. Dilettanten, die eine Praxis betreiben, ohne sich um ihre theoretische Grundlage zu kümmern, wollen bestimmen, welche Rolle die Vererbung spielt und wie eng die Grenzen der Erziehung gezogen sind. Sie verwechseln ihre eigenen Grenzen — die allerdings sehr eng sind — mit den Grenzen der Welt.

Die Erziehung ist in jedem Falle eine Charakterprobe des Erziehers und erst in zweiter Reihe eine Probe seiner Intelligenz und Bildung. So müßte, wer Erzieher werden will, vor allem in charakterologischer Hinsicht bewertet werden. In diesem Zusammenhang mache man sich klar, daß die überwiegende Majorität der Eltern vermeint, durch einen gelungenen Zeugungs- und Geburtsakt bereits als Erzieher legitimiert zu sein. Nun, zeugen ist lächerlich leicht, gebären gewiß eine beträchtliche Leistung, aber beide zusammen enthalten in sich nicht den geringsten Beweis für eine auch nur minimale Fähigkeit zu erziehen.

Ja, selbst wenn der Erzieher charakterlich vollkommen sein sollte — und es ist noch weit bis dahin —, so wird das Wesen der Erziehung dadurch nicht entscheidend geändert. Voraussetzung für die vollkommene Änderung ist, wie bereits betont, die Befreiung der Jugend, ihre selbsterzieherische Gemeinschaft, ist die Schaffung der Möglichkeit, daß sie sehr früh in die gesellschaftlichen Entscheidungen einbezogen werde. Der erwachsene Erzieher soll zum sachlichen Informator werden und die Jugendgemeinschaft zum hauptsächlichen Erziehungsfaktor.

Wer den Begriff des Unterrichts von dem der Erziehung völlig trennt, sieht keine Möglichkeit für die erzieherische Wirkung des Erwachsenen. Doch ist diese Auffassung falsch, auch wenn sie in der Praxis leider vorherrschend zu sein scheint. Sagten wir schon früher, daß jegliche Art von Beziehung in irgendeiner Weise Erziehung sei, so müssen wir nun betonen, daß die Übermittlung des Wissens ein unübertrefflicher erzieherischer Akt sein kann und sein soll. Die Trennung der Didaktik von der eigentlichen Pädagogik, der Kunst des Unterrichts von der Kunst der Erziehung geschieht zugunsten der Verdinglichung der Vorstellungen, von denen wir in unserm Hinweis auf den Dingfetischismus gesprochen haben. Gilt es zwischen Bewußtsein einerseits und Wissen andererseits zu unterscheiden, so darf nie verkannt werden, daß das Wissen eine Funktion des Bewußtseins ist. Wissen übernehmen und sich aneignen, bedeutet, über die Vermehrung der Bildung hinaus, die Erweiterung des Wahrnehmungsinhaltes; es ist eine fortgesetzte Auseinandersetzung und, weil sie es ist, von beträchtlicher Wirkung auf die Charakterbildung. Der Lehrer kann also keineswegs der Erkenntnis entgehen, daß er, indem er Wissen vermittelt, erzieherische Wirkungen ausübt, nicht nur durch diese Mittlerschaft, sondern auch durch die Beziehung, innerhalb derer diese Übermittlung erfolgt.

Einer autoritären Pädagogik entspricht eine autoritäre Didaktik, die das Wissen aufzwingt und keine Erkenntnis, sondern Endresultate vermittelt, keine Denktechnik lehrt, auch wenn sie die formale Logik beibringt, die das Lernmaterial in den Vordergrund schiebt und die Methoden der Selbstbelehrung, den Weg zum selbständigen Denken, außer acht läßt. Die Didaktik geht aber erst dann in die Tiefe, wenn sie gerade das vermittelt, was die autoritäre Pädagogik zu vermeiden sucht — wenn sie dem selbständigen Individuum das *selbständige Denken* ermöglicht. Der gewöhnliche Unterricht will ein Wissen aufzwingen, ohne die jeweilige Aufnahmefähigkeit des Schülers zu berücksichtigen. Wer aber kein Wahrnehmungsinteresse hat, nimmt das Wissen nicht auf, das man ihm aufdrängt, ja vielleicht ganz besonders dann nicht, wenn man es ihm aufzudrängen versucht. Der Konzentrationsgestörte ist nicht, wie die vulgäre Psychologie annimmt, unfähig, sich zu konzentrieren. Der Zerstreute ist konzentriert, aber auf etwas völlig anderes, als man von ihm erwartet. Er ist von den anderen aus gesehen intensiv dekonzentriert. Hier wird die Bedeutung der tendenziösen Apperzeptionsweise für Störungen offenbar. Die autoritäre Pädagogik aber versucht, das vorhandene Interesse, dessen Gegenstand sie nicht erkundet, zu vergewaltigen. Das gelingt ihr nur selten und auch dann nur vorübergehend. *Man kann ein Interesse nur beseitigen, indem man es erfüllt, und zeitweise außer Wirkung setzen, indem man ein stärkeres erzeugt.* Es ist Glückssache, ob der autoritäre Unterricht das wirklich vorhandene Interesse erfüllt, und es scheint uns völlig ausgeschlossen, daß er viel stärkere Interessen schafft. Ein Fußballmatch ist zeitweise unendlich interessanter als die ganze Bildung, die die Schule zu vermitteln hat. Sofern die Schule auch das Interesse für das Fußballmatch in Verwaltung nimmt, es somit ausdrücklich anerkennt und ihm zu seiner Erfüllung verhilft, macht sie den Weg frei für andersgeartete Bildung.

Sokrates verdiente wohl auch deshalb den Gifttod, weil er, was er für Wahrheit hielt, nicht apodiktisch verkündete, sondern, auf die autoritäre Methode der Belehrung verzichtend, den Schüler selbst den Weg zur Erkenntnis gehen ließ. Die sokratische Belehrungsmethode, seine Didaktik, ist bisher weder im einzelnen übertroffen, noch im allgemeinen erreicht worden. Er fragte sehr viel, er erzeugte das Interesse, ehe er es befriedigte, und er erzeugte es so, daß es zum starken Anstoß wurde, der Befriedigung nachzugehen, auch wenn der Weg zu ihr noch so schwer war. Es kommt darauf an, keine Antworten zu geben, ehe man die Fragen erzeugt hat; man soll den Lernenden lehren, immer genauer die Fragen zu formulieren; je besser er die Fragen stellt, um so näher kommt er der Antwort. Hier ist zwar die Sachautorität nicht völlig ausgeschaltet; aber was sie zu übermitteln hat, bietet sie nicht in Gestalt von Dogmen, sondern von Fragen an.

Die Rollen sind scheinbar vertauscht: Der Lehrer fragt, und der Schüler belehrt ihn — das ist von beträchtlicher pädagogischer Bedeutung. Erfordert diese Methode zwar einen langen Atem, so kann man doch einen kürzern Weg gehen, als ihn Sokrates gegangen ist. Es geht eben nicht um die platonischen Ideen, nicht um Spekulationen, sondern um Wissen. Der konkreteste Weg zur Anwendung dieser Methode führt zweifellos über den Arbeitsunterricht, so wie er in manchen Arbeitsschulen in der Sowjetunion durchgeführt wird. Die Arbeit ist es, die die praktische Erfahrung einer fortgesetzten Kontrolle unterwirft, die sie zum Mittel einer schöpferischen Umgestaltung macht. Je besser, je feiner die Methode des Arbeitsunterrichts entwickelt ist, um so sicherer beseitigt sie das autoritäre Verhalten des Lehrers. Dieses wird grund- und zwecklos, und der Schüler tritt, gleich dem Lehrer, in das Verhältnis des tätigen Menschen zur Arbeit ein.

Die Entwicklung einer wissenschaftlichen Didaktik wird zu einer ernsten und dringlichen Aufgabe erst dann, wenn die autoritäre Erziehung aufgegeben wird. Geschieht dies, dann erweist es sich, wie umfassend groß die Bildungsmöglichkeiten sind, wieviel Kinder lernen können, wieviel sie vom Erwachsenenleben schon früh erfahren und verstehen können. Wir haben an anderer Stelle darauf hingewiesen, daß man auf der primitiven Stufe der Kultur sich zwischen dem zehnten und dreizehnten Lebensjahr bereits alles Wissen aneignen konnte, das das Erwachsenenleben erforderte. Mit dem Wachstum der Kultur verlängert sich die Phase der Halbwüchsigkeit, wie wir schon gezeigt haben. Haben sich jedoch unsere Produktivkräfte ungeheuer verändert, so gilt das gleiche nicht für die seelische und geistige Potenz der Zeitgenossen dieser Umwälzung. Das mag erklären, warum die Methoden der Erziehung und Wissensvermittlung sich nur wenig geändert und verbessert haben. Gelingt es uns, die Lehrmethoden zu verbessern und auf die Höhe der rationalisierten Produktivkräfte zu bringen, so werden wir die Halbwüchsigkeit nicht nur verkürzen können, sondern wir werden auch imstande sein, das Kindergartenkind und später das Kind in der Arbeitsschule den überaus komplizierten Gang der Produktion verstehen zu lehren.

Wenn wir von der Arbeitsschule sprechen, so meinen wir natürlich keineswegs die schändliche Kinderarbeit. Es verbinden sich mit dem Worte Arbeit eben zwei vollkommen entgegengesetzte Vorstellungen: Die eine ist negativ, sie meint Fron und Plage, Zwang und Armut. In der zweiten erscheint die Arbeit als ein Recht, auf Grund dessen die verändernde Haltung des Menschen gegenüber sich selbst und gegenüber der menschlichen und außermenschlichen Natur zum entscheidenden Faktor der Menschheitsgeschichte wird. Der Gedanke an die Kinderarbeit erfüllt uns mit Pein, der Gedanke an die Arbeit, die wir meinen, ist uns eine Hoffnung und eine Ermutigung. Diese zwei Seiten der Arbeit entsprechen zwei Möglichkeiten der Ordnung der menschlichen Verhältnisse; mit der Verwirklichung der zweiten verknüpft sich die Hoffnung auf eine neue Erziehung, auf einen neuen Menschen.

Gleichviel, wie hoch die Stufe der Kultur sein mag, die Zahl derer, die von der Teilnahme an ihr ausgeschlossen sind, ist ungeheuer groß. Wir wissen ja gar nicht, was es bedeuten würde, wenn alle an ihr teilhätten, wenn allen die Möglichkeit freistünde, ihre Intelligenz zu entwickeln, ihre Bildung zu vervollkommnen. Doch schon die bisherigen psychologischen Einsichten begründen die Zuversicht, daß es ungeahnte Möglichkeiten der Entwicklung der Intelligenz geben muß. Die Intelligenz wird definiert als die Fähigkeit, sich den Forderungen des Lebens und deren Änderungen aktiv oder passiv anzupassen. Diese Definition ist nicht befriedigend, obschon nichts an ihr falsch ist. Man muß differenzierend feststellen, daß es verschiedene Arten der Intelligenz gibt und daß die Verschiedenheiten aus der individuellen Eigenart des Charakters zu erklären sind. Die Pädagogik muß jedenfalls voraussetzen, daß es, abgesehen von den Schwachsinnigen, keine unintelligenten Kinder gibt. Die Entwicklung der Intelligenz ist bereits die Aufgabe der Säuglingserziehung, und schon in dieser Phase kann Wichtigstes vernachlässigt werden. Ein kleines Beispiel: Die in Säuglingsheimen und Hospitälern gewonnenen Erfahrungen legen den Schluß nahe, daß die Entwicklung dieser Kinder intellektuell hinter der anderer Kinder zurückbleibt. Aus zwei Gründen: Die Babys werden gewöhnlich nicht hinausgeführt; sie sehen zu wenig. Zweitens: Es wird selten mit ihnen gesprochen; sie hören zu wenig.

Die Meinung der alten Pädagogen, daß es sehr viele unintelligente Kinder gibt, erfließt aus der Praxis, die das Kind in der Entwicklung seiner Intelligenz häufig behindert. Ein Kind, dem man immer wieder zuruft, daß es den Mund halten und nur sprechen solle, wenn es gefragt wird, und daß es sowieso nichts verstehe, dem wird der Mut genommen, zu denken und zu äußern, was es denkt. Dazu kommt der Glaube an die psychische Vererbung, die besonders die Intelligenz betreffen soll. Auch daher hat die Pädagogik nur selten planmäßig und bewußt die Intelligenz zu fördern versucht; sie hat sich darauf beschränkt, Wissen zu vermitteln und den Grad der Intelligenz an der Leichtigkeit oder Schwierigkeit zu messen, mit der die Bildung vom Kinde aufgenommen wurde; hierbei wurde der Charakter des Lernenden häufig unbeachtet gelassen. Aus all dem geht hervor, daß man der alten Pädagogik ein brauchbares Urteil über die Intelligenz oder deren Fehlen nicht zutrauen kann.

Erkennt man in der Intelligenz die Leistung einer aktiven kompensatorischen Anpassung, untersucht man ihre Arten im Zusammenhang mit charakterlichen Eigenarten, dann gelangt man notwendig zu einer psychogenetischen Auffassung von Intelligenz, die mit der Persönlichkeitsentwicklung unlösbar zusammenhängt.

Wir haben in diesen Vorlesungen zu zeigen versucht, daß die Veränderung der Erziehung, ihrer Maximen und Ideale, nicht so sehr eine ideologische Angelegenheit, sondern die Auswirkung gesellschaftlicher Änderungen ist. Es ist die Aufgabe jener Erzieher, die sich richtig orientiert haben, an dem gesellschaftlichen Vorgang teilzunehmen, dessen Erfolge die Basis für eine geänderte Erziehung schaffen können. Kompromißler und Reformisten bleiben, wie wir gezeigt haben, auf der Strecke. Kritiker, die an der Kritik der Methode allein Genüge finden und die die Inhalte, denen die Methoden entsprechen, unkritisiert lassen, sind nicht ernst zu nehmen. Wir bekennen uns zur Kritik.

26

Was ist Heilpädagogik? Das Wesen der Schwererziehbarkeit. Zur Psychologie der Eltern schwererziehbarer Kinder. Trotz, Apathie, Faulheit, Eßschwierigkeiten. Das Ideal des braven Kindes. Fürsorgeerziehung. Jugendliche Verwahrlosung und Kriminalität. Technik der Heilerziehung. Der Sinn der kindlichen Unarten.

Der Heilpädagoge heilt nicht, sondern er erzieht. Daß die Folgen der gelungenen Umerziehung als eine Heilung betrachtet werden können, ändert nichts an der Tatsache, daß, solange der Krankheitsbegriff so enge bleibt wie bisher, er auf die Behandlungserfolge psychischer Störungen nicht zutrifft. Die Umerziehung bzw. die Erziehungskorrektur kommt nicht nur für Kinder und Jugendliche, sondern auch für Erwachsene in Betracht; innerhalb dieser Praxis findet auch die Psychotherapie ihren Platz.

Die in den vorangegangenen Vorlesungen an einigen Fällen exemplifizierte Schwererziehbarkeit ist eine Erscheinung, deren Häufigkeit je nach dem Umfang der psychologischen Erfassung als sehr groß oder unerheblich bewertet wird. Jedenfalls kann man überall dort von Schwererziehbarkeit sprechen, wo sich die gewöhnliche Erziehung als unfähig erweist, die Schwierigkeiten des Zöglings zu beheben, so daß es zu einer ernsthaften Störung seiner Umweltbeziehungen und seiner normalen Entwicklung kommt. Die Schwererziehbarkeit wird offenbar, wenn die Erzieher schließlich eingestehen, daß sie mit ihr nicht fertig werden können.

Wenn Eltern schwererziehbarer Kinder den Erziehungsberater aufsuchen, so ist dies ein vielversprechender Fortschritt; sie erbringen so einen Beweis ihres endlich erlangten Mutes zur Unvollkommenheit und der Ohnmacht gegenüber der ihnen gestellten Aufgabe. Keine gesetzliche Pflicht gebietet den Eltern, im Falle ihres erzieherischen Versagens Erziehungsberatungen aufzusuchen und umzulernen. So sind es die Einsichtsvollsten, die den Psychologen beanspruchen. Doch selbst diese verraten durch ihr ganzes Verhalten während der Beratung, wie wenig sie begriffen haben, daß es eine Entsprechung zwischen der schlechten Pädagogik und der Schwererziehbarkeit der Kinder gibt. Viele, die als Ankläger kommen, müssen bald merken, daß sie die eigentlichen Angeklagten sind und daß es nicht so sehr darum geht, das Kind dahin zu bringen, daß es nunmehr den Eltern gehorche, sondern vielmehr darum, auf die Eltern einzuwirken, daß sie lernen, auf den Gehorsam ihrer Kinder zu verzichten. Die Umerziehung eines Kindes ist unmöglich ohne die

Umerziehung seiner engsten Umwelt oder deren Veränderung. So ist in jedem Falle die Beratung schwererziehbarer Kinder u. a. auch eine Art psychotherapeutischer Behandlung ihrer Erzieher.

Es ist keine unerlaubte Verallgemeinerung, zu behaupten, daß die Schwererziehbarkeit eine Protesthaltung ist, gleichviel, welche besonderen Ausdrucksformen ihr im einzelnen Falle eignen. In anderm Zusammenhang haben wir darauf hingewiesen, welches Trotzelement der Demut, welcher Überanspruch der Bescheidenheit, welch Vernachlässigtheitsgefühl dem Verzärtelten eigen sein können. Wer die protestierende Haltung nur im ausgesprochenen Trotze erkennt, verkennt zuviel. Man nehme den so häufigen Fall der Faulheit. Faulheit ist vulgärpsychologisch ein eindeutig passives Verhalten, charakterologisch aber überaus kompliziert und nur mit den Methoden der Zusammenhangsbetrachtung verständlich zu machen.

Ein Kind ist so faul, daß es sich niemals für die Schule vorbereitet. Das gleiche Kind ist in der Zeit, da es die Vorbereitung für die Schule versäumt, so fleißig — auf dem Gebiete der Aushebung von Vogelnestern, der Ordnung von Markensammlungen und dergleichen mehr —, daß es Erstaunliches leistet. Da ist es intensiv, gut organisiert und höchst interessiert. Nun, ist das Kind faul oder fleißig? Man merkt, die Termini sind nicht gut brauchbar. Sie verraten nur Widerspruchsvolles über das Kind. Dieser Widerspruch bekümmert den Vulgärpsychologen nicht, sei es, weil er ihn nicht bemerkt, sei es, weil dieses Verhalten den Voraussetzungen vom widerspruchsvollen Wesen des Menschen entspricht. Wir aber müssen den Widerspruch näher untersuchen und, wenn wir ihn gefunden haben, aufzulösen versuchen. In diesem Falle gehen wir beziehungsanalytisch vor und stellen fest, daß das Kind sich keinesfalls widerspruchsvoll verhält. Es lehnt die Schule aus näher zu untersuchenden Gründen ab und sabotiert ihre Aufgaben. So tut jeder von uns vielerlei nicht, weil er es nicht will, und darf noch lange nicht als faul bezeichnet werden. Das Kind hebt leidenschaftlich gerne Nester aus; es verhält sich sinnvoll, wenn es dieser Tätigkeit seine Zeit, seinen Fleiß und seine ganz besondere Aufmerksamkeit widmet. Es könnte sich allerdings erweisen, daß sein besonderes Interesse für Vogelnester in einer direkten Proportion zu seiner besonderen Abneigung gegen die Schule steht: Je größer die Abneigung, um so intensiver das Interesse für Vogelnester. Doch warum empfindet es eine solche Abneigung gegen die Schule? Die Antwort muß wichtige Hinweise sowohl auf die Art und das Wesen der Schule, als auch auf die Erziehung der Eltern enthalten.

Ähnlich verhält es sich mit der Apathie. Der gute Pädagoge kennt kein Kind, das auf die Dauer apathisch bleibt, und er erkennt in der Apathie das reaktive Element, das in der passiven Verhaltensweise zutage tritt. Er durchschaut die passive Aktivitätsform, die wir beschrieben und begründet haben.

Ist also alle Schwererziehbarkeit letztlich umwegiger Protest, so ist es verständlich, daß es die Aufgabe des Psychologen ist, diesen Protest aufzuheben. Die autoritäre Erziehung versucht, den Protest zu brechen — eine wahrhaft törichte Methode. Sie kann erreichen, daß der Protest seine aktiven Ausdrucksformen verliert — sofern sie nicht das gerade Gegenteil bewirkt —, aber ihn aufzuheben vermag sie nicht. Ihr Dünkel bewahrt sie davor, es ahnen zu *können*, und ihre Gewalttätigkeit, es erkennen zu *müssen*. Die Protesthaltung kann nur durch die Beseitigung der Protestgründe sowie der Beziehung, innerhalb deren die protestierende Haltung entstanden ist, aufgehoben werden. Die Veränderung der Beziehungen ist zweifellos der schwerere Teil der Aufgabe; denn das Kind hat in seinen Beziehungen keine freie Wahl; es lebt in vollkommener Abhängigkeit und darf die Anpassung nicht verweigern. Es kann davon träumen, wegzugehen, doch traut es sich zumeist nicht, den Traum zu verwirklichen. Es gibt zwar viele Ausreißer, doch scheitern ihre Versuche, sich zu befreien, fast ausnahmslos. Daß es sie gibt, signalisiert die große Not, in der so viele Kinder in ihren Beziehungen zur Umwelt leben. Es sind die Aktivsten, die Mutigsten unter den Entmutigten, die den Ausreißversuch machen. Die Zahl der Mutlosen ist natürlich viel größer.

Ein Kind macht z. B. Schwierigkeiten beim Essen. Es ißt nicht, bevor es nicht ungezählte Male darum gebeten worden ist, bevor man es nicht durch Versprechungen und Geschenke bestochen hat und dergleichen mehr. Die Eltern, die in diesem Theater, das sich mehrere Male am Tage wiederholt, eine tragikomische Rolle spielen, werden über den Sachverhalt aufgeklärt. Es wird ihnen nahegelegt, sich um die Nahrungsaufnahme des Kindes nicht zu kümmern, also nicht mitzuspielen. Sie werden darauf vorbereitet, daß das Kind anfangs auf ihr Nicht-mehr-Mitspielen mit vergrößerten Eßschwierigkeiten reagieren wird, daß ihrer Konsequenz jedoch der Sieg sicher sei. Sie erfahren, daß es sehr schwer ist, zu verhungern, wenn man essen kann, und daß das Kind, auch wenn es 24 Stunden nicht gegessen hat, keineswegs in Gefahr gerät. So sonderbar es klingen mag, es gibt wenige Eltern, die in ihrem Verhalten konsequent bleiben. Sie können es nur sehr schwer zustande bringen, sich anders als bisher zu verhalten, es gelingt ihnen nicht, ihre Beziehungsweise zu ihrem Kinde von Grund auf zu ändern.

Es kommt also darauf an, die Beziehungsweise der Erzieher zu ändern. Wer von Trotz spricht, mache sich klar, wogegen oder gegen wen einer trotzt. Er wird feststellen, daß auch zum Trotzen zwei gehören. Der Verbietende vergißt zu oft, daß der eigentliche Beginn des Trotzes sein Verbot ist. Trotzige Kinder können, zumeist mit gutem Grunde, von der Trotzigkeit ihrer Eltern sprechen. So stellt die Schwererziehbarkeit die Familienerziehung auf eine schwere Probe, die gewöhnlich nicht bestanden wird. Die Familie siegt ja nur, weil sie das *Privateigentum am Kinde* hat. Das Ideal der Familie ist das brave Kind, das Ideal der Pädagogen ist das mutige, aktive Kind. Brav ist ein Kind, das sich fortgesetzt von der Umwelt seinen Bewegungsbereich abgrenzen läßt, das stets gehorsam ist und die Gottähnlichkeit der Eltern in keiner Weise in Frage stellt. Das brave Kind ist der Vater des braven Staatsbürgers. In unruhigen Zeitläufen gerät dieser unter das Rad, denn das Leben ist zu wenig brav, als daß Bravheit eine gute Anpassung sein könnte.

Die Beseitigung der Protestgründe ist manchmal nur eine Frage der Umstellung der Lebensführung eines Kindes. Häufig gilt es, die Stellung zu nachkommenden Geschwistern zu ändern, durch die das Kind sich entthront fühlt, oder andere Gegebenheiten des täglichen Lebens einer genauen Prüfung zu unterziehen. Innerhalb der heilpädagogischen Praxis kann diese Aufgabe nur aufgrund eines vollen charakterologischen Verständnisses verwirklicht werden. Die Symptombehandlung ist in der psychotherapeutischen Praxis womöglich noch verfehlter, als sie es nach den Erkenntnissen der modernen Medizin innerhalb der Somatotherapie sein dürfte. Das Symptom darf nur als Hinweis dienen, aber weder als die Krankheit noch als der Inhalt der Störung.

Da die Erfolgsmöglichkeiten der korrigierenden Erziehung trotz der erschwerenden Umstände beträchtlich sind, ist die Errichtung von Erziehungsberatungsstellen und ihre Angliederung an Schulen durchaus gerechtfertigt. Es ist ferner dafür zu sorgen, daß die staatlichen Erziehungsinstitutionen, in denen Fürsorgebedürftige untergebracht werden, aufhören, Strafanstalten zu sein, um in wirkliche Erziehungsgemeinschaften umgewandelt zu werden. Dies setzt die Ausbildung von Heilpädagogen voraus, für die die verwahrlosten oder delinquenten Jugendlichen nicht mehr Gefangene, sondern junge Menschen in Not wären. Wer das Schicksal vieler Fürsorgezöglinge erforscht hat, weiß, daß sie zum größten Teil schwererziehbar und ohne eine sorgfältige heilpädagogische Behandlung schwersten Nöten ausgeliefert sind.

Wir sprechen hier von der jugendlichen Verwahrlosung und der jugendlichen Kriminalität. Im Gegensatz zu jenen, die davon überzeugt sind, daß Verwahrlosung und Kriminalität angeboren sind, daß es also nur darauf ankomme, »die Bestie im Menschen« zu zähmen, meinen wir, die verwahrloste Jugend nicht nur aus Statistiken zu kennen, sondern aus unseren eigenen Bemühungen um sie. Wir sind so zu dem Schlusse gelangt, daß die Verwahrlosung gewöhnlich nichts mit einem angeborenen Minus an Ethos, sondern mit einem schwer erträglichen Minus an ökonomischen Gütern zu tun hat. Schaffen wir erst einmal dieses Minus ab, dann wollen wir uns, wenn es noch nötig ist, über das andere unterhalten. Tausende von Jugendlichen bevölkern die Landstraßen, die sich für sie in die Unendlichkeit auszudehnen scheinen – ein Kinderkreuzzug der Verwahrlosung, gegen den ethische Postulate genau das ausrichten, was sie selbst wert sind: nichts. Wir leugnen natürlich nicht, daß man bei näherer psychologischer Betrachtung auf Schäden und Störungen stoßen kann. Aber was würde das beweisen? Die Ursachen sind doch vorwiegend allgemeiner Natur — wir wollen sie nicht übersehen, auch wenn es verboten ist, sie zu sehen und beim Namen zu nennen.

Das Problem einer immer mehr verwahrlosenden Jugend ist das wichtigste und bedrängendste Problem der Heilpädagogik. Mag der Heilpädagoge seine ökonomische Existenzmöglichkeit eher in der Behandlung verzärtelter Kinder finden — die Verwahrlosung muß ihm auf der Seele brennen. Mag auch ein Kind, das Eßschwierigkeiten hat, der Behandlung bedürftig sein — die Kinder, die psychisch verwahrlosen, weil sie nichts zu essen haben, sind gefährdeter.

Wir wollen nicht mißverstanden werden: Wir verkennen das individuelle Problem und die individual-psychologische Betrachtung nicht. Ein seelisch Verwahrloster hört nicht auf, verwahrlost zu sein, wenn er zu essen hat. Aber daß er es hat, ist eine unabdingbare Bedingung für die erfolgreiche Korrektur seines Wesens. Wir wissen: Brot ist nicht wichtig, wenn man es hat; hat man es nicht, dann ist es das schlechthin Wichtigste überhaupt. Und wir hoffen, erwiesen zu haben, daß der Zusammenhang zwischen dem individuellen und dem sozialen Problem nicht nur anerkannt, sondern als Realität in der psychologischen Praxis wirken muß. Ob ein Psychologe diese Verbundenheit wirklich erkannt hat, erweist sich sowohl an seinem Forschungsinteresse als auch an seiner Stellungnahme zu den Aufgaben, die das in die gesellschaftliche Krise geratene private Leben an alle stellt.

Die Techniken der Heilerziehung sind heute bereits vielfältig. Sofern sie Techniken des verbesserten Umgangs mit Menschen sind, hat sie Alfred Adler und, unter seinem Einfluß, seine Schule am besten herausgearbeitet. Die theoretische Fassung dieser Techniken ist noch sehr mangelhaft; die Praxis ist hier weiter als die Theorie. Einige besonders charakteristische Züge dieses im Hauptsächlichen von Adler begründeten und in seinen Erziehungsberatungsstellen geübten erzieherischen Verhaltens wollen wir zu beschreiben versuchen:

Ein Kind macht, bevor es mit seiner Mutter ausgehen soll, stets große Schwierigkeiten. Es verweigert, sich selbst anzuziehen, es stellt sich in einen Winkel, schmollt und erklärt immer aufs neue, nicht gehen zu wollen. Dieses Spiel dauert gewöhnlich etwa eine halbe Stunde, bis es endlich der Mutter gelingt, das Kind zum Verlassen des Zimmers zu bewegen. Auch ohne Kenntnis der Hintergründe darf man als gewiß annehmen, daß es sich um ein verzärteltes Kind handelt, dessen bisherige Erziehung es zur Annahme verführt hat, daß alles, was es tut, eine Gefälligkeit gegenüber der Mutter sei. Die Verweigerung einer Gefälligkeit ist natürlich nichts anderes als die Betonung, daß es

sich um eine solche handelt. Es wird der Mutter angeraten, fortab das Kind bei seiner Weigerung zu belassen und wegzugehen. Das Kind werde gewiß nachfolgen. Man rät der Mutter auch, das Kind im rechten Augenblick daran zu erinnern, daß es sich in den Winkel stellen soll. Schon auf dem Wege in seinen Winkel macht das Kind plötzlich halt. Seine Haltung hat den Sinn verloren: Indem die Mutter es aufforderte zu tun, was es nur aus Trotz tun wollte, war die Geste entwertet. Man sieht, Humor ist ein wichtiges Erziehungsmittel, besonders wenn es dank ihm gelingt, was ohne ihn nur schwer möglich wäre: nämlich die Position des Zöglings zu besetzen — woraufhin dieser aus Widerspruch die Position des Erziehers besetzt. Der Erzieher muß sich hüten, seinem Triumph Ausdruck zu geben. Am Schlusse darf das Kind nicht der Besiegte und der Erzieher nicht der Sieger sein.
Hier hat der angeratene Griff natürlich das Wesen des Kindes keinesfalls verändert. Aber das Kind hat etwas erlebt, das auf sein Wesen einwirken muß und das, sofern es sich wiederholt, zu einem typischen Erlebnis wird. Bisher hatten Mutter und Kind getrotzt. Die Mutter hat den Trotz aufgegeben und ein ganz bestimmtes Verhalten, an das das Kind angepaßt war, verändert — nun steht der Trotz im luftleeren Raum. Es gibt keine Verbindung mehr zwischen ihm und der Mutter. Das Kind müßte die Mutter erst dazu bewegen, daß sie wieder trotzt, damit sein Verhalten wieder sinnvoll würde. Gelingt es ihm nicht, dann muß es sein Verhalten aufgeben. Sie sehen, wie eindeutig daraus hervorgeht, daß an dem Verhalten des einzelnen seine Umwelt direkt beteiligt ist.
Ein Kind kaut Nägel. Die gegen diese »Unart« gerichteten Verbote hören nimmer auf; je mehr verboten wird, um so mehr kaut das Kind. Auch Strafen nützen nur vorübergehend oder überhaupt nicht. Das Nägelkauen verrät nach Ansicht Adlers, die wir in der Praxis immer wieder bestätigt gefunden haben, Trotz. Besonders häufig einen geheimen, unbewußten, feigen Trotz. Wer im offenen Kampfe mit einer Umwelt liegt, bedarf dieses Mittels nicht. Jedenfalls verrät auch das Nägelkauen des Erwachsenen eine übergroße psychische Spannung und eine Ablenkung dieser Spannung in einer monologischen Weise. Die Auseinandersetzung erfolgt nicht mit der Umwelt, sondern mit dem Nagel. Beobachten Sie den Nägelkauenden während seiner Tätigkeit; es wird Ihnen auffallen, daß sein Gesicht sich oft zu einer wutvollen Grimasse verzerrt, als ob er erbittert ringen täte. Erwachsenen geschieht das häufig in jenen Momenten, in denen sie vergebens mit ihrer Verlegenheit fertig zu werden versuchen. Nägelkauer sind häufig schüchterne Menschen mit überraschenden Dreistheits- und Jähzornsanfällen — es handelt sich auch da um den feigen Trotz.
Mit einem nägelkauenden Kind können Sie oft folgende Erfahrung machen: Wenn Sie in dem Moment, in dem es an seinen Nägeln kaut, Ihren Finger an

den Mund führen und so tun, als ob Sie auch Nägel kauten, so wird das Kind seine Hand aus dem Mund ziehen, natürlich nur für einen Augenblick. Das Kind kann zwar *gegen* jemanden, aber nicht *mit* jemandem Nägel kauen, was den Trotzcharakter dieser Geste unterstreicht. Indem die Eltern und Erzieher ihn verbieten, provozieren sie eben den Trotzakt.
Was wir über das Nägelkauen sagen, läßt sich *mutatis mutandis* über jegliche sogenannte Unart sagen. Die Psychoanalyse verwendet besonders viele Argumente zum Beweise der Verfehltheit des Onanieverbots. Ja, es ist notwendig, Eltern und Erzieher immer wieder darüber aufzuklären, daß das einzig Gefährliche an der kindlichen Onanie ist, sie zu verbieten und so in den Vordergrund des kindlichen Interesses zu schieben. Sexualmoralisten und Schweinekerle haben gemeinsam, daß sie wie gebannt fortgesetzt auf das Sexuelle starren, es hinter allem vermuten und stets meinen, daß Einmengungen notwendig sind. Die Erwachsenen sollen erst einmal mit ihren eigenen Sexualproblemen in guter Manier fertig werden und überdies erfahren, was die wissenschaftlichen Forschungen ergeben haben. Doch sie hören lieber auf die Moraltheorie, die ihnen Verbotschancen bietet; allfällige Toleranzforderungen nehmen sie ungleich schwerer an.
Der Heilerzieher wird, sobald er seine Funktion im einzelnen Falle ausübt, zu einem Teil der Umwelt seines Zöglings. Daß er sich so ganz anders als dieser verhält, ist einer der entscheidenden Gründe für seinen Erfolg. Nur veränderte Bedingungen verändern den Menschen, wir sagten es schon. Das Verhalten der anderen ist für das Ich eine durchaus reale, *objektive* Bedingung, mag jeder dieser anderen in seinem Verhalten auch *subjektiv* bestimmt sein. Versucht die Familie, das Kind an seinem Erwachsenwerden zu verhindern, so ist es umgekehrt die Aufgabe der korrigierenden Erziehung, das Erwachsenwerden zu fördern und zu beschleunigen, eine Art Emanzipation des umerzogenen Kindes von der Familie herbeizuführen. Der Widerspruch zwischen der Familienerziehung und der Erziehung, die wir meinen, erweist sich darin, daß diese als die Kritik jener entsteht und nur an Boden gewinnen kann, was jene an Boden verliert. In dem Moment, in dem das Band der Familie zur Fessel geworden ist, entsteht die soziale Erziehung, die die Fesseln der Familie aufhebt und somit an der Familie selbst ihre kritische Aufgabe erfüllt, um den Weg anzubahnen, der weit über die Familie hinausführt. Das Band, das sie erzeugt, soll nie zur Fessel werden; sie versucht die Forderung nach der Freiheit des einzelnen auf der Grundlage der Freiheit aller zu ermöglichen. Auch für den, der nicht Kantianer ist, stimmt der Satz: »Handle so, daß du die Menschheit sowohl in Deiner Person, als auch in der Person eines jeden andern jederzeit zugleich als Zweck und niemals bloß als Mittel brauchst.« Die Realisierung dieser Forderung wird nur unter der Voraussetzung der wirklichen Freiheit aller möglich sein.

Indem die Heilerziehung der vorherrschenden psychologischen Schulen ihre kritische Position gegenüber der Familie nicht vollendet, bleibt sie halb, bleiben ihre Erfolge beschränkt. Die Heilerziehung setzt somit letztlich die gleichen Bedingungen voraus wie die Verwirklichung der psychologisch zielgerechten Erziehung überhaupt. Doch sind die Prinzipien und Techniken der vorhandenen Heilpädagogik schon jetzt überaus wirkungsvoll; sie ist somit bereits weit mehr als ein Versprechen, wenn auch weniger als eine Erfüllung. Sofern der Heilerzieher konsequent ist, übt er eine umfassendere soziale Funktion aus, als im Detail seiner Praxis zutage treten mag, die nach wie vor der überzeugende Beweis für die Gültigkeit der wesentlichen Grundsätze der Adlerschen Individualpsychologie ist.
Gewiß, unsere Einsichten und Kenntnisse sind unvollständig, manche unserer Wege mögen lange Umwege sein, doch verlieren wir das Wesentliche nicht aus den Augen. Manche Verführung zum Umweg ist nicht die Folge des fehlerhaften Denkens der Begründer dieser Schule, sondern die Folge der sozial determinierten Beschränkungen. Stärker als an jeden andern Wissenschaftler tritt an den Gesellschaftswissenschaftler — und als solcher ist auch der Psychologe zu betrachten — die Forderung heran, sich so weit wie möglich von diesen Schranken zu befreien. Wer ernsthaft darangeht, die Welt nicht nur zu interpretieren, sondern auch zu verändern, muß sich dieser Schranken bewußt werden. Das kritische Selbstbewußtsein bringt ihn der Erkenntnis der Bedingungen und Grenzen seiner eigenen interpretierenden wie verändernden Tätigkeit näher.

27

Abschließende Diskussion: Arbeit und Arbeitsteilung. Die Entfremdung zwischen der Arbeit und den Menschen. Die psychologischen Auswirkungen der modernen Arbeitsteilung. Die polytechnische Erziehung. Die Freisetzung geistiger Kräfte. Die Legende von der unpraktischen Theorie und der untheoretischen Praxis. Zwei verschiedene Bildungsideale. Der künstlerische Beruf. Das frühe psychische Altern der Menschen. Der neue Mensch der neuen Gesellschaft und die Aufgabe der Psychologie.

Verehrte Hörer, die Selbstentfremdung des Menschen, die nicht zuletzt eine Entfremdung zwischen ihm und seiner Arbeit ist, rückt das psychologische Problem der Arbeit in den Vordergrund unserer Erörterungen.

Der Übergang in der Entwicklung der menschlichen Geschichte von jener primitiven Stufe, auf der die Menschen sich, was sie vorfinden, nur aneigenen, ohne es zu verändern, zu der höheren Stufe in ihrer Beziehung zur außermenschlichen Natur, in der sie beginnen, auf diese einzuwirken, ist von Anbeginn von einer Arbeitsteilung begleitet. Die weitere Entwicklung verfeinert und vervielfacht die Arbeitsteilung bis zu jener nachgerade vollendeten Form, in der sie gegenwärtig vorherrscht. Diese bedeutet notwendig auch die Teilung der Interessen, ihre Intensivierung nach einer Seite und ihre Verkümmerung nach der anderen. Das laufende Band, das auf der modernen Höhe der Produktivkräfte entsteht, ist kennzeichnend nicht nur für die Entfremdung zwischen Mensch und Leistungsziel, sondern auch für deren entmenschende Wirkung.

Die moderne Arbeitsteilung zerstört überdies auch jene Beziehung zur Erwerbstätigkeit, die im Beruf noch vorhanden ist. Je höher die technische Rationalisierung, um so geringer ist die Zahl der qualifizierten Arbeiter, die diese benötigt. Anstelle des gelernten Arbeiters tritt der ungelernte, der in kurzer Zeit angelernt wird. Dieser angelernte Arbeiter kann zumeist gar nicht mehr den Sinn und den Umfang des Betriebs erfassen; ja, er wird in manchen Industriezweigen sogar systematisch daran gehindert. Was ihm beigebracht wird, das sind einige Griffe, die ihn zu einem Bestandteil einer Maschine machen sollen: Er geht in die maschinelle Funktion ein, ohne jedoch die Maschine beherrschen zu können.

Die moderne Produktionsweise beschäftigt zwar den Arbeiter nicht mehr 10 bis 14 Stunden, wie es die kapitalistische Produktion in ihren Anfängen getan hat, aber die Intensität der Ausnutzung seiner Kräfte ist beispiellos gestiegen. Die außerordentlich gesteigerte Intensität der Arbeit hat einen wesentlich gesteigerten Verbrauch sowohl der körperlichen wie auch der seelischen Kräfte zur Folge; sie ist es, die den Psychologen besonders interessiert. Um eine Überspannung oder Abspannung zu vermeiden, haben Psychologen vorgeschlagen, die Arbeitszeit durch zahlreichere oder längere Pausen zu unterbrechen. Doch haben diese Vorschläge mit Recht nicht zuletzt bei den Arbeitern selbst Widerstände ausgelöst. Sie protestieren gegen die unbezahlte Verlängerung ihres Aufenthaltes im Betriebe, die einer verlängerten Arbeitszeit gleichkommt.

Die neuen Romantiker haben eine andere Konsequenz gezogen, die ihrem Wesen nach maschinenstürmerisch ist. Sie greifen den kritisierten Zustand sozusagen von hinten, mit den Argumenten von vorgestern an. Sie haben genauso unrecht wie seinerzeit die Maschinenstürmer, denn sie verkennen, daß die Maschine kein Eigenleben führt, daß die gleiche Maschine unter verschiedenen gesellschaftlichen Bedingungen von völlig anderer Bedeutung ist, daß es also darauf ankommt, wer über sie verfügt und zu welchem Zwecke über sie verfügt wird. Ein Zurück kennt die Geschichte nicht oder zumindest nicht auf längere Dauer. Die Aufgabe, die somit an den Psychologen gestellt ist, beruht nicht darauf, dem romantischen Maschinenstürmer Argumente zu liefern, sondern zu untersuchen, worin die gekennzeichneten Schäden tatsächlich bestehen. Es ist zum Beispiel keineswegs bewiesen, daß das Fließband diese Schäden unbedingt hervorrufen muß, sofern der Fließbandarbeiter mehr ist als ein willenloses Werkzeug in der maschinellen Organisation. Wenn man ihm z. B. eine polytechnische Bildung ermöglichte, wäre er in der Lage, den ganzen Arbeitsprozeß mitzumachen; er könnte seine Arbeit täglich an verschiedenen Stellen leisten, wodurch die gefährliche Monotonie des gleichen Griffs aufgehoben wäre. Überdies ist das Verhältnis zwischen Arbeiter und Maschine von großer Bedeutung. Sofern der Arbeiter in einem kollektiven Eigentumsverhältnis zu ihr und zu ihrer Produktion steht, ist eine entscheidende psychische Voraussetzung geändert. Diese Änderung ist von einer heute kaum noch abschätzbaren Wirkung. Der Arbeiter wird aus einem Maschinenteil zu dem Beherrscher und Kontrolleur der Maschine bzw. ihrer Produktion. Unter der Voraussetzung dieses veränderten Verhältnisses wird es möglich sein, seine Arbeitszeit wesentlich herabzusetzen.

Durch die Herabsetzung der Arbeitszeit würde eine Frage aktuell werden, die in diesem Umfange noch nie an die Erziehung gestellt worden ist: In welcher Art, mit welchen Methoden könnte man die Freisetzung der geistigen Kraft von Millionen und ihren neuentstandenen geistigen Bedürfnisse befriedigen?

Im Verlaufe der *Vorgeschichte der Menschheit* ist die Bildung das Vorrecht enger Schichten, die Chance des einzelnen. Mit dem Ende dieser Vorgeschichte beginnt die Bildung ein Recht aller zu sein. Damit wird die Aufgabe der Bildungsübermittlung zu einer gigantischen Aufgabe, die nicht erfüllt werden kann, ohne daß grundlegende Änderungen in den Methoden der Erziehung sowie der Didaktik bewirkt werden. Daß die Erfüllung dieser Aufgabe bestimmte gesellschaftliche Voraussetzungen hat, versteht sich von selbst. Wir gehen davon aus, daß jedem Menschen, sofern er nicht schwachsinnig ist, die Aneignung des Wissens seiner Zeit möglich ist. Kein Vererbungsglaube, kein Rassenwahn, keinerlei Ideologie letztlich konservierenden Charakters beschränkt uns in der Auffassung dieser Möglichkeit. Indem wir die Wurzeln der Magie aufdecken, fordern wir ihre Beseitigung, indem wir das Zurückbleiben der Ideologie hinter dem gesellschaftlichen Sein feststellen, fordern wir deren Anpassung an die Gegenwart.

Die Didaktik, die wir meinen, setzt die Befreiung der Menschen von der Arbeit voraus; das heißt natürlich nicht, daß sie die Arbeit aufgeben, sondern daß sie sich im Gegenteil eines Rechtes bemächtigen: das Wissen über die menschliche und außermenschliche Natur zu erwerben, um es planmäßig zu verwerten. Der Sprung aus dem Reiche der Notwendigkeit ins Reich der Freiheit ist keine metaphysische Illusion; dieser Sprung wird ermöglicht durch die Kenntnis des Notwendigen, die planmäßige Verwendung dieser Kenntnis und durch die Einsicht, daß das Höchste für den Menschen der Mensch ist.

In tolldreister Dummheit macht die übliche Belehrung des Kindes verwirrende Sprünge: Dem Kind soll klarwerden, daß 1 mal 1 gleich 1 ist und 3 mal 1 gleichfalls 1; daß die Wirklichkeit das Seiende ist, aber die Gespenster der Märchen gleichfalls Wirklichkeit sind. Es soll sich vor ihnen ängstigen und sie dann doch nicht für Wirklichkeit nehmen. Der offene oder versteckte Dualismus aller Weltanschauungen, die bisher vorgeherrscht haben, hat zur Legende der weltweit getrennten Praxis und Theorie geführt. Je dreckiger und elendiger die Praxis war, um so mehr versuchte sie, sich zu rechtfertigen durch eine sich in unfaßbare Höhen verflüchtigende Theorie. Je elender das Diesseits, um so beglückender das Jenseits. Alle bisherige Belehrung basierte auf der Legende der »Geistigkeit«, der unpraktischen Theorie und der untheoretischen Praxis. Der erste Grundsatz der Didaktik, die wir meinen, lautet: *Es gibt keine unpraktische Theorie und es gibt keine untheoretische Praxis*. Die Einheit von Theorie und Praxis macht diese Didaktik zu einem eindringlichen, tätigen Erlebnis.

Das Prinzip der Bildung, zu dem wir uns bekennen, ist mit dem Prinzip der befreienden Arbeit untrennbar verbunden: Diese ist die Voraussetzung jener Bildung. Umgekehrt ist der Widerspruch zwischen dieser Didaktik und einer autoritären Erziehung unlösbar: Jene setzt ein, wo diese aufhört.

Man könnte uns mit Recht die Frage stellen, was wir uns von der Bildung für die Entwicklung des Charakters versprechen. Ob wir meinen, daß eine verbesserte, umfassendere Bildung einen verbesserten, einen sozial brauchbareren Charakter bedinge. Man könnte behaupten, daß so wenig Alter vor Torheit, Bildung vor Unreife des Charakters, vor psychischer Abwegigkeit schütze, wie dies durch die tägliche Erfahrung erwiesen ist — so wenig trage die Bildung zur positiven Charaktergestaltung bei.
Der bisherige Bildungsbegriff bedeutet nichts anderes als eine gewisse, recht beträchtliche Summe von Wissen. Er schließt nicht einmal ein gesichertes System dieses Wissens ein. Das Wissensquantum wird als eine gesellschaftliche Distinktion überwertet, weil den breiten Schichten nur der Zugang zu einem schmalen Wissen freigelassen worden ist. Der Vielwisser als Ideal einer aufs »Geistige« gerichteten Bildungsinstitution verrät nur, daß die bürgerliche Bildung nach der Vollendung der klassischen Philosophie durch Kant und Hegel nicht einmal mehr das Bewußtsein eines Systems hatte — deshalb der riesenhafte Zulauf zur Philosophie des Katzenjammers eines Schopenhauer, der Hegel einen Scharlatan schimpfen durfte.
Wir meinen natürlich nicht den Vielwisser und nicht den unpraktischen Theoretiker oder den untheoretischen Praktiker; wir meinen die Bildung als die maximal erreichbare Widerspiegelung der menschlichen und außermenschlichen Natur. Die Bildung in einem System, dessen Ansätze — wenn auch verkümmert und mißverständlich — beim universalistischen Aristoteles und dessen philosophische Vollendung in den Werken jenes von Schopenhauer als Scharlatan und »toter Hund« behandelten Hegel zu finden sind und dessen wissenschaftliche Verwirklichung mit dem historischen dialektischen Materialismus beginnt. Das Wissen im System nicht nur des Gewußten, sondern des Wissenden als eines Teils des Gewußten, ist das Selbstbewußtsein. Indem der Mensch die Natur erkennt, erkennt die Natur in ihm sich selber, sagte Ludwig Feuerbach. Daß die Epigonen der klassischen deutschen Philosphie diesen Satz nie begriffen haben, schmälert keinesfalls seinen Wert für die Erkenntnis der Natur durch den Menschen als eine Selbsterkenntnis. Das umfassendste System des menschlichen Wissens liefert die menschliche Praxis selber. Nur in der Adäquatheit zwischen Praxis und Erkenntnis, die dialektischer Natur ist, erscheint die Systematik des Wissens gesichert. Indem wir den tätigen Menschen in den Vordergrund der Erziehung und der Didaktik rücken, indem wir seine Tätigkeit zum Grund, zum Mittel und zum Zweck seiner Erziehung erheben, sichern wir das praktische System seiner Bildung — seine Erziehung zum praktischen Theoretiker und zum theoretischen Praktiker. Und das ist das Ziel der polytechnischen Erziehung, die möglich wird, wenn die Freiheit der Entwicklung des einzelnen, auf der Basis der Entwicklung zur Freiheit aller, errungen ist.

Die ungeheuere Kluft, die sich zwischen Kindheit, Jugend und dem Erwachsensein auftut, ist nicht zuletzt darauf zurückzuführen, daß Kindheit und Jugend sich fern von den Hauptstraßen des Erwachsenseins abspielen, daß ihnen die Arbeitserfahrung fehlt. Als ob es immer wieder gälte, einen Sündenfall zu büßen, wird der junge Mensch in die Arbeit hineingestoßen, ohne auf sie wirklich vorbereitet zu sein. Auch diese künstlichen Grenzen müssen anders gezogen werden.

Die große Majorität der Menschen arbeitet, um einen ökonomischen Existenzgrund zu haben. Die Arbeit nimmt den besten Teil ihrer Kräfte, aber bietet ihnen dafür nur wenig. Die anonyme Masse, die durch ihre Arbeit die Kontinuität der Geschichte schafft, erlebt in der Arbeit vor allem das Mittel ihrer Unterjochung und keineswegs ihrer Stärke und ihres Rechts, das, sofern nicht alle arbeiten, ein Vorrecht sein müßte. Das Wort Berufswahl war schon früher ein Hohn, sofern man nicht die Wenigen, die das Privileg des Wählens besitzen, schlechthin mit der Menschheit identifiziert.

Wenn also die meisten Menschen »zufällig« zu ihrem Beruf gekommen sind, so kann man annehmen, daß die Arbeit, die sie leisten müssen, für sie nicht viel bedeuten kann: nicht die Befriedigung ihres Persönlichkeitszieles, nicht einmal die Genugtuung der sozialen Nützlichkeit. Sie erkennen sehr bald, daß der Arbeit keineswegs der entsprechende Anteil am Ertrag entspricht und daß die Untätigkeit kein Leben in Elend und Not bedingt, sondern daß umgekehrt gerade diejenigen häufig im hellsten Lichte stehen, die zur gesellschaftlichen Arbeit nichts beitragen. Die Aussprüche »Arbeit schändet nicht« oder »Die Arbeit adelt« können von denen, die arbeiten, so lange nicht ernst genommen werden, wie sie feststellen müssen, daß so manche, die sich der Arbeit entziehen, gesellschaftliche Positionen einnehmen, als ob gerade sie »geadelt« wären. Die innere Ablehnung der Arbeit ist eine Folge der sozialen Ordnung, in der diese Privilegierten aufgewachsen sind.

Eine planmäßig wirtschaftende Gesellschaft würde die Erziehung zum Beruf und das bewußte oder unbewußte Training des Kindes im Sinne naher oder fernerer Zukunftsperspektiven wirksam fördern. So könnte der Beruf jeglichem zum angestrebten Ziele werden, weil er mehr als nur die Sicherung seiner ökonomischen Existenz bedeuten würde; er würde die Person mit ihrer Leistung harmonisch verbinden und der Entfremdung zwischen dem Menschen und seiner Arbeit ein Ende machen.

Die polytechnische Erziehung, das wesentliche Kennzeichen dieser neuartigen Bildung, könnte eine Änderung der Erfahrungsgewohnheiten herbeiführen. In diesem Zusammenhang wollen wir kurz rekapitulieren, was wir über den Zusammenhang zwischen Erlebnis und Erfahrung ausgeführt haben: Nicht jedes Erlebnis wird als ein neues wahrgenommen, weil das Verharren in einer begrenzenden Wahrnehmungsweise, weil das tendenziöse Apperzeptionsschema die Erlebnisfähigkeit beschränkt. Die so bewirkte Borniertheit des privaten Wahrnehmungssystems verhindert die Schöpfung neuer Erfahrungen, indem es die neuen Erlebnisse dem alten, engen System anpaßt, d. h. den alten Erfahrungen unterordnet und in ihrem Sinne integriert. Das geistige Wachstum der Menschen endet solchermaßen erstaunlich früh, lange bevor sie zu einer zulänglichen Erkenntnis der Realität gelangt sind. Diese Realität wird im Bewußtsein des einzelnen vergewaltigt, verzerrt. Diese geistige Verkrüppelung erfolgt gerade in der Phase des körperlichen und geistigen Wachstums und sichert für alle Zukunft die Geschlossenheit des beschränkten Systems, der »privaten Logik«.

Im Gegensatz zu ihr ist die Bildung, die wir meinen, gleichsam unendlich erneuerungs- und erweiterungsfähig, sie ist kein geschlossenes System und ihrem Wesen nach nicht schließbar. Wann wird der Mensch alt? Zu früh, antworten wir, weil er zu früh unfähig wird, Erfahrungen zu machen, die er nicht schon von früheren Entwicklungsphasen her in sich trägt. Wir glauben an einen neuen Menschen, der diesem frühen Altern nicht ausgesetzt und stets zu seiner eigenen Veränderung bereit sein wird.

Was das bedeuten würde, wenn die Menschen sozusagen *apperzeptionsfrei, erfahrungsfrei* würden, ist kaum abzusehen. Wenn wir bedenken, daß bisher eine Generation, kaum ist sie zur körperlichen Reife gelangt, bereits haltmacht, so wird es klar, daß Menschen, die nicht so früh haltmachen würden, ihre Leistungen vergrößern könnten und sozusagen ein doppeltes Leben zur Verfügung hätten.

Der Mensch ist — in jeder Hinsicht — mehr als eine Maschine. Was die gesellschaftliche Rationalisierung des Menschen mit den Mitteln der Erziehung zur Folge haben könnte, ist, wie gesagt, im einzelnen schwer ausdenkbar. Doch ist es uns gewiß, daß dies einen Fortschritt bedeuten würde, neben dem alle bisher in Jahrtausenden erzielten Fortschritte geringfügig, eben nur als Fortschritte der *Vorgeschichte* der Menschheit, erscheinen würden.

Man wirft uns häufig einen übertriebenen erzieherischen Optimismus vor, weil wir es für möglich halten, daß Menschen sich wandeln, daß sie die Verhältnisse und damit das Leben aller verändern. Doch für uns ist der Begriff Veränderung von unübertrefflicher Realität, einer Realität des Seins schlechthin. Indes die Epigonen der idealistischen Philosophie über das von den Seienden abstrahierte Sein Reden führen, so dunkel, daß sie wohl meinen, nur im Dunkeln ließe sich davon munkeln, suchen wir die Gesetze des Seins in den Gesetzen der Entwicklung, der Veränderung und der Entfaltung des Seienden. Wir wissen: So leicht es ist, die Vergangenheit zu prophezeien, so verführerisch ist es, in der Zukunft nichts anderes als die Gegenwart zu sehen. Jenen Phantasten, die man so nennt, weil ihnen die realistische Phantasie fehlt, ist es Schicksal, daß sie überall nur sich selber finden, sich und ihre

Verhältnisse. Wenn Schopenhauer vom Menschen schlechthin sprach — und er tat es *sub specie aeternitatis* —, so meinte er, gleichviel wie indisch er sich gab, doch den deutschen intellektuellen Spießbürger um die Mitte des XIX. Jahrhunderts. Dieser war sein sich ewig gleichbleibender Mensch. Seine Kritik war die Kritik des mangelnden Selbstbewußtseins, eine Pseudokritik also. Er sah eine Ewigkeit von journalistischem Ausmaße und ernannte sie zum Kosmischen. Das hat der intellektuelle Spießer gern. Und die, die nach ihm kamen und die bei all ihrer »Tiefe« nicht einmal seiner Polemik wert wären, ahnen noch weniger als er, daß die Veränderung das einzig Ewige ist.

Wir sind keine Optimisten, aber wir trauen den Menschen sehr viel zu. Nicht, weil wir sie für Götter halten, sondern gerade, weil wir sie entgöttert sehen. Gerade den von allem Spuk befreiten Menschen trauen wir so viel zu. Die Menschen aber befreien sich vom Spuk nur, indem sie sich von der Wirklichkeit befreien, die ihn erzeugt hat. Alle Erziehung war bisher vom Spuk durchsetzt, war die gefesselte Erziehung unfreier Menschen in unfreien Verhältnissen. Es wäre lächerlich, die Grenzen, die unfreie Verhältnisse der Erziehung setzen, für die ewigen Grenzen der Erziehung zu halten. Es wäre unverantwortlich, die unfreien Verhältnisse selbst für ewig zu halten.

Im Entscheidenden, gerade im Glauben an den Menschen und an seine Fähigkeit, die Welt und damit sich selbst planvoll und vernünftig zu gestalten, fühlen wir uns um so mehr als die eigentlichen Erben der klassischen Philosophie, als wir gezwungen sind, deren Epigonen in der Psychologie — die die Protagonisten und Widerspiegler verrotteter Verhältnisse sind — zu bekämpfen. Wir materialistischen Psychologen meinen, zur Realisierung der von der Philosophie statuierten Ideale mit unseren überaus bescheidenen Mitteln ein wenig beitragen zu können — eben weil wir Materialisten sind.

28

Letzte Zweifel und Einwände. Schlußfolgerungen und Ausblicke.

Aus dem Hörerkreis:

A.: Ich finde, daß es Ihnen nicht gelungen ist, den Beweis dafür zu erbringen, daß Ihre Ansichten die Probe der Praxis bestehen können. Sie haben viel zu wenig die Methode der Praxis und die aus ihr gewonnenen Erfahrungen dargestellt. Ich will auch dazu Stellung nehmen, daß Sie prinzipiell eine untheoretische Praxis und eine unpraktische Theorie für unmöglich erklären. Ich kann Ihre Ansicht nicht teilen, denn die meisten Menschen betreiben eine durchaus untheoretische Praxis. Ein Beispiel: Man sagt doch immer, die Sonne geht unter, und orientiert sich an der auf- und untergehenden Sonne, obschon erwiesen ist, daß nicht die Sonne sich um die Erde dreht, sondern umgekehrt. Diese untheoretische Praxis des täglichen Lebens hat sich aber bewährt und wird nicht fallen gelassen. Hin und wieder gibt es Betätigungen des theoretischen Interesses, die in jeder Hinsicht weit davon entfernt sind, irgendeiner Praxis zu dienen. Würde man vom Gesichtspunkt der praktischen Nützlichkeit ausgehen, dann wären wohl die Forschungen der theoretischen Physik als nutzlose Spielereien zu verwerfen.

Obschon Sie sich in den letzten Worten Ihrer Ausführungen in die Reihe der Erben der klassischen Philosophie gestellt haben, verkennen Sie das Problem, das innerhalb dieser Philosophie von beherrschender Bedeutung gewesen ist: das Problem des Geistigen. War es nicht gerade Hegel, der aus dem Geiste und dessen Entwicklung die Geschichte zu verstehen versucht hat, der das Wahre als das Subjekt angesehen hat? Sie tun es keineswegs. Ihr Bekenntnis zum historischen Materialismus schließt ein, daß Sie im Geiste nur einen Überbau sehen, somit etwas von untergeordneter Bedeutung. Ich aber sehe nichts, das, dem Geistigen gleich, beanspruchen dürfte, ewig zu sein. Alle Formen ändern sich, aber das Geistige bleibt; daher stellen die Menschen immer wieder die Frage nach dem Grunde des Seins, nach unserer Fähigkeit, es zu erkennen, und nach dem Sinn des Lebens. Wie darf ein Psychologe, der in der Philosophie nicht nur Hirngespinste sieht, diese Probleme vernachlässigen? Sie tun es — zum Schaden Ihres Systems.

Auch Ihre Stellung zur Erziehung ist mir nicht ganz klar geworden. Einerseits fordern Sie von den Erziehern eine sofortige Änderung ihres Verhaltens, andererseits behaupten Sie, daß die schlechte Erziehung durch schlechte Bedingungen bedingt sei und daß nur veränderte Verhältnisse verändernd wirken können. Gilt das Zweite, dann ist das Erste zumindest überflüssig. Gilt das Erste, dann ist die Gültigkeit der zweiten Behauptung in Frage gestellt. Ich kann Ihnen den Vorwurf nicht ersparen, daß Sie sich hier selbst widersprechen.

Ich sehe ein, daß dem Sozialen eine ganz außerordentliche Bedeutung zukommt. Aber ich weiß aufgrund eigener Erfahrungen, daß in der Gestaltung des privaten Schicksals Faktoren wirksam sind: z. B. der frühe Tod eines Elternteils, Zufälle unkontrollierba-

rer Art, Begegnungen mit Unbekannten, die für das ganze weitere Leben entscheidend sein können. All diese Momente, die natürlich ungleich vielfältiger sind, als aus meinen Bemerkungen hervorgeht, sind nicht durch das Soziale determiniert. Ich möchte nicht behaupten, daß in ihnen ein Irrationales wirkt; ich stelle nur fest, daß sie vorhanden sind.
Nachdem ich so kritisch Stellung genommen habe, möchte ich Ihnen doch zugestehen, daß sich meine Stellung zum Irrationalismus unter dem Einfluß Ihrer Vorlesungen in einem gewissen Sinne gewandelt hat. Mir ist klar geworden, daß Ihre Stellungnahme zum Leben und zu seinen Problemen produktiver ist als die des Irrationalisten. Doch glaube ich, mich nur dann ganz vom Irrationalismus befreien zu können, wenn es mir gelingt, mich selbst zu ändern. Er ist vielleicht in der Tat ein Religionsersatz, und die Religion braucht man wohl zum Ausgleich einer inneren Not.

B.: Ihre Auffassung von der Moral erscheint mir nicht deutlich genug. Sie äußern sich auch da absprechend über sie, wo es gar nicht nötig wäre. Andererseits vertreten Sie Standpunkte, von denen aus Sie zu Konsequenzen gelangen, die den moralischen sehr ähnlich sind. Nur in der Sexualfrage scheinen Sie entschieden gegen jede Art von Moral zu sein; Sie unterschätzen die Gewalt der Triebhaftigkeit. Mir leuchtet in dieser Frage der Standpunkt der Psychoanalyse mehr ein. Wenn man an die vielen Fälle denkt, wo Menschen Opfer ihrer Triebe geworden sind, so kann man sich nicht der Einsicht entziehen, daß irgendeine Form der Triebregulierung unbedingt notwendig ist. Das scheinen Sie nicht für notwendig zu halten. Mir ist auch nicht klargeworden, was Sie unter der Befreiung der Liebe verstehen. Heißt das die Aufhebung jeder Schranke, die dem geschlechtlichen Trieb gesetzt ist?
Sie verlangen nicht nur das gleiche Recht der Bildung für alle, sondern die Änderung des Bildungssystems. Nun ist es doch zweifellos so, daß sich gerade die Bildung des letzten Jahrhunderts besonders bewährt hat. Die ungeheueren Errungenschaften, von denen Sie selbst gesprochen haben, sind dieser Bildung zu verdanken, die jedoch tatsächlich verhältnismäßig Wenigen zugänglich geblieben ist. Warum sollen aber alle Menschen an der Bildung teilhaftig sein? Man wird nicht glücklicher durch Bildung. Ist der Weg, der zum kontemplativen Dasein führt, nicht vorzuziehen? Ob die Inder nicht den richtigen Weg zum Glück gefunden haben? Ich bin kein Maschinenstürmer, aber es steht doch fest, daß das Maschinenzeitalter eine Epoche der Entseelung einleitet. Ich meine, daß gerade der Psychologe für die Gewinnung der Innerlichkeit vollstes Verständnis haben müßte. Von da aus kann ich auch Ihre Ablehnung der Religion nicht recht verstehen. Sie ist ja ein Mittel zur Verinnerlichung des Menschen. Soviel wie *sie* bisher geboten hat, hat noch kein Denksystem den Menschen je geboten. Und die Moral, die aus der Religion erfließt, ist nicht nur ein Codex von Verboten, sondern die Sicherung gegen den Feind, der im Menschen selbst nistet.
Sie behaupten, daß wir erst in der Vorgeschichte der Menschheit sind. Doch wenn ich mir Ihre psychologischen Anschauungen zu eigen mache, muß ich viel eher annehmen, daß die Geschichte der Menschheit eine Krankengeschichte ist. Und ich bin verwundert, daß Sie sie nicht so darstellen. Sicher spielt auch das Minderwertigkeitsgefühl eine große Rolle in der Geschichte; es wäre interessant, die Dinge von dieser Seite her zu betrachten. Sobald Sie jedoch von der Geschichte sprechen, scheinen Sie Ihre psycho-

logischen Einsichten zu vergessen und sprechen vor allem von der Ökonomie. Doch das widerlegen Sie wiederum, indem Sie bekennen, daß das Höchste für den Menschen der Mensch selbst sei. Was ist also das Höchste: der Mensch oder die Ökonomie? Wenn es der Mensch ist, warum leugnen Sie dann die Rolle der Führerpersönlichkeit? Es ist doch klar, daß nicht der niederste Mensch, sondern nur der höchststehende das Höchste für den Menschen sein kann — wenn diesem Satze überhaupt ein Sinn zukommt.
Sie sind trotz gegenteiliger Versicherungen ein unverbesserlicher Optimist. Ich aber sehe nicht ein, warum unter veränderten gesellschaftlichen Bedingungen die Menschen, also auch die Erzieher, plötzlich anders sein sollten. Sie selbst haben erwähnt, wie oft sich schon die gesellschaftlichen Bedingungen geändert haben — nun, sind die Menschen dadurch besser, klüger, sind die Erzieher geduldiger geworden? Sie selbst würden diese Frage verneinen. Warum versprechen Sie sich von weiteren Veränderungen, was die bisherigen nicht gebracht haben?
Sie verherrlichen die Arbeit; dagegen ist nichts zu sagen. Wenn Sie aber gleichzeitig fordern, daß alle ausnahmslos arbeiten sollen, kann ich mit Ihnen nicht übereinstimmen. Gerade dort, wo es Schichten gegeben hat, die es sich leisten konnten, nicht zu arbeiten, kam die Kultur zur höchsten Entfaltung. In Athen und in Rom, in Alexandrien und auch in China muß es so gewesen sein. Eine hohe Massenkultur hat es nie gegeben. Kultur und Masse scheinen einander auszuschließen; dafür zeugt die ganze bisherige Geschichte. Ich glaube nicht, daß es je anders sein kann. Es wird immer das Machtstreben geben — nach Ihren Vorlesungen glaube ich es noch eher als früher —, und es wird immer Herrscher und Beherrschte geben. Wer anderes glaubt, tut dies nicht aufgrund wissenschaftlicher Einsichten, sondern aufgrund seiner vorgefaßten Meinung, also aufgrund dessen, was Sie die zu kritisierenden Voraussetzungen genannt haben.
Trotz der Anerkennung der psychologischen Einsichten, die mir Ihre Vorlesungen vermittelt haben, bin ich der Ansicht, daß Ihre eigenen Voraussetzungen nicht weniger kritisiert werden müssen als jene, die Sie ablehnen. Sie selbst gehorchen — vor allem in den letzten Vorlesungen — einem Prinzip, das mit der Wissenschaft nichts zu tun hat. Dieses Prinzip bestimmt Sie dazu, die Moral abzulehnen, die Familie und die Religion, die trotz allem, was Sie dagegen sagen mögen, doch die heiligsten Güter der Menschheit bleiben.

C.: Ich habe gegen Ihre Ausführungen über die Neurose nichts einzuwenden, aber vieles scheint mir noch der Aufklärung bedürftig. Sie sprachen von der sozialen Bedingtheit der Neurose. Mag dies allgemein auch zutreffen, so sind Sie in der scharfen Zuspitzung, in der Sie diese Anschauung vortrugen, uns noch andere Beweise schuldig geblieben. Sie sprachen von der Hexenverbrennung als einer Methode der Behandlung der Hysterie. Also hat es zu jener Zeit, da man Hexen verbrannte, bereits die Neurose gegeben. Sie aber gestehen das vor allem für die Gegenwart zu. Bitte klären Sie das auf.
Sowohl die Psychoanalyse wie auch die Individualpsychologie behaupten, Psychosen in der Art der Schizophrenie und der Melancholie erfolgreich behandeln zu können. Das bedeutet wohl, daß diese Schulen zumindest die Psychosen dieser Art als ebenso psychogen betrachten wie die Neurosen. Welche Stellung nehmen Sie zu dieser Frage ein?

Meinen Sie nicht, daß veränderte Menschen unter veränderten Bedingungen auch anders gegen organische Attacken geschützt sein müßten? Sind Sie der Ansicht, daß schwere Krankheiten, gleichviel unter welchen gesellschaftlichen Bedingungen, ungünstige psychische Wirkungen hervorrufen? Auch wenn ich mich dazu entschließen könnte, zu glauben, daß der einzelne dank der Freiheit aller wirklich frei werden könnte, so gäbe es doch einen unwiderleglichen Einwand: die Ungleichheit des körperlichen Starts der Menschen, ihre Sterblichkeit, ihre organische Hinfälligkeit. Mag der Mensch sich befreien, sein Organismus bindet ihn in ungünstigster Weise an die Bedingungen des gesellschaftlichen Lebens, die einen fortgesetzten Daseinskampf erfordern. Mag der Mensch die außermenschliche Natur noch virtuoser beherrschen, als es schon jetzt der Fall ist, mögen die Menschen so weise werden, daß sie einander nicht mehr totschlagen, der Teil der Natur, den der menschliche Organismus selber ausmacht, bleibt dem Menschen lebensgefährlich. Er trägt die Selbstvernichtung, den unvermeidlichen Tod, in sich. Solange es organische Krankheiten geben wird, wird es auch psychische geben — daran wird auch die Erziehung, die Sie meinen, nichts ändern können.
So will ich denn zum Schluß gegen Sie, gerade weil Sie sich als Materialisten bezeichnen, den Vorwurf erheben, daß Sie diese organische »Ewigkeit« vernachlässigen, die Basis des Psychischen, die doch dem Materialisten augenfällig sein müßte, falsch bewerten. Sie unterschätzen sie und verlagern das Schwergewicht ins Gesellschaftliche. Ich anerkenne dessen Bedeutung, aber nicht dessen *alleinige* Bedeutung.

D.: Sie schieben mit Recht die Erziehung der Erzieher in den Vordergrund. Aber im gleichen Augenblick, da Sie deren Wichtigkeit feststellen, entwerten Sie sie und damit auch die Bedeutung der Psychologie, die Sie uns nahegebracht haben. Zum Schluß ist Ihr Erzieher doch nur ein Objekt der Bedingungen. Obschon Sie erwähnen, daß der Mensch nicht nur das Produkt, sondern auch der Produzent seiner Umstände ist, ziehen Sie Ihre Konsequenzen doch so, als ob er letzten Endes doch nur ihr Produkt wäre.
Ich gestehe, daß mir Ihre Auffassungen von der Geschlechterpsychologie begründeter erscheinen als die, die ich mitgebracht habe; trotzdem kann ich Ihren Konsequenzen nicht zustimmen. Als Frau habe ich die Erfahrung gemacht, daß die einzige Sicherung für die Frau die Familie ist. Sie aber bekämpfen zwar die Männerherrschaft, doch auch die Familie. Wo finden Sie eine Gewähr dafür, daß, wenn die Familie aufgelöst wird, die Männerherrschaft nicht noch rücksichtsloser und unzähmbarer werden wird. Mir ist nicht recht klargeworden, warum Sie so sehr gegen die Familie sind. Die Familie ist doch eine ausgezeichnete Institution zum Schutze des Kindes. Sie selbst erwähnten, daß Säuglinge, die in Anstalten aufwachsen, in ihrer Intelligenzentwicklung zurückbleiben, weil man sich mit ihnen zu wenig beschäftigt. Nur eine Familie kann sich dem Kinde so widmen, wie es erforderlich ist. Mag sie des Guten zu viel tun, so ist zu viel doch besser als zu wenig.
Ich würde mich gern Ihren Ansichten anschließen, doch fehlt mir Ihr Optimismus. Ich glaube nicht an die Verwirklichung all dessen, was Sie in so nahe Zukunft gerückt sehen. Da ich daran nicht glaube, kann ich mich auch nicht danach richten.

Verehrte Hörer, lassen Sie mich Ihnen auch jetzt und diesmal ganz besonders herzlich für Ihre kritische Mitarbeit danken. Ihre letzten Diskussionsbemerkungen würden unsere Illusionen, daß wir Sie überzeugt haben, vollkommen vernichten, hätten wir auch nur eine Sekunde lang solche Zuversicht gehegt. Aus Ihren Einwänden schließen wir, daß Sie zwar einzelne psychologische Einsichten gelten lassen wollen, daß sich jedoch Ihre gewohnte Denkart keineswegs geändert hat, obschon Sie in vielerlei Hinsicht nachdenklich geworden sind. Vielleicht haben Sie es auch gelernt, sich von Bilderbuchvorstellungen freizumachen und die Kritik in der Realität und die Realität in der Kritik zu finden.

A. hebt mit Recht polemisch hervor, daß wir die Methoden der Praxis und die sich aus ihr ergebenden Erfahrungen unzureichend dargestellt haben. Diese Vorlesungen waren der praktischen Theorie gewidmet. Ein zweiter Vorlesungszyklus wird sich mit einer Praxis beschäftigen, die eben auf den Grundlagen dieser praktischen Theorie beruht.

A. bestreitet überdies, daß es nur eine theoretische Praxis und eine praktische Theorie gibt (und keine untheoretische Praxis und keine unpraktische Theorie) und argumentiert mit klug ausgewählten Beispielen, die jedoch nicht beweiskräftig sind. Orientieren sich die Menschen heute genauso wie vor Copernicus an der auf- und untergehenden Sonne, so beweist dies keineswegs, daß ihre Praxis eine untheoretische ist. Diese beruht auf Erfahrungen, die gerade für ihre engen Orientierungszwecke ausreichen, sich aber im astronomischen Bereiche als zu beschränkt erweisen. Die Enge einer Erfahrung macht aus, daß aus ihr eben nur eine beschränkt richtige oder eine beschränkt falsche Theorie gewonnen wird; jedenfalls liegt dieser Orientierung eine bestimmte allgemeinere Einsicht zugrunde. Als Columbus nach Amerika segelte, meinte er, sich auf dem besten Wege nach Indien zu befinden; seine Einsicht war falsch, aber teilweise begründet; er entdeckte immerhin Amerika. Die Praxis der falschen Theorie ist keine untheoretische Praxis, so wenig wie es zum Beispiel die Praxis der Magie ist, die zu ihrer Zeit — richtiger: auf der ihr entsprechenden gesellschaftlichen Entwicklungsstufe — eine bemerkenswerte Theorie der Zusammenhänge zwischen der menschlichen und außermenschlichen Natur darstellt. So sinnwidrig uns die Magie erscheinen mag, so wirkt sie doch sinnvoll auf das Bewußtsein und das Sein der Primitiven ein.

Was nun die unpraktische Theorie betrifft, so ist es nur eine Frage der genügend weiten Voraussicht, ob man in einer wissenschaftlichen Theorie ihre zukünftige praktische Brauchbarkeit erkennt oder nicht. Ehe die gesellschaftlichen Verhältnisse soweit gereift waren, daß das Flugzeug technologisch möglich war, wurde die Beschäftigung mit ihm bestenfalls als eine unpraktische Spielerei und keinesfalls als ein ernstes Beginnen aufgefaßt. Viele Erfindungen sind zu früh gemacht worden, und nicht selten haben das die Erfinder mit ihrem Leben büßen müssen. Man denke an die Erfinder des ersten Webstuhls, des ersten Dampfschiffes usw. Als *Leonardo* sich mit dem Flugproblem beschäftigte, nahm ihn dieserhalb niemand ernst. Sein Abendmahl einerseits, seine Festungs- und Kanonenentwürfe andererseits waren der Gesellschaft, in der er lebte, von ungleich größerm praktischen Nutzen. Was die moderne theoretische Physik betrifft, so befindet sich A. im Widerspruch mit bedeutenden theoretischen Physikern, die sich von der Weiterentwicklung dieser Theorien eine heute noch unvorstellbare Umwälzung der gesamten Energiewirtschaft versprechen.

Gewiß, es liegt nahe, solche Fortschritte als unerheblich, ja unerwünscht zu betrachten — in einer Zeit, in der das Übermaß der Produktivkräfte zum Problem geworden zu sein scheint. Doch gibt es in der Tat gar nicht zu viele Produktivkräfte und nicht zu viele Menschen, sondern eine falsche Ordnung, eine Unordnung der Verhältnisse.

A. wirft uns vor, daß wir das entscheidende Problem der Philosophie verkennen: das Problem des Geistigen. Das ist ein Vorwurf, den man häufig gegen Materialisten erhebt, den wir aber keineswegs verdient haben. Wir sind bemüht, die geistigen Wirkungen eben als Leistungen der Menschen und nicht als Spuk zu verstehen. Der Geist ist für uns von feststellbarer, verifizierbarer Realität; er ist Tätigkeit innerhalb der faßbaren, historischen Wirklichkeit.

A. meint: »Das Geistige bleibt . . . immer wieder stellen die Menschen die Frage nach dem Sinn des Lebens.« Daß die Menschen diese Fragen immer wieder stellen, rührt daher, daß ihr Erleben ihnen diese Fragen immer wieder aufdrängt und daß die Philosophen sie nicht beantwortet haben. Lebensfragen werden nicht durch Spekulation beantwortet, sondern durch Erkenntnis und Veränderung. Nicht durch die interpretierende Philosophie, sondern durch die verändernde Philosophie werden diese Fragen, sofern sie keine Scheinprobleme enthalten, gelöst, d. h. aufgehoben. Unbillig wirft A. uns vor, daß wir diese Probleme vernachlässigt haben. Wir meinen jedoch, sie in unseren Vorlesungen, die er ja aufmerksam verfolgt hat, behandelt zu haben.

A. meint, daß wir uns in bezug auf die Erziehung in einem Widerspruch verfangen, indem wir einerseits ein Sofortprogramm der Erziehung formulieren und andererseits aufzeigen, daß die Erziehung, die wir meinen, an veränderte Bedingungen gebunden ist. Daß A., ähnlich wie die anderen Diskutanten, hier einen Widerspruch wittert, beweist, daß er das Prinzip der Dialektik nicht genügend erfaßt hat. Haben wir nicht deutlich genug gezeigt, daß die Erziehung verbessern, ja sie nur kritisieren, schon ein Beitrag zur Veränderung der Bedingungen ist? Damit die Umstände sich ändern und auf uns verändernd einwirken, müssen wir unsererseits auf die Umstände ändernd einwirken. Dem linearen Denken verschließt sich leider das Verständnis dieses dialektischen Prozesses. A. wird gut daran tun, sich in Erinnerung zu rufen, was wir immer wieder über das Wesen der Widersprüche ausgesagt haben.

Es freut uns, daß A. die Einsicht, daß dem Sozialen tatsächlich eine ganz außerordentliche Bedeutung zukommt, nun gelten läßt. Daß er aber aufgrund eigener Erfahrungen dem Zufall als einem Faktor in der Gestaltung des privaten Schicksals eine besondere, vom Sozialen unabhängige Rolle zubilligt, ist sodann um so erstaunlicher. Die kritisch geordnete, überprüfte Erfahrung erweist, daß alles, was wir Zufall nennen, ein kausal begründetes Zusammenfallen (Koinzidenz) von verursachten Wirkungen ist. Die Aufgabe besteht also jeweils darin, die Ursachenketten zu verfolgen und jene zu erkennen, die das Zusammenfallen ihrer Wirkungen hervorgerufen hat.

Eine Begegnung mit einem Menschen, der dann eine große Rolle im Leben des Partners spielt, ist kein zufälliges Moment. Das geht schon daraus hervor, daß natürlich keinesfalls alle Begegnungen bedeutsam werden, sondern nur solche, die unter bestimmten subjektiven und objektiven Voraussetzungen erfolgen. Es könnte somit sein, daß man einem Menschen begegnet, ohne ihn zu erkennen, und umgekehrt, daß man nur, weil man darauf vorbereitet ist, einen bestimmten Menschen zu finden, ihn gefunden zu haben meint, auch wenn er gar nicht der Gesuchte ist. Unser Verhalten in der jeweiligen Situation ist durch alle vorhergegangenen Situationen determiniert. Wenn es uns auch scheinen mag, daß wir willensfrei sind, so ist sogar dieser Glaube an unsere Willensfreiheit determiniert.

Gewiß, A. hat recht, wenn er den frühen Tod eines Elternteils als einen für die Charaktergestaltung des heranwachsenden Kindes wichtigen Vorgang bezeichnet. Indes, die Wirkung dieses frühen Todes hängt gleichfalls von der bisherigen Entwicklung des Kindes ab. Nein, der Psychologe leugnet keineswegs die wahrhaft unbeschreibliche Vielfältigkeit der Momente ab, die in unserm Leben eine Rolle spielen. Wenn er jedoch mit den Tatsachen nur fertig wird, indem er, was an ihnen Eigenart ist, verkennt oder verwischt, dann muß er irregehen, selbst wenn er sich zum richtigen Prinzip der Forschung und der Praxis bekennt.

B. sagt: »Sie äußern sich sehr absprechend über die Moral, auch dort, wo es gar nicht nötig wäre. Andererseits gelangen Sie zu Konsequenzen, die den moralischen sehr ähnlich sind.« Wir bedauern, daß B. nicht begriffen hat, was wir in einem anderen Zusammenhang dargelegt haben: daß nämlich die Moral ein gesellschaftliches Produkt, ein Mittel der Sicherung der herrschenden Schicht ist. Sofern die Moral bestimmte Verbindlichkeiten innerhalb der menschlichen Beziehungen reguliert — mag man sie Moral oder anderswie nennen —, ist sie notwendig. Alle bisherige Moral reguliert jedoch autoritär im einseitigen Interesse einer herrschenden Schicht; der Zwangscharakter

der in sich gespaltenen Gesellschaft macht die Moral zu einem Gewaltinstrument.
Die Moral, die uns vorschwebt, gibt es erst in Ansätzen, im Keime. Wir scheuen uns, sie als Moral zu bezeichnen; sie hat mit der bisher herrschenden nur gemein, daß auch sie ein Regulativ ist. Es ist die Pädagogik der Verantwortlichkeit, die genau in dem Maße Verantwortung fordert, wie sie die Fähigkeit zur Verantwortung ermöglicht und fördert. In einem Gleichnis: Sie verbietet dem Hungernden nicht, Brot zu stehlen, aber sie sorgt dafür, daß er das nicht nötig habe. Weiter im Gleichnis gesprochen: Bis an die Zähne bewaffnet, steht die herrschende Moral auf Wachtposten vor den überfüllten Speichern und kartätscht die Hungrigen nieder, wenn sie sich den Speichern zu nähern drohen. Mit dem Hunger und den verschlossenen Speichern wird auch diese Moral liquidiert werden. Die Moral der Zukunft, die diesen so arg kompromittierten Namen nicht führen soll, wird aus dem freien Entschlusse freier Menschen resultieren, einander verantwortlich zu sein; sie wird sich in der Erziehung jeder heranwachsenden Generation durchsetzen. Ja, in diesem Sinne sind wir moralisch.
Daß wir insonderheit die Sexualmoral so entschieden ablehnen, hat seinen Grund darin, daß wir gerade in dieser unerträglich verlogenen Moral den Dingfetischismus der Privateigentumsreligion wiederfinden. Den Vorwurf, daß wir die Gewalt der Triebhaftigkeit unterschätzen, haben wir schon an anderer Stelle zurückgewiesen. B. fragt uns, ob wir unter der Befreiung der Liebe die Aufhebung jeder Schranke verstehen, die den geschlechtlichen Trieben gesetzt ist, und wir antworten: Ja, aber nicht nur das, denn damit wäre zu wenig getan. Es müssen auch noch andere Schranken beseitigt werden: die der ökonomischen Klassenspaltung und die Schranken zwischen den Generationen. Wir wiederholen: Nur die Entwicklung der Freiheit des einzelnen auf der Grundlage der Freiheit aller verbürgt die volle Entfaltung des Individuums: die Entfaltung seiner Liebes- und Beziehungsfähigkeit. Was soll da die Moral? Wenn jeder unfähig geworden sein wird, dem andern nur Objekt zu sein, wer wird es dann noch mit Erfolg versuchen können, den andern zum Objekt zu machen? Die Liebesbeziehung zweier *Subjekte* miteinander ist das Kennzeichen der Befreiung der Liebe.
B.s Hinweis darauf, daß das von uns abgelehnte Bildungssystem ungeheuere Errungenschaften hervorgebracht hat, entwertet nicht unsere Argumentation, rechtfertigt aber unsere Hoffnung, daß eine Bildung, die das Gut *aller* wäre, eine neue Zivilisation auf ungeahnter Höhe ermöglichen würde. Solange die Kultur auf der Spitze der Pyramide thront und die Masse derer, auf denen die Pyramide beruht, von ihr ausgeschlossen ist, bleibt die Kultur in Gefahr, der Barbarei zu erliegen. Man wird von der Kultur erst ohne Beschämung sprechen dürfen, wenn sie Gemeingut geworden sein wird.

Daß wir die Religion ablehnen, kann B. nicht recht verstehen, weil er in ihr die Sicherung gegen den Feind sieht, der im Menschen selber sitzt. Ist sie das und gibt es den Feind in Menschen, dann ist die Religion eine verdammt schlechte Sicherung. Sie hat ein Unmaß an Freveltaten, an Unmenschlichkeit herausgefordert und praktiziert — das wird er auf jeder Seite der Geschichte finden. Nur solange eine Religion oppositionell ist, nur solange sie noch nicht das ideologische Instrument einer Gesellschaft geworden ist, nur so lange mag sie sich der Gewalt versagen. Gelingt es ihr nicht, zum ideologischen Instrument einer herrschenden Schicht zu werden, dann geht sie schnell zugrunde; gelingt es ihr aber, dann wird sie eine herrschende Religion, eine *Ecclesia militans.* B. meint, der Psychologe müßte sich die Verinnerlichung seiner Mitmenschen sehr angelegen sein lassen. Es ist zweifellos wichtig, daß der Mensch sein Inneres und das seiner Mitmenschen kenne. Ihn vom Äußerlichen zu befreien, sofern das überhaupt wünschenswert ist, kann auch bedeuten, ihn von den überflüssigen Schwierigkeiten des äußern Lebens befreien, z. B. von der bisherigen Art des Kampfes ums Dasein. Der Weg zur Verinnerlichung der Menschen führt nicht über das religiöse Versprechen des Jenseits, sondern über ein verändertes Diesseits, in welchem der Mensch aufhört, nur ein Objekt zu sein.
Natürlich kann man, wenn man will, die Geschichte der Menschheit eine Krankengeschichte nennen, doch hat man damit an Erkenntnis nicht das geringste gewonnen. Weder aus Komplexen noch aus dem Minderwertigkeitsgefühl kann man die Geschichte der Menschheit erklären. Das Minderwertigkeitsgefühl gestaltet nicht die Geschichte, sondern wird auch von ihr gestaltet. Die Versuche, Kriege, den Faschismus oder ähnliche historische Erscheinungen psychologisch zu erklären, etwa aus nationalem Minderwertigkeitsgefühl, aus Sadismus, Homosexualität, diese Versuche sind nur ein überflüssiger Beweis für die weitverbreitete Ahnungslosigkeit gegenüber historischen Zusammenhängen. Natürlich operieren Kriegstreiber und Faschisten z. B. mit dem Minderwertigkeitsgefühl, aber daß sie es tun, das ist durch die jeweilige Situation innerhalb der gesellschaftlichen Verhältnisse bestimmt. Jawohl, Öl und Kohle, Handelsbilanzen und dergleichen haben mit Kriegsursachen unendlich mehr zu tun als individualpsychologische Erscheinungen, die nur zu »höheren« Zwecken gebraucht oder mißbraucht werden. Wir empfehlen Psychologen, die Geschichte nicht psychologisch zu erklären, sondern sie bei kritischen Historikern zu lernen.
B. meint, schon häufig hätten sich die gesellschaftlichen Bedingungen geändert, ohne daß sich die Menschen gebessert hätten. Er meint, wir seien von unverbesserlichem Optimismus, wenn wir annehmen, die nächste gesellschaftliche Änderung würde den Effekt erzielen, der bei den bisherigen ausgeblieben ist. Auf den ersten Blick ist der Einwand begründet. Indes unter-

sucht B. nicht, worin alle bisherigen Veränderungen bestanden haben und worin sich die Umwälzung, von der wir so viel erhoffen, von ihnen unterscheiden wird. Die bisherige gesellschaftliche Entwicklung schuf nur neue Etappen, die *Umwälzung* aber wird die Gespaltenheit der Gesellschaft aufheben und damit nicht nur eine neue Etappe, sondern eine Gesellschaft einleiten, mit der sich keine bisherige vergleichen ließe. So groß z. B. der Unterschied zwischen der feudalen und der antiken Gesellschaftsordnung gewesen ist, ihnen ist das Privateigentum gemeinsam.
B. ist der Ansicht, daß es immer Herrscher und Beherrschte geben wird und daß Kultur und Masse einander ausschließen. Daraus, daß es bisher keine Massenkultur gegeben hat, schließt er, daß es keine geben kann. Zum Beweise ruft er die Geschichte als Zeugin auf. Jedoch hängt der Wert dieser Zeugenschaft häufig von dem ab, der die Frage formuliert. B. aber versteht es nicht, die Geschichte zu befragen. Wenn er zum Beispiel aus ihr zu lernen meint, daß etwas, was bisher nicht geschehen, nicht gewesen ist, niemals eintreten kann und wird, so beruft er sich auf jene Geschichte, welche die dokumentarisch belegte Vergangenheit prophezeit. Die dialektische kritische Soziologie aber hat den Beweis erbracht, daß man aus der Geschichte, ist sie wohlverstanden, auf die Zukunft schließen kann, indem man erwägt, worin sie sich von der Gegenwart und der Vergangenheit unterscheiden wird. Der Spießer schaut um sich und verkündet, *sein* Wesen sei Ewigkeit: »Immer waren die Menschen so, und so werden sie bleiben.« In all seiner Bescheidenheit hält er sich für das Maß der Dinge; er ist es nicht. Angesichts eines Weltbrandes denkt er nur an die Versicherungspolice und vergißt, daß auch Versicherungspolicen verbrennen können. Wenn er von der Masse spricht — Was weiß er von ihr? Nichts. —, ist es ihm unvorstellbar, daß sie gestalterische Kraft hat; ja, er hat Angst vor ihr. Massenkultur? Hat es nie gegeben, also wird es sie niemals geben! Er hat in seinen Büchern nur von Heroen gelesen, die Masse war in ihnen stumm und passiv.
Da wir die Behauptung zitiert haben, daß das Höchste für den Menschen der Mensch sei, fragt B., ob wir damit nicht den Höchststehenden als das Höchste angesehen haben. Er sieht in der Führerpersönlichkeit den höchststehenden Menschen. Unser Zweifel an den Bilderbuchvorstellungen im allgemeinen und an den Bilderbuchvorstellungen von den sogenannten Führerpersönlichkeiten haben B. leider nicht beeindruckt, sonst wäre es ihm nicht schwergefallen, auch in seinen Führern kritisch das Menschliche zu finden. Wir aber hoffen, daß zu jener Zeit, da der Mensch für den Menschen das Höchste bedeuten wird, die Qualitätsunterschiede der Menschen untereinander wesentlich geringer sein werden. Die ungeheuere Distanz, die heute noch den Menschen vom Menschen trennt, wird verringert und eines Tages aufgehoben sein.

B. hält die Moral, die Familie und die Religion für die heiligsten Güter der Menschheit. Wir haben uns bemüht, ihr Wesen aufzuzeigen und teilweise zu analysieren. Von der Heiligkeit ist nichts zurückgeblieben. Wer im Zusammenhang der gesellschaftlichen Erscheinungen ihr Wesen untersucht, entdeckt, daß diese Heiligkeit zumeist unheiligen Zwecken dient.

C. meint, daß es die Neurose als soziales Problem schon zu jener Zeit gegeben haben müsse, als man die Hysterie durch Verbrennung von Hysterikerinnen zu heilen versucht hat. Gewiß hat der mangelhaft angepaßte Mensch in allen Epochen seiner Umwelt Schwierigkeiten gemacht und sich so selbst Schwierigkeiten ausgesetzt. Aber zur Zeit, da die Familie eine noch verhältnismäßig geschlossene und wirtschaftlich selbständige Institution war, fanden diese Schwierigkeiten *innerhalb* der Familie einen Ausgleich, und die Neurose blieb gewöhnlich ein Problem *intra muros familiares*. Jetzt aber, da die Familie als Produktionsgemeinschaft, außer in der Bauernschaft, fast überall zu existieren aufgehört hat, werden die früher familiären Probleme zu allgemeinen sozialen Problemen. Daraus geht hervor, daß der gleiche psychische Sachverhalt unter verschiedenen gesellschaftlichen Bedingungen von völlig anderer Bedeutung und Wirkung ist. Eben dieses nachzuweisen, war unsere Bemühung.
Die Stellung zu den Psychosen jener Art, die man heutzutage als Schizophrenie und als Melancholie bezeichnet, ist noch recht unsicher, weil mangelhaft begründet. Zweierlei mag als gewiß gelten: 1. daß die Psychose trotz vieler gemeinsamer Merkmale von der Psychoneurose *wesentlich* unterschieden ist; 2. daß bei der Auslösung der Psychose trotz der in ihr vorhandenen charakterlichen Vorbereitung endogene Faktoren von entscheidender Bedeutung sein dürften. Die präpsychotische Persönlichkeit ist zweifellos charakterneurotisch; daß sie nicht unter der Einwirkung der Bedingungen akut neurotisch, sondern psychotisch wird, legt den Schluß nahe, daß hier andere als psychische Faktoren am Werk sind, doch reichen die bisherigen Ergebnisse der Neurologie nicht aus, um diese exakt zu bestimmen. Manches darf in dieser Hinsicht von einer weiterentwickelten Endokrinologie erwartet werden. Der wesentliche Fortschritt, den die Pathopsychologie in der Frage dieser Psychosen jedenfalls erzielt hat, ist die Feststellung, daß auch in der Psychose der individuelle Charakter erkennbar ist, daß das System der Wahnidee der psychotischen Persönlichkeit adäquat ist. Die Wahnidee wird somit nicht mehr schlechthin als eine Sinnlosigkeit vernachlässigt, sondern gedeutet und als Zugang zum Verständnis des kranken Individuums gebraucht.
Gewiß bleibt, darin hat C. recht, der Organismus dem Menschen gefährlich. Solange er erkranken kann, ist die Gefahr der Erschütterung seines seeli-

schen Gleichgewichts nicht behoben, aber das bedeutet nicht, daß damit der Erziehung eine unüberschreitbare Grenze gezogen ist, denn es hängt umgekehrt auch von ihr ab, wie ein Mensch auf seine Krankheit reagiert, welches Maß seelischer Erschütterung die Erkrankung bewirkt, welcher Art die Nachwirkungen sind und wie lange sie andauern. Im übrigen darf man damit rechnen, daß eine sozial freiere Menschheit auch in der Erkenntnis, Bekämpfung und Verhütung von Krankheiten Fortschritte machen wird, deren heilsame Folgen unabsehbar sind.
C. wirft uns vor, daß wir die organische »Ewigkeit« als die wichtigste materielle Basis des Psychischen vernachlässigen, indes wir fortgesetzt bemüht sind, die Persönlichkeit als eine psychophysische Einheit und das System der Korrelation des Psychophysischen nachzuweisen und praktikabel zu machen. Zu dem Gesellschaftlichen, auf das wir, wie C. sagt, in der Tat das Schwergewicht legen, gehört auch das Organische, das wir nicht zuletzt dann berücksichtigen, wenn es sich um die *Technik* des psychischen Prozesses handelt.

D. meint, daß die Familie für die Frau die einzige Sicherung ist. Das mag für die Frau im Patriarchat in einem gewissen Maße zutreffen. Die Abschaffung der Männerherrschaft ist an die Abschaffung der patriarchalischen Familie ebenso gebunden, wie beide an jene Emanzipation, die deshalb als die letzte ansgesprochen werden darf, weil sie solange unvollendet bleibt, wie irgendeine Menschengruppe noch unfrei ist. Diese letzte Emanzipation wird die Frau befreien und die Männerherrschaft und die patriarchalische Familie aufheben.
D. ist nicht klargeworden, warum wir so sehr gegen die Familie sind. Nun, das *System* der Familie schließt die Erziehung aus, die all unsere Hoffnung trägt, weil diese Erziehung im Widerspruch eben zu jenem System steht. Eltern, die so gut belehrt sein werden, daß sie in unserm Sinne werden erziehen können, werden viel weniger familiäre Eltern sein, ebenso wird sich die Beziehung zwischen den Generationen strukturell vollkommen ändern.
D. behauptet, daß sie gerne unsere Anschauungen und unsere Perspektive sich zu eigen machen würde, doch fehlt ihr der Glaube. Nun, es geht nicht um den Glauben, sondern um die Erkenntnis, die zur Tätigkeit im Sinne unserer Anschauungen verpflichtet.
Unsere Bemühung war es, einen Beitrag zu den Erkenntnissen der sozialen Charakterologie und der kritischen Wirklichkeit zu liefern. Nur sofern diese Erkenntnisse in Ihr Verhalten eingehen und es verändern, wird unsere Bemühung nicht sinnlos gewesen sein.

Personenverzeichnis

Adler, A. 8, 14, 15, 16, 26, 32, 45, 46, 51, 52, 54, 56, 65, 69, 70, 83, 84, 85, 86, 95, 100, 104, 106, 108, 110, 111, 113, 115, 116, 129, 135, 136, 149, 156, 161, 168, 185, 186, 190, 200, 201, 203, 212, 224, 233, 247, 250, 251, 277, 278, 279, 286, 287, 297, 298
Adoracki 85
Aristoteles 81, 304
Averroes 81

Bachofen, J. J. 126
Balzac, H. de 57, 132
Baudouin, Ch. 85, 168
Beethoven, L. v. 70, 71
Bergmann, E. v. 70
Bergson, H. 85
Bernfeld 239
Bernheim, H. 84
Bleuler, E. 84, 85, 223
Blüher, H. 239
Brentano, F. 85
Breuer, J. 84
Bruno, G. 58
Brutus 114
Bühler, Ch. 85
Bühler, K. 85

Cézanne, P. 139
Charcot, J. M. 56, 84
Claparède, E. 85
Columbus, C. 312
Copernicus, N. 312
Coué, E. 85
Crepieux-Jamin 85

Diderot, D. 57
Dilthey, W. 85
Dostojewski, F. M. 111, 161, 220
Duhamel, G. 189

Engels, F. 126
Epinay, L. F. P. de la Live d' 264

Feuerbach, L. 304
Flaubert, G. 57
Forel, A. 84
Frazer, J. G. 180, 186, 253
Freud, S. 26, 31, 32, 41, 47, 56, 57, 58, 59, 60, 61, 65, 74, 84, 85, 90, 95, 98, 109, 129, 132, 135, 224, 247, 263, 277, 278, 279, 280
Friedrich II. 81
Furtmüller, C. 201

Goethe, J. W. v. 7, 29, 69, 255

Hamsun, K. 161, 178
Hegel, G. W. F. 26, 33, 304, 308
Heidegger, M. 10, 149
Herostratos 160
Hitler, A. 8
Homer 242
Husserl, E. 85

Ibsen, H. 142

Jacoby, H. 68
Janet, P. 56, 84
Jung, C. G. 85, 158

Kant, I. 34, 117, 118, 119, 304
Kierkegaard, S. 10
Klages, L. 26, 85
Kleon 74

Köhler, W. 20, 81
Kollwitz, K. 142
Kraepelin, E. 85
Kraus, K. 57
Kretschmer, E. 158
Kronfeld, A. 85
Künkel, F. 85

Lange, F. A. 80
Lavater, J. K. 76
Le Bon, G. 74, 90
Leibniz, G. W. v. 46
Lenin, W. I. 10
Leonardo da Vinci 313
Lewin, K. 85
Lichtenberg, G. Chr. 76
Lombroso, C. 64
Lurija, A. R. 85

Malinowski, B. 126
Manet, E. 146
Montessori, M. 237
Morgan, L. H. 126
Mozart, W. A. 69, 70
Muensterberg, H. 85

Napoleon Bonaparte 74, 122, 214
Natorp, P. 85
Nelson, L. 85
Nietzsche, F. 26, 86, 117, 121, 122, 135, 161, 213

Pawlow, I. P. 83, 157
Pascal, B. 22
Perikles von Athen 74
Platon 124, 248

Rank, O. 199
Reich, W. 95
Ricardo, D. 127
Rochefoucauld, F. de La 161
Rousseau, J.-J. 57, 76, 264
Ruehle, A. 61

Sand, G. 57
Schiller, F. v. 46
Schilder, P. 85
Schopenhauer, A. 248, 257, 263, 264, 304, 307
Schulz, I. H. 85
Schumann, R. 70
Smith, A. 127
Sokrates 248, 290
Spengler, O. 67, 74, 88
Spranger, E. 85
Stekel, W. 85
Stendhal (Henri Beyle) 57, 132, 161
Stern, W. 85
Stockard 70
Strindberg, A. 57, 142

Varnhagen, R. 264
Voltaire (F.-M. Arouet) 76

Watson, J. B. 83
Wallenstein 46
Wedekind, F. 57
Weininger, O. 77, 248
Wertheimer, M. 20, 81
Wexberg, E. 201
Wundt, W. 81
Wyneken, G. 237, 239

Zille, H. 142
Zola, E. 57, 139, 269

Sachverzeichnis

Abreaktion vs. Kompensation 228
Adaption 184
Aggressionstrieb 201, 278
Aggressivität 196, 197
Alpinismus 216
Ambivalenz 223 f.
Angst 112, 141, 168 f., 171 ff., 175 ff., 188 ff., 197 ff., 218 f.
—, aggressive 200 f., 206
— als Ausdruck, Mittel und Wirkung menschlicher Beziehungen 224
—, Arten der 206
kindliche — als Quelle von Vorurteilen 19
sozial adressierte — 191 f., 206
— und Askese 260
— und Intensitätshunger 202 f.
— und Ödipuskomplex 263
— und Sexualrenommisterei 252
Angstneurose 84, 176, 177, 206, 207
Anpassung 106, 108, 125, 276, 279, 283, 292, 295
—, aktive vs. passive 109 f.
—, stabilisierte 107
Antifeminismus, weiblicher 248 f., 250
Apathie 294
Apperzeptionsschema (tendenziöses) 26, 56, 59, 60, 61, 86, 91, 100, 121, 124, 172 f., 180, 191, 265, 278, 279, 280, 289
Arbeit 79
— und -steilung 301 ff.
-sschule 290 f.
— als Befreiung 303
Arrangement, unbewußtes 168
Askese 260
Assoziationen, frei aufsteigende 98
Aufklärung 57, 58
sexuelle — 254, 256
Automatismus 107, 108, 109, 118, 130, 184, 185, 223, 262
Autorität, autoritär 12, 13, 95, 110, 123, 126, 127 f., 131, 133, 134, 167, 172, 210 f., 213, 217 f., 219, 242, 244, 285, 286, 288, 289, 290, 295
Autorität
— als soziale Funktion 224
— und Ordnung 221 f.

Beliebtheitsneurose bei Therapeuten 282
Bewußtmachung 278 f.
Beziehungsanalyse 133, 255, 266, 278 f., 280, 281
Beziehungsfähigkeit 274
Beziehungs-, Bezugssystem 97, 107, 110, 134, 138, 139, 214, 282, 288
Bindung (Fallgeschichte) 101
Bisexualität 77
Bürgerliche Psychologie und Proletariat 205
Busenfetischismus 267

Charakter
—, nervöser 203, 233
-ideal 113
-neurose 84
—, vererbter 63 f.
— und schöpferische Kraft (irrationale Willkür) 224
—, Determinanten des -s 60, 65, 70 ff.
Charakterologie, Soziale 16

»Dämonen«, Kampf gegen — 48 f.
Dasein als Bezogensein 14
Depression 33, 226 ff., 235, 249 f.

Desaktualisierung 59
Desillusionierung 124
Deutung 98 f., 137, 183, 277
Dialektik der psycho-physischen Beziehung 33, 69, 154, 225
Didaktik als Einheit von Theorie und Praxis 303
Dingfetischismus 149, 286, 287, 289, 315
Dummheit, Vorteil der 123

Ehe, Krise der 128 f., 131
(Vgl. auch Familie)
Eifersucht 101
Einsicht 279
Eitelkeit 125
Emanzipation 272, 319
Entfremdung 118, 381
Entmutigung 108, 111
Entwertung(stendenz) 200 f., 220, 263, 264, 268, 276, 298
Entwertung und Askese 260
Entwicklungsschwierigkeiten, ihre fördernde Rolle 234 f.
Erblichkeit von Persönlichkeitsmerkmalen 63-65, 67 ff., 105, 118, 144 f., 160, 285, 288, 292, 303
Erblichkeit vs. Nachahmung 199 f.
Erfahrungen
Unfähigkeit, aus Erlebnissen — zu gewinnen 153, 238, 306
Erinnerung, erlebte 137
Erlebnis — Erfahrung — Urteil — Wahrnehmung als Zyklus 20
Erziehung 107, 109 f., 116, 124 f., 126, 128 f., 142 f., 159 f., 172, 199, 219, 232, 234, 240 ff., 285 ff., 293 ff.
—, religiöse und Zwangsneurose 213
— und Moral 210 f.
—, erzieherischer Charakter der Psychotherapie 282 f.
(Vgl. auch Autorität)
Experiment, psychologisches, Experimentalpsychologie 20, 81 ff., 285
—, Kritik 82
Exploration 94

Familie 11 f., 128 ff., 131 ff., 319
Faulheit 294
Fehlleistung 58, 99, 277
Finalanalyse 100
Fixierung 134
Flucht in die Krankheit 156
Flucht aus der Realität 116
Formallogik und Psychisches 56, 93, 110, 160
Frau
Frage einer Psychologie der — 77
Unlogik der — 118, 124 ff.
Freiheit (und Veränderung) 307, 315
Frigidität 247 f.
— und Nymphomanie 266
Fürsorgeerziehung 296
Furcht 194

Geburtstrauma 199
Gedächtnisverlust 112 f.
Gefühl vs. Vernunft 26, 27, 29
Geltungsstreben 160 f., 228, 229
Gemeinschaftsgefühl 32
—, Definition 115 f.
Genialität 69, 71,
Geschlechterpsychologie und Charakterologie 262
Geständniszwang 101 f.
Gestalttheorie 20 f.
Gleichheit 67, 74 f.
Größenwahn 213

Haltung, reaktiv-passive 232
Heilerziehung 297, 299, 300
Heilpädagogik 293 f., 296, 297
Heilung 278, 282, 293
Hellseherei 39 f., 42
Herzneurose 189 f.
Historischer Materialismus 61
Homosexualität 273 f., 316
—, männerbündlerische 264
—, weibliche 271
Hypnose 170

Individualpsychologie (vergleichende) 8, 9, 16, 52, 85, 95, 112, 115, 129, 277, 283, 310
Instinkt 260 ff.
Intelligenz (vs. Bildung) 64 f., 291 f.
Intensität (-sangst, -sbedürfnis, -shunger) 202 ff., 205, 270
Introspektion 96
Intuition 262
Inzest 47 f., 49
Irrationalismus 22 ff., 29, 31, 33, 309
»irrationale Willkür« 54
Irrtum 26 f.

Jähzorn 199 f., 298
Jugend
Nöte der — 238 ff.
-gemeinschaft 289
-kultur 237
-verwahrlosung 296 f.

Kastrationskomplex 251, 269
Kausalität im Seelischen 100, 188
Kibbuzerziehung 11 f.
Kinderkrankheit 159
Kindheit: Charakterdeterminanten 140 f.
Kindheitserinnerungen 135, 136, 137, 138, 181 f.
Kompensation 70 f., 104 ff.
-sgrenze 151
— der Häßlichkeit 120 f.
— durch intellektuelle Leistung 118 f.
—, negative 109, 110
— und Furcht 171
— und sozialer Standort 114
Verlegung der — 119
Kompromiß in der Therapie 281
Krankheit
—, Definition 155
Einstellung zur — 157 f.
Kritik, Definition 233 f.
Kultur in psychoanalytischer Sicht 57, 60

Launen 226 f.
Lebensangst 106, 118, 177, 204
Lebensmethode
Passion der passiven — 162
Lebensplan 250, 288
Lebensprobleme 95
Liebe 254 ff., 257 ff., 315
-sheirat 259
-swahl 265
Lust 114
— als Überwindungsprämie 105
-prinzip 61

Macht und Demut 220 f.
Machtstreben 114, 219, 229, 254
Männlichkeit 248 ff.
Magie 37, 55, 103, 180 f., 186, 205, 218, 253, 303, 312
Masochismus 220
Masse
-nkultur 317
-npsychologie 196
-nsuggestion 169
Matriarchat 57, 126, 132, 258
Mensch als psychophysische und soziale Einheit 52
Methodologie 93 ff.
Minderwertigkeit, organische 52
Minderwertigkeitsgefühl (arrangiertes, sekundäres) 111, 112, 113, 149, 158, 206, 309, 316
Mitleid 215
Moral als Pädagogik der Verantwortlichkeit 315
Mut 230, 272, 281, 293
— vs. Entmutigung 108
Mutterliebe 133
Mythologie vs. Psychologie 48

Nägelkauen 208 f.
Neurose 84 f., 95, 113, 129, 189 f., 275 ff., 310, 318
— als soziale Erscheinung 277

Ödipuskomplex 46, 95, 134, 135, 139, 260
Ökonomie 144 f., 149 f., 244
Organbedürfnis 106
Organdialekt 84, 190, 233, 247
Organisches und Psychisches, beider Zusammenhang 69 f.
Organminderwertigkeit 69, 70 ff., 84, 111, 140, 149, 157, 273
— der Eltern, Effekt auf Kinder 153 f.
Organneurose 84

Pathopsychologie 103, 112, 113
Patriarchat 57, 102, 125 f., 131 f., 134, 211, 253, 319
Penisneid 251
Persönlichkeit
schöpferische Kraft der — 54
Perversion 272 f.
Platzangst 192
polytechnische Ausbildung des Arbeiters 302, 304
Position, Streben nach zentraler 159 f.
Potenz(störungen) 252 f., 260
Promiskuität 57, 258
Protest, männlicher 247, 249, 250, 265, 266, 271
Psychisches als Funktion (= materialistischer Standpunkt) 78, 81, 199, 307, 308, 311, 312
Psychoanalyse 85, 95, 96, 98, 107, 129, 134, 183, 189, 206, 218, 223 f., 239, 248, 250 f., 257, 263, 279 ff., 299, 310
— und Männerherrschaft 247
Psychogenese 84, 147, 275
Psychologie
—, dialektisch-materialistische 11
—, genetische 73, 110
—, philosophische Provenienz 80 ff.
—, private 18 f.
Psychose 89, 99, 170, 310, 318
Psychosexualität 253
Pubertät 239

Realitätsprinzip 60, 61
Regression 109

Sadismus 272, 316
Scheinkompensation 122
Schlaflosigkeit 209 f.
Schwererziehbarkeit 293 ff.
— als Protest 294 f.
Seele 80
Sehgier 145, 148
Selbsterlebnis, organisches 221
Selbstheilung 282
Selbstwertgefühl 121, 228, 239, 241
Sexualanalyse 267 ff.
Sexualität 56 ff., 87, 95, 98, 101 f., 105 f., 116, 118, 126, 128 f., 131 f., 135, 142, 165, 166 f., 168, 183, 188 f., 238 f., 242 f., 246 ff., 257 ff., 299
Sexualpsychologie als Sexualcharakterologie 256
Sinn 100
Solidarität 116, 222, 244
Sozialcharakterologie, kritische 9
Sozialpsychologie 90
Spannung 105, 106, 121, 199
Stärke 117, 121 ff.
Subjekt-Objekt-Beziehung 132, 133
Sublimierung 247
Sucht 209 ff., 217, 223
Sünde 47
Suggestion 165, 168 ff., 192
Sympathie 96, 215

Taylorismus 205
Tendenz 54 f., 60, 63, 139, 151, 172
—, Definition 56
Tierversuch 176
Tod 10, 23, 177 f.
-eswunsch 218
Totstellreflex als Kompensation 176, 185
Training
— der Liebe 256
— und Intuition 262
— und Kompensation 105, 107, 109, 112, 119

Trauer und Angst 215
Traum 30, 39 f., 47, 51, 54, 83, 85, 95, 98, 99, 138, 146, 183, 191, 197, 226, 249, 269, 277
Trauma bei Freud 95
Trieb 107, 114
-schicksal 59, 60
Typologie des Charakters 158 f.

Überich 31, 32
Überkompensation 70, 122, 189, 195, 230, 233, 263
—, Fall des Malers T. 145 ff., 151
Übertragung 279 f.
Überwertigkeitsgefühl 229
Umwelt
Sicherung durch die — 115
Unbewußtes 54 ff., 82 f., 98, 99, 112, 113, 170, 179, 184, 195, 279
Unlust 105
Unzulänglichkeit, organische (organismische) 71 f., 104, 110, 132
Urangst 177

Vatermord 57
Veränderung
ontische Qualität der — 306 f.
Verdrängung 56 ff.
—, Definition 58, 60
Ablehnung des Konzepts der — 59
Vererbung s. Erblichkeit
Vergewaltigungsangst 203 f.
Verkürztheitsgefühl 251
Verliebtheit 255 f.
Verzerrung 62
Vorurteil 18 f.
Vulgärpsychologie 25 f., 27 f., 33, 289, 294

Wahrheit 10 f.
Wahrnehmung 260 f.
Auswahlprinzip der — 55 f.
—, mangelhafte 180
(Vgl. auch Apperzeptionsschema)
Ware 127, 128, 287
Werte 87, 88, 113
Widerstand 83, 188, 218, 279 f., 281 f.
Wiederholbarkeit im Experiment 93 f.
Wiederholungszwang 134, 280
Wille 165 ff.
Wissen und Bewußtsein 279
Wohlwollen, kritisches 98

Zufall 314
Zusammenhangsbetrachtung
Prinzip der — 85, 94
Zwang 282, 314
— als Schutz 212
»innerer« — 207, 212
nervöser — 207 ff.
-smasturbation 203
-sneurose 84, 207
Zweifel, schöpferischer 23